浙江大学中国语文研究中心

中国语言学前沿丛书

07

隐喻认知

黄华新　主编

商务印书馆

创于1897 The Commercial Press

图书在版编目 (CIP) 数据

隐喻认知 / 黄华新主编 . — 北京 : 商务印书馆 , 2023
（中国语言学前沿丛书）
ISBN 978-7-100-22154-2

Ⅰ. ①隐… Ⅱ. ①黄… Ⅲ. ①隐喻—研究 Ⅳ.
① H05

中国国家版本馆 CIP 数据核字（2023）第 047229 号

中国语言学前沿丛书
隐喻认知
黄华新 主编

商 务 印 书 馆 出 版
（北京王府井大街 36 号 邮政编码 100710）
商 务 印 书 馆 发 行
江苏凤凰数码印务有限公司印刷
ISBN 978-7-100-22154-2

2023 年 6 月第 1 版　　开本 880×1240 1/32
2023 年 6 月第 1 次印刷　　印张 15
定价：98.00 元

总　序

王云路

“中国语言学前沿丛书”是浙江大学中国语文研究中心近期的重要工作。中心的前身是浙江大学周有光语言文字学研究中心，于2015年5月成立，经过六年的建设，基本完成了以“周有光语言文字学”整理与研究为主题的使命。为了适应新形势和中长期可持续发展的需要，实现向语言文字学相关领域拓展和纵深发展的目标，2020年12月，中心正式更名为“浙江大学中国语文研究中心”。

语言文字是一个国家、一个民族的灵魂。考察中华文明发展与演变的历史，我们会清楚地看到语言文字研究所起到的巨大的、基础性的作用。语言文字不仅仅是情感交流的工具，更是文化传承的载体，是国家繁荣发展的根基，是民族身份的象征和标志。现在是研究语言文字的大好时机，近年召开的全国语言文字工作会议体现了国家对语言文字工作的高度重视。我们汉语研究者应该更多地立足和回应社会需求，更加积极有为地投身语言文字研究和文化建设。

有鉴于此，我们中心新的发展目标是：响应国家以语言文字凝聚文化自信、增进民族认同的号召，充分发挥浙江大学语言学研究重镇的影响力，汇聚全国语言学研究力量，强化语言学全方位的学术研究、交流与合作，着力构建具有中国特色和国际视野的语言学理论体系，打造具有前沿性、权威性、引领性的语言学研究品牌。为此，中心决定启动以学术传承为基调的“浙大学派语言学丛书”和以学术发展为基调的“中国语言学前沿丛书”两个项目。现在出版的“中国语言学前沿丛书”第一辑，正是这一规划的首批成果。

中国语言学是一门古老的学科。传统的中国语言学根据汉语汉字是形音义结合体的特点，形成了训诂学、文字学和音韵学三个学科，统称为“小学”。正如马提索夫所说：“世界上没有别的语言像汉语研究得这么深，研究的时间有那么长。”（《藏缅语研究对汉语史研究的贡献》）可以说，系统总结、反思汉语言文字一直是中国传统语言学研究的优良传统。19 世纪末 20 世纪初，西方语言学思想传入中国，与传统语言学发生碰撞，有识之士便在比较的视野下，开始对中国传统语言学进行反思与总结。比如章太炎先生在《论语言文字之学》中认为，“小学”这一古称应当改为“语言文字之学”：“此语言文字之学，古称小学。……合此三种，乃成语言文字之学。此固非儿童占毕所能尽者，然犹名为小学，则以袭用古称，便于指示，其实当名语言文字之学，方为塙切。”这种观念体现出当时学者对传统语言学现代化的思考与尝试，也标志着中国语言学开始走上现代化的道路。

近二三十年来，语言学研究观念不断拓展、理论不断创新、内涵与外延不断丰富，这些都是我们编纂这套丛书的基础。秉承着梳理、总结与审视学术历史发展的传统，我们也需要回顾这一阶段，总结我国语言学研究又有哪些新的起点、新的成果。推出“中国语言学前沿丛书”正是基于这样的考虑：展现当代中国语言学诸领域专家学者的经典论文，让我们重温经典；集中呈现某个领域的进展，让我们深化对学科本质的认识；引入新思想、新观念，甚至新的学科，让我们视野更开阔。我们的做法是：邀请在自己的研究领域精耕细作、有独到见解的专家，挑选并汇总一批在本领域、本选题研究中具有代表性的学术论文。这既是对既往研究的回顾总结，也是为新开端扬帆蓄力，正所谓承前启后、继往开来。同时，通过集中呈现前沿成果，读者能够了解、掌握该研究方向的最新动态和代表性成果，“辨章学术，考镜源流”，得参考借鉴之利。

本丛书编选有三个标准：创新性、前沿性、专题性。这三点同时也是我们编纂这套丛书的目的，更是我们编纂此丛书的难点。编选之难，首先在于鉴别是否具有创新性。陈寅恪先生在陈垣《敦煌劫余录·序》中说：“一时代之学术，必有其新材料与新问题。”研究成果必须具备相当的深度和水准，可以代表这一领域的最新进展。学术研究贵在有所创造，周有光先生曾说：“学问有两种，一种是把现在的学问传授给别人，像许多大学教授做的就是贩卖学问；第二种是创造新的学问。现在国际上看重的是创造学问的人，不是贩卖学问的人。贩卖学问是好的，但是不够，国际上评论一个学者，要看他有没有创造。”创造绝非无源之水、向壁虚构。创造之可贵，正在于它使得人类已有认知的边界再向前拓展了一步。

编选之难，其次在于如何鉴别前沿性。前沿代表了先进性，是最新的经典研究。时至今日，各学科的知识总量呈指数级增长，更兼网络技术飞速发展，人们获取信息的途径日益便利，使人应接不暇。清人袁枚已经感叹：“我所见之书，人亦能见；我所考之典，人亦能考。”如今掌握学术动态的难点主要不在于占有具体的资料，而在于如何穿越海量信息的迷雾，辨别、洞察出真正前沿之所在。我们请专业研究者挑选自己本色当行的研究领域的经典成果，自然可以判断是否具有前沿性。

编选之难，最后在于如何把握专题性。当前国内的语言学研究正处在信息爆炸的阶段。仅以古代汉语的研究为例，近几十年来，无论在研究材料上还是研究方法上均取得了长足的发展。从材料来说：其一，各种地下材料如简帛、玺印、碑刻等相继出土和公布，这一批“同时资料”由于未经校刻窜乱，即便只有一些断简残篇，也足以掀开历史文献千年层累的帷幕，使人略窥古代文献的本来面目；其二，许多旧日的“边缘”材料被重新审视，尤其是可以反映古代日常生活的农业、医药、法律、宗教、经济、档案、博物等文献受到了普遍关注，因而研究结论会更接近语言事实；其三，还有学者将目光投向域外，从日本、韩国、越南、印度，乃至近代欧美的文献记载观察本土，使得汉语史研究不再是一座孤岛，而是与世界各民族的语言密切联系在了一起。从方法和工具上看：其一，由于方法和手段的先进，从田野调查中获得的材料变得丰富和精准，也成为研究汉语的鲜活证据；其二，随着认识的加深，学者对于材料可靠性的甄别日趋严谨，对于语料的辨伪、校勘、考订时代等工作逐渐成为语言研究中的“规范流程”；其三，由于计算机技术的发达，研究者掌握大数据的能力更加强大，接受国际语言学界的新理论更及时、更便捷，交叉融合不同学科的能力也越来越强，借助认知语言学、计算语言学等新兴领域的方法也流行开来。由此，鉴别专题性的工作就变得纷繁复杂了。

曾国藩说得有道理：“用功譬若掘井，与其多掘数井而皆不及泉，何若老守一井，力求及泉，而用之不竭乎？”只有强调专题性，才能够鲜明突出，集中呈现某一专题的最新见解。

学术是相通的，凡是希望有所创见的研究者，不但要熟悉过去已有的学问，对于学界的最新动态也要足够敏锐，要不断地拓展思想的疆界和研究的视野。同时，在日新月异的信息浪潮之中，学术的“前沿”似乎也在一刻不停地向前推进，作为研究者个人，或许更便捷的门径是精读、吃透一些专门的经典成果，以此作为自身研究的路标和导航。这也是我们丛书编纂的目的之一。

这是一套开放性、连续性丛书,欢迎中国语言学各领域的学者参与编纂。第一辑我们首先邀请浙江大学中国语文研究中心的专家,让他们从各自的研究领域出发,以独特视角和精心阐释来编辑丛书,每个专题独立成卷。以后会逐步邀请更多学者根据自己的研究专长确定专题,分批出版。各卷内容主要分三部分:一为学术性导言,梳理本研究领域的发展历程,聚焦其研究内容与特点,并简要说明选文规则;二为主体部分,选编代表性文章;三为相关主题的论文索引。最后一部分不是必选项,看实际需求取舍。我们选编文章时将尽可能保持历史原貌,也许与今日的要求不尽相同,但保留原貌更有助于读者了解当时的观点。而且,更加真实地再现作者的研究历程和语言研究的发展轨迹,对于历史文献的存留也有特殊的意义。

这就是浙江大学中国语文研究中心编纂这套"中国语言学前沿丛书"的缘起与思考,也是我们的努力方向。希望本丛书能够兼具"博学"与"精研",使读者尽可能把握特定领域、范畴的最新进展,并对学界的热点前沿形成初步印象。

2022 年 7 月 22 日于杭州紫金西苑

目　录

第二部分 认知语言学视角下的隐喻解读

第三部分 逻辑学视角下的隐喻语义理解

前　言

隐喻在人类的语言与认知活动中具有十分重要的地位，“人生是一场旅行”“时间就是金钱”“地球是人类的母亲”“丑闻缠上了大明星”“汽车喝饱了油”“桌腿”“山脚”等隐喻性的表达在日常语言使用中随处可见。这些表达不仅体现了语言使用中的修辞技巧，还反映了我们赖以生存的概念系统的很大一部分是以隐喻的方式建构的。隐喻深深地根植于我们的学习、推理、想象和创造等诸多认知活动之中，也深刻地影响到我们日常生活的一言一行。隐喻思维不仅是解决语言认知问题的钥匙，也是深刻理解人类思维本性的关键。正是这种对隐喻认知价值的重新审视，构成了当代认知科学的三大重要发现之一，也成为当前语言学、逻辑学、认知心理学和计算机信息科学等多学科领域共同关注的学术前沿。

在过去三十多年里，隐喻研究呈现出从修辞到认知和从描述到计算的演进。在认知语言学研究的基础上，从逻辑表征和认知计算的角度对隐喻进行深入探讨已成为现代隐喻研究中一项既重要又迫切的工作，具有重要的理论价值和实际意义。首先，这类研究有助于清晰地描述隐喻生成与理解的认知机制和动态过程，进而以隐喻为窗口，探讨人类语言使用和心智运作的奥秘。其次，有助于促进自然语言与形式语言的融合，推动逻辑学、语言学和计算机科学的学科互动，为认知语言学、语言逻辑、认知心理学、自然语言理解等学科的发展找到新的增长点。最后，借助有效的形式化方法和切实可行的推导系统，提高智能搜索、机器翻译和语篇理解的效果，实现自然语言处理研究逐步从低层次的语言信息处理(如,词性标注、句法分析、指代消解和命名实体识别等)向高层次的语义分析任务的突破。这将为和谐人机互动环境的建立提供必要的技术支持,实现良好的人机交互和人际沟通。

本书的内容大致可以分为以下四个部分:

第一部分为多学科交融的隐喻综观研究。隐喻作为20世纪认知科学的三大重要议题之一,在认知机制的探索方面受到认知语言学、认知心理学、自然语言处理等多个领域的广泛关注。隐喻研究多学科交叉格局的形成,一方面大大加深了人们对隐喻现象的认识和理解,另一方面也带来了一些迫切需要思考的问题。其中之一,就是如何在一个统一的框架下审视不同研究方向上所取得的成果。我们将符号学作为一种元学科的分析视角,结合隐喻研究的历史变迁和发展现状,探讨在符号学的基本框架中把握当前隐喻研究的大体形态和趋势。并以此为理论工具深入探讨隐喻这一特殊语言符号的表达和理解,进而揭示隐喻符号解读过程中的信息流动,以及隐喻思维反映的关联性、整体性、发散性和独特性。另外,我们尝试从耶夫·维索尔伦(Jef Verschueren)的语用综观论出发,将隐喻的使用视为一个不断做出选择的过程。通过引入变异性、协商性和适应性三个处于不同层次而又相互联系的关键概念,更好地阐释"人们是如何使用隐喻的"。

第二部分为认知语言学视角下的隐喻解读。一是对认知隐喻的代表性工作进行梳理和评价,从理论和方法两个角度重新审视当代隐喻学研究,并在此基础上对概念整合理论、关联理论等经典研究范式进行拓展和深化。二是从整体上对隐喻认知加工的模型及其中的主要要素进行详细的分析,构建汉语非字面语言的"规约层级递进模型"。在大脑统一的认知框架下刻画表现不同规约度非字面语言种类在该连续统中的位置及加工难度与复杂性,分析统一性和特异性对认知加工的影响,主体因素和客体因素在认知过程中的相互作用。三是探讨关联理论范式下隐喻研究的深入。四是对混杂隐喻、刻意隐喻等特定隐喻现象进行多维度、多层次的讨论。

第三部分为逻辑学视角下的隐喻语义理解。隐喻是人类日常交际和认知研究的核心问题。语用层面的研究具有台前推理的关照性;认知层面研究侧重于幕后认知推理。在逻辑语义学的传统中,语法和语义的生成都满足组合性原则,且在生成过程中一一对应。但由于隐喻语句涉及非字面义理解,这种句法-语义的对应生成会产生困难,因此需要对隐喻语义的生成作新的探讨。若将隐喻理解过程视为信息的传递和解读而非简单的真值判定,则它与非隐喻表达并没有本质差别。在隐喻真值条件讨论的基础上,我们基于情境理论和模态逻辑对隐喻进行形式化,通过描述源域、目标域内部的信息联系和两个概念域之间的跨域联系,定义一个语句作为隐喻被理解的条件,并通过构造隐喻逻辑,得到一些隐喻理解的特有性质,从逻辑学的角度给出对“我们如何理解隐喻”的一种可能的回答。

第四部分为面向现实应用的隐喻研究,探讨隐喻理论研究与实际应用的结合点。在面向机器自然语言处理的隐喻认知计算研究方面,针对中英文的隐喻数据集,提出基于卷积神经网络与 SVM 分类器的隐喻识别方法,基于词向量融合和循环神经网络(RNN)的中英文隐喻识别方法,以及基于图卷积神经网络和 Transformer 的隐喻识别模型,尝试解决多个词语共同引发的隐喻表达;在语言教学领域,基于实证研究,考察不同水平的二语者的隐喻表达策略及特点,论证二语隐喻表达的“保守创造模型”;在翻译领域,探讨认知视角下隐喻的汉译问题;在儿童教育方面,结合案例分析,探讨隐喻在知识创新和儿童思维教育中的作用。

第一部分

多学科交融的隐喻综观

认知科学视域中的隐喻表达与理解*

黄华新

绪　论

自亚里士多德以来，隐喻一直因其独特的修辞功能而深受重视。到了20世纪，学者们逐渐认识到，隐喻不仅仅是一种修辞手段，更是一种基本的认知方式。这一隐喻研究的认知转向使得研究者对日常隐喻有了更多的关注。莱考夫和约翰逊（Lakoff & Johnson，1980：3）曾指出，"隐喻普遍存在于日常生活中，我们惯常的概念体系，我们的思维和行为，在本质上都是隐喻性的"。如"人生是一场旅行"这样的表达，它通过为人们所熟悉的概念"旅行"来解释较为抽象的概念"人生"，使人们可以联想到"遇到坎坷""走了弯路""畅通无阻"等含义，从而更具体地理解和把握"人生"这一描述对象。正是这种对隐喻认知价值的重新审视，构成了当代认知科学的三大重要发现之一（Lakoff & Johnson，1999：1）。

瑞恰慈（Richards，1936）将对隐喻的探讨从单纯的语言现象转移到了思想层面，认为隐喻的机制是两个并置概念在互动基础上生成新的意义；此后，布莱克（Black，1962）发展了瑞恰慈的"互动论"，认为隐

* 本文原载《中国社会科学》2020年第5期。

喻话语的加工是通过将一组由次要主词得到的“相互关联的隐含”投射到基本主词上来实现的。1980 年,《我们赖以生存的隐喻》(*Metaphors We Live by*)一书出版,标志着著名的概念隐喻理论的诞生。该理论认为隐喻的本质是两个认知域之间的互动形成的跨域映射。自此隐喻研究进入了全新的认知研究阶段。概念隐喻理论揭示了隐喻在认知中的基础性地位和系统性框架,但也正是由于过于强调认知的固有框架,该理论对日常交际中所使用语言的语义以及语用因素的重视不足,对实际语境中灵活多变的隐喻表达解释力不强。具体而言,概念隐喻中的概念映射是一个从源域到目标域的函数$f:S \rightarrow T$(其中 S 为源域, T 为目标域,对于任意 $b \in S$,有唯一的 $a \in T$ 与之对应)。它通过源域和目标域中对应元素的映射关系,表征源域中的空槽(slot)、关系、特征、知识与目标域中相应的空槽、关系、特征、知识的一一对应(Lakoff & Turner,1989:63—64)。这种映射关系很大程度上依赖于类比推理,其基本模式是“A 具有性质 a,b,c,d;B 具有 a,b,c; 则 B 具有性质 d”,即前提中需要先有一系列的相同性质存在,才能由此推出一方拥有的性质也为另一方所有。但对于日常交际中的隐喻理解,类比推理的前提过强,说话人表达和听话人理解时可能都只对源域中的几个性质进行了关联和凸显,不一定完成源域和目标域内部要素的一一映射。

随着信息技术和人工智能的迅猛发展,学者们对信息搜索和提取进行了持续深入的探索。奎廉(Quillian,1968:227—270)通过对人类记忆的研究,认为记忆的储存依赖于概念间复杂的联系,并由此提出了语义网络的概念;西蒙斯和布鲁斯(Simmons & Bruce,1971)用语义网络中的节点表示对象和概念,边表示节点之间的关系,将语义网络转化为谓词逻辑演算。而隐喻因其表义的间接性,对信息的获取提出了更高的要求。1990 年以来,学者们陆续提出了各种处理隐喻的计算理论和模型，如马丁（Martin，1990）提出了基于知识的隐喻解释、描述和获取系统 MIDAS；斯坦哈特（Steinhart，2001）利用扩展的谓词逻辑，给出了一个基于可能世界语义学的隐喻结构理论及其计算模型 NETMET；巴登（Barnden，1992：520—552）结合隐喻与信念推理关系的研究，建立了一套基于规则的隐喻推理系统 ATT-Meta；内海（Utsumi & Sakamoto，2011；Utsumi，2011）采用一种语义空间模型对隐喻的理解过程进行了计算模拟。随着近年来深度学习技术的蓬勃发展，比佐尼等（Bizzoni，Chatzileyriakid & Ghanimifard，2017：43—52）利用词向量强大有效的表征能力，结合基础神经网络架构来处理隐喻，在名词性隐喻和形容词性隐喻的识别任务上取得了较好的效果；雷伊等（Rei，Bulat & Kiela et al.，2017：1537—1546）通过有监督的语义相似网络进行隐喻识别，以在网络中添加门控机制的方式完成了语义特征的提取。

这些研究从语言认知、语义计算等视角对隐喻的生成和理解做了多维度、深层次的分析，让我们认识到隐喻在人类认知中的重要作用和对其进行表征的可能性。而在当下的数字化时代背景下，越来越多的信息被编译为不同类型的符号，符号化传播已经逐渐成为信息交互的主流形式。隐喻本身也是一种符号现象，可以是语言符号，也可以是图像或声音等形式的符号。所以，我们进一步以具有元学科性质的认知符号学为切入路径，尝试对隐喻表达和理解中一系列复杂的认知过程给出一个相对完整的符号学解释框架。从以皮尔斯（C. S. Peirce）为代表的符号学视角看，隐喻表达和理解的过程也就是符号生成与解释的过程。尽管利科（P. Ricoeur）认为，隐喻研究不能“通过将话语语义学还原为词汇实体的符号学来完成”（参见李幼蒸，1999：346），但他所要强调的仅仅是隐喻语词不能简单地作为语言符号解释为字面义，并不是否认将隐喻作为符号进行解读的可能性。这也恰恰说明，在隐喻这一特殊符号的解读中,非字面的语用因素起着关键作用。我们认为,认知主体、认知语境、心理过程和符号链是其中必须重点考虑的要素。同时,以不同的符号要素为切入点所进行的隐喻分析也存在很大差异:从符形的多样性角度看,隐喻既可以通过语言形式呈现,也可以通过融合了图形、声音、表情、动作等的多模态符号表达;从隐喻的认知主体看,不同主体(人类、机器、人机结合)的理解情形也各不相同。

本文主要讨论以人为主体、以自然语言为载体的隐喻形式,从符号和信息传递的角度重新审视其生成和解释,对概念隐喻中简化了的部分进行补充和修正,分析和构建隐喻表达者和理解者在隐喻符号生成与解释时所涉及的推理过程。具体探讨如下三个问题:1. 在将隐喻语言视为符形时,字面含义和语用因素如何相互作用形成符号链? 2. 如何模拟隐喻符号交际中,交际双方所完成的信息传递与获取? 3. 隐喻符号认知的信息加工过程反映出思维的哪些属性,这些属性在隐喻表达和理解的过程中又是如何发挥作用的?

一、隐喻的符号学构建

皮尔斯(2014:31)曾指出,我们所有的思想与知识都是通过符号获取的。可以说,人们对于事件的认知就来自对事件所涉情境符号的解读。皮尔斯的符号"三元说"理论将符号定义成这样一种事物:它一方面由一个对象所决定,另一方面又在人们的心灵中决定一个观念(称为解释项),符号与其对象、解释项之间形成了一种三元关系。其中,符号形体与符号解释项之间的关系称为"意指",与表达对象之间的关系称为"指称",相互关联的三者就构成了一个"符号三角"。

皮尔斯(Peirce,1985:5)认为,从符号本身到符号解释是一个心理过程，某个符号会在接收者的头脑中创建另外一个新的或更为复杂的符号，新创的符号就是初始符号的解释项。由此看来，对符号的解释通常不是一步完成的，外界信息输入后，符形与符释会在心理层面不断交替转换。这一过程涉及一系列复杂的语用因素，其中最重要的是认知环境、心理过程和符号链。

（一）认知环境

隐喻所包含的非字面义要被表达和理解，离不开对语言自身以外的因素的综合考虑。卡梅伦等人指出过，"在特定的语言使用环境中研究隐喻语言，需要将认知和社会文化联系起来"（Cameron & Low, 1999:8）。社会文化、交际语境以及皮尔斯所提到的符号认知主体等作为影响隐喻符释的外在因素，本身都具有复杂的内在结构，只有接受了特定社会文化且处于特定交际语境中的理性认知主体，才能进行隐喻交际而不会简单地认为该语句为假，我们可以将上述三者统一视为"认知环境"的组成部分。

"认知环境"这一概念来源于关联理论，斯珀波与威尔逊（2008:40）在《关联：交际与认知》中给出的定义为：

（1）某事实在某时对某人显明，当且仅当在此时能够对该事实作心理表征并接受该表征为真或可能为真。

（2）个人的认知环境是对其显明的事实的集合。

所谓"显明"就是被感知或被推出，一个人的全部认知环境值是他能感知或推出的事实的集合。这一定义与通常将外在信息作为自变量、主体认知作为函数的思想不同，它将一个人的认知环境作为其所处物质环境及其认知能力两者的函项（斯珀波、威尔逊，2008:41），本质上是把外在信息和内在认知都视为影响因素，共同决定一个事实是否能被主体所接受。这样,一个人在认知过程中所能调用的就不仅是外在的信息,还包括他有能力进一步推出的全部信息。认知环境函数所具有的“感知”和“推出”两种功能,都为理性主体所具有的基本认知能力:“感知”将外在信息转化为内在信息,“推出”在已有内在信息的基础上产生新的内在信息。外在信息包括交际情境中的说话人、听话人、时空等语境所提供的信息;内在信息指主体所接受的信息,包括主体的背景知识和被主体感知及推出的知识,它集中体现了不同认知主体的差异。隐喻理解不同于字面义理解之处就在于,不同主体和语境输入认知环境函数后将激活不同的认知图式,得到不同的认知结果。

(二)心理过程

要用“符号三角”构建隐喻符号的解读过程,最简单的做法似乎是对隐喻语句的要素进行拆解,将喻体作为符形,本体作为对象,隐喻理解相应地作为从符形到特定符释的意指过程。这样做的问题是:一方面仍然把隐喻理解过程作为一个整体,令其在符释上实现,而没有说明这一理解是如何进行的;另一方面,当隐喻语句不同时出现源域和目标域时,本体和喻体呈现不清晰,就无法得到完整的“符号三角”,似乎也意味着理解无法顺利进行。产生上述困难的原因是,隐喻依赖的不一定是已有信息提供的知识,还可能是从这些知识推出的新知识。在日常交际中,大量隐喻概念已经固化在人们的认知中,这样的知识可以不在文本中显性存在;另外还有一些新奇隐喻的源域和目标域之间关联性不强,需要有与两者相关的其他概念作为连接。这些隐喻的表达和理解过程都不能一步完成,而需要包含长度不一的心理推理过程。

在符号的三要素中,符释是一个只存在于主体认知中的抽象存在,由符形到符释的意指过程是一个认知加工的心理过程。符号解读所经历的心理过程，也就是认知环境的生成过程，它依赖于认知主体的知识和外界提供的信息。基于上文对认知环境的说明，我们把作为理解结果的认知事实递归地定义为满足如下条件的最小集合 S，其中 s 为外在环境信息，c 为主体认知能力，f 为认知环境函数：

（1）$f(s,c) \in S$；

（2）如果 t 是认知事实，则 $f(t,c) \in S$。

隐喻概念本身和非最终阶段的解读都可以作为语境的扩展或新的前提，来改变初始语境提供的蕴涵并引发另一些新的蕴涵（斯珀波、威尔逊，2008：263）。也就是说，外在信息和主体认知能力输入认知环境、获取认知事实的过程可以重复，新的事实信息和认知能力可以继续输入，不断推出新的事实。

心理过程集中反映在意指过程中，意指的实现依赖于对符形的理解，将一个符号视为何种类型的符形影响着意指得到何种符释。如皮尔斯曾将符号划分为像似符、指示符和规约符：像似符和对象存在实体上的相似性；指示符与对象存在着某种因果联系；规约符最初与对象的联系带有任意性，而在一个社会群体中被固定下来之后又具有稳定性。外在和内在信息首先会共同影响主体对符号类型的判断，然后基于该判断所确定的符号类型将作为新的知识存在于认知环境中，引导不同的心理过程。也就是说，当主体判定一个隐喻表达是某种类型的符号后，会根据该类符号的特征寻找与之相似或相关的对象。

（三）符号链

现代隐喻理论普遍认为，隐喻不仅仅是词（符号形式）的替换，更重要的是概念系统之间的互动。由上述关于心理过程的分析也可见，很多情况下隐喻理解不是一步完成的，它需要将认知得到的事实作为新信息来得出新的事实。从符号学视角看，这说的就是符号的解释本身可能成为解释者头脑中新的符号形式，以此类推下去，形成一个符号的链条。

我们可以将隐喻语言从符形到符释的意指过程展开为一个多级符号链。初始符号为完整的隐喻表达，主体在交际中结合动态语境进行选择和调整，通过符号推理转码得到与语境相容的解释。具体而言，第一层意指过程依靠的是语言的群体约定，一个隐喻概念经由说话人表达后，就成了听话人需要解读的符号，其符释是语句的字面义，对象是该字面义所表述的事态（比如“时间是资源”这一隐喻表达，直接按字面义理解为“时间是一种可利用的自然物质”）。但通常情况下，隐喻表达会与常识相违背，使得字面义表述的事态在现实世界中的对应为空，即与语境产生冲突（此处，现实的自然界不存在“时间”这样一种具有某种用途的物质实体）。这种冲突会构成语义抑制，迫使听话人将符释作为新的符形，继续延伸符号链。第二层级的意指主要考虑说话的背景信息，在进一步对以字面义为符形的符号进行解释时，通过排除与当前语境产生冲突的要素得到一个可相容的语义解释，相应的对象是作为现实世界一部分的事态（此处排除“物质实体”一类的性质，而保留“有价值”一类的性质）。当然该解释仍然可能包含过多的信息，呈现为一个比较含混的符号，此时就需要第三层意指对交际过程中的信息进行提取并支持推理，一般可以通过搜索上下文关键词继续对符号进行进一步的解释（如果“时间是资源”后还有“我们要节约它”的描述，则根据“节约”的语义，突出资源的有限性和珍贵性）。最终得到的上下文相关的限制性相容语义，就是该隐喻在当前语境下所能达到的充分理解。符号链的基本形式如图 1 所示。

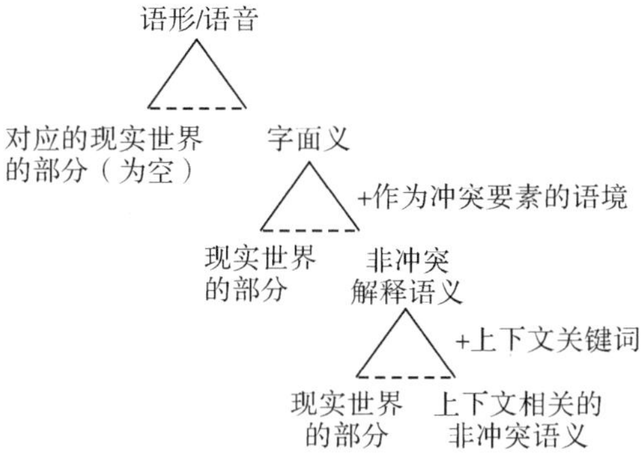

图 1　隐喻语言理解的符号链

二、隐喻认知中的信息流

信息是宇宙中与物质、能量并列的三大基本要素之一，是事物结构和秩序固有的测量方式（Devlin，1991：2）。信息在事物之间的流动形成信息流，使得某一事物可以传递另一事物的信息。一句话之所以有意义，是因为它给出了几种事物之间的信息传递关系，如“有烟就有火”，其意义在于揭示了“烟”与“火”之间的信息传递，当主体得到“有烟”的信息，也随之得到了关于“火”的信息。符号的本质就是信息的载体，通常当一个事物在自身的声音形态等属性之外还包含关于其他事物的信息时，才能称之为“符号”，比如上述的“烟”可以作为代表“火”的符号。如果以信息为基本单位看上述符号推理，可以认为其背后的支持因素就是符号之间的信息流动。

20 世纪 80 年代，巴威斯（J. Barwise）和佩里（J. Perry）以信息流思想为核心提出了情境语义学（situation semantics），认为自然语言最重要的功能不是表达真值，而是传递关于外部世界的信息。因此语句的外延意义不是真值，而是句子所描述的情境。语句之所以有意义，是因为一个情境包含关于另一个情境的信息，且根据情境类型之间的制约关系，可以从一个情境类型推出另一个情境类型。

情境语义学中，话语的解释被认为是若干信息元(infon)的汇集。构成一个信息元的基本要素包括：个体(individuals)、关系(relations)、时空场点(space-time locations)和极性(polarity)。这就是说，一个“某时某地某个体(或某些个体)具有某性质(或某关系)”的事实就构成一个基本信息单位，基本信息单位的合取或析取构成复合信息元(compound infons)。一般地，人在认识事物时不需要也不可能知道关于它的一切，所以与可能世界语义学中承认的完整世界和全部信息不同，情境语义学从一开始就抛弃了这一过强的约定，它所定义的情境只考虑现实世界中被认知主体关注到的那部分信息。情境和信息都是独立的实体，情境可以支持也可以拒绝信息。给定一个情境 s 和信息元 σ，s 支持 σ 说的是该信息元在情境中被满足，记作 $s \vDash \sigma$，$s \vDash \sigma$ 当且仅当 $\sigma \in s$。除了对一个具体情境进行描述，有时我们也需要描述缺少或忽略某些要素的抽象情境。为达到这一表达效果，情境语义学引入了“类型”(type)的概念。类型是对具体情境的扩充，它既可以包括真实的个体、场点和关系，也允许个体未定量、场点未定量和关系未定量等自由变元(通常表示为 $\dot{a}, \dot{l}, \dot{r}$)。

信息的更替依赖于制约。“制约”(constraints)是情境语义学的一个核心概念，巴威斯和佩里(Barwise & Perry, 1999:4)认为“制约关联产生意义，适应制约就使生活成为可能”。情境类型之间的系统性制约是一个二元关系，它允许一个情境类型包含另一个情境类型的信息，而只有适应了该制约，才能从当前情境跳转到另一情境，实现信息的流动。因此当我们说一个对象有什么意义时，实际上我们是在讨论涉及该对象的情境所属的情境类型与另一情境类型之间的制约关系，即由

一个类型 S 可以得到另一类型 S'，记为 $C = [S \Rightarrow S']$。

可见，情境语义学以信息描述为基础，将主体、时空等超语义要素加到语义的刻画中，这与认知符号学对认知主体、认知情境的考虑在思想上高度一致，但两者在具体处理上有所差别：符号学将这些因素视为外在因素，对语义产生影响，而情境语义学将这些因素作为信息的组成部分，它们本身就处于语义之内。我们可以将上文图 1 所描述的隐喻符号链在情境语义学的框架下做进一步的解释，来反映隐喻交际中的信息传递。其中主体感知到的现实世界的部分是情境，交际中通过语言传递的是信息。上述符号链的形成依赖于两种不同类型的制约，它们分别引导了两种不同的信息流动方式——横向的信息流动和纵向的信息流动。

理解一个具体隐喻表达的关键是对隐喻概念的接受，主体只有接受了该隐喻概念，才能恰当地理解它所派生出的具体含义。如“你在浪费我的时间”“我在他身上花了很多时间”“值得你花时间吗”这样的隐喻表达都需要建立在接受“时间就是资源”这一隐喻概念的基础上。隐喻概念是对源域和目标域的确认，如果 A 为目标域，B 为源域，隐喻概念就可以表示为“A 是 B”，但这类语句拥有很强的概括性，相应地也有很强的模糊性，因此通常不会孤立存在，而是和有具体指向的隐喻语句同时出现。当隐喻概念在语句中出现时，直接将其视为符形。而在一些固化的死隐喻中，隐喻概念已被默认为双方认知中都存在的预设，而不再出现于文本或交际中。如果隐喻概念不出现，说明它普遍存在于人们的认知中，主体在接受一个具体的隐喻语句时有能力调用相应的隐喻概念，并将其作为符形。接受者对该符形进行认知，得到的符释是从字面义中提取的信息元。但由于“A 是 B”的字面义为假，现实情境不支持该信息元，所以需要进一步延伸符号链，将信息元作为新的符形，该符形意指一个情境类型间的制约关系，它规定，如果存在情境类型 x 是 A，则可以得到另一个情境类型满足 x 是 B，给出源域与目标域之间的横向信息流动。接着，把概念域视为由核心概念生成的语义场，对源域和目标域进行概念到子概念[①]的信息迁移。通过义素包含关系形成的制约来实现纵向的信息流动。比如，我们由“资源”这一概念可以分解出“有价值”“用于交换”等多个义素。主体运用他所掌握的百科知识，就能在他的认知范围内建立起制约关系。当然，每个概念都处在一个开放的语义场中，也就会产生无穷多个制约关系。如果隐喻表达不是以孤句形式存在的，则通过搜索上下文的关键词，可以获得新信息来增加对情境的制约，减少情境所能支持的信息。

对于概念意义的表达，科林斯和奎廉（Collins & Quillian）从计算机有效提取信息的角度提出了具有层次性的语义网络（semantic network）结构模型，这一模型成为最有影响力的表征理论之一。其基本观点是，当一个人阅读和编码某个陈述时，相应的概念就被激活，并沿着网络结构中的连结扩散。当两个激活源相交，则被证实所陈述的是真实的（参见刘爱伦、水仁德，2002：70—71）。我们可以通过构造隐喻认知的语义网络，进一步表征上述认知过程中的信息流动，与通常的图（graph）的定义类似，我们将隐喻认知语义网络的结构表达为一个有向图 $G=\langle V,E\rangle$，其中 V 为节点集，每个节点是一个概念，$E=E'\cup E''$ 为边集，表示概念间的关系。在隐喻的语义网络中存在两种关系，关系 E' 由隐喻概念给出，描述目标域与源域之间的信息转移，因此规定 E' 的起点和终点都必须是根节点；关系 E'' 来自范畴的归属，每个概念的

① 本文所说的子概念指由该概念的义素、义素的义素，以此类推，所得到的所有概念，在语义网络中表现为该节点的所有后辈节点。

义素就是它的子节点。制约关系提示的是隐喻语义网络中信息流动的方向:由隐喻概念给出的制约可以实现信息在源域和目标域之间流动;由范畴归属所给出的制约可以得到语义场中向下分解和延伸的义素,最终从一个模糊的概念域得到某些具体的性质。

语义网络的建构方式与概念隐喻理论密切相关,概念隐喻的跨域映射在语义网络中整体表现为源域和目标域之间的横向信息流动,但两者并不相同。首先,在经典的概念隐喻理论中,只有从源域到目标域方向的映射,而在这里,由制约关系给出的两域之间的信息流动是双向的:对于说话人而言,信息的流动方向为从目标域到源域,即为了说明某一事物而寻找恰当的载体,具体表现为一个节点同时是源域和目标域的后辈节点,或者说,正是因为两个概念域节点存在相同的后辈节点,才使它们有可能构成隐喻。与之相反,听话人从说话人或自己的认知中调取隐喻概念并提取源域和目标域后,需要以源域的核心概念为出发点,向下延伸不同的性质分支。通过搜索下文,新出现的源域关键词可以对现有的图进行限制,使明显语境无涉或与目标域产生矛盾的部分性质不再向下延伸。当由源域延伸出的概念序列里出现与目标域相关的描述时,就将这一概念及其子概念整体迁移到目标域中,成为目标域下的子概念,即实现将源域中的信息转移到目标域中的意图。其次,在概念隐喻中,源域和目标域间的概念映射是平行结构的,源域中的对象和关系分别投射到目标域中相应的对象和关系上。但在日常交际的多数情况下,隐喻的表达可能不会产生全面的隐喻思想,而是基于过去和现在的环境,受到部分隐喻概念或多个相互作用的隐喻概念的影响(Gibbs,2019:43)。此时,隐喻体系并不建立在清晰的一一对应关系上,而只是对源域的几个性质进行了关联和凸显。因此,在我们的语义网络中,源域分支上的性质不是与目标域的分支性质相关联,而是直接迁移到顶层的目标域概念下，其思想基础更接近于认为隐喻是通过源域来凸显目标域中某些特性的范畴归属理论。此外，相较于概念隐喻的跨域映射，这样构造的语义网络中，关联性的建构是在不断搜索的过程中完成的，因此可以呈现隐喻推理的动态性。下面通过一个例子来呈现隐喻交际双方的语义网络：

做企业就是打仗，我们要努力培养出具有雄才大略的将领和训练有素的士兵，提升我们的整体作战水平。

首句的隐喻概念“做企业就是打仗”，给出了目标域到源域的横向信息流动，它通过情境类的制约关系建立了“做企业”和“打仗”的联系，该制约下的信息流动保证了“做企业”的性质可以用“打仗”的性质来描述；从纵向上看，说话人表达这句话的目的是传达关于“做企业”的看法，其信息可以从“做企业”到一系列隶属于“做企业”概念的子概念，类似于说明一个概念的内涵。如果语句意欲表达的是做企业的属性 A、B、C，那么从目标域转移到源域后，在源域“打仗”的后辈节点中也相应地可以找到 A'、B'、C'，使得 $A' = A, B' = B, C' = C$，说话人通过描述 A'、B'、C' 就能表达所要传达的含义。图 2 所示为说话人的语义网络及形成网络的两种信息流，其中虚线箭头为信息的横向转移方向，实线箭头为信息的纵向转移方向（下文类似）。

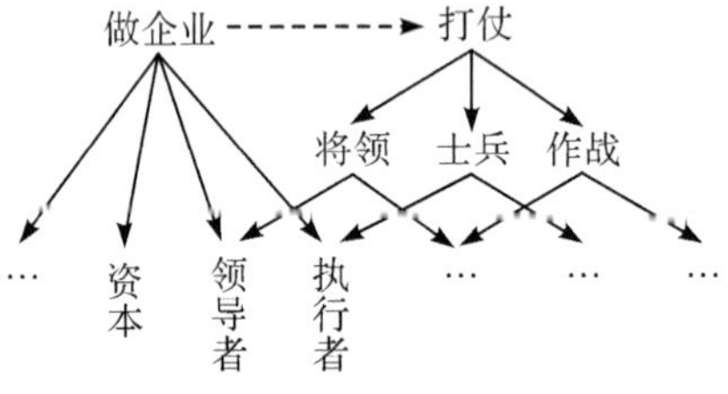

图 2　说话人的隐喻语义网络及信息流动方向

听话人的理解过程与说话人的表达过程在横向信息流上方向相

反。假设听话人是合作的，则他首先必须接受顶层隐喻概念“做企业就是打仗”。根据这一隐喻概念，“做企业”是论元，“打仗”是谓词，即需要通过“打仗”来理解“做企业”。那么就需要进一步对“打仗”进行理解，这依赖于从一个概念到它的一系列子概念的纵向信息流动。根据下文给出的关键词“将领”“士兵”和“整体作战水平”，重点关注有关的分支。但这些子概念中，仍然不存在与“做企业”有直接联系的概念（企业没有将军、士兵，不会进行作战）。因此继续对子概念进行分解，如“将军”的义素包括“领导者”，这是与目标域相关的节点（企业拥有领导者），就建立它与目标域的关系，使目标域获得该节点及其后辈节点的性质。图3所示为听话人的语义网络及形成网络的两种信息流。

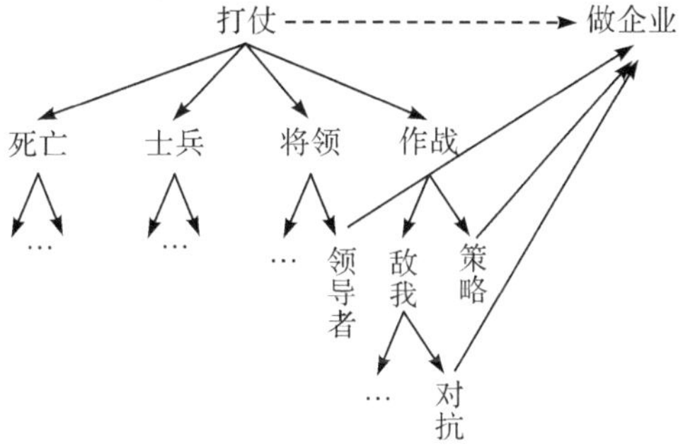

图3　听话人的隐喻语义网络及信息流动方向

三、隐喻认知的思维属性

上文中，我们在符号学框架下探讨了隐喻认知中字面义以外的要素所起的作用，给出了隐喻推理的符号链；然后基于信息流思想重构了符号链中意指所涉及的信息流动，并通过语义网络呈现了隐喻的模糊表达与动态理解。由这些分析可见，对隐喻信息的加工会比对字面信息的加工更复杂,除了拥有基本的信息提取能力,还需要激活一些非常规的信息。这些特殊的信息激活反映了隐喻表达和理解所必需的思维方式,我们将其概括为关联性、发散性、整体性和独特性。

(一)关联性

对隐喻机制进行解释时,一种基本的观点是:隐喻的生成和理解基于事物之间的相似性。但正如利森伯格(Leezenberg,2001:252)所说,相似性的概念显得太宽且太弱:太宽是因为两个物体之间具有无限多的共同特征;太弱是因为它不能说明不同类型物体间的那些比喻性的相似性。也就是说,在表达中,两个事物之间固有的相似性可以不被关注,而本来不具有的相似性可以被隐喻所创造。概念映射不仅利用相似也创造相似。

大量研究表明,人在思维过程中激活的认识是有限的、特定的(刘爱伦、水仁德,2002:45),这些激活的信息与初始信息存在着关联。情境语义学的基本观点也认为,日常语言表达的主要目的是传递关于外部世界的信息,而不是表达真值,它通过描述"制约"关系来构建关联性。反映在上文具体的隐喻认知模型中,横向和纵向制约都不是基于相似性,而是基于由隐喻概念和范畴归属实现的关联性。

无论是源域和目标域之间还是概念和子概念之间的制约,都遵循关联理论所揭示的两个核心限度条件:最大关联和最佳关联。最大关联指用尽可能少的努力获得最大的语境效果;最佳关联则是用较小的努力获取足够的语境效果。两个条件相互制约,最佳关联强调相关性,一个隐喻表达会蕴含相应的隐喻义,如果言者原来并无意图使听者推出这个蕴含,他就应该选用其他的语句以排除这个意思(斯珀波、威尔逊,2008:262);最大关联强调省力性,如果一个表达者是合作的,则其选择的隐喻可以是对既有关联的凸显，也可以创造源域和目标域间新的关联。前者称为强关联，通过凸显对象的性质，降低理解的难度；后者称为弱关联，它留给听话人足够的空间，在含混的情境下，听话人按其认知得到语句的非字面义所耗费的心力最小。

如果按字面义来理解隐喻表达，对象和描述之间会存在不可协调的矛盾，而在默认交际双方合作的情况下，听话人仍然会认为这句话是有意义的，使得理解过程所耗费心力无限增加。但隐喻给出的是较为含混的概念域，允许域中的非核心概念进行关联，这就降低了接受的难度。如“他害怕这段色彩黯淡、业已流逝的、他毕竟可以接受的时日，会突然显出具体而微、污秽不堪的形态，露出恶魔般狰狞的面目来”（普鲁斯特，2010：388），这句对于时间的描述中至少存在“时间是有色实体”（具有颜色）、“时间是河流”（可以流逝）、“时间是生命体”（具有形态和面目）三个概念隐喻。相较之下，“时间是河流”更为常见，可以归为强关联性隐喻，凸显了单向性和持续性这两个时间和流水的既有关联。另两个可以视为弱关联性隐喻，因为是隐喻表达，实现理解的条件不再仅限于时间满足有色实体、生命体的核心概念，而可以是概念空间之间存在的某种弱关联，这就降低了理解所耗费的心力。

（二）发散性

信息激活路径的非唯一性表征了隐喻的发散性，即已知信息沿不同方向、在不同范围可以产生大量变化的新信息。具体而言，一方面发散性体现为概念隐喻的框架不唯一。对一个事物的描述往往涉及多个方面，这些方面有时无法用同一个概念域涵盖。当我们不强制把它对应于某一概念框架和情境时，这一隐喻表达允许多个概念隐喻并置，对应不同的概念框架或情境下的理解，且每个隐喻概念独立统领一个概

未来"（食指《相信未来》）中，"手指是海浪""手掌是大海"的隐喻与非隐喻表达中"太阳""曙光"等关键词，共同完成了"海上日出"这一完整图景的构造，正是这样的表达让"未来"同时拥有了大海所具有的"广阔"属性和日出所具有的"希望"属性。

（四）独特性

思维的过程可以想象为从一个地方到另一个地方的移动，是在潜在认识状态构成的问题空间中搜索出一条独特路径的过程（刘爱伦、水仁德，2002：45）。对隐喻而言，这种路径的独特性表现得更为明显，它既包括说话人的隐喻创作所体现的表达独特性，也包括听话人的隐喻解读所实现的理解独特性，两者的生成机制有诸多相似性。如前文所述，不同的外在环境信息和主体认知能力会得到不同的认知事实，对进一步的信息传递产生不同的制约。在语义网络中，这表现为对分支概念取舍的不同，以及最终对焦点性质选择的不同。一方面，依赖于差异化的主体认知和外部信息选择，主体最终可能选择语义场中边缘概念分支上的语义进行凸显。如"嘈嘈切切错杂弹，大珠小珠落玉盘。间关莺语花底滑，幽咽泉流冰下难"（白居易《琵琶行》），诗句为描写琵琶声创造了一系列的新奇隐喻，将无形的乐音比作有形的珠子、流水。这一隐喻表达所选取的几乎都是源域的边缘概念，造成了事物之间的悬殊差异。另一方面，长距离的信息迁移也会产生新奇感。当进行自上而下的推理时，推理终点往往不确定，随着概念分支的长度不断增加，与根节点概念的偏差也会增加。如"人生是一场旅行"在单独出现时，并没有给出人生在何种方面是旅行，也就不存在确定的理解目标，此时听话人只能从自身认知中接受最基本的制约，因此无法排除选择"人生要做好规划""人生需要留下纪念"等相对特殊理解的可能性。

在一个最理想的隐喻交际中,说话人和听话人的纵向信息流应相同,即双方对每个概念所包含的义素认知相同;区别只在于横向信息流动方向相反。在这种情况下主要体现的是表达的独特性。而对于一个模糊隐喻语句,关联理论指出,“一般来说,潜在寓意的范围越广,且听者在构建这些寓意时所承担的责任越大,则语境效果的诗意越浓,隐喻也越有创意。在最丰富最成功的隐喻例子里,听者或读者可以超越即时语境所涉概念的理解探索,转而调用多方知识信息”(斯珀波、威尔逊,2008:262)。因为听话人无法直接得到回溯概念域的起点概念,所以也只能自上而下地进行推理,这就大大增加了选择的多样性。此时,说话人和听话人都可以选择边缘概念或通达路径较长的子概念,这既体现了表达的独特性也体现了理解的独特性。

同时值得关注的是,上述四种属性之间并不是割裂的。根据其相互的支持关系,可以最终将隐喻认知的思维属性表示为以关联性为核心、以整体性和发散性为基础、以独特性为呈现结果的三角模式,如图4所示。

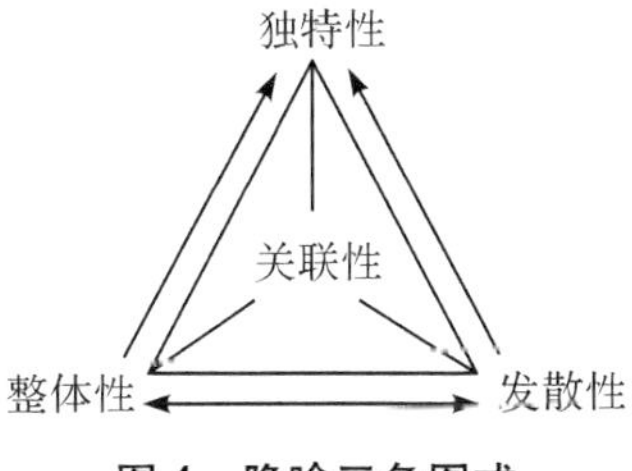

图4 隐喻三角图式

首先,关联性处于中心位置,是隐喻表达和理解的核心要素。在合作的前提下,说话人和听话人都会预设双方所具有的背景知识和认知能力可以使彼此的表达与理解相适应,因此说话人会尽可能选取某一特定场景和目的下关联度高的性质作为隐喻的纽带,而听话人会尽量寻找相应的性质进行匹配。认知心理学的实验表明,当认知系统提取一个词汇项目时,会促使与之具有语义或概念上相关的词汇项目也具有较高的激发状态(贝斯特,2000:149)。整体性的构建是部分与整体的关联,发散性与独特性也必须建立在可以寻找到关联的前提上,否则该表达无效。

其次,整体性和发散性是隐喻表达和理解的基础,侧重于强调认知功能。格式塔心理学的完形趋向律指出,感觉信息可能是片段的、不完整的,但当感觉信息和脑内力场进行相互作用时所引起的认知经验是完整的、有组织的(王鹏、潘光花、高峰强,2009:101),由知觉活动组织形成的经验整体,将大于部分之和。当隐喻语言作为信息片段激活整个认知经验时,就触发了多条认知路径,这些路径的延伸最后填充为该概念域下的整体解释。正是因为说话人用一个隐喻表达的往往是一个相互关联的整体图式,所以在很多情况下难以找到单一的字面表达与之对应,这实际上也体现了语言使用的经济性。

最后,独特性更多地表现为新奇隐喻的效果,它依赖于前两种属性,更侧重强调修辞功能。在没有背景知识和语境的情况下,源域中的所有概念都可以成为隐喻表达和理解的发散方向。对特殊发散路径的选择产生对于对象的不同解释,如果选择的是目标域中的边缘性质,就会形成新奇隐喻,因此独特性可以作为基于发散性生成的某一条路径上的结果,也是构成整体性的一个片段。

结 语

隐喻作为人类认知的一种基本方式,在人类生活中发挥着十分重要的作用。作为隐喻认知转向的标志性成果,概念隐喻理论给出的隐喻认知框架具有跨语言性和系统性。但由于该理论对日常交际中的语义和语用关注不够,它对具体隐喻语句的分析也过于简单。我们从认知符号学的角度,将隐喻表达视为一种特殊的语言符号,揭示隐喻表达和理解不同于字面义传达和接收的更为复杂的符号推理过程。其中,认知环境和心理过程在该符号构建和解读的过程中至关重要,这些语言外部的因素使隐喻符号的理解无法仅由一次符形到符释的意指完成,而需要一个推理的符号链,使前一环得到的符释作为下一环解释的符形。

符号链给出了隐喻解读的框架,那么符号链中的每一次意指具体是怎样进行的,一个隐喻语句如何最终得到非字面的解释?基于情境语义学和信息流思想,我们把隐喻认知机制理解为一定制约关系下的信息流动,表达机制为目标域包含的信息向源域转移,而理解机制为源域信息向目标域转移。在语义网络中看,隐喻涉及的信息流动可区分为横向和纵向两种,横向为顶层的隐喻概念间的关系,给出源域与目标域间的信息传递方向;纵向为义素的包含关系,给出概念到子概念的信息传递。对于理想的隐喻交际而言,理解语义网络中从源域迁移到目标域的概念与表达语义网络中两域共有的概念是一致的。通过这一对隐喻交际中的信息传递和接收的模拟可以发现,隐喻信息加工的过程要能激活与字面义不同的信息,必须反映关联性、发散性、整体性和独特性四个相互作用的属性,我们把它们看成是隐喻表达和理解的思维特性。

参考文献

Barnden J. , 1992, Belief in Metaphor: Taking Commonsense Psychology Seriously. *Computational Intelligence*, 8(3).

Barwise J. & Perry J. , 1999, *Situations and Attitudes*. Stanford: CSLI.

Bizzoni Y. , Chatzikyriakidis S. & Ghanimifard M. , 2017, "Deep" Learning: Detecting Metaphoricity in Adjective-Noun Pairs. *Proceedings of the Workshop on Stylistic Variation*. Copenhagen: Association for Computational Linguistics.

Black M. , 1962, *Models and Metaphors: Studies in Language and Philosophy*. New York: Cornell University Press.

Cameron L. & Low G. , 1999, *Researching and Applying Metaphor*. Cambridge: Cambridge University Press.

Devlin K. , 1991, *Logic and Information*. Cambridge: Cambridge University Press.

Gibbs R. , 2019, Metaphor as Dynamical-Ecological Performance. *Metaphor and Symbol*, 34(1).

Lakoff G. & Johnson M. , 1980, *Metaphors We Live By*. Chicago: University of Chicago Press.

Lakoff G. & Johnson M. , 1999, *Philosophy in the Flesh: The Embodied Mind and Its Challenge to Western Thought*. New York: Basic Books.

Lakoff G. & Turner M. , 1989, *More than Cool Reason: A Field Guide to Poetic Metaphor*. Chicago: University of Chicago Press.

Leezenberg M. , 2001, *Contexts of Metaphor*. Oxford: Elsevier.

Martin J. H. , 1990, *A Computational Model of Metaphor Interpretation*. San Diego: Academic Press, 1990.

Peirce C. S. , 1985, Logic as Semiotic: The Theory of Signs. In Innis R. E. (ed.), *Semiotics: An Introductory Anthology*. Bloomington: Indiana University Press.

Quillian M. R., 1968, Semantic Memory. In Minsky M. (ed.), *Semantic Information Processing*. Cambridge, Mass.: MIT Press.

Rei M., Bulat L. & Kiela D., et al., 2017, Grasping the Finer Point: A Supervised Similarity Network for Metaphor Detection. *Conference on Empirical Methods in Natural Language Processing*.

Richards I. A., 1936, *The Philosophy of Rhetoric*. London: Oxford University Press.

Simmons R. F. & Bruce B. C., 1971, Some Relations between Predicate Calculus and Semantic Net Representations of Discourse. *IJCAI*. Washington, D. C.: MITRE Corp.

Steinhart E. C., 2001, *The Logic of Metaphor: Analogous Parts of Possible Worlds*. Dordrecht: Kluwer Academic Publisher.

Utsumi A. & Sakamoto M., 2011, Indirect Categorization as a Process of Predicative Metaphor Comprehension. *Metaphor and Symbol*, 26 (4).

Utsumi A., 2011, Computational Exploration of Metaphor Comprehension Process Using a Semantic Space Model. *Cognitive Science*, 35 (2).

贝斯特, 2000,《认知心理学》,黄希庭等译,北京:中国轻工业出版社。

黄华新、马继伟, 2019,《符号学视域中的博弈“聚点”分析》,《浙江社会科学》,第5期。

李幼蒸, 1999,《理论符号学导论》,北京:社会科学文献出版社。

刘爱伦、水仁德, 2002,《思维心理学》,上海:上海教育出版社。

皮尔斯, 2014,《皮尔斯:论符号》,赵星植译,成都:四川大学出版社。

普鲁斯特, 2010,《追寻逝去的时光 第一卷:去斯万家那边》,周克希译,北京:人民文学出版社。

斯珀波、威尔逊, 2008,《关联:交际与认知》,蒋严译,北京:中国社会科学出版社。

王鹏、潘光花、高峰强, 2009,《经验的完形——格式塔心理学》,济南:山东教育出版社。

汉语隐喻的语用综观探析*

徐慈华　黄华新

人们是如何使用隐喻的？对于这个问题的回答，原有的语用学理论虽然考虑到了语境因素，但并没有对语境各要素与隐喻使用之间的具体关系做出说明。各个理论解释之间，独立性强、统一性弱，对隐喻生成和理解机制的认识也比较模糊。而语用综观论的跨学科性和包容性，正好为这些理论解释的整合与发展提供了一种可能的选择。本文以语用综观论为出发点，结合具体的汉语实例，探讨隐喻生成和理解的适应性过程，从而在一个统一连贯的理论框架中阐述"人们是如何使用隐喻的"。

一、语用综观的认识论价值

语用综观论由比利时学者耶夫·维索尔伦率先提出，是欧洲大陆语用学发展中开出的一朵奇葩。该理论的思想萌芽形成于 20 世纪 80 年代，经过十多年的完善和发展，最终在 1999 年出版的《语用学诠释》(*Understanding Pragmatics*)一书中得到全面的阐述。维索尔伦提出语用综观，旨在建构一个统一连贯的语用学理论分析框架，以便在这个框

* 本文原载《浙江大学学报(人文社会科版)》2008 年第 5 期。

架内对语言使用的大多数认识进行反思和进一步探索。正是基于这种理论建构的目的，语用综观从一开始就着眼于语言的使用，采取的是一种跨学科的独特视角。

维索尔伦(2003:9)指出，“正如不可能给语用学指派一个基本的分析单元那样，也不可能鉴别出一个具体的相关对象。语用学涉及的是语言性行为(linguistic behaviour)的全部复杂现象。从这一视角出发，我们无法，比如说，研究认知问题而不考虑社会和文化，也无法只考虑文化问题而撇开其认知基础和对认知的启示”。因此，语用学就成了一种从认知、社会和文化的整体角度对语言使用现象进行的综观。作为研究人们如何使用语言的语用学，也就成了语言学与其他人文学科和社会科学的结合点。钱冠连(2002:41)将语用综观的跨学科思想总结为：“凡是语音学家、形态学家、句法学家、语义学家、心理语言学家等等所能涉及的都在语用学的观照扫射之内。他们之中，谁采纳了这个综观，谁就是在从事语用学研究。”

隐喻作为一种语言和认知现象，是多学科共同关注的问题。在语言学内部，有从语形学的角度对隐喻句法结构的分析，如生成语法理论将隐喻看作一种异常的语言形式，并将它与语法范畴和语法规则联系起来，力图予以某种科学的解释；有从语义学角度对隐喻语义关系的分析，如瑞恰慈和布莱克提出的互动论，莱考夫等人提出的概念映射理论；也有从传统语用学角度对隐喻理解机制的分析，如格赖斯用会话含义理论探讨了隐喻的理解，塞尔以言语行为理论为基础对其做了分析，斯珀波和威尔逊则从关联理论的角度对其进行了探索。

隐喻同样是心理学、逻辑学、人类学、社会学、哲学等多学科领域津津乐道的论题，也取得了很多跨学科研究的成果，如认知心理学家福柯涅尔和特纳(Fauconnier & Turner,1998)从心理空间的角度提出了隐喻的概念整合理论,逻辑学家斯坦哈特(Steinhart,2001)从可能世界语义学角度提出了隐喻的结构类比理论,科恩(Cohen,1978)从社会学角度指出了隐喻所具有的旨在增强社会亲密度的功能,莱考夫和约翰逊(Lakoff & Johnson,1999)则将隐喻研究上升到了体验哲学的高度。

但是,对于"我们是如何使用隐喻的"这个问题,却从未形成过统一的认识,也无理论上的章法可循。笔者认为,语用综观论所特有的跨学科视角,为回答这个问题提供了一个崭新的分析平台。该平台所具有的高度兼容性,有助于我们在一个统一的理论框架中,整合现有的隐喻研究成果,既包括从句法、语义和传统语用学角度对隐喻所做的研究,也包括从心理学、逻辑学、人类学、社会学、哲学等学科角度对隐喻所做的探讨。

维索尔伦(2003:15)鲜明地指出:"语言使用是(在说话和解释中同时进行的)一个连续不断的语言选择过程。"那么,如何才能理解这个"做出选择"的过程呢?维索尔伦(2003:69)认为:"至少需要三个处于不同层次但又相互联系的关键概念。它们是变异性(variability)、协商性(negotiability)和适应性(adaptability)。"其中,变异性指的是决定可能进行选择的范围的语言特性;协商性意味着选择不是机械的,而是受到一些灵活的原则和策略指引的;适应性,即语言使人从范围不定的一系列可能性中通过协商做出选择,以此方式来满足交际需要的特性。

围绕着"适应性"这个核心概念,维索尔伦(2003:77—78)进一步指出了语用描写和语用解释所分派的四项明确任务。第一,必须确认适应性的语境相关成分。这些成分包括交际语境中语言选择必须与之相互适应的全部要素,涉及的范畴主要包括物理世界、社交世界、心智世界等。第二,必须参照不同层次的语言结构来谈论适应性。由于语言选择所涉及的各种变异可以在语言结构的各个不同层面上展开,因而语用现象会与任何一个结构层面发生联系。第三，任何一种语用学描写或语用解释，都必须揭示它所研究的现象中体现出来的适应性动态过程。这里需要充分体现选择的协商性，必须要回答：交际原则和策略在产生和解释选择的做出及协商过程中是按何种方式使用的。第四，还必须考虑到适应过程的意识凸显性。在适应过程中，意识凸显性具有程度的差异。并非所有的选择，包括产出性选择和解释性选择，都具有同样的意识性和目的性。维索尔伦（2003：79）最后做了总结，"这四项任务合起来可以看作对任一给定的语言现象所投射的充分的语用学综观所必不可少的要素"。

维索尔伦的上述思想，可以说受到了达尔文进化论的启发。达尔文（1997）在《物种起源》一书中，条理清晰、论据翔实地阐述了具有划时代意义的生物进化论思想：（1）生物变异。由于受到生物内部本性和外部生存环境的影响，生物会发生变异，而且数量惊人。（2）生存竞争。高繁殖率与食物和生存空间的有限性之间的矛盾，导致了生物与无机物界、生物种群之间、生物内部个体之间存在普遍的竞争和斗争。（3）适者生存。生存竞争中，绝大多数个体死亡，只有那些具有有利变异的少数个体才能得到生存和繁衍。可见，维索尔伦关于语言使用的思想与达尔文进化论之间存在很强的对应性。如图1所示：

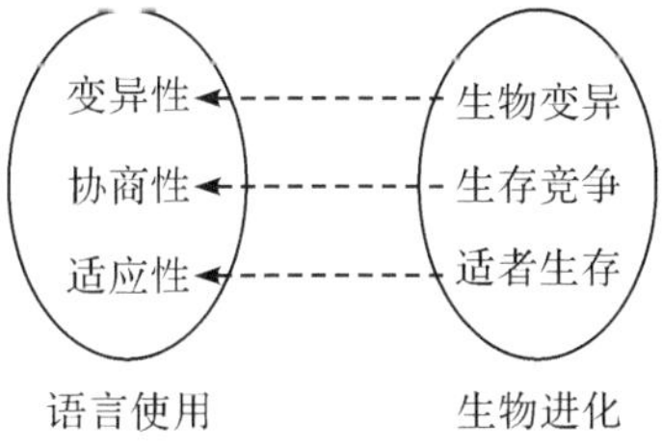

图1　语言使用与生物进化之间的对应关系

显然,维索尔伦在方法论上以隐喻方式建构了语用综观论的基本框架。在语言学研究中,有很多理论都是以隐喻方式建构的,如“语义场”借用的是磁场概念,句法结构分析受益于建筑学中的思想,配价理论的灵感来自化学的启发。这些理论建构性隐喻,为我们提供了一个新的角度来审视原先的发现,使原有的知识和经验重新结构化、系统化和具体化。这在某种程度上优化了我们的认知结构,提高了我们重新认识客观事物及其发展规律的能力。正如郭贵春(2004:98)指出,“隐喻作为一种思维工具,是科学共同体为了求解难题,突破理论发展的概念瓶颈的一种集体约定的结晶,它不仅促进了科学共同体成员之间理解的统一,同时通过新的理论假设的提出引导了新的科学预测,推动了科学假设的创立和发展”。作为一种新的语用学理论建构,维索尔伦提出的语用综观论,借鉴了生物进化论的分析范式,有助于我们重新探索语言使用中原先被忽略或未被发现的现象和问题,隐喻的使用便是其中之一。

隐喻的生成和理解同样是一个复杂的选择过程。当有某种特定的思想感情需要表达时,首先要在隐喻表达和非隐喻表达之间做出选择。当确定以隐喻方式表达时,就会马上面临选择何种源域(喻体)的问题。同样,当释话人看到(或听到)一个语言表达式时,首先要判断到底应选择以隐喻方式理解,还是以非隐喻方式理解。当确定以隐喻方式理解后,就要开始选择理解本体词和喻体词的理论视角,因为不同的理论视角决定了不同的概念域建构。在两个概念域(源域和目标域)形成后,我们还要在概念映射和概念整合中做出各种语义选择。下文将以汉语语料为实例,具体阐述隐喻生成与理解时的适应性选择过程。

二、隐喻生成的适应性选择

当发话人选择以隐喻方式表达对某一目标域（本体）的体验时，就需要寻找合适的源域。那么，发话人将遵循什么原则？采取何种策略来寻找源域？能找到哪些源域？又是如何对其做出适应性评估的？这就涉及源域选择的可及性和可接受性问题。从符号学角度看，符号由符形、对象和概念域（符释）构成。其中，符形与对象之间是指称关系，符形与概念域之间是意指关系。所谓可及性，指的就是某一概念域成为源域的可能性。简单地说，一个概念域对于某一发话人而言，如果在某一特定方面与目标域有相似属性，那么该概念域就有可能成为源域。相似性是源域可及性的基础。当发话人要以隐喻方式表达某一新的认识和发现时，就需要寻找同样具有该特征的概念域，然后再确定意指该概念域的符形。这一过程如图 2 所示：

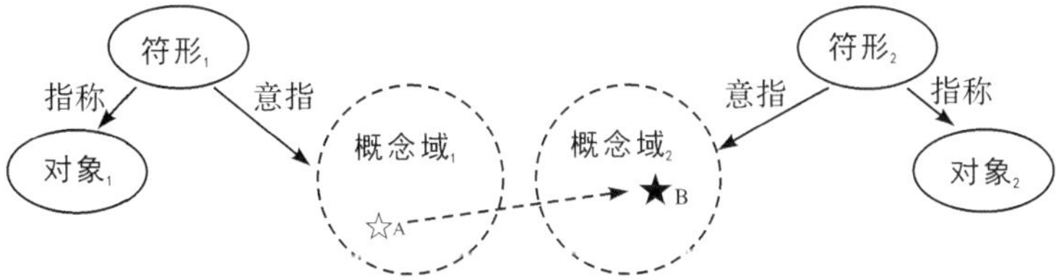

图 2　隐喻生成的相似联想过程

上图中，从 A 到 B 的过程就是一个相似联想的过程，也是一个从认知的此岸（目标域）到彼岸（源域）的过程。在相似联想的过程中，可能会激活多个具有某一特定属性的概念域。例如，当我们要以隐喻方式表达原子结构中电子环绕原子核运行的情形时，我们会想起太阳系，也可能想起打靶用的靶纸。见下例：

(原子)更恰当一点的比喻是像个小小的太阳系,中心是带阳电荷的原子核,外面绕着核转的是带阴电荷的电子。不同的是:在太阳系中,行星绕太阳转,靠万有引力;在原子中,电子绕着原子核转,靠异性电荷的吸引力。(郭正谊《打开原子的大门》)

每一个原子的中央有一个原子核,原子核的周围,有少到一个、多到几十个或者上百个叫作"电子"的小粒子在绕着转,有一点像打靶用的靶纸那样,中间有一个靶心,周围是一圈一圈的圆圈,"电子"也是这样绕着原子核转的,不过,有的圈上只有一个、两个……有的圈上却多达二三十个。(卞德培《60 多吨重的一枚"硬币"》)

可以看出,在很多隐喻生成的情境中,发话人根据相似性可以找到多个源域。从一个目标域中,根据相似性演绎出多个可供选择的源域,就好像一个生物体衍生出了多个子代个体,而且每个个体既有相似性,又有差异性。这就是维索尔伦所说的变异性在隐喻生成中的一种体现。源域的适应性选择就是在这个可能的范围中做出的。那么,发话人最终如何选择出一个恰当的源域呢?也就是说,发话人选择某个源域的依据是什么?发话人需要对各个可能源域的可接受性做出评估。某个概念域的可接受性越强,就越有可能被选为最终的源域。

笔者认为,最佳个体关联原则是影响源域可接受性的首要因素。斯珀波和威尔逊(Sperber & Wilson,2003:158)指出,"每一个明示的交际行为均预设了其自身具有最佳关联"。所谓最佳关联,指的就是付出有效的努力(process effort)之后获得了足够的语境效果(contextual effects)。关联性与语境效果成正比,语境效果越大,关联性越强;而与努力程度成反比,努力程度越高,关联性越弱。交际行为中对最佳关联的追求,就是在尽可能减少投入的同时,增加语境效果。由于字符、语词和句子只有通过特定释话人的理解才具有意义,因此关联性也总是相对于个体而言的。正是基于认知环境的个体差异,斯珀波和威尔逊(Sperber & Wilson,2003:144)提出了个体关联的观点:"在某一特定的时间,一个假设对于某个个体是关联的,当且仅当,这个假设在那个时刻与这个个体可及的一个语境或多个语境关联。"隐喻生成总是指向某个或某一群特定释话人,哪怕是假想的对象。因此,在源域选择的时候,要遵循最佳个体关联原则。个体关联性的程度越高,就意味着释话人获得特定语境效果所需的认知投入越小。只有具备最佳个体关联性的源域,才能获得更高的可接受性。

在隐喻生成中,为了让释话人获得最佳个体关联,发话人就需要选取释话人熟悉的事物,换言之,就是要选取更容易激活特定概念域的喻体词。孔子的"能近取譬"中的"近",实际上有两层含义:其一是靠近发话人,即喻体是发话人熟悉的事物;其二是靠近释话人,即喻体是释话人所熟悉的事物。冯广艺(2002:19)认为,"从比喻的运用者来看,'近'是取喻的原则,这条原则对于比喻的接受者来说应该是适用的;否则,一方认为'近',另一方却认为'远',便达不到比喻的目的,运用比喻注意它的可接受性正是这种'近'的表现"。

国内学者十分注重源域的熟悉性。王希杰(2004:393)指出,"喻体应为广大群众,特别是交际对象所熟知。这样的比喻,才是好的比喻"。但是,为什么要"靠近"释话人呢?为什么要是释话人熟悉的事物呢?学者们却未曾做出进一步的说明。笔者认为,所谓"近"的事物,也常常是释话人熟悉的事物,在认知上有两个重要的特点。首先是体验的丰富性。莱考夫和约翰逊十分强调体验尤其是身体体验对概念形成的作用。他们认为"概念的形成与理解需要通过身体、大脑以及对世界的体验。概念只有通过体验,特别是通过感知和肌肉运动能力才能获得意义”(Lakoff & Johnson,1999:497)。人们对一件事物越熟悉,体验到的东西就越丰富,概念域也就越复杂,人们也就越有可能用一个隐喻传递尽可能多的信息。体验的丰富性为隐喻表达创造了有利的条件。其次是概念域的易激活性。人类大脑是一个由 10^{11} 个神经细胞和 10^{14} 个突触构成的复杂网络。神经元的学习可以体现为突触传导递质性能的改变,学习可以使突触的传导能力增大,神经元变得很容易激活(程琪龙,2001:73)。对于“近”的事物,我们天天碰,天天看,天天听,关于这个事物的概念域及其内部的子网络之间的连接也就频繁地被激活,其关系自然得到不断地强化,人们很容易就能记起这个概念域。

因此,选用释话人熟悉的源域,一方面由于体验的丰富性可以产生较大的语境效果;另一方面由于概念域的易激活性可以减少释话人的认知投入。这样一来,选用释话人熟悉的源域比选用陌生的源域具有更强的个体关联性。这符合释话人的省力要求,也就具有了较高的可接受性。例如,有这样一句洗衣机广告语:

XX 洗衣机,能给你的衣服做 SPA 的洗衣机。

SPA 就是水疗,是当前都市白领女性十分崇尚的一种休闲娱乐方式。对于大多数都市白领女性而言,她们对 SPA 是比较熟悉的,其体验也是十分具体的。因此,她们所拥有的与 SPA 相关的认知语境具有很强的可及性。而对其他人来说,可及性就会差一些,很多人可能听都没听说过,更谈不上有什么体验了。由于这款洗衣机是面向都市白领女性的高端机型,所以选择 SPA 作为喻体词就可以实现最佳个体关联。

三、隐喻理解的适应性选择

与隐喻生成相同，隐喻理解也是一个不断做出选择的适应过程，一般需要经过隐喻识别的理据性判断、概念域的选择性激活、语义要素的选择性投射、语义假设的适应性判定等四个子过程。隐喻理解中的变异性主要体现在前三者。当释话人看到或听到一句话语表达时，他可能会有多种不同的选择：可能直接按字面意义进行理解，也可能以隐喻方式进行阐释。这时就需要通过协商来确定恰当的理解路径。如果选择以隐喻方式理解，那么就需要有充分的语境信息提供理据支持。也就是说，选择必须与特定的语境相适应。例如下面这首由唐代诗人朱庆馀所作的七绝：

洞房昨夜停红烛，待晓堂前拜舅姑。

妆罢低声问夫婿：画眉深浅入时无？（《闺意·近试上张水部》）

从表面上看，该诗写的是新婚夫妇的闺房趣事。但为什么把闺意呈献给一名姓张的官员呢？似乎让人难以理解。但将这首诗放回到当时的语境，再结合该诗的另一个题名："近试上张水部"，释话人就会一目了然。朱庆馀是个诗人，马上就要参加进士科考试，而张水部就是唐代诗人张籍，当时任水部员外郎，声望很高。在进士科考试来临之际，考生最关心的自然是有关应试的事。张籍在这个时候收到朱庆馀的信，即使不打开看，也能大致猜出对方的意图：希望在应试前得到指点。根据这一语境信息，释话人自然就有理由选择以隐喻方式来理解诗的真正含义。

布莱克（Black，1993：27—28）认为，隐喻的理解是基本主词和次要主词所引发的隐含复合体之间的互动。莱考夫（Lakoff，1993：203）则更为明确地指出,现代意义上的隐喻指的是“概念系统内的跨域映射”。选择以隐喻方式进行理解后,释话人需要通过特定视角的选择来建构概念域。

巴奇(Bartsch,1998:95)在阐释其“动态概念语义学”(dynamic conceptual semantics)理论时指出,概念不是静止存在的,而是可以在新的视角下或通过使用新的认知资源而得到新的解释。概念的具体内容取决于不同理论视角的选择。也就是说,释话人在理解某个概念时所建构的概念域取决于他所采取的特定视角。例如:

Robert is a wolf.

根据巴奇(Bartsch,1998:95—96)的分析,上例中的 wolf 可能会有三种不同的解释:第一种解释是在自然视角下的理解。在该视角下,与狼有关的生物学知识被激活,如“狼的形状和狗相似,面部长,耳朵直立,毛色呈黄色或灰褐色,尾巴向下垂”等等。如果用 NK 代表自然视角,F_{wolf} 代表 wolf 这个词的特征语义分布,那么在自然视角下理解 wolf 这个词就可以表示为:F_{wolf},NK。

第二种解释是在行为特征视角下的理解。在这种视角下,狼对敌凶残、在捕食中注重配合和策略等行为特点被激活。用 E 代表行为特征视角,SF 代表某种特殊的语义,那么在该视角下理解 wolf 这个词就可以表示为:SF_{wolf},E。

第三种解释是在某个童话故事背景下的理解。比如说在童话故事《小红帽》中,狼吃掉了小红帽的奶奶和山羊。凡听到该故事的人都认为,狼是凶残的,但不很聪明。于是狼这一概念在语义上就被赋予了故事中狼所表现的那些特性。这个童话故事为释话人理解狼这一概念提供了一个特定的视角。若用 ST 代表这个故事视角,那么这种理解就可以表示为:SF_{wolf},ST。

从上述分析中,我们可以看到,不同的视角(NK、E、ST)决定了不同的概念域建构。在隐喻理解中,释话人并不是无限制地激活所有可能的语义特征,而是根据语境提供的信息,选择某种特定的视角,然后再建构相应概念域。也就是说,认知主体建构一个怎样的概念域取决于他选择什么样的视角。视角在变,概念域也在变。当释话人根据语境选择某种视角后,会建构起两个局部性的动态概念域,并在这两个概念域之间建立互动关系。该互动关系建立的过程,就是释话人将源域中的部分语义要素有选择地投射到目标域中的过程。正是通过这种语义投射,两个概念域形成了具有系统性特征的映射关系。例如:

人生就是一场旅行。

释话人可以从通常的事件脚本角度建构本体词和喻体词的概念域。例如,"旅行"的概念域包括旅行者、旅行方式、旅途艰辛、强弱项和目的地等要素。与此相应,"人生"的概念域包括人、生活方式、生活困难、优缺点和人生目标等等。两者在认知互动中建立了映射关系。但即使建构了这样一个映射关系,不同的释话人仍可能做出完全不同的语义选择。例如有人说:"人生就是一场旅行,很多人赶往目的地时经常在打瞌睡,等到返回路上,才想起欣赏沿途美丽的风景。"也有人说:"人生就是一场旅行,不必在乎目的地,在乎的是沿途的风景,以及看风景的心情。"前者重在将旅行者在往返途中的感受投射到目标域"人生"中,后者则强调沿途风景和目的地之间重要性的比较,并将其投射到目标域中。面对多种语义选择,释话人应该如何判断?从生物进化角度看,只有那些比较好地适应其所在环境的物种才能在激烈的竞争中生存下来。语义选择也是如此,只有那些适应特定语境的语义才能最终被确定下来。

哲学家波普尔(2005a:1)在《猜想与反驳——科学知识的增长》一

书中指出:“知识,特别是我们的科学知识,是通过未经证明的(和不可能证明的)预言,通过猜测,通过对我们问题的尝试性解决,通过猜想而进步的。这些猜想受批判的控制;就是说,由包括严格批判检验在内的尝试的反驳来控制。”该思想可用图 3 来具体表示(波普尔,2005b:275)。

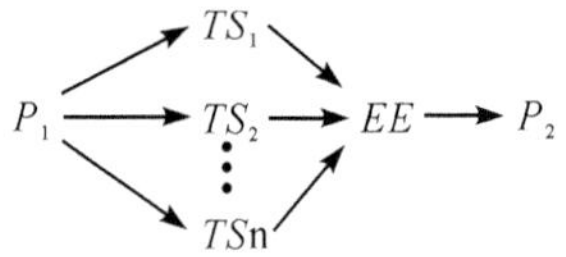

图 3　“猜想—反驳”图式

从进化论的角度看,图 3 表达出了进化面临的生存问题:为了解决同一个问题 P_1,产生了不同的尝试性方案(TS_1,TS_2……TS_n),这些方案又必须要接受不断的考验,而那些不能接受考验,也就是说不具备适应性的尝试性方案会被淘汰掉(EE)。我们同样可以借用波普尔的“猜想-反驳”模式来看待隐喻理解中的适应性选择问题。释话人在隐喻理解过程中会形成诸多语义假设。这些语义假设同样面临着“生存”问题,那些适应语境要求、经受得住检验和反驳的语义假设被释话人提取出来,而另外一些假设则很快会被放弃。也正是通过这样一个过程,释话人使自己对隐喻的理解逐渐接近发话人的表达意图。

结　语

认知语言学家莱考夫和约翰逊(Lakoff & Johnson,1980:5)指出,“隐喻的本质就是以彼事物来理解和体验此事物”。运用以达尔文生物进化论为基础的语用综观论来分析汉语隐喻的生成和理解,为我们揭示了隐喻使用过程中所具有的变异性、协商性和适应性等特征，在一个统一的分析框架中深化了我们对隐喻的认识。但我们也需要注意，“隐喻的系统性使我们能够用一个概念来理解另一个概念的某些方面，同时它也必然隐藏了那个概念的另一些方面。它允许我们聚焦于某个概念的某部分内容，同时也会使我们忽略这个概念中与该隐喻不一致的内容”（Lakoff & Johnson，1980：10）。在当前的隐喻研究领域中，除了本文所探讨的一些问题外，仍然存在很多有待解释的现象和有待揭示的特征。这就需要语言学、哲学、心理学、人类学、社会学和计算机科学等多学科的共同努力和长期关注。

参考文献

Bartsch R.，1998，*Dynamic Conceptual Semantics：A Logico-Philosophical Investigation into Concept Formation and Understanding*. Stanford：CSLI.

Black M.，1993，More about Metaphor. In Ortony A.（ed.），*Metaphor and Thought*. Cambridge：Cambridge University Press.

Cohen T.，1978，Metaphor and the Cultivation of Intimacy. *Critical Inquiry*，5（1）.

Fauconnier G. & Turner M.，1998，Conceptual Integration Networks. *Cognitive Science*，22（2）.

Lakoff G. & Johnson M.，1980，*Metaphors We Live by*. Chicago：University of Chicago Press.

Lakoff G. & Johnson M.，1999，*Philosophy in the Flesh：The Embodied Mind and Its Challenge to Western Thought*. New York：Basic Books.

Lakoff G.，1993，The Contemporary Theory of Metaphor. In Ortony A.（ed.），*Metaphor and Thought*. Cambridge：Cambridge University Press.

Sperber D. & Wilson D., 2003, *Relevance: Communication and Cognition*. Beijing: Foreign Language Teaching and Research Press.

Steinhart E. C., 2001, *The Logic of Metaphor: Analogous Parts of Possible Worlds*. Netherlands: Kluwer Academic Publishers.

波普尔, 2005a,《猜想与反驳——科学知识的增长》,傅季重等译,上海:上海译文出版社。

波普尔, 2005b,《客观知识——一个进化论的研究》,舒炜光等译,上海:上海译文出版社。

程琪龙, 2001,《认知语言学概论——语言的神经认知基础》,北京:外语教学与研究出版社。

达尔文, 1997,《物种起源》,周建人、叶笃庄、方宗熙译,北京:商务印书馆。

冯广艺, 2002,《汉语比喻研究史》,武汉:湖北教育出版社。

郭贵春, 2004,《科学隐喻的方法论意义》,《中国社会科学》第2期。

钱冠连, 2002,《汉语文化语用学(第二版)》,北京:清华大学出版社。

王希杰, 2004,《汉语修辞学(修订本)》,北京:商务印书馆。

维索尔伦, 2003,《语用学诠释》,钱冠连、霍永寿译,北京:清华大学出版社。

符号学视域中的隐喻研究*

徐慈华　黄华新

一、符号学的元学科视角

现代符号学思想主要有两个来源：其一是瑞士语言学家索绪尔(Saussure)，其二是美国哲学家皮尔斯(Peirce)。索绪尔(1980:102)在《普通语言学教程》中写道："我们建议保留用符号这个词表示整体，用所指(signified)和能指(signifier)分别代替概念和音响形象。后两个术语的好处是既能表明它们彼此间的对立，又能表明它们和它们所从属的整体间的对立。至于符号，如果我们认为可以满意，那是因为我们不知道该用什么去代替，日常用语没有提出任何别的术语。"皮尔斯(Peirce,1985:5)同样也曾对符号做过界定，他认为一个符号由符形(rcpresentamen)、符释(interpretant)和对象(object)三部分构成。符形是某种对某人来说在某一方面或以某种能力代表另一事物的东西；符释是符号形体在接受者的头脑中所形成的东西；对象就是符形所代表的那个事物。

索绪尔的符号二元论与皮尔斯的符号三元论虽然是在不同的理论背景下提出来的，但讨论的都是符号现象，所以彼此之间存在某种内在

* 本文原载《浙江社会科学》2012年第9期。

的关联和对应。皮尔斯三元结构中的符形类似于索绪尔的能指，符释可大致对应于所指（Chandler，2007：32—33）。它们之间的关系可表示为：

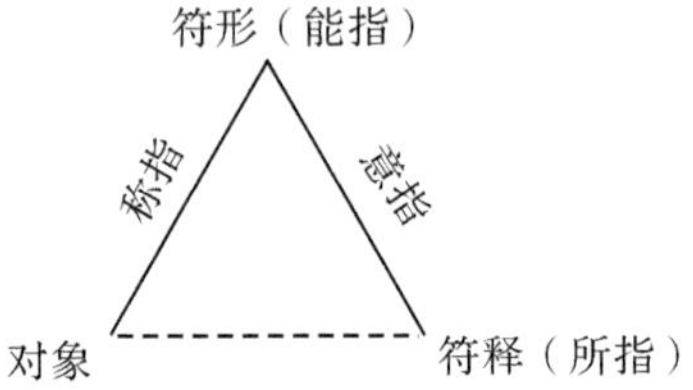

在符号的三元结构中，符形（能指）与符释（所指）之间的二元结合被称为意指关系，符形（能指）与对象之间的二元结合被叫作指称关系。上述三元结构和两组二元关系为符号学分析提供了基本的框架。本文将以此框架作为一种元学科的视角，分析不同隐喻研究的重心所在及相互之间的关系。

逻辑学区分了“元语言”和“对象语言”，心理学中有“认知”和“元认知”等不同的概念。所谓元语言，就是用以讨论对象语言的语言（塔尔斯基，1998：93）。所谓元认知，就是一个人所具有的关于自己思维活动和学习活动的认知和监控，其核心是对认知的认知。借用类似的“元”概念，我们认为符号学可以提供一种元学科的视角。在当前的隐喻研究中，语言学、心理学、计算机科学、认知神经科学等诸多学科从不同的角度探讨隐喻问题。如果我们从符号学的角度重新审视各个关联学科在隐喻研究中所做的工作，自然也就构成了一种元学科性质的思考。这里要强调的并不是哪个更本质，或哪个更深刻，而是要突出元学科所提供的一种有别于学科内部的具有多学科涵盖力的独特视角。

随之而来的问题是，符号学是否具有进行元学科审视的条件和基础？答案是肯定的。首先，对隐喻所做的大量探讨仍然属于语言学的范畴。索绪尔(1980:38)认为,语言学不过是这门一般科学(符号学)的一部分,将来符号学发现的规律也可以应用于语言学。如果索绪尔的判断成立,那么符号学作为高于语言学的一般学科,是有条件为隐喻研究提供一种元学科的分析视角的。其次,隐喻研究是当代认知语言学的重要内容。认知语言学坚持体验哲学观,以身体经验和认知为出发点,以概念结构和意义研究为中心,着力寻求语言事实背后的认知方式,并通过认知方式和知识结构等对语言做出统一解释的、新兴的、跨领域的学科(王寅,2007:11)。从这个近似定义的说明中可以看出,认知语言学研究立足于客观世界、语言和心智的三元结构。这个三元结构与符号的三元结构没有本质的差异,或者可以说前者只是后者的一个特例。这种内在的一致性使符号学的分析框架有可能应用于认知语言学对隐喻所做的相关探讨。最后,隐喻的符号表现形式仍然是各学科研究的出发点。从隐喻的类型分析到隐喻理解的行为实验,再到隐喻的脑功能成像研究,虽然各有侧重,但都离不开各种类型的隐喻表现形式。这就是说,不同学科的这些分析都与隐喻符号密切相关,符号的使用仍然是各学科关注的重点。因此,作为研究符号使用的一般规律的符号学,自然有可能为各种不同的相关学科提供可资借鉴的思考。

二、隐喻研究重心的变化

在隐喻研究的不同历史阶段,学者们从不同的角度对隐喻做过界定。古希腊哲学家亚里士多德(2005:149)在《诗学》(*Poetics*)中指出,隐喻是“用一个表示某物的词借喻他物,这个词便成了隐喻词”。该定义反映了当时的人们更多的是从符形和对象的关系角度思考隐喻现象。到了20世纪30年代,英国修辞学家瑞恰慈在《修辞哲学》(*The*

Philosophy of Rhetoric)一书中写道:要决定某词是否用作了隐喻,可以通过确定它是否提供了一个主旨(tenor)和一个载体(vehicle),而且它们共同作用产生了一种包容性的意义。……如果我们能分出至少两种互相作用的意义,那我们就说它是隐喻。结合符号的三元结构,我们可以看到瑞恰慈的定义不但关注符形,而且开始探讨符形背后的符释(Richards,2001:80)。20 世纪 80 年代,语言学家莱考夫(Lakoff,1993:203)强调说:在当代隐喻研究中,"隐喻"一词意味着"概念系统内的跨域映射"(a cross-domain mapping in the conceptual system)。亚里士多德的定义着眼于语词(即符形)的更替,瑞恰慈引入了语词背后的思想因素(即符释),拓宽了隐喻研究的视野,而莱考夫则把隐喻研究的重心全部转移到我们的思维和概念系统(即符释)中(徐慈华,2009:5—6)。定义是不同理论的出发点,或是某些理论的高度概括。因此,隐喻定义的历史变迁可以从一个侧面反映出隐喻研究重心的不断变化。

在隐喻研究的历史上,《我们赖以生存的隐喻》一书的出版具有里程碑式的意义。莱考夫和约翰逊在该书中运用了大量的隐喻例子论证我们的抽象概念系统大多是以隐喻的方式建构的(Lakoff & Johnson,1980:22)。例如,我们在日常生活中经常会接触到如下表达:前途渺茫;陷入了困境;徘徊在人生的十字路口;走完了传奇人生之路;在忙碌的生活中迷失了方向。这些表达的背后,实际上都受到一个共同的概念隐喻"人生是旅行"的支配。随后的大量研究表明,概念隐喻是普遍存在的,日常语言中丰富多样的隐喻表达只是概念隐喻的外化。从符号学角度来看,莱考夫和约翰逊的研究路径就是通过系统地观察一系列隐喻表达(符形),揭示出其背后共同的认知内容(符释)。

随着隐喻认知价值的日益凸显,越来越多的学者不再局限于探讨隐喻表达背后的认知内容,开始将研究的重心移向隐喻理解的具体认知过程。这个具体的认知过程,实际上就是符形和符释之间如何建立意指关系的过程。意指(signification)可被理解为一个过程,它是将能指和所指结成一体的行为,该行为的产物便是符号(巴尔特,1999:39)。就隐喻而言,这个结合为一体的过程并不简单。为了描述隐喻理解的认知过程,学者们提出了概念隐喻、结构映射、范畴归属、概念整合等多个解释性的理论。

根据概念隐喻理论,不同类型的隐喻语言都是某些概念隐喻的外化。莱考夫(Lakoff,1993:245)指出,传统概念隐喻系统大多是无意识的、自动的,其使用所需的认知努力几乎察觉不到。这就是说当这些具体的隐喻语言被理解时,概念隐喻就会重新激活,以帮助理解。但心理学行为实验并没有发现事先存在的概念隐喻在隐喻句理解中发挥作用的直接证据,因此心理学家格勒克斯堡等人提出了范畴归属理论(category attribution theory)。该理论认为,隐喻语句的理解是一个范畴归属判断。如果有人说"My job is a jail.",那么该隐喻句就意味着将jail这个类的凸显属性赋予某一特定的job。这样一来,job也就包含在以jail为典型成员的一个共同的、更为抽象的类范畴中(Glucksberg & McGlone,1999:1542—1543)。范畴归属理论的上述思想被吸收进了关联理论。威尔逊和卡斯顿(Wilson & Carston,2006:404—433)认为,隐喻的理解可通过概念的扩大或缩小来形成一个可以涵盖隐喻目标域的特定概念。但这个扩大或缩小的认知过程仍然十分模糊,难以清晰描述两个概念域相互作用的具体过程。

另外一些学者采取了不同于范畴归属理论的分析路径。他们认为,隐喻理解涉及类比推理,所以旨在分析类比推理的结构映射理论(参见Gentner,1983:155—170),可以用来揭示隐喻理解的基本过程。根据结构映射理论,隐喻理解涉及两个步骤:首先是两个概念域中的要素建立对应关系，然后始源域中的要素会投射到目标域中。但对于隐喻理解时是否需要建立对应关系，仍存有诸多争议。作为对这种争议的应对，结构映射理论近期又发展出了新的理论变体，即隐喻生涯(career of metaphor)理论。该理论认为，隐喻的理解存在阶段性的问题，新隐喻的理解以概念映射为主，发展成常规隐喻后，其理解就以类的归属判断为主(Bowdle & Gentner，2005：193—216)。

隐喻语句的理解还可能涉及更为复杂的概念整合过程。所谓概念整合，就是通过跨空间的部分映射将两个输入心理空间(input mental space)匹配起来，在形成一个类属空间(generic mental space)的同时，产生一个可以得到动态解释的复合空间(blended mental space)，复合空间内的要素和关系都是由两个输入空间的选择性投射而得到(Fauconnier & Turner，1998：142—144)。例如，隐喻句“My surgeon is a butcher.”的理解过程可描述为：首先，形成两个输入空间 surgeon 和 butcher，并建立映射关系和类属空间；其次，分别将这两个输入空间中的相关要素选择性地投射到一个复合空间中；最后，通过组合、完善、精演等认知操作，获取隐喻意义。概念整合理论本身就是一个理论集合体，我们可以从中看到结构映射理论和范畴归属理论的影子。在实际分析中，概念整合理论引入了情绪、心理模拟和在线加工等概念工具，呈现出了较强的解释力。

索绪尔(1980：100)认为：“语言符号所包含的两项要素[能指和所指]都是心理的，而且由联想的纽带连接在我们的脑子里。我们要强调这一点。”这就是说，意指关系的建立是一个心理过程，隐喻理解的上述理论都旨在揭示和刻画这个具体的心理过程。皮尔斯(Peirce，1985：5)同样认为，从符形到符释的过程是一个心理过程。他指出，“一个符号会在所涉及的那个人的头脑中创建一个与之相对应的符号,或一个更为复杂的符号。我将新创的这个符号称为前面那个符号的符释(interpretant)”。皮尔斯的上述论述,除了明确指出符释的形成是一个心理过程之外,还包含了另外两个重要的思想:第一是符号链的想法。皮尔斯的“符释”与索绪尔的“所指”的不同之处就在于:符释也是一种符号。这就是说,一个符号的符释(i)本身就有可能成为解释者头脑中新的符形(r)。以此类推下去,就会形成一个符号链条。

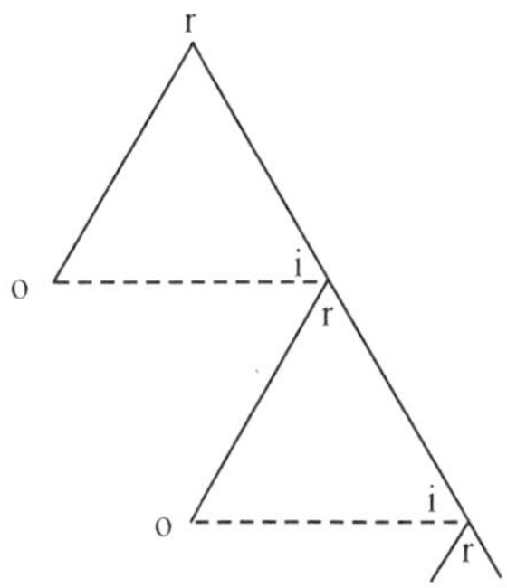

符号链的建立意味着解释者头脑中的符释是一个概念系统。这种观念与现代隐喻理论的基本立足点是一致的。隐喻不仅仅是词(符形)的替换,而且是两个概念系统之间的互动。但问题的关键是概念系统之间的互动是如何进行的。不同隐喻理论对其做出的说明不但各不相同,而且都还处于比较模糊的阶段。根据皮尔斯有关符释的思想,符号链建立的过程实际上可以理解为一个对话性思考(dialogical thought)或内在反思(internal reflection)的过程(Chandler,2007:32—33)。隐喻理解中所涉及的选择性投射和语义抑制等认知活动,在某种意义上说也是一个自我论证的过程。因此,我们可以借助现代论证理论重新思考和描述隐喻理解的过程,相关探讨将另文详述。

第二是认知主体的概念。皮尔斯明确地提到了符号使用中的主体。任何符号的使用都是相对于特定的主体而言的。但是旨在寻找共同认知内容和普遍理解机制的隐喻认知研究,却有意无意地弱化了认知主体的存在。很多学者已经认识到这个问题,例如英国学者卡梅伦等人(Cameron & Low,1999:8)就指出:“我们常常在特定的语言使用环境中研究隐喻语言,这就需要将认知和社会文化联系起来。但是,这种多维视角似乎在这半个世纪中丢失了。起先是因为很多语言学、哲学领域中的隐喻研究者将形式逻辑作为论证的基础,后来则是由于认知心理学家将大脑比作计算机,在信息处理的范式中研究隐喻。”不关注特定的语言使用环境,忽视认知与社会文化的联系,这种多维度研究视角的丢失在很大程度正是认知主体的缺失和弱化导致的。

三、当前隐喻研究的趋势

根据皮尔斯对符号的理解,我们需要在符号的三元结构和两组二元关系基础上增加一个重要的要素——认知主体(a)。

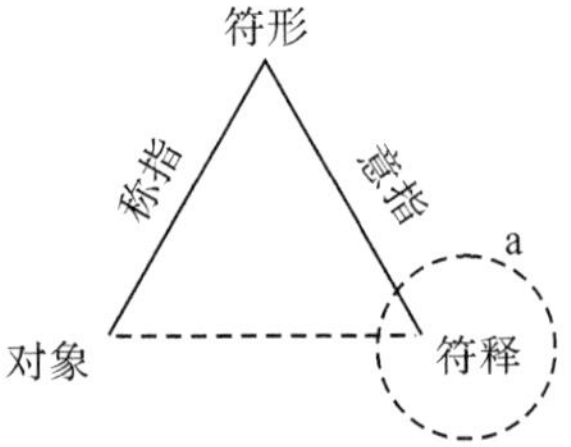

随着认知主体的加入,多个不同维度的问题随之而来。首先,如果这个认知主体是人类,那么他理解隐喻的物质条件就是大脑,我们就需要深入思考隐喻理解的神经生物学基础。其次,人作为认知主体,通过多种感官通道感知世界,而感知的多样性决定了符号的多模态性,并进一步决定了隐喻存在的丰富性和多样性。因此除了思考以语言形态存在的隐喻之外,以视觉、听觉、触觉、味觉等形态存在的隐喻或多种形态

并存的多模态隐喻也需要引起足够的重视。再次，隐喻语言是主体间相互交流的重要手段，其使用受到特定概念隐喻体系的影响。如果某个认知主体的集合被确定，那么我们就可以通过分析该认知主体的集合所生成的真实隐喻文本，揭示该主体集合的共同信念和价值观。最后，如果认知主体是某种模拟人类智能的软件设计，那么我们就需要立足于此类主体的独特性，重新思考机器理解的潜在价值。

当前隐喻研究的发展大多与上述问题密切相关，其研究趋势在某种程度上都反映出对主体因素的关注和重视。在认知神经科学领域，学者们主要通过事件相关电位（ERP）、核磁共振（fMRI）等活体脑成像技术探讨隐喻理解的神经生物学基础。此类研究主要是在实验条件下用不同类型的符形刺激物（包括字面义句子和隐喻句子）刺激被试，并借助脑成像技术探测不同脑区在理解中的激活情况。早期研究认为隐喻涉及形象思维，人脑在理解隐喻语言时具有右侧优势，但没有发现明显的支持右脑参与隐喻理解的证据（Lee & Dapretto，2006：536—544）。最近的一项研究表明，右脑确实参与了隐喻的理解，而且隐喻的熟悉度和理解难度会对不同脑区的激活产生重要的影响（Schmidt & Seger，2009：375—386）。熟悉度和理解难度，总是相对于特定的主体而言的。相同的认知主体在不同的认知阶段面对相同的隐喻语言，所采用的认知策略和启动的认知资源实际是有差异的。这说明认知主体在不同认知阶段所处的认知状态已经发生了变化。此外，认知神经科学家还进一步开展不同类型认知主体之间的比较研究，如正常人与脑损伤患者、阿尔兹海默病患者、自闭症患者之间的比较研究。多种类型认知主体之间的比较研究，将进一步深化我们对隐喻理解的神经生物学基础的认识。

批评隐喻分析是当前隐喻研究中另一个重要的方向。该研究方向的基础是莱考夫等人提出的概念隐喻理论。莱考夫和约翰逊(Lakoff & Johnson,1980:22)认为,我们的价值观并非独立的,它必须形成与我们赖以生存的隐喻性概念系统相一致的系统。因此,我们可以通过对隐喻文本的分析揭示潜藏在文本之后的信念和价值观。作为一种批评话语分析的新方法,批评隐喻分析综合运用了语料库统计和认知语言学的分析方法,通过研究隐喻的话语功能、交际功能和认知功能来揭示话语群体的信仰、态度和情感。现有的大量研究已经表明,这是一种深入研究语言、思维和社会之间复杂关系的崭新方法(参见 Charteris-Black,2004)。批评隐喻分析与传统的概念隐喻分析之间的重要区别就在于,批评隐喻分析注重具体而真实的隐喻文本,以及与该文本密切关联的认知主体。正是因为对认知主体的密切关注,才能将具体社会和文化因素有机地融入相关的分析之中。在未来的研究中,批评隐喻分析的发展不但会体现在隐喻界定技术的完善上,而且更多地会体现在对不同类型认知主体的挖掘以及相互之间的比较上。

莱考夫和约翰逊(Lakoff & Johnson,1980)认为,我们的抽象概念系统大多是以隐喻方式建构的,隐喻语言只是这些概念系统的外在表现。由于人类作为认知主体,拥有多种感知通道,所以除了语言符号之外,图像符号、声音符号、手势符号、触觉符号、气味符号等其他符号形式也可以成为隐喻的表现方式。人类认知主体在生物学上的独特能力,决定了隐喻使用在符形上的多样性。因此,从模态多样性的角度分析隐喻也越来越受到多方面关注。根据用于表达始源域和目标域的符形是否同属于一种模态,隐喻可分为单模态和多模态两种不同的类型。前者指的是,目标域和始源域只用或主要用一种模态来呈现的隐喻;后者指的是,始源域和目标域分别用或主要用不同的模态来呈现的隐喻(Forceville & Urios-Aparisi,2009:23—24)。在符号三角中(见下图),

如果符形1和符形2为同一种模态，那么该隐喻即单模态，如果两者不属于同种模态，那么该隐喻即多模态。

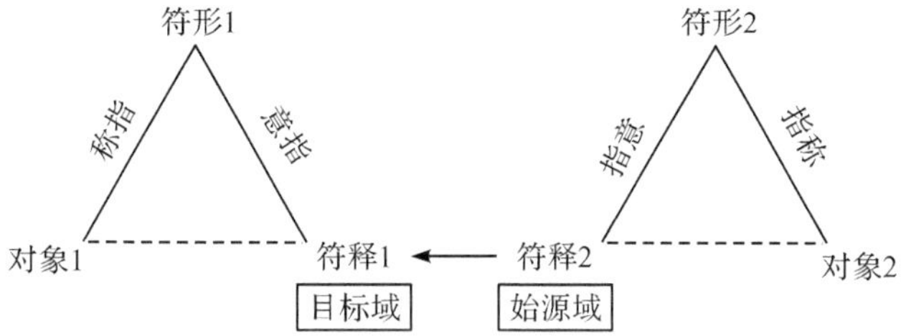

多模态隐喻研究的基本思想虽然来源于概念隐喻，但这种分析范式十分重视修辞和语用维度的因素对隐喻生成和理解的影响。相关的深入分析也同样离不开对特定认知主体的描写与刻画。

随着人们对隐喻认知机制和表现形式的认识的不断深化，计算机科学家开始尝试运用各种形式化的手段和方法对隐喻的理解过程进行模拟。这种形式化探索的一个重要目标是要解决用常规方法无法克服的自然语言歧义消解问题。虽然当前的隐喻形式化研究取得了很大的进步，但在隐喻语言的识别和分类、隐喻知识的形式化描述、语境信息的描述和合理利用、隐喻意义的获取等方面仍然面临诸多挑战（黄孝喜，2011：11）。从符号学角度看，隐喻语言的识别和分类，不但涉及符形的组合关系，而且涉及相关语义的跨域性，以及相关词汇的指称变化。现有的隐喻识别计算虽然已经考虑到语形和语义的结合，但隐喻句的语形多样性、语义丰富性和指称灵活性大大增加了建立通用算法的难度。隐喻知识的形式化主要体现在对符释的描写上。如果人类作为认知主体，其符释是一个复杂的开放系统，其构成要素不但包括了结构性的语义信息，同时还会包含很多涉身性的构成要素，如情绪、心理图像等。而后者的形式化是现有的知识表示方法所难以全面把握的。此外，语境信息的描述和利用方面，同样存在一些难以逾越的障碍。人类在理解隐喻时所用到的语境信息的广度和提取语境信息的灵活性是现有的知识本体所难以达到的。最后,在隐喻意义的获取方面,由于认知主体的差异,其理解策略也会有很大的不同。正是由于上述种种困难,迄今为止尚未建立一个能够稳定处理真实文本的隐喻推理系统(黄孝喜,2011:7)。

从符号使用的主体角度看,我们要提高计算机隐喻理解模型的可用性,可以采取两种不同的路径:第一,通过增加感知系统、扩展知识库、更新算法等方法提高计算机作为认知主体的能力,使其计算过程不断接近人类认知;第二,对认知主体(计算模型)进行恰当的限定,可限定在某些隐喻使用的领域,也可限定在隐喻理解的某些阶段,以提高隐喻计算模型的效力和领域适用性。例如,马丁(Martin,1990)在分析常规隐喻知识的基础上,提出了一种基于隐喻知识的隐喻解释、描述和获取系统 MIDAS,并应用于 UNIX 教学系统中;内海(Utsumi,2011:251—296)以一种简化的方式对隐喻理解的过程进行计算模拟,并将其用于不同隐喻理解理论的检验。

结　论

从符号学角度看,当前的隐喻研究在很大程度上体现了"对象-符形-符释"相结合的全局性视角,以及对特定认知主体的重视。在很长的一段时间内,不同学科研究范式下的隐喻仍然会有各自的侧重点,但这种全局性的视角和对特定认知主体的密切关注,将会使不同领域中的研究发现更好地整合起来,共同促进我们对隐喻现象的理解和认识。

参考文献

Bowdle B. & Gentner D. , 2005, The Career of Metaphor. *Psychological Review*, 112 (1).

Cameron L. & Low G. , 1999, *Researching and Applying Metaphor*. Cambridge: Cambridge University Press.

Chandler D. , 2007, *Semiotics: The Basics*. London: Routledge.

Charteris-Black J. , 2004, *Corpus Approaches to Critical Metaphor Analysis*. New York: Palgrave Macmillan.

Fauconnier G. & Turner M. , 1998, Conceptual Integration Network. *Cognitive Science*, 22 (2).

Forceville C. & Urios-Aparisi E. , 2009, *Multimodal Metaphor*. Berlin: Mouton De Gruyter.

Gentner D. , 1983, Structure Mapping: A Theoretical Framework for Analogy. *Cognitive Science*, 7.

Glucksberg S. & McGlone M. , 1999, When Love is not a Journey: What Metaphors Mean. *Journal of Pragmatics*, 31.

Lakoff G. , 1993, The Contemporary Theory of Metaphor. In Ortony A. (ed.), *Metaphor and Thought*. Cambridge: Cambridge University Press.

Lakoff G. & Johnson M. , 1980, *Metaphors We Live by*. Chicago: University of Chicago Press.

Lee S. S. & Dapretto M. , 2006, Metaphorical vs. Literal Word Meanings: fMRI Evidence against a Selective Role of the Right Hemisphere. *NeuroImage*, 29 (2).

Martin J. H. , 1990, *A Computational Model of Metaphor Interpretation*. New York & London: Academic Press.

Peirce C. S. ,1985, Logic as Semiotic: The Theory of Signs. In Innis R. E. (ed.), *Semiotics: An Introductory Anthology*. Bloomington: Indiana University Press.

Richards I. A. , 2001, *The Philosophy of Rhetoric*. London: Routledge.

Schmidt G. L. & Seger C. A. , 2009, Neural Correlates of Metaphor Processing: The Roles of Figurativeness, Familiarity and Difficulty. *Brain and Cognition*, 71.

Utsumi A. , 2011, Computational Exploration of Metaphor Comprehension Process Using a Semantic Space Model. *Cognitive Science*, 2.

Wilson D. & Carston R. , 2006, Metaphor, Relevance and the "Emergent Property" Issue. *Mind & Language*, 21.

巴尔特, 1999,《符号学原理》,王东亮等译, 北京:生活 · 读书 · 新知三联书店。

黄孝喜, 2011,《汉语隐喻认知的计算研究》,浙江大学博士后出站报告。

索绪尔, 1980,《普通语言学教程》,高名凯译,北京:商务印书馆。

塔尔斯基, 1998,《语义性真理概念和语义学的基础(1944 年)》,载 A. P. 马蒂尼奇《语言哲学》,牟博等译,北京:商务印书馆。

王寅, 2007,《认知语言学》,上海:上海外语教育出版社。

徐慈华, 2009,《选择与适应:汉语隐喻的语用综观研究》,北京:中国社会科学出版社。

亚里士多德, 2005,《诗学》,陈中梅译注,北京:商务印书馆。

知识管理与隐喻认知*

黄华新　邱　辉

引　言

著名学者德鲁克(Drucker,1993:46)在《后资本主义社会》(*Post-Capitalist Society*)一书中提出了“知识社会”这个影响深远的概念。他认为:在这样一个新的社会形态中,知识是今天唯一有意义的资源;传统的生产要素(如土地、劳动力、资本)并没有消失,但它们的地位已变为次要的了;只要有知识,就能得到它们,而且能轻易地得到。考虑到知识在现代社会发展中的重要作用,管理学家们开始在大量知识管理案例研究的基础上,对知识管理的具体实践进行理论化,对“组织是什么”“知识是什么”“知识是如何创造的,受哪些因素的影响”“如何有效地传播知识”等问题进行了深入的探讨,涌现出了很多具有影响力的学术论著,如野中郁次郎和竹内弘高(Nonaka & Takcuchi,1995[2006])的《创造知识的企业》(*The Knowledge-Creating Company: How Japanese Companies Create the Dynamics of Innovation*),达文波特和普鲁萨克(Davenport & Prusak,1998)的《工作中的知识》(*Working Knowledge: How Organizations Manage What They Know*)等。就文献的引

* 本文原载《科学学研究》2014年第11期。

用情况而言，由野中郁次郎和竹内弘高合著的《创造知识的企业》排在第一，其引用次数是126次；紧随其后的分别是野中郁次郎在期刊《组织科学》上发表的文章（48次），达文波特和普鲁萨克（43次），莱昂纳多·巴顿（39次），波兰尼（39次）（Choo，2003）。在《创造知识的企业》这一经典之作中，野中郁次郎和竹内弘高从知识创新的角度提出了有别于西方学者的知识管理理论体系。我们认为，该理论体系中有两个核心内容与隐喻认知密切相关：一是关于知识管理理论的基本假设问题；二是关于隐喻在知识创新中的功能问题。本文将结合现代隐喻认知理论的最新发展，从知识管理的理论假设和知识管理的具体实践两个角度出发，深入探讨知识管理与隐喻认知之间的内在关联。

一、隐喻认知：东西方知识管理理论中的基本假设

在过去的四十多年中，我们对隐喻的认识已经发生了根本性的变化。“隐喻”不再被仅仅看作一种语言或修辞现象，而是一种基本的认知机制。因此，隐喻研究的焦点不再停留在语言层面，而是转向了认知，关注人们“用一个认知域（mental domain）对另一个认知域进行概念化”的过程（Lakoff，1993）。“隐喻”一词的意义也由此发生了很大的变化，它意味着“概念系统内的跨域映射”（a cross-domain mapping in the conceptual system）（Lakoff，1993）。这种映射关系常常会成为思维和行为的基本假设，对我们产生深刻的影响。

野中郁次郎和竹内弘高（2006：63）指出：“西方哲学关于知识的独特方法，对组织理论学者的知识观产生了深远的影响。笛卡尔学派将主观与客观、认知者与被知物截然分离，由此形成了一种组织即‘信息处理’机制的观念。按照这一观念，组织只是对来自外部环境的信息

进行处理,以便适应新的环境。”这意味着野中郁次郎和竹内弘高已经清晰地认识到,西方知识管理的理论和实践源于西方哲学中的知识观,主客体分离的笛卡尔传统形成了一个基本的知识管理理论假设:组织是信息处理的机器。

与西方哲学的传统不同,野中郁次郎和竹内弘高(2006:33、63)认为:“在日本人的思维中,人们几乎看不到笛卡尔式唯理主义的东西。可是,在那里确实存在结合了佛教、儒学和西方主流哲学思想的‘日本’式认知方法。这是一种具有‘主客一体、身心如一及自他统一’等特征的知识传统。”基于这种传统,“组织”被看作一个“有机生命体”,“由内而外地创造新的知识和信息,以便重新明确问题,并提出解决方案。在这个过程中,组织对所处的环境进行了重新塑造”。

我们可以看到,不同的知识传统形成了不同的组织隐喻。而组织隐喻上的这种差异,往往会使我们过多地关注各种知识管理理论体系的不同侧重点。野中郁次郎和竹内弘高(2006:24)意识到,“我们的理论是建立在两种观念相互补充的思想基础之上。我们主张,任何适当的知识创造理论都必须包含两种观念中的各种要素”。这暗示着西方的知识管理理论和日本学者提出的东方知识管理理论是有共通和互补之处的。

知识管理的理论建构始于对“知识”的概念化。正如安德森(Andriessen,2011b)所说,对于知识管理来说,我们如何给“知识”下一个定义并不重要,重要的是我们如何对“知识”进行概念化。因此,我们必须重新回到不同知识管理理论的基本假设的源头,重新考察不同的知识管理理论是如何思考和探讨“知识是什么”这一基本问题的,进而深入理解不同理论的共性和互补性。

(一)知识的概念隐喻分析

认知语言学家莱考夫和约翰逊(Lakoff & Johnson,1980:3)在他们合著的《我们赖以生存的隐喻》一书中基于大量的案例研究提出了全新的看法:我们的概念系统大多是以隐喻的方式建构的。但是,概念系统看不见、摸不着,如何进行分析呢?认知语言学家提出了一种可能的路径,即通过对语言表达的全面观察来窥探概念系统的秘密。因为人类交际活动所依赖的概念系统与影响思考和行动的概念系统是相同的,所以语言就可以成为研究概念系统的重要依据。正是沿着这样一条思路,隐喻的认知研究首先从文本分析入手。例如,关于"时间",我们在日常生活中会有这样一些表达:"你在浪费我时间"(You're wasting my time),"我在她身上投入了很多时间"(I've invested a lot of time in her),"你需要安排好你的时间"(You need to budget your time),"生病耗费了我大把的时间"(I lost a lot of time when I got sick)等(Lakoff & Johnson,1980:7—8)。在这些表达的背后,我们可以找到一个概念隐喻,即"时间是金钱"。这意味着,在这些例子中我们将"时间"概念化为"金钱",并在两者之间建立认知上的映射关系。正是由于这个概念隐喻的存在,我们的日常语言中才会出现上述一系列的隐喻表达。

在知识管理的理论文献中,隐喻性的表达随处可见,如"知识库存""获取知识""保存知识""分配知识""传递知识""知识演变""知识流动"等。这些与"知识"搭配的词,在某种程度上恰恰反映了不同的知识管理理论是如何对"知识"进行概念化的。

(二)同中有异的东西方知识管理理论

在知识管理领域,较早对"知识"进行概念隐喻分析的是乔纳森·赫伊(Jonathan Hey)。他在研究中发现,"知识"常被隐喻性地概念化为“固体”和“液体”(Hey,2004)。但真正从隐喻认知角度对知识管理的经典理论文献展开系统研究的是安德森(Andriessen,2006, 2011a, 2011b;Andriessen & Boom,2007)。

安德森(Andriessen,2006)运用概念隐喻的分析方法深入比较了达文波特和普鲁萨克的《工作中的知识》(第1章)与野中郁次郎和竹内弘高的《创造知识的企业》(第3章)中涉及的概念隐喻。在有关“知识”的定义性表述中,95%以上是隐喻性的,而且涉及22种不同的隐喻,例如:knowledge as water(知识如同水),knowledge as seed(知识如同种子),knowledge as soil(知识如同土壤),knowledge as a ship(知识如同船),knowledge as a person(知识如同人),knowledge as a container(知识如同容器)等。这22种隐喻又可以进一步划分为六大类,分别为knowledge as something physical(知识如同客观事物),knowledge as a wave(知识如同一种波),knowledge as a living organism(知识如同有机体),knowledge as thoughts and feelings(知识如同思维与感受),knowledge as a process(知识如同过程)以及knowledge as a structure(知识如同结构)(Andriessen,2006)。见图1:

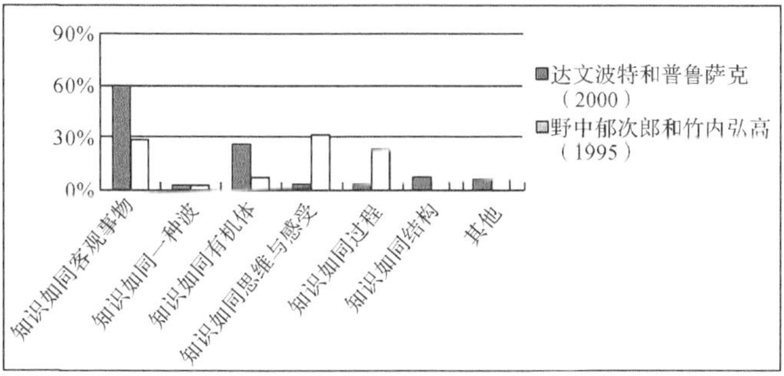

图1　美日知识管理理论文献中知识概念隐喻的分布对比①

① 图1根据安德森(Andriessen,2006)研究中的数据重新制作。

从图1中，我们可以看到两者既存在相同之处，也存在比较大的差异。达文波特和普鲁萨克使用最多的概念隐喻，排在前三位的分别是："知识如同客观事物"（59%）、"知识如同有机体"（25%）及"知识如同结构"（6%）。而野中郁次郎和竹内弘高使用频率最高的概念隐喻有："知识如同思维与感受"（31%）、"知识如同客观事物"（29%）及"知识如同过程"（23%）。两者都高度认同"知识如同客观事物"这一概念隐喻。

在西方知识管理文献中，"知识如同客观事物"实际上包括了三个重要的子概念隐喻，分别是：knowledge as a resource（知识如同资源），knowledge as assets（知识如同资产），knowledge as property（知识如同财产）（Andriessen，2011b）。第一个概念隐喻把"知识"纳入"物流话语"中，让人们更关注信息交流技术、流程优化和质量管理，因此知识的储存、分享和分布也就成了知识管理的重点。第二个概念隐喻把"知识"纳入"会计话语"中，其中知识是可以控制的，知识是可以带来收益的，生产知识的成本是可以测量的等属性均被凸显了出来。第三个概念隐喻把"知识"纳入"法律话语"中，强调了知识的所有权、知识的价值及知识的排他性等特征。这三个概念隐喻的共同之处，都是将知识看作一种东西或物质，即物质化（thingification）的过程。通过这种物质化的过程，"知识"就成了一种外在于人的、可以进行操控的对象（Andriessen & Boom，2007）。这种物质化的过程实际上与英美分析哲学以及西方管理文化中的科学传统是密不可分的。当然，西方的哲学和管理传统也会对东方的管理文化产生重要的影响。数据所反映的相同概念隐喻"知识如同客观事物"，也很自然地显示出了东西文化交流在某些方面所形成的一致性。这种一致性一方面可以反映出两种基于不同认识论传统的知识管理理论对于知识的理解仍有共识,另一方面也将为不同知识管理理论在未来发展中的互补与整合提供了基础。

同样,我们也可以在上图中看出东西方管理理论在知识概念隐喻上所表现出来的差异。这种差异也进一步验证了野中郁次郎与竹内弘高对东西方知识管理理论不同的判断。从泰勒到西蒙,在西方的管理传统里存在着一种根深蒂固的理念,那就是组织是“信息处理”的机器,换言之,知识在他们眼里就是形式的、正式的和成体系的东西(野中郁次郎、竹内弘高,2006:63)。因此,欧美的知识管理理论更多的是关注显性知识的研究。相反,在日本的知识管理理论文献中,“知识如同思维与感受”和“知识如同客观事物”两个概念隐喻所占的比例最高,而且两者不相上下。这就是说,在日本知识管理专家那里,知识不仅被隐喻化为客观事物,而且更为重要的是,它还被隐喻化为主观性的思想和情感。所以,日本的知识管理理论不仅注重对显性知识的考察,而且更加注重对隐性知识的研究。

莱考夫和约翰逊(Lakoff & Johnson,1980:10)曾指出,隐喻的系统性使我们能够用一个概念来理解另一个概念的某些方面,同时它也必然隐藏了那个概念的其他方面;它允许我们聚焦于某个概念的某一个部分内容,同时也会使我们忽略这个概念中与该隐喻不一致的内容。这就是说,当我们使用不同的隐喻来理解“知识”时,我们所关注的东西是不一样的,从而导致我们可能采取的行动也是有区别的。再加上,很多时候我们是在无意识的状态下使用这些隐喻。因此,知识管理的理论家和实践者需要知道那些潜藏在各种知识管理文本背后的概念隐喻,进而比较不同的概念隐喻到底凸显了什么,又隐藏了什么。以概念隐喻 knowledge as a resource(知识如同资源)为例,“资源”所具有的很多属性可以被用来更好地理解“知识”。然而,这个概念隐喻却无法涵盖知识所具有的非竞争性(non-rivalry)、非叠加性(non-additiveness)、默会性(tacitness)等属性;如果要凸显知识的这些特征,我们就需要使用其他的概念隐喻(Andriessen,2011b)。从另一方面看,如果要形成对“知识”这样一个复杂对象的全面认识,我们需要借助的就不仅仅只是某个单独的知识概念隐喻,而是一个概念隐喻簇。在这个概念隐喻簇中,某些概念隐喻处于支配地位,而另外一些则处于辅助地位。他们共同发挥作用,可以帮助我们形成更为全面的认知。

二、隐喻认知:从暗默知识到形式知识的转换

野中郁次郎和竹内弘高(2006:74)认为,将暗默知识表述为形式概念的表出化(externalization)过程是知识创造的精髓。表出化往往是由比喻和类比所驱动的,利用充满魅力的比喻和类比,对培育创造性过程的直接投入非常有效。这就是说隐喻认知在整个知识创造的过程中具有举足轻重的地位。虽然野中郁次郎和竹内弘高在《创造知识的企业》一书中,用了很大的笔墨描述隐喻,但仍然有两个重要的问题没有得到清晰的说明,即“为什么隐喻可以实现概念的创新”以及“为什么隐喻可以实现暗默知识到形式知识的转换”。下文将结合隐喻认知的最新理论围绕这两个问题进行探讨。

(一)隐喻认知与知识创造

隐喻的本质是通过一个事物来理解和体验另外一个事物(Lakoff & Johnson,1980:5)。从认知角度上看,隐喻认知就是在两个概念域之间建立映射关系。基于这一理解,我们原来有关类比、模型、比喻等方面的研究都可以纳入这个统一的框架之中。不少科学家已经达成共

识，认为隐喻是创造性思维的工具，它不仅是科学活动的产物，而且有助于新的科学理论的创生（郭贵春，2007:43）。野中郁次郎（Nonaka，1994）在《组织知识创造的动态理论》一文中，直接引入了莱考夫和约翰逊有关概念隐喻的观点，用了很大的篇幅来阐述隐喻认知与知识创造之间的关系。他认为，隐喻是一种非常重要的创造概念网络的方法，它有助于我们运用已经存在的知识创造出面向未来的知识。

在日本企业的知识管理中，借助隐喻认知进行知识创新的案例比比皆是。野中郁次郎和竹内弘高（2006:76）通过具体的案例分析了本田、佳能、松下等公司是如何借助比喻和类比进行产品研发的。

表1　产品研发中用于概念创造的比喻和类比

产品（公司）	比喻/类比	对概念创造的影响
"本田城市"（本田）	"汽车进化论"（比喻）	暗示乘客空间最大化乃是汽车终极发展的方向，创造了"人最大化，机器最小化"的概念
	球形（类比）	暗示在最低表面积下达到最大乘客空间，创造出"高而短型轿车（高个小子）"概念
微型复印机（佳能）	铝制啤酒罐（类比）	暗示制造便宜铝制啤酒罐与感光滚筒之间的类似性，创造了"低成本制造过程"的概念
家用烤面包机（松下）	饭店面包（比喻） 大阪国际饭店面包师（类比）	暗示比较可口的面包，创造出"麻花面团"的概念

正如野中郁次郎和竹内弘高（2006:18）所感叹的那样，"对西方管

理者来说,本书所使用的事例和比喻语言或许有些奇怪,甚至有点匪夷所思。例如我们已经看到的例子:'汽车进化论'这个口号怎么会是一个新款轿车有针对性的设计概念呢?或者'人最大化,机器最小化'怎么能够成为有意义的理想呢?虽然在西方管理者看来,这些含义晦涩的口号听起来愚蠢至极,但实际上对于日本企业创造新知识却是十分有效的”。

隐喻认知不仅可以被用来解决产品创新中遇到的问题,同样可以解决组织管理创新中遇到的问题。例如,中国的盛大网络游戏公司从网络游戏玩家的激励模式中得到灵感,将其用在改造公司内部人力资源的管理模式中,以解决公司员工缺乏主动性和积极性的问题。他们构建了一套类似于游戏积分管理的经验值管理系统,采用实时记录的方式,让所有员工犹如游戏中的“打怪”“做副本”一样,完成自己的工作(冯其洪、石金涛,2012)。在游戏中,玩家靠经验值决定自己的游戏角色是否可以升级,在盛大的游戏式管理系统中,系统记录下来的经验值决定了员工能否加薪、升职。从隐喻认知的角度看,盛大集团整个人力资源制度创新的背后就由一个强有力的概念隐喻“工作就是游戏”所启动和支撑。

隐喻认知是一个创造性的过程,它通过将两个在语义上相距很远的概念放在一起而形成一种对事物和问题的新的洞见。我们需要进一步思考的一个问题是:隐喻认知为什么能够帮助我们形成新的概念?其主要的原因是一个有价值的隐喻性表达,经过深思熟虑后,常常会建构起一个如莱考夫所说的概念映射结构。这个映射结构包含两个不同的概念域,即始源域 S 和目标域 T。该映射结构是类比推理的基础,其过程可用如下公式表示(斯坦哈特,2009:136):

$$\frac{R_1(..x..),\dots,R_{k-1}(..x..),\ R_k(..x..),\dots,R_n(..x..)\quad R_1(..y..),\dots,R_{k-1}(..y..)}{\therefore\ _a(R_k(..y..)),\dots,{}_a(R_n(..y..))}$$

公式中,“..x ..”和“..y ..”分别代表的是始源域集合 S 和目标域集合 T 上的任意论元列表;R 表示 n 元属性,它可以表示一种属性,也可以表示一种关系;a 是迁移算子,用于产生新的结论。整个公式的意思是说,认知主体基于两个概念域在 $R_1,\dots,R_{k-1}$ 等属性上的相似性,可以推导出目标域也具有始源域所具有的一些属性。也就是说,目标域 T 在推理之前是不具有属性 $R_k,\dots,R_n$ 的,但通过基于结构映射的类比迁移,获得了这些新的属性。概念的创新正是通过这个过程完成的。

由于长期受到逻辑实证主义的影响,科学语言严格局限于字面意义和逻辑的、精确的以及可以证实的特征层面,传统上认为科学话语必须是一种完全透明的零度修辞的话语,并期望将科学理性重新建立在不可置疑的感觉材料的基础上(郭贵春,2007:41)。因此,隐喻被严格地排除在了科学之外。受到这种科学传统的影响,隐喻认知的价值在传统管理学中的地位自然可想而知。但是,随着以人本主义为核心的知识管理的兴起,我们相信,隐喻认知在知识创新中的重要价值将被重新发掘。

(二)隐喻认知与知识传播

作为知识管理的重要推动者之一,安达信公司(Authur Anderson)曾经提出一个导入知识管理实际执行的公式:$KM = (P + K)^s$(陈柏村,2007:5)。其中,KM 指知识管理(knowledge management),P 指人员(people),K 指知识(knowledge),“+”指 IT 科技,S 指分享(share)。梁林海和孙俊华(2011:17)对该公式做了进一步解释,认为 P 包括了扮演着知识的生产者、共享者、传播者等不同角色的人员;K 是知识管理的对象,在组织的发展与创新中发挥着重要作用,组织必须注重知识的积累、共享和创新;“+”主要指知识管理中所应用的各类信息技术,它们是知识管理的工具和催化剂,通过对技术的合理应用以及技术与人的有效结合,促进组织中知识的传播、共享与创新,从而提高组织的绩效;至于 S,他们认为共享的组织文化是有效知识管理的前提与保证。安达信的这个公式实际上是一个知识传播的系统模型,反映出知识传播所涉及的基本要素,即主体、内容、渠道和语境。

英国哲学家迈克尔·波兰尼(Polanyi,1958:94—108)将知识分为暗默知识(tacit knowledge)与形式知识(explicit knowledge),这是目前比较流行的,且被知识管理理论与研究领域所广泛接受的分类方法。暗默知识是指与特定情境相关的个人知识,它难以进行形式化,也难以进行交流;相反,形式知识,就是那些可以用形式化或系统性的符号做出表征的且能进行传递的知识(野中郁次郎、竹内弘高,2006:67)。对于一个传播系统而言,如果知识是形式化的(explicit),那么最重要的工作就是加强传播渠道的建设。然而,如果知识是暗默性的(tacit),那么首先需要解决的一个前提条件是:要让难以表达的暗默知识转变为可以表达的形式知识。野中郁次郎(Nonaka,1994)指出,将暗默知识转变为形式知识的一种有效的方法就是使用隐喻。但是,他并没有解释,隐喻是如何使暗默知识到形式知识的转换成为可能的。借助符号学的分析范式,我们可以对这一问题做进一步的解释和说明(见图2)。

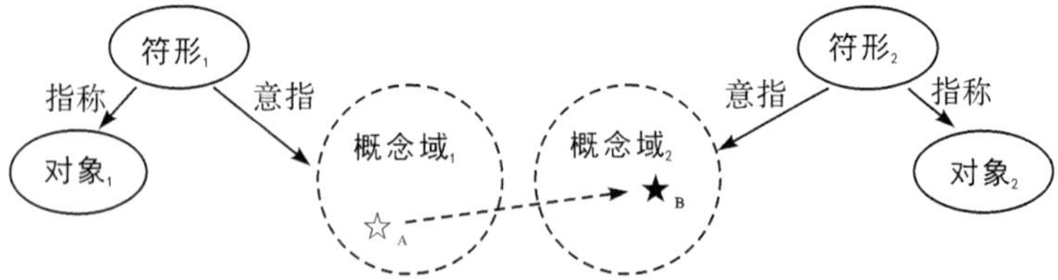

图2　隐喻生成的相似联想过程(徐慈华、黄华新,2008)

一个符号由符形、对象和概念域（符释）三个部分构成。符形是某种对某人来说在某一方面或以某种能力代表另一事物的东西；符释是符号形体在接受者的头脑中所形成的东西；对象就是符形所代表的那个事物（Peirce，1985）。当某一认知主体在与对象$_1$的互动中，获得了暗默知识$☆_A$，但没有现成的符形与之对应。这就意味着$☆_A$在某种程度上是不可以直接表达的。但是，我们可以在相似性的基础上找到一个同样具有属性$★_B$的概念域（即概念域$_2$），然后确定与概念域$_2$相对应的符形$_2$，最后就可以生成隐喻性的表达“符形$_1$是符形$_2$”。这个相似联想的过程可能会激活多个具有某一特定属性的概念域。这时就需要考虑语用交际中的最佳个体关联原则和信息的协调性原则，以提高隐喻的可接受性（徐慈华，2009：128—145）。

隐喻认知在科学传播中扮演着非常重要的角色。不管是在科学共同体内部的传播中，还是在科学共同体面向社会公众的传播中，隐喻认知都是普遍存在的，它通常以形式多变的隐喻性语言表现出来。隐喻认知的重要价值在于以一种兼具经济性和启发性的方式改变了科学传播受众的认知结构，从而在一定程度上消解了不同社会群体之间的“知识张力”和“知识鸿沟”（范振强、徐慈华，2011）。显然，这些发现也同样适用于企业组织中的知识管理。

暗默知识包含技术与认知两个层面。前者主要涉及秘诀、手艺以及技能等内容；后者集中关注“心智模式”，指的是人类在内心通过构造和运用类比来创造世界的运作模式（野中郁次郎、竹内弘高，2006：68）。心智模式是指个体认知系统所建构的用来解释外部世界的内在表征（Denzau & North，1994）。这种内在表征，如认知图式、范式、视角、信念和观点，是个体过去所体验的现实世界在自己头脑中沉淀下来的假设与印象，它对个体如何认识世界以及如何界定世界具有重要的作用。因此,认知层面的暗默知识传播就会涉及组织的文化传播。我们发现,很多组织的文化理念通常会直接以隐喻的表达方式呈现出来。例如:“资本是船,品牌是帆,企业是人,文化是魂”(海尔集团);“山高人为峰”(红塔集团);“在绝望中寻找希望”(新东方集团);“我们的血管里流的不是血,而是可口可乐”(可口可乐公司);“管理是树,品牌是挂在树上的果子,细节是大树的枝叶,放弃细节就等于打完大树的枝叶,大树再也结不出美丽的果实品牌”(JVC);等等。

隐喻性的组织文化理念的表达不仅有意识地体现在高度凝练的企业宣传语中,而且还不时地体现在企业家的日常话语中。例如,“我们的 B2C、C2C 的市场很大,要抢占制高点”“我认为互联网是跟美国同一起跑线的,相差就是两三年的时间”“我们有很多的错误,我们走了很多弯路”“阿里巴巴是一个大家庭,我们希望在工作中 professional,在平时我们是朋友”“我们要坚持走下去,如果有一天我们成功了,我们的这套东西,就会被很多企业学习,这个 DNA 传到别的机体里面,我们的灵魂才能延续下去,这可能要我们看得更遥远一点”。这些隐喻性的话语来源于阿里巴巴创始人马云的内部演讲,涉及“做企业如同打仗”“做企业如同体育比赛”“做企业如同旅行”“企业是家庭”“企业是有机体”等概念隐喻。通过使用这些隐喻性的话语,企业家可以把自己心智模式中一些很重要的东西有效地传递给自己的员工。

结 语

本文主要从知识管理的基本理论假设和知识管理的具体实践两个维度探讨了知识管理与隐喻认知之间的内在关联,揭示了隐喻认知在知识管理中的重要作用。通过深入考察知识管理中的隐喻认知,人们可以更好地理解"什么是知识""如何创造出新的知识"以及"如何有效地传播知识"等问题，进而提高人们在知识管理过程中的隐喻意识和隐喻应用能力。

参考文献

Andriessen D. & Boom M., 2007, East is East, and West is West, and (N)ever Its Intellectual Capital shall Meet. *Journal of Intellectual Capital*, 8(4).

Andriessen D., 2006, On the Metaphorical Nature of Intellectual Capital: A Textual Analysis. *Journal of Intellectual Capital*, 7(1).

Andriessen D., 2011a, Metaphors in Knowledge Management. *Systems Research and Behavioral Science*, 28(2).

Andriessen D., 2011b, Metaphor Use in Knowledge Management. In Schwartz D. G. & Te'eni D. (eds.), *Encyclopedia of Knowledge Management* (*2nd edition*), Hershey: Information Science Reference.

Choo C. W., 2003, Perspectives on Managing Knowledge in Organizations. *Cataloging & Classification Quarterly*, 37(1-2).

Davenport T. H. & Prusak L., 1998, *Working Knowledge: How Organizations Manage What They Know*. Boston: Harvard Business School Press.

Denzau A. T. & North D. C., 1994, Shared Mental Models: Ideologies and Institutions. *Kyklos*, 47(1).

Drucker P. F., 1993, *Post-Capitalist Society*. New York: HarperCollins.

Hey J., 2004, The Data, Information, Knowledge, Wisdom Chain: The Metaphorical Link, http://web.archive.org/web/20071202033948/http://ioc.unesco.org/Oceanteacher/OceanTeacher2/02InfTchSciCmm/DIKWchain.pdf.

Lakoff G. & Johnson M., 1980, *Metaphors We Live by*. Chicago: University of

Chicago Press.

Lakoff G. , 1993, The Contemporary Theory of Metaphor. In Ortony A. (ed.), *Metaphor and Thought*. Cambridge: Cambridge University Press.

Nonaka I. & Takeuchi H. , 1995, *The Knowledge-Creating Company: How Japanese Companies Create the Dynamics of Innovation*. Oxford: Oxford University Press.

Nonaka I. , 1994, A Dynamic Theory of Organizational Knowledge Creation. *Organization Science*, 5(1).

Peirce C. S. , 1985, Logic as Semiotic: The Theory of Signs. In Innis R. E. (ed.), *Semiotics: An Introductory Anthology*. Bloomington: Indiana University Press.

Polanyi M. , 1958, *Personal Knowledge: Towards a Post-Critical Philosophy*. Chicago: University of Chicago Press.

陈柏村,2007,《知识管理:正确概念与企业实务(第2版)》,南京:南京大学出版社。

范振强、徐慈华,2011,《隐喻认知与科学传播》,《自然辩证法研究》第5期。

冯其洪、石金涛,2012,《游戏规则中的激励机制研究——以盛大集团的“游戏式管理”模式为例》,《中国人力资源开发》第10期。

郭贵春,2007,《隐喻、修辞与科学解释:一种语境论的科学哲学研究视角》,北京:科学出版社。

梁林海、孙俊华,2011,《知识管理》,北京:北京大学出版社。

斯坦哈特,2009,《隐喻的逻辑:可能世界中的类比》,黄华新等译,杭州:浙江大学出版社。

徐慈华,2009,《选择与适应:汉语隐喻的语用综观研究》,北京:中国社会科学出版社。

徐慈华、黄华新,2008,《汉语隐喻的语用综观探析》,《浙江大学学报(人文社会科学版)》第5期。

野中郁次郎、竹内弘高,2006,《创造知识的企业》,李萌、高飞译,北京:知识产权出版社。

符号学视域中的博弈“聚点”分析*

黄华新　马继伟

一、“聚点”与符号博弈

博弈论产生以来，数理推演一直是博弈分析的核心方法，但是对于部分多重纳什均衡问题，传统的数理方法只能找到多个可能的解，而无法确定最终的纳什均衡解，我们把这类问题统称为数理方法无法解决的多重纳什均衡问题（张维迎，2012：72—74）。诺贝尔经济学奖得主托马斯·谢林（Thomas Schelling）提出“聚点”理论，认为博弈参与者可以从非数理角度去解决这类多重纳什均衡问题，找到博弈的“聚点”，即纳什均衡解。他指出，能否找到“聚点”“很大程度上取决于双方的直觉而非逻辑思维推理，或许依靠来自双方对相似事物之间的类比经验、先例、偶然巧遇、对称性、审美观或几何原理、诡辩推理，以及当事人的自身条件和对彼此情况的了解”（谢林，2011：51）。但是谢林并没有对这一概念给出明确定义，也没有进行具体的推演、分析和论证；国内外其他学者也没有就此给出清晰的界定。基于谢林等人的观点和思路（参见 Binmore & Samuelson，2006），我们把“聚点”概括为博弈参与者面对多个选择，在无法通过数理推演找到纳什均衡解的情况下，借助经

* 本文原载《浙江社会科学》2019 年第 5 期。

验、文化和认知等非数理要素共同达到的某一特殊纳什均衡解。

符号是人们认知和交互的关键媒介，博弈参与者通常用特定的符号来传递信息。在数理方法无法解决的多重纳什均衡问题中，由于无法通过计算区分多个纳什均衡的优劣，此时对博弈符号的认知和解读就显得相当重要。有学者指出，“人时时刻刻做好符号化的站位，时刻准备对观察到的现象做符号化，也就是找出意义”（赵毅衡，2016：48）。透视基于多主体互动的博弈符号，探究其中蕴含的多重意义，这是博弈“聚点”分析的重要路径。博弈具有主体间性，博弈各方的行为反映着主体对于符号的认知程度，其所处的情景、所含的预设以及相应的互动都会影响博弈的结果。结合特定主体和情景来分析博弈符号能更好地把握“聚点”生成和理解的认知机制；通过“符号三角”和符号表征类型的描述来探讨博弈符号的含义，有助于展现不同博弈符号间的差异，进一步凸显博弈“聚点”。由此可见，符号学作为一种跨学科方法论，能为“聚点”理论的深化和拓展提供学理支撑。

在各具特色的符号学研究范式中，索绪尔的“二元论”与皮尔斯的“三元说”具有很强的代表性和影响力。索绪尔（1980：90）认为，符号是由表示其形体的“能指”和传达其思想感情或意义的“所指”构成的二元关系。在皮尔斯（2014：31）看来，“符号是一个事物，它一方面由一个对象所决定，另一方面又在人们的心灵中决定一个观念；而对象又间接地决定着后者那种决定方式，这种决定方式就是解释项（又译符释）。由此，符号与其对象、解释项之间就存在着一种三元关系”。皮尔斯把符号解析为符号本身（又译符形）、对象和符释的三元关系，即符形 A 指称对象 B 意指符释 C。索绪尔和皮尔斯均认为能指（符形）与所指（符释）建立意指关系是基于人的心理过程，他们的这一观点对我们解读符号博弈的认知机理，寻找博弈“聚点”具有重要的启发价值。皮尔斯的学说因为强调了符号对象和符号的三元结构，提出了具体的符号分类系统，其中蕴含了一系列的符号认知思想，因而更具理论上的解释力。

皮尔斯（Peirce，1985：5）认为，从符号本身到符号解释是一个心理过程，某个符号会在它的接收者头脑中创建另外一个新的或更为复杂的符号，新创的这个符号就是初始符号的解释项。皮尔斯的这一论述，包含了心理过程、认知主体和符号链的思想（徐慈华、黄华新，2012：108—109）。他的观点对我们分析符号博弈，把握和描述"聚点"至少有如下三方面的启示：第一是心理过程。"人们的一切社会活动，都是有意图（或有目的）的活动。"（周礼全，1994：503）符号博弈本质上是人们试图通过意谓表达意思，从而实现各自意图的过程，也是人的思维能力和体验能力在特定情境中不断激活的过程。第二是认知主体。符号交际往往是发出者和接收者之间的双主体或多主体符号认知博弈。不同的主体对于同一符号的认知和使用具有明显的个体差异，但他们还是会有共同的关注点，"认同某种能够协调彼此对对方行为预期判断的暗示符号"（谢林，2011：48）。例如，在一个电视节目里，双方讨论"钱是花出来的，还是省出来的？"，在这个语言符号的博弈中，彼此有着某种默契，共同表达了期望"钱多起来"的意图。第三是符号链。符号的生成和理解常常表现为一个环环相扣、层层递进的联动过程，在博弈情景中，符号承载了内涵意义与外延意义、显性意义与隐性意义，因而变得更具丰富性和延展性。通过链式的传递，主体的初始意图最终以具体符号呈现（Tadahiro et al.，2018：4）。与此相应，博弈"聚点"的形成和凸显也表现为认知主体头脑中不断展现或创建新符号的动态开放过程。

隐喻交际作为一种特殊的语言符号博弈形式，双方的意谓、意图和意思需要通过概念的内涵表征以及始源域到目标域的跨域映射等过程得以实现，经由隐喻符号生成的博弈“聚点”，其独特性和多样性无不与认知主体的想象力和体验性息息相关，与符号链建构的概念框架密不可分。例如，企业家们对“企业是什么”有诸多不同的隐喻性表达，有人认为“做企业就是种树”，有人则认为“做企业就是养孩子”（张传睿，2018:4），这反映了认知主体在概念内涵表征和跨域映射上的独特性和多样性，由“种树”可能生发出“浇水、施肥”等概念，由“养孩子”可能延伸出“陪伴、教育”等概念，两者的认知差异是显而易见的。当然，由于实际认知情景的复杂性，博弈双方这种差异性的背后可能蕴含了某种共同点，我们有必要用动态认知的观点来思考和把握这一问题。

二、符号认知与“聚点”特征

基于认知的交际活动是一个符号互动的过程，其核心是表达和理解。在交际过程中，符号发出者往往带有某种意图，并预设了相应的前提，以此实现表达自我观点和让接收者理解的目标（李先焜，2006:179）。在符号博弈中，发出者和接收者要经历意谓、意图和意思相互关联和交织的认知过程，并随着交际情景的变化，在动态开放的系统中生成和理解特定的符号，甚至延伸出一系列新的符号，构成符号认知的链条。正如皮尔斯（2014:32）所说，符号“可以使别的东西（它的解释项）去指称一个对象，并且这个符号自身也可以用同样的方式指涉（它的对象）；解释项不停地变成（新的）符号，如此延绵，以致无穷”。

根据皮尔斯的符号认知思想，结合奥斯汀（Austin，1962:98）关于“语谓、语旨和语效”的“言语行为理论”和周礼全（1994，512）的“语言交际图式”，我们尝试构建一个“基于符号认知的交际图式”（如图1）

来描述符号博弈过程,帮助寻找“聚点”。

$$\boxed{I(tm_{a1}) \rightarrow I(tm_{a2}) \rightarrow \cdots \rightarrow I(tm_{an}) \rightarrow S(m_a)} \rightarrow \begin{cases} U(rm_{a1}) \rightarrow U(rm_{a2}) \rightarrow \cdots \rightarrow U(rm_{an}) \\ U(rm_{b1}) \rightarrow U(rm_{b2}) \rightarrow \cdots \rightarrow U(rm_{cn}) \\ \vdots \\ U(rm_{j1}) \rightarrow U(rm_{j2}) \rightarrow \cdots \rightarrow U(rm_{jn}) \end{cases}$$

图1　基于符号认知的交际图式

上述图式中,I 表示符号发出者想表达的某种意图;S 表示相应的符号;U 表示符号接收者对符号的理解。符号发出者在 a 语境下有一个根本意图 $I(tm_{a1})$;为实现这一根本意图,他需要先实现意图 $I(tm_{a2})$,该转化本质上是将根本意图视为符号,并给出新符释的过程,以此类推,经由这一链式延伸,将思想不断推进,对意图 $I(tm_{a1})$ 的理解最终表现为显性的符号 $S(m_a)$。这一显性符号将被处于相同或不同语境下的接收者所解读。图式中 $U(rm_{i1})\cdots U(rm_{in})(i \in \{a,b,\cdots,j\})$ 指 i 语境下接收者的认知过程。如果符号接收者和发出者处于完全相同的语境 a 中,那么他对 $S(m_a)$ 的解读将得到 $U(rm_{a1})$,又进一步将 $U(rm_{a1})$ 视为符号,并解读为 $U(rm_{a2})$,以此类推,最终得到接收者所认可的符号意义 $U(rm_{an})$。当 $I(tm_{a1}) = U(rm_{an})$ 时,这就是一次成功的符号认知与交际,也就达到了博弈的“聚点”。当然,在很多符号交际过程中,发出者和接收者并不处于同一情景中,此时接收者将根据自身所处的语境对符号进行如 $U(rm_{i1})\cdots U(rm_{in})$ 的链式认知。

按照谢林等人的观点,“聚点”的特征大体上可以从如下几个方面概括。一是差异性,即无论是通过何种非数理要素来判断,“聚点”都是与其他博弈策略有明显区别的纳什均衡解。至于“什么因素可以成为某个博弈的聚点,只能具体问题具体分析了”(谢识予,2017:73)。二是唯一性,即从某一维度来看,该纳什均衡是独一无二的,没有类似的博弈策略与之混淆。正如谢林(2011:51)所说,“唯一性能够产生独特性,从而吸引人们的注意力。但是通常情况是,唯一性在避免似是而非上具有重要意义”。三是随机性,即同一个博弈在不同情景中有不同的纳什均衡解,不同的博弈也可能会有同一个纳什均衡解。对此,谢林(2011:51)同样说到,“聚点”的“显著特征随着时间、地点以及当事人的变化而变化”。

这里,我们有必要通过具体案例对符号的“聚点”特征进行描述,以便根据特定的认知情景进行分析和筛选,把那些不具有“聚点”特征的可能纳什均衡解排除掉,进而缩小选择范围,提高选中纳什均衡解的概率。例如,贵州的区域品牌传播,其主要功能无疑是希望更多更好地“吸引人们的注意力”,进而提升当地的影响力和竞争力,我们把它视为一个多模态认知的符号博弈。它通过图像展示贵州的自然人文景观,运用音频传递“山美、水美、人更美”的理念,再结合“走遍大地神州,醉美多彩贵州”的文字符号多维度、多层次地向受众展示当地的特点。其中“醉”字为点睛之笔,该文字符号表达了多种意图,借由与“最美”谐音,突出了美的程度,点出了“陶醉”的意境,还隐含独具地方特色的酒文化,如果受众理解了“醉”的含义,就相当于达到了某一个“聚点”,该区域的差异性和唯一性也由此得以充分凸显。同样,有些受众可能从“多彩”联想到当地丰富多样、异彩纷呈的自然人文景观特征,这也是一个有差异性的“聚点”,至于观众最终达到哪一个“聚点”,实际上取决于主体的认知差异,具有一定的随机性。

在现实的认知情景中,博弈符号“聚点”特征的呈现,往往涉及诸多复杂的因素,需要我们以动态、开放的思维方式来理解和把握。这里至少涉及差异性与共通性、多样性与唯一性、随机性与确定性三个方面的关系。例如谈论“人生”的隐喻时,甲说“人生是一首歌、一台戏”,乙说“人生是一副牌，一盘棋”，可见两者认知的差异性。而当甲说到“人生是一道题”时，乙随即说“人生就是一道数学题”。假如我们把甲乙“人生如做题”的上述对话看作一次语言符号的博弈，这里甲说“人生是一道题”的根本意图 $I(tm_{a1})$ 也许是为了表达“人生需要增加能力，减少烦恼，提升合力，分享快乐”的生活态度。为了表达这一根本意图，甲先要表达延伸意图 $I(tm_{a2})$“人生是充满‘加减乘除’的运算”，并最终将该意图用“人生是一道题”这一显性语言符号 $S(m_a)$ 表达出来。在相同的经历和知识背景下，乙看到“人生是一道题”时，其解读 $U(rm_{a1})$ 也将是“人生是一个关于运算的过程”，并且进一步延伸认知链，直到最终认知 $U(rm_{an})$。由乙表述“人生就是一道数学题”可知，他确实理解了甲的根本意图，即 $I(tm_{a1}) = U(rm_{an})$，显然他们达到了本次“对话”的“聚点”。从上述情形看，虽然甲乙双方对“人生”的隐喻有不同的诠释，但其中都承载了某种特定的意义，比如“人生与运算的关联”。如同我们前面所提到的“做企业就是种树”和“做企业就是养孩子”的不同隐喻，其中都预设了企业作为“生命体”的概念。这说明，在符号博弈过程中，由于受特定主体和情景的影响，隐喻意义的生成和理解在不同的认知层面和维度上会呈现出差异性和共通性、多样性和唯一性等复杂特征。同理，在不同的认知情景中，特定主体对隐喻概念的内涵表征和跨域映射难免带有个体自由发挥的随机性因素，但是假如我们增加认知语境的约束条件，其含义应当是确定性的。

三、符号分析与“聚点”凸显

皮尔斯(2014:31)认为:“我们所有的思想与知识都是通过符号而获取的。”符号的种类庞杂繁多，它们所传递的信息各异，如何把握不同符号的差异性和独特性，是我们寻找博弈“聚点”的一个关键。根据皮尔斯的观点，我们把符号看作特定思想或知识的传递媒介，把“符号三角”和符号表征类型理论结合起来，对符号的含义进行挖掘，从而对博弈“聚点”做进一步的探讨。

皮尔斯(2014:72)从符号与指称对象的联结方式出发，把符号分为像似符(icon)、指示符(index)和规约符(symbol)三种类型，并认为这是符号最基本的分类方法。按照美国皮尔斯学会前任主席李斯卡的理解，像似符的呈现品格与对象相类似，指示符的本质特征则是它与其对象相邻接，包括感知意义上的直证邻接和反应意义上的因果邻接，等等(皮尔斯，2014:177—178)。谢林(2011:59)认为，“提示符号的偶然出现，不仅能够帮助主体进行协作，而且能够影响在缺乏有效沟通条件下取得的谈判结果，还可以还原附带的各种具体因素的原有特征”。规约符借助某些法则或观念的联想去指示它的对象，并且这种法则或观念使得这个符号被解释为它可以去指称该对象。它是人们在一段时间内认知建构过程的产物(Toren，1993:147)。这类符号与对象之间的联系大多建立在人们约定的象征关系的基础之上，其意义是在被解释和传播的过程中生成和演变的。规约符的认知和解读与交际主体的知识背景、主观体验、概念框架和想象能力有更多的关联。

反映类似关系、邻接关系和象征关系的这三类符号，在指称方式、意指方式上存在着明显的差异，它们各自蕴含的信息侧重点不同，从而使符号博弈“聚点”的凸显有迹可循。比如，中国农业银行的标志包含了中国古钱和麦穗两个符号，我们把它们看作像似符；两者有机结合而成的绿色圆形图案，通过与实际对象的邻接，成了其指示符；而“耕耘美丽中国”等宣传语作为富有象征意义的规约符，进一步体现了该行与其他银行的个性差异，在与客户的互动过程中，凸显了它鲜明的符号特色和“聚点”特征。

不难看出，在特定的符号情景中，像似符、指示符与规约符三类符号之间往往有相互交融或聚合的情形，通过“你中有我，我中有你”的彼此观照，产生抽象与具体统一的认知和传播效果。2016 年 9 月，G20 峰会第 11 次会议在杭州召开。围绕“11”这个数字符号，白岩松做了别具一格的诠释。他认为，“11”正好是一支足球队的人数，也可表示 1 加 1 大于 2，还可以看作两条腿，一条路，一双筷子……由此他引出，大家要齐心、合作、行动、发展、中国特色等等。这里，“11”既是一个像似符，同时，也呈现为指示符和规约符。如果我们把白岩松在媒体上的解读看成是与受众的“对话”，那么这个过程就是交际双方头脑中符号与对象的像似关系、邻接关系和象征关系被激活的过程，也是符号的指称功能和意指功能得以实现的过程。由此，“11”这个数字符号承载的表层的显性意义和深层的隐性意义都得到了充分的呈现。

换个角度来看，三类符号的使用过程融合了分类、联想、经验和推理等众多因素，交际主体具有很强的双向互动性和明确的目标指向性。理解某一符号的过程也就是通过主体的认知活动寻找符号所表达的意图的过程，可以说对一个符号的解读与博弈“聚点”的达成具有很大的相通性和契合度。

例如，在一个工作室里，甲和乙看着旁边正在工作的小张。

甲说：“你看他，就是个猴子。”

乙说：“他就是头牛。”

在上述对话中，甲和乙分别用“猴子”和“牛”这两个隐喻符号来指称对象小张。乙听到甲用“猴子”来描述小张时，在他的认知概念系统中“猴子”的符释可能包括了“爱吃香蕉”（用 a 表示）和“活泼好动”（用 b 表示）等。乙把 a 这一特征和小张的行为对比之后，可能发现存在差异,而把 b 这一特征和小张的行为进行对照,感觉确实如此,于是理解并认同了甲采用的"猴子"这一规约符。同理,甲听到乙用"牛"来指称小张时,也会形成类似甲的认知过程,在自己的认知系统中生成"力气很大"(用 c 表示)和"踏实肯干"(用 d 表示)等特征,根据小张的身体状况和行事风格,可能会排除 c ,但理解并认同 d ,后者可以说是甲乙双方符号博弈的一个"聚点"。同样道理,上述对话中,如果考虑甲、乙特定的认知情景(比如他们知道小张每年都是优秀员工),那么很容易凸显双方符号交际的"聚点"——"小张是勤劳的人"。

在上述分析中,我们假设了甲乙都知道对方所使用的"猴子"和"牛"是隐喻性的规约符,从而容易相互理解达到博弈的"聚点",但在很多情况下,博弈双方并不一定能立刻确定对方所使用的符号类型,并理解其内涵。此时,就有必要从不同的符号类型入手对其进行"符号三角"分析。在前述对话里,当乙听到"他是个猴子",可能会先从像似符角度理解,去寻找周围有没有外形很像"猴子"这一符号的存在,再看其是否具备了"猴子"这一符号的相关属性,经过分析,乙发现小张并不具备。可见,像似符的认知分析没有凸显出上述语言博弈的"聚点"。同理,当甲听到"他就是头牛"时也会进行类似分析和判断(分析如图 2)。

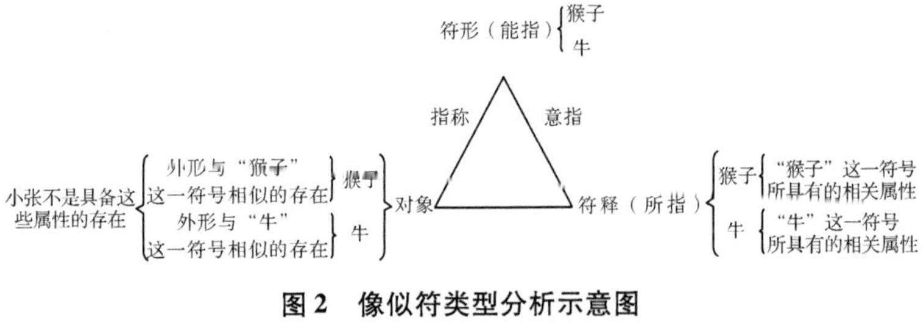

图 2　像似符类型分析示意图

甲、乙还可能从指示符角度理解。此时,他们首先需要确定周围是否有用"猴子"和"牛"相应符号命名的存在,再去分析"猴子"和"牛"

的对应物所具有的属性。同样，他们发现小张并不具有这些属性。据此，指示符的认知分析仍然没有凸显语言博弈的“聚点”（分析如图3）。

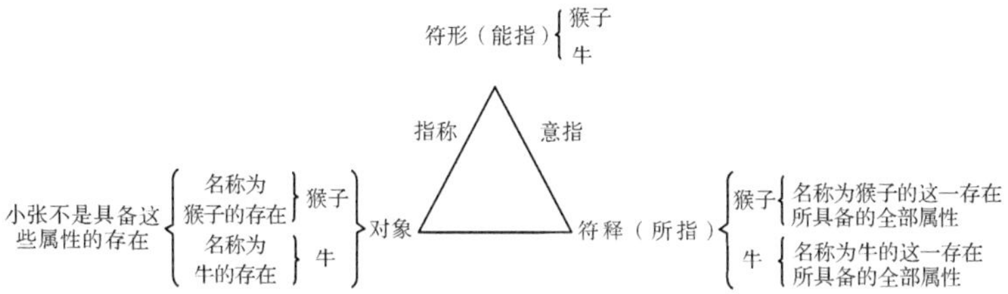

图3　指示符类型分析示意图

当甲和乙分别从规约符角度去解读时，才会出现上述隐喻认知分析的结果，双方均理解并认同小张是具有属性 b 与 d 的对象，这可以看作是凸显了上述语言博弈的“聚点”（分析如图4）。

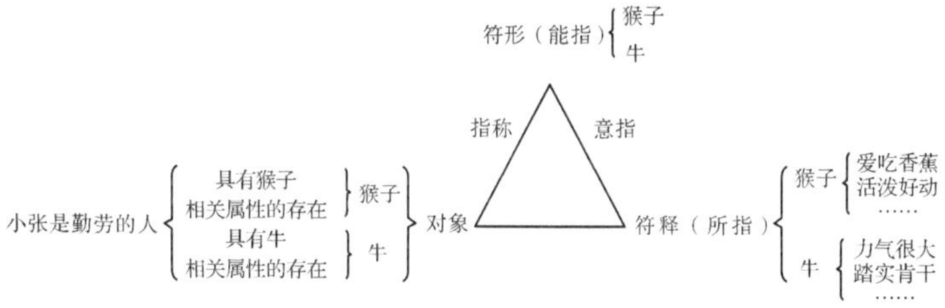

图4　规约符类型分析示意图

综上所述，把同一符号放在不同的认知情景和符号类型中进行分析，其结果存在明显差异；在博弈过程中，“聚点”可能会在多样化的符号类型中以不同的方式得以凸显。规约符的生成、理解和传播更能激发人们思维的想象力和创造力。有学者就试图从规约符的产生和动态变化角度去构建人工智能认知系统（参见 Tadahiro et al.，2018）。同时，作为认知科学三大主题之一的隐喻也大多是规约符，这也表明规约符在博弈“聚点”分析中的特殊意义。

结 语

我们从认知主体和情景的角度出发，把数理方法不能解决的博弈问题看作一个符号博弈过程，结合认知和交际的实际案例，运用“符号三角”和符号分类理论来解读博弈符号，围绕“聚点”的形成与凸显来描述其特征，期望对“聚点”理论有所拓展。有学者指出，符号学的重要性在于促进人文社会科学领域内话语的精确化和科学化（李幼蒸，2007：3）。在当前信息科学和认知科学突飞猛进的时代背景下，如何借助于符号学的研究范式更加精准系统地分析“纳什均衡”“相关均衡”等基本理论问题，如何通过形式化的方法严谨细致地描述符号博弈过程，进而为“聚点”的探究绘制具有操作性的“路线图”，留待我们进一步思考。

参考文献

Austin J. L., 1962, *How to do Things with Words*, Oxford: Oxford University Press.

Binmore K. & Samuelson L., 2006, The Evolution of Focal Points. *Games and Economic Behavior*, 55 (1).

Peirce C. S., 1985, Logic as Semiotic: The Theory of Signs. In Innis R. E. (ed.), *Semiotics: An Introductory Anthology*. Bloomington: Indiana University Press.

Tadahiro T. et al., 2018, Symbol Emergence in Cognitive Developmental Systems: A Survey. *IEEE Transactions on Cognitive and Developmental Systems*.

Toren C. ,1993, Sign into Symbol, Symbol as Sign: Cognitive Aspects of a Social Process. In Boyer P. (ed.), *Cognitive Aspects of Religious Symbolism*.

李先焜, 2006,《语言、符号与逻辑》,武汉:湖北人民出版社。

李幼蒸, 2007,《理论符号学导论(第3版)》,北京:中国人民大学出版社。

皮尔斯, 2014,《皮尔斯:论符号》,赵星植译,成都:四川大学出版社。

索绪尔, 1980,《普通语言学教程》,高名凯译,北京:商务印书馆。

谢林, 2011,《冲突的战略》,赵华等译,北京:华夏出版社。

谢识予, 2017,《经济博弈论(第4版)》,上海:复旦大学出版社。

徐慈华、黄华新, 2012,《符号学视域中的隐喻研究》,《浙江社会科学》第9期。

张传睿, 2018,《语用论辩视域下的隐喻论证研究》,浙江大学博士学位论文。

张维迎, 2012,《博弈论与信息经济学》,上海:格致出版社、上海三联书店、上海人民出版社。

赵毅衡, 2016,《符号学原理与推演(修订本)》,南京:南京大学出版社。

周礼全, 1994,《逻辑——正确思维和有效交际的理论》,北京:人民出版社。

概念隐喻的认知转换*

黄华新　马继伟

前　言

莱考夫和约翰逊（Lakoff & Johnson，1980）从认知科学的视角重新解读了隐喻，提出了概念隐喻理论。他们认为隐喻表达所依托的隐喻概念的系统性使我们能够用一个熟悉的概念来理解另一个陌生的概念，而隐喻概念构建的前提是隐喻框架的形成。例如隐喻概念“人是机器”就是通过熟悉的“机器”概念来解释“人”这一复杂的概念，要完成这一解释，就需要关于“机器”的认知框架。

框架（frame）这一概念由柏特森（Bateson，1955：40）首次提出。柏特森指出，框架是一个心理学概念，它类似于图画架构，又类似于数学集，交际双方对语言的理解都依赖于框架。科根（Cogen，1975）把框架这一概念引入语言学领域，他发现我们的思维大多是通过无意识的概念框架进行的，这些概念框架是组织我们思想的基础结构，每个单词都是通过框架而定义的。之后，菲尔墨（Fillmore，1982）又进一步提出了“框架语义学”，认为词的意义描述必须与语义框架相联系。莱考夫将框架引入认知语言学，提出隐喻框架结构理论，强调了框架在概念隐喻

* 本文原载《科学技术哲学研究》2021 年第 6 期。

理论中的重要性。他认为框架是一种有关于世界运作的、根深蒂固的认知结构，框架构建了我们的观念和概念，决定了我们推理的方式，甚至影响了我们的感知和行动（参见 Lakoff，2002［1996］，2004，2008）。博格斯特（Bogost，2005）认为，不同框架对政治隐喻的构建和使用具有导向性。霍利迪（Holliday，2017）基于 ACRL 的数据对隐喻框架在教学过程中的重要作用进行了实证研究，发现隐喻框架和隐喻概念之间存在明显的相关性和交叉使用现象。国内对于隐喻框架问题的关注总体较少，而且大多只集中在对隐喻框架的概念介绍和案例分析（郭贵春、杨烨阳，2014；刘星、李恒威，2017），缺乏比较系统的、有深度的理论性研究。同时，无论是国外还是国内，学者们普遍更关注隐喻框架的作用，主要聚焦在隐喻框架如何影响隐喻的构建与生成（黄华新，2020；于金龙，2011），隐喻框架和语用认知的关系（徐慈华、黄华新，2008；徐慈华，2009；范振强、徐慈华，2011），以及隐喻概念对于语言教学的影响（李云霞，2011；徐盛桓，2020）。但对于隐喻框架使用过程中的类型划分、概念选取，以及隐喻框架与隐喻概念等要素之间的关系问题并没有做更多深入的探讨。

由于语言翻译和理解的差异，学者们对概念隐喻（conceptual metaphor）、隐喻框架（metaphorical frame）、隐喻概念（metaphorical concept）、隐喻表达（metaphorical expression）和隐喻含义（metaphorical meaning）等概念的解释和使用上存在一些差异。本文主要参考莱考夫和约翰逊对这些概念的用法，对其做了一些说明。我们使用概念隐喻指称莱考夫和约翰逊提出的概念隐喻理论；隐喻框架是构建隐喻概念和隐喻表达的基础，是与始源域相关的概念的体系；隐喻概念是对始源域和目标域映射关系的表达；隐喻表达是含有隐喻的话语实例；隐喻含义则是隐喻表达所蕴含的意图或目的。为了更直观地说明这五个概念之间的关系,我们用一个案例加以阐述。

> 如果发生什么可怕的事,比如战争、瘟疫或干旱,大家还是能安慰自己说:“我们都是在一场宇宙大戏里扮演着自己的角色,这一切都是神或自然法则的旨意。虽然我们不知道脚本,但可以放心,一切事情的发生都有其目的。就算是可怕的战争、瘟疫或干旱,也都是某个更伟大计划里的场景。而且,我们知道这位剧作家值得信赖,故事最后一定有个美好而有意义的结局。因此,就算发生了战争、瘟疫或干旱,也都是为了最后的美好结局;就算现在看不到,来世总会等到的。”(尤瓦尔·赫拉利《未来简史》)

这段话是典型的隐喻表达,是在一个大的隐喻框架“戏剧框架”下构建起来的,对应的隐喻概念是“世界是戏剧”,并且基于这一隐喻概念在始源域“戏剧”和目标域“世界”之间建立了跨域映射关系,用角色、脚本、场景和剧作家等戏剧要素与现实世界中的人、生活事件、情景等的对应关系来说明人应该正视世界中的无常变化,从而表达了人要直面生活中的困难与挑战,期待美好生活到来的隐喻含义。这是概念隐喻理论的具体应用和体现。

本文以尤瓦尔·赫拉利的“简史三部曲”(《人类简史》《未来简史》《今日简史》)为基础文本建立隐喻语料库,文本累计约 96.1 万字。我们从中识别、提取和标注出 1539 个隐喻表达,涵盖科技变革、人与机器和未来社会等多个主题。该语料库有一定的规模,涉及的隐喻类型多样,能较为全面地反映隐喻使用的多种特征。且这三本书是近年来畅销全球的科普读物,在学术性、可读性和严谨性上有较好的平衡,文本总体水平较高,所使用的隐喻表达具有代表性。

一、隐喻框架和隐喻概念的认知转换

莱考夫（Lakoff,2004）指出，人是以隐喻框架来思考的，框架存在于我们大脑的神经元突触，以神经电路图的形式出现，当事实与框架吻合时，框架就得以保存下来而事实往往被忽略。所以隐喻框架在一定程度上决定了人们的认知模式和思维背后的价值判断机制（黄华新、邱辉，2014）。在隐喻交际中，说话人一般只是说出具体的隐喻表达，与之相关联的隐喻概念和隐喻框架都需要听话人结合上下文语境、百科知识和对说话人的了解等其他要素进行推理解读，最终得到该表达的隐喻含义（于金龙，2011）。在这一过程中，听话人对于隐喻框架和隐喻概念的识别与判定就尤为关键，它直接影响了隐喻含义的解读方向和最终含义的确证。

但是，“说话人使用隐喻框架构建隐喻概念、进行隐喻表达的过程并不一定都是有意识的行为”（Lakoff,1987:47）。无论是说话人还是听话人都不能很直接把握到隐喻框架在其思维活动中的作用，所以对隐喻框架的认知有赖于对其他要素的解读分析。由于隐喻表达存在主体多样性和情景差异化的区别，而隐喻框架和隐喻概念则可能重复出现，所以本文在进行隐喻各要素的分类统计时，对隐喻表达只进行总量统计，对隐喻框架、隐喻概念既统计出现的种类数又统计频数，以便在具体的分析中能更清楚地看到不同隐喻要素间的关系。

统计所使用的隐喻框架是大部分学者在隐喻研究中通常会选取的框架，该类型框架的划分基本是约定俗成的。其主要特点是框架之间的区分度较高，不同框架所对应的隐喻概念和隐喻表达有较为明显的差异，且隐喻概念中都存在清晰的映射关系，通过对这些框架的分析能较好地把握说话人的思维架构。缺点是这类框架之间的概念层级关系不够严谨明晰,比如“机器”“人体”“建筑”“实体”并不是同一层级的概念,却都被当作中型隐喻框架来使用。

考虑到上述的层级统一性问题,以及隐喻认知的个体差异和动态性,我们对隐喻框架的大小进行调整,改变其所涵盖隐喻概念和隐喻表达的范围,并按照中型隐喻框架(约定俗成的框架)、大型隐喻框架和小型隐喻框架三种类型对语料进行重新整合,对比分析不同类型的隐喻框架与隐喻概念之间的关系,并讨论是否存在更为合理的隐喻框架。

我们在语料库中首先使用了中型隐喻框架。在该隐喻框架分类模式下,1539 个隐喻表达一共被分为 86 个隐喻框架,累计对应 698 种隐喻概念。由于大部分框架涵盖的隐喻概念和隐喻表达数量较少,不具有代表性,所以我们重点选取出现频数第一的人体框架(284)和第二的机器框架(266),并提取两个框架中出现频数在 10 次及以上的高频隐喻概念作为研究对象,分析隐喻各要素间的关系。具体见表 1。

表 1　中型隐喻框架下高频要素统计表

框架类型	频数	隐喻概念	频数
人体框架	284	国家是人	58
		算法是人	23
		机器是人	15
		企业是人	12
		思想是人	11
		宗教是人	10

续　表

框架类型	频数	隐喻概念	频数
机器框架	266	人是机器	166
		社会是机器	33

从表1中我们可以看到，"人体框架"出现频次为284次，对应6个高频隐喻概念，而"机器框架"出现频次为266次，对应高频隐喻概念只有2个。关注到这一明显的差异，我们回到语料的上下文进行分析，认为这一差异产生的原因是不同的隐喻框架和隐喻概念的转换能力上存在区别。这一方面是因为在普遍认知中存在一些彼此间关联性和统摄性更强的概念范畴，人们更习惯于基于这些框架进行思考。另一方面是因为人们对隐喻框架的认知和使用具有一定的个体差异性和随机性（黄华新，2020）。通过对语料的统计分析和解读，我们将隐喻框架和隐喻概念间的转化关系概括为如下模式：

对隐喻概念"A是B"，提取始源域概念B，从而直接转换为"B框架"，或由包含B的概念C转换为"C框架"。反之，通过隐喻框架"B框架"认知目标域A，则以概念B或B的子概念X为始源域建立与目标域A的映射，转换得到隐喻概念"A是B"或"A是X"。

例如，对隐喻概念"国家是人"，提取始源域概念"人"，从而直接转换为"人体框架"，或由包含"人"的概念"实体"转换为"实体框架"。反之，如果在隐喻框架"人体框架"下认知目标域"国家"，则可以用概念"人"或"人"的子概念"成年人"作为始源域，建立与目标域"国家"的映射，转换得到隐喻概念"国家是人"或"国家是成年人"。

当然，在进行隐喻框架和隐喻概念转换时，我们需要保证隐喻框架的概念范畴大于等于隐喻概念的概念范畴。所以,将一个包含多个隐喻概念的隐喻框架作为始源域,转换得到新的隐喻概念之后,这一新的隐喻概念可以代替原有的多个隐喻概念,重新构建出新的跨域映射关系。例如:“竞赛框架”包含“人生是赛跑”和“人生是下棋”两个隐喻概念,通过上述方法,我们可以把“竞赛框架”转换为“人生是竞赛”这一新的隐喻概念。由于“竞赛”是一个比“赛跑”和“下棋”更大的概念范畴,所以新隐喻概念“人生是竞赛”可以代替原有的两个隐喻概念“人生是赛跑”和“人生是下棋”,构建起一个新的跨域映射关系。反之,通过提取隐喻概念“人生是赛跑”和“人生是下棋”的始源域概念:“赛跑”和“下棋”,并找出一个同时包含这两个概念的更大的概念范畴“竞赛”,可以把这两个隐喻概念归于一个隐喻框架,即“竞赛框架”。具体分析见表2。

表2 隐喻概念转换对照表

始源域(赛跑)	目标域(人生)	始源域(下棋)	目标域(人生)		始源域(竞赛)	目标域(人生)
赛跑	社会竞争	下棋	社会竞争	认知转换	竞赛	社会竞争
赛跑对手	竞争对手	下棋对手	竞争对手		竞赛对手	竞争对手
赛跑规则	社会规则	下棋规则	社会规则		竞赛规则	社会规则
赛跑策略	人生策略	下棋策略	人生策略		竞赛策略	人生策略
获胜奖励	成就	获胜奖励	成就		获胜奖励	成就

二、隐喻框架的概念缩放比较

由上文分析可知，隐喻框架大小的选取具有灵活性，那么理论上是否存在最大的隐喻框架和最小的隐喻框架，目前学者们并没有给出明确的定论（Lakoff，1987）。因此，我们对现有语料库中的隐喻框架进行缩放，搭建出一个大型隐喻框架语料库和一个小型隐喻框架语料库，尝试通过比较分析，探讨隐喻框架大小的边界及其合理性问题。

大型隐喻框架是将中型框架进一步归并得到的更宽泛的概念体系，我们希望大型隐喻框架是对语料库中所有隐喻概念的一个划分，即彼此相对独立，没有交叉，且包含所有的隐喻概念。基于此，我们把现有的语料一共划分为三个大框架，分别是：事件框架、实体框架和关系框架。在该大型隐喻框架划分模式下，我们选取其中出现频次最高的"实体框架"（1076）为例，做进一步的解读。具体见表3。

表3 大型隐喻框架下高频要素统计表

框架类型	隐喻概念	频数
实体框架（1076）	人是机器	166
	国家是人	58
	社会是机器	33
	社会是建筑	30
	算法是人	23

续 表

框架类型	隐喻概念	频数
实体框架(1076)	机器是人	15
	企业是人	12
	国家是建筑	11
	思想是人	11

从表3我们可以看到,“实体框架”包含9个高频隐喻概念,根据前文提出的隐喻框架转换关系,我们把以“人”为目标域的情境中使用的“实体框架”转换为隐喻概念,即“人是实体”。但是,我们看到“人”本身就是一个“实体”,目标域“人”变成了始源域“实体”的一个子集,因此这两个概念之间不存在跨域映射关系,该隐喻概念不成立。所以,我们认为当一个隐喻框架大到同时包含了它所对应的隐喻概念的始源域和目标域的时候,它就不能转换为隐喻概念,也是不合理的隐喻框架。即如果存在隐喻框架“B框架”,且A概念是B概念的子集,那么“B框架”就不能转换为隐喻概念“A是B”。因此理论上无法取到与某一隐喻概念互相转换的最大隐喻框架,大框架只能作为认知上的上位概念对以其下位概念为目标域的隐喻概念进行统摄和划分。

根据隐喻框架和隐喻概念之间的转换关系,隐喻概念“A是B”可以转换为“B框架”,我们把由这一转换得到的框架称为小型隐喻框架。在该小型隐喻框架划分模式下,我们选取其中出现频次最高的3个框架为例,做进一步的解读。具体见表4。

表 4 小型隐喻框架下高频要素统计表

框架类型	隐喻概念	频数
人体框架(285)	国家是人	58
	算法是人	23
	机器是人	15
	企业是人	12
机器框架(128)	人是机器	128
建筑框架(127)	社会是建筑	30
	国家是建筑	11

通过表 4 我们可以看到,对于同一隐喻概念而言,存在最小隐喻框架,该框架就由隐喻概念直接转换而来。另外,如果隐喻概念中源域的缩小,转换得到的框架也随之缩小。也就是说,隐喻框架的最小概念范畴不能小于与其对应的隐喻概念的范畴,否则它就不能对隐喻概念起到统摄作用,对于隐喻概念"A 是 B"而言,它的最小隐喻框架就是"B 框架"。"B 框架"和由包含 B 的概念 D 构成的"D 框架"都能对相应隐喻概念起到统摄作用,都是合理的隐喻框架,两者既有联系又存在区别。联系主要在于 B 概念一般是隐喻框架 D 概念的子集,区别主要在于"B 框架"是隐喻概念"A 是 B"能转换到的最小框架,而"D 框架"的大小则具有不确定性。

虽然隐喻框架和隐喻概念在一定条件下可以互相转换,但并不是说两者完全相等。隐喻框架作为一个更基础的概念系统,仍然对隐喻概念的使用以及跨域映射关系的构建起着更强的统摄和引导作用。例如,在“M 框架”下有“A 是 B”和“C 是 D”两个隐喻概念,B 和 D 都属于 M 这个更大的概念范畴,由上文的转换方式可知,原来的两个隐喻概念可以转换为“A 是 M”和“C 是 M”两个新的隐喻概念。A 和 C 原本是两个独立的概念,不能合并形成同一个更大的隐喻概念,但通过转换可见,它们因为同时归属于“M 框架”而产生了联系。所以,我们认为隐喻框架能把多个具有相对独立性且不能再进行转换或合并的隐喻概念包含在同一个概念范畴之下,这恰好体现了隐喻框架所具备的统摄性。

结 语

在概念隐喻理论的使用中,准确把握隐喻框架、隐喻概念、隐喻表达以及隐喻含义之间的关系是充分理解隐喻的关键。而隐喻框架和隐喻概念使用时所具有的灵活性使得隐喻各要素之间的关系往往难以把握。我们使用语料库进行统计分析并对文本进行深入解读,重点考察了隐喻框架和隐喻概念之间的关系,提出隐喻概念和隐喻框架之间存在相互转换的关系,并说明了两者转换的形式。同时,通过对隐喻框架大小的缩放调整,我们探讨了隐喻框架的可能边界及其合理性,最后说明了隐喻框架对隐喻概念所起的统摄性作用。

参考文献

Bateson G. , 1955, A Theory of Play and Fantasy. *Psychiatric Research Reports.*

Bogost I., 2005, Frame and Metaphor in Political Games. *DiGRA Conference.*

Cogen C., 1975, Proceedings of the First Annual Meeting of the Berkeley Linguistics Society. *An Alternative to Checklist Theories of Meaning.*

Fillmore C. J., 1982, Frame Semantics. *Linguistics in the Morning Calm.*

Holliday W., 2017, Frame Works: Using Metaphor in Theory and Practice in Information Literacy. *Communications in Information Literacy*, 11(1).

Lakoff G., 1987, *Women, Fire, and Dangerous Things: What Categories Reveal about the Mind.* Chicago: University of Chicago Press.

Lakoff G., 2002[1996], *Moral Politics: How Liberals and Conservatives Think.* Chicago: University of Chicago Press.

Lakoff G., 2004, *Don't Think of an Elephant!: Know Your Values and Frame the Debate.* Hartford: Chelsea Green Publishing.

Lakoff G., 2008, *The Political Mind: Why You can't Understand 21st Century Politics with an 18th Century Brain.* New York: Viking.

Lakoff G. & Johnson M., 1980, *Metaphors We Live by.* Chicago: University of Chicago press.

范振强、徐慈华，2011，《隐喻认知与科学传播》，《自然辩证法研究》第5期。

郭贵春、杨烨阳，2014，《隐喻表征的动态层级与语境关联》，《科学技术哲学研究》第5期。

胡浩，2006，《隐喻性科学理论的构成模式》，《自然辩证法通讯》第4期。

黄华新，2020，《认知科学视域中隐喻的表达与理解》，《中国社会科学》第5期。

黄华新、邱辉，2014，《知识管理与隐喻认知》，《科学学研究》第11期。

李云霞，2011，《隐喻认知理论在商务英语阅读教学中的应用》，《语文学刊（外语教育与教学）》第5期。

刘星、李恒威，2017，《当代隐喻簇的认知研究》，《科学技术哲学研究》第1期。

徐慈华，2009，《选择与适应：汉语隐喻的语用综观研究》，北京：中国社会科学出版社。
徐慈华、黄华新，2008，《汉语隐喻的语用综观探析》，《浙江大学学报（人文社会科学版）》第5期。
徐盛桓，2020，《隐喻喻体的建构——分形论视域下隐喻研究之一》，《外语教学》第1期。
于金龙，2011，《复杂性思维范式的新理解——基于认知隐喻视角的探析》，《科学学研究》第4期。

第二部分

认知语言学视角下的隐喻解读

当代隐喻学巡礼:回眸与沉思*

——写在《我们赖以生存的隐喻》付梓40周年之际

孙　毅

引　言

早在2500年前,东西方先贤便先后就隐喻的定义和功能展开了精彩的论述。西学鼻祖亚里士多德曾高度颂扬隐喻为“天才的标志”(the hallmark of genius),无法后天习得,“无以隐喻,何以交谈”(all people carry on their conversations with metaphors)。东方儒学创始人孔子虽未单独论述隐喻,但其“言之无文,行之不远”的概述,亦在强调隐喻等修辞手段的装饰作用。鉴于两位学术泰斗的“定调”,尤其是亚氏“天赋论”一呼百应的号召力,中西方学界均将隐喻视为一种稀松平常、其貌不扬的修辞格,而将其置于修辞学和文学批评的狭域,着力刻画隐喻作为一种惯用修辞格在文学经典中扮演的角色。

在隐喻作为辞格的研究历史中,先哲学者前仆后继,探求隐喻锲而不舍,研究成果车载斗量。但令人扼腕的是,一众研究仅逗留在语言层面,热衷于细分隐喻的类型和范畴,剖析和阐释其在语篇和话语中不可或缺的作用,但这些研究终究只是隔靴搔痒而难以深入本质。

---

* 本文原载《浙江工商大学学报》2022年第4期。

直到20世纪后半叶,随着70年代末认知科学的腾飞,隐喻研究在修辞范畴徘徊两千多年后重焕生机,派生出一系列举世瞩目的新理论、新流派。1979年,美国哲学青年约翰逊远赴加州大学伯克利分校拜访好友兼乔姆斯基弟子的莱考夫。两人通过大量查阅大学生习作并研读雷迪(Reddy)刚发表的《管道隐喻》一文,于次年在《我们赖以生存的隐喻》中石破天惊地宣称:隐喻在人们日常交谈中俯拾皆是,是人类将无限膨胀的外部世界和无比深邃的内心世界进行概念化的强大武器。隐喻是人们以简单熟悉、触手可及的事物来理解和处理复杂陌生、遥不可及的事物,贯穿于人类交际过程的始终,无论是口语还是书面语均须臾难离。究其原因,世界上各种语言的语汇资源终究有限,加之新生事物层出不穷,人类无法为日常交际中的这些新现象一一匹配专有词汇。鉴于此,我们便诉诸先前已经牢固掌握的语汇,为新知、未知的外部世界和内部世界铺路、服务,因而成就了隐喻作为概念化工具义不容辞的光荣使命。

究其本质,隐喻就是从源域向靶域的系统性单向映射。人们习惯并善于将已经获取的知识换用、套设在新兴事物上,以期了解、挖掘,进而为其所用。而隐喻将新旧两个概念连接并置,大大减轻了人们的认知负担,成为人们借旧事物掌握新事物、"温故知新"的不二路径和渠道。自此,隐喻不再囿于语言层面。相反,人类思维过程在很大程度上是隐喻性的,这就是人类概念系统是由隐喻构架和限定的原因。隐喻之所以成为语言表达方式的可能,是因为在人类概念系统中存在隐喻(Lakoff & Johnson,1980:7)。

白驹过隙,日月如梭。2020年正值《我们赖以生存的隐喻》付梓40周年。该巨著的正式出版,标志着隐喻研究实现了从传统修辞学和文学批评视角向认知概念化研究视野转变的范式革命。40年间,学界对隐喻的热情有增无减，中外各大学术期刊争相登载隐喻研究的最新成果与发现，“隐喻热潮”经久不息。四十不惑，当前的首要任务便是总结当代隐喻理论，尤其是概念隐喻理论发端以来，中外学界在隐喻研究领域取得的辉煌成就，同时也应归结仍然存在的明显不足与疏漏，从而为其进一步发展指明方向，拓展路径。

一、由“论”向“学”：当代隐喻理论的学科嬗变与进阶

1993 年，心理语言学学者奥托尼（Ortony）再度发力，在 1979 年第一版《隐喻与思维》论文集的基础上，隆重推出了该书的第二版。该版最大的修订亮点在于收录了“概念隐喻理论之父”莱考夫所撰写的多达 50 页的《隐喻的当代理论》。这篇重量级长文回顾了《我们赖以生存的隐喻》付梓后十余年间隐喻研究取得的成绩及其存在的不足和缺憾。以此文为标志，概念隐喻理论大踏步迈进了当代隐喻理论（contemporary theory of metaphor，CTM）的新时代。

在传统语言学理论中，隐喻被视为一种与思维无关的语言表象。隐喻表达式被当作与普通、日常语言完全相左的事物：日常语言之中没有隐喻，而隐喻使用的是日常规约性语言之外的机制（Lakoff，1993：202）。该经典理论在千百年来的研究史中被想当然地认为是正确的，因而并未遭到过多质疑。“隐喻”被定义为一种新颖、诗性的语言表达，其中一个或几个词语使用了非日常规约意义，传递相似的概念（Lakoff，1993：202）。但是，莱考夫的当代隐喻理论认为思维中的隐喻并非偏误或稀少，恰恰相反，隐喻在人类的许多经验领域当中具有高度的规约性、普遍性和高频使用率。这是因为人们除了要与客观具象的

物理世界打交道之外,还要量大面广地触及众多抽象范畴。而这些抽象范畴就须借助隐喻,由此及彼,由表及里,由简单、具象、临近向复杂、抽象、遥远来迁移和跨越。隐喻从原始的修辞学和文学批评的藩篱中跃升而出,使得思维成为其第一性,而语言退居为第二性。恩斯特罗姆(Engstrøm,1999:53—54)将当代隐喻理论的基本假设总结为:1)隐喻不仅是语言问题,更是概念思维问题。2)规约概念隐喻是一个概念格式塔(完形)结构(源概念)到另一个概念格式塔(完形)结构(目标概念)的部分映射。3)隐喻映射是从源域到靶域的单向映射。4)在规约隐喻(conventional metaphor)中,目标概念由源概念的部分内容构成。如果目标概念独立于源概念,我们就会联想到另一概念。5)规约隐喻不是命题。6)规约概念隐喻可浓缩为:目标概念是源概念。此后,邦德高(Bundgaard,2019:2)归纳出当代隐喻理论的四大主张:1)人类认知具有具身性,即概念结构的生成和获取都是通过人类身体在微观、中观和宏观三个层次的作用而实现的。2)诸如物体、位置、动物等概念和结构不是与生俱来的,而是经由与环境的涉身性和知觉性互动达成的。3)现实生活中除了存在大量衍生于自身经验和互动之中的概念和概念结构,还有不少并非直接通过经验和互动获取的抽象概念。这些抽象概念的内容是通过来自生理的、直接体验到的源域结构的隐喻映射得到的。4)隐喻映射不仅是一种语言操作,更是认知机制。隐喻表达之所以在语言中普遍存在,是因为人们只需要跨越字面意义、通过间接获取方式,就能够以更具体的语域来思考更抽象的语域。作为跨域映射的概念隐喻具有心理和神经-生物的真实性,在大脑创造意义的过程中真实运作。

当代隐喻理论从多层面、多角度考察隐喻现象,极大拓展了隐喻研究的疆界。学术的发展、理论的成熟、学科的构建和立足,主要关注两个指标:1)是否具有一致、稳定的学科框架和是否拥有足够重要且高度聚焦的研究对象? 2)是否具有相当规模的研究队伍来保证该学科的持续性发展? 1993 年由莱考夫率先开创的"当代隐喻理论"已经昂首阔步,完全具备了这两个条件,形成了颇具声势和威望的"当代隐喻学"。我们可以初步将其视为:以"隐喻"为研究基础来探索我们赖以生存的隐喻门类和领域的一门平行于语音学、音位学、形态学、词汇学、语义学、语用学、语篇学、话语分析、计算语言学、神经语言学、应用语言学等传统学科分支的新兴语言认知科学。本文接下来将从理论和方法两个角度探讨当代隐喻理论跃升为当代隐喻学的学科演进历程。

(一)当代隐喻学的理论滥觞与进展

在理论构建方面,中外隐喻界学者分别从自身学养和兴趣出发,提出了一系列各具特色的隐喻理论。当代隐喻学已经取得的理论成果主要包括概念隐喻理论、概念整合理论以及词汇语用理论等,各理论的发展历程和脉络论述如下。

1. 概念隐喻理论

以莱考夫和约翰逊为代表的概念隐喻学者认为,隐喻不仅是语言性、修辞性的,更是概念性、认知性的,是全人类认识并进一步把握世间万事万物的捷径和法宝。概念隐喻是高度稳定,甚至是固定的跨域实体对应范式(Lakoff,1993:220)。一言以蔽之,隐喻的核心不在语言,而在于我们以一个心理域去概念化另一个心理域的方式(Lakoff,1993:203)。总体而言,概念隐喻理论制定的从源域向靶域的单向映射,可以将原本属于源域的特征、属性、动作、关系等诸多元素投射至有待填补的靶域当中,从无到有,从零到一。以映射为核心运作工具,能够简便而清晰地阐释绝大多数规约隐喻用法。

无限扩容的、日新月异的外部世界与人类个体相对狭小且更新不及的知识储备之间日渐拉大的差距,迫使我们刻不容缓地借助隐喻机制来泛化、扩大化已经储存在自身长时记忆中的隐喻概念,通过隐喻催生新概念并以现有词汇的形式将其固定下来。这就是科学领域中"黑洞""宇宙大爆炸""电流",经济学中"熊市""牛市""通货膨胀""通货紧缩",政治学中"道路""旗帜""舞台""赞歌""核心"等术语的派生依据。

2. 概念整合理论

1998 年,美国学者福柯涅尔(Fauconnier)和特纳(Turner)指出,倘若隐喻机制集中体现人类大脑的运行机制,那么大脑这个"黑匣子"绝不可能像莱考夫和约翰逊假设的那样简单易行,他们犯了严重的还原论(reductionism)错误。究其本质,隐喻具有阐释的不可预测性,这完全取决于具体的语境。基于此批判性认识,两人联手提出了三维立体和更为复杂的概念整合理论。他们认为,隐喻的关键在于两个输入空间的跨空间映射,这使其成为整合构式的绝佳选项。的确,我们已然发现整合空间在隐喻映射过程中发挥着至关重要的作用。换言之,除了学界所熟知的从源域到靶域的单向映射以外,整合空间也是隐喻运作的重要认知机制(Fauconnier,1997:168)。隐喻话语的意义可以在概念整合网络中得以表征。在该网络中,源域和靶域各自架构一个输入空间,类属空间表征其输入空间的共同之处,而整合空间从其输入空间中继承部分结构并产生自身的层创结构(emergent structure)。在隐喻中源域兼容性的本质及程度与映射所发生的概念整合网络息息相关,其中涵盖单边网络、对称双边网络和非对称双边网络(Coulson,2001:166)。福柯涅尔和特纳(Fauconnier & Turner,2002:40)提出,隐喻的源域和靶域是隐喻阐释的来源或臼母体,即输入空间 1 和输入空间 2。

两者在隐喻发生时分别向第三个空间(类属空间)投射出两者共享的元素,为隐喻最终阐释奠定扎实的前提和基础,最后再选取相关的元素投向第四个空间(整合空间),在该空间中交织、碰撞,最终形成既具有两个输入空间母体的原本基础,又有为其自身所独有的隐喻阐释项。该理论大大加强了二维、固定的概念隐喻理论的阐释力度和可信度,可用以解释诸多后者长期以来无能为力的新显、在线、实时发生,甚至个性化强、难度高的隐喻。由此,该理论的信度得到了极大提升。

3. 词汇语用理论

布卢特纳(Blutner,1998:115)指出,词汇语用学是试图为与词汇项目的语义不充分(semantic underspecification)的系列语用现象提供一套系统的阐释方案的研究领域。但在文中,布卢特纳却对人类话语当中至关重要的一种语义不充分现象——隐喻只字未提。作为“关联理论”开创者之一的英国语用学者威尔逊(Wilson),近年来与其得意门生卡斯顿(Carston)一道,开辟了词汇语用理论的隐喻研究新路径。根据近来植根于关联理论的词汇语用学(lexical pragmatics),获取隐喻性词语的意图意义需要调整语言性编码概念,从而派生出一个外延大于词汇概念的特异性概念(*ad hoc* concept)。隐喻用法是一种松散的语言使用,与模糊语、夸张和其他意义拓展种类形成一个连续统(Carston & Wearing,2011:283)。卡斯顿(Carston,2010:19)将特异性概念视作类似于界域或门槛的概念,阐释者能通过调节或调整字面性编码意义的某一环节,即构建特异性概念,来适应我们的已知世界,而超越该环节则无能为力。就经典隐喻表达“我的外科医生是个屠夫”(My surgeon is a butcher)而言,承莫雷诺(Moreno,2004:298)的观点,我们对屠夫的认知并不包括屠夫是“无能的”和“危险的”这两种属性。受话者认为发话者赋予屠夫的属性并不在“屠夫”所表征的意义范围内,所以必须通过搜索与屠夫无关的知识来解码这一隐喻。再如,在“男人是狼”(Men are wolves)这一表达当中,狼作为捕猎者的属性被转换到男人的竞争属性当中。但这并不意味着男人是肉食性的,即使这一特征确实为男性和狼族所共有。相反,该隐喻表达意味着男人在社会交往的过程中具有攻击性,而这一特征并不专属于狼。笔者提出,所有类型的隐喻阐释都遵循同一个衍推理解程序,即在互调(mutual adjustment)过程中的明晰内容之上添加特异性概念,以确保获得预期的语境含义。威尔逊和卡斯顿(Wilson & Carston,2006:429)指出,隐喻总体的最终阐释项只有在满足听话者的关联性预期以及衍推理解程式得以保障的情况下,才能真正明白发话者的语义意图。词汇语用理论主张,虽然隐喻可以发生在词语、短语、小句、整句、段落、篇章等各个语言层次上,但归根结底,绝大多数隐喻还是词汇性的,尤其是名词性的,也就是亚里士多德早已认定的“A 是 B”的程式。破解隐喻问题的前提和基础便是厘清和确定隐喻的词汇属性。与关联理论一脉相承的是,词汇语用理论认为发话者一张口便是在发出明示刺激信号,而受话者就要据此解析、阐释信号。在隐喻阐释的过程中,词汇的内涵和外延会发生适当的扩大或缩小,与原本意义出现不小偏差。隐喻阐释的第一步,也是最关键的一步,就是搞清楚其内涵和外延在哪些方面得到了拓展,哪些方面得到了缩减。词汇语用理论充分考虑隐喻发生的语境因素,对隐喻进行鞭辟入里的合理衍推,为纯粹认知路径的概念隐喻理论和概念整合理论提供了可选的第三条路径。

诚然,日新月异的当代隐喻学理论发展远不止于此。比较具有代表性的还有隐喻神经论(Lakoff,2008)、凸显论(Giora,2003)、隐喻生涯论(Bowdle & Gentner,2005)、知觉模拟论(Ritchie,2009)、“词汇概念和认知模式”理论(LCCM)(Evans,2010)等,不一而足,各具特色,从各个角度不断丰富、充实着当代隐喻学，促其日渐成熟。

继往开来，承续当代隐喻理论过去40载辉煌学术成就，学界如今的首要任务便是将其提升和优化为更高层次、更高级别的当代隐喻学。而这一艰巨工作的第一要务便是为其做出更精确的定义。基于以上对当代隐喻学的理论脉络梳辨，本文将“当代隐喻学”权宜性地界定为：一门以概念隐喻理论、概念整合理论和词汇语用理论等为主要理论来源，以一揽子人类“隐喻”概念化现象为关键词和研究对象的语言认知科学门类。当代隐喻学已经成为语言学、哲学、美学、艺术学、心理学、神经科学、经济学、社会学、政治学等众多人文社会科学考察隐喻机制在本学科、本领域一条“赖以生存”的重要线索。

（二）当代隐喻学的研究方法盘点

就研究方法而言，当代隐喻理论鼻祖莱考夫和约翰逊主要依靠本族语者的敏锐语感和经年积累的学者直觉。这样做的漏洞和弊端是显而易见的。一方面，出现在《我们赖以生存的隐喻》当中的隐喻示例是学者凭空“创造”和炮制出来的，不具普遍性，不足以采信。另一方面，无论是初始的概念隐喻理论，还是作为最新发展的概念整合理论，抑或是词汇语用理论，归根结底都还是一种理论假设，既不能证明，也不能证伪，这也是迄今为止各家理论甚嚣尘上、各执一词的根本原因所在。基于以上研究方法的劣势和本源性缺陷，当代隐喻学者痛定思痛，为了实现自我救赎进行了不懈的努力，提出了以下的研究方法。

1. 语料库研究法

目前隐喻研究方法所采集的语言证据通常来源于学者直觉或者少量的文本集合。随意提取出来的隐喻语例，通常并不具备代表性和典型性。在此背景下，自然语篇当中的证据对于引导和补充学者直觉至关重要(Deignan,1999:21),语料库研究对隐喻研究的价值显得弥足珍贵。语料库方法论为可靠描述语言性隐喻的定性语境和用法提供了不可多得的便利与保障。可以手动搜索的小型语料库和超过千万词条的、运用关键词索引(concordancing)和自动生成频率表(automatically generated frequency lists)的大型语料库,为隐喻分析带来规模可观且合理可靠的语言数据(Cameron & Deignan,2003:150—151)。

隐喻用法的甄别和理解如同硬币的两面。长期以来,学者只片面地关注后者,而极大地忽略了前者的存在。其实,隐喻的识别与提取是对其进行理解和阐释的前提和基础,决不能等闲视之。由于隐喻不具备如明喻一般明显的"修辞标志语",没有特定表面形式可寻,这为隐喻的甄别带来了不小的挑战。所以早期的当代隐喻研究过度依赖于研究者的内省语料并予以泛化,具有方法论上不可逆的漏洞,饱受实证主义的诟病。

基于扎实的隐喻理论训练的语料库语言学者为传统的当代隐喻学研究带来了方法论方面的革命性进步。该方法倡导定性与定量分析相结合,具体而言:第一,研究者尽可能构建大规模的特定话语类型语料库;第二,多次、反复地细读小规模语料(至少约占语料收集总量的10%);第三,根据研究者自身经年累月的学者直觉大体确定隐喻范畴和领域;第四,查阅全文词典,核实与前一步确定的隐喻范畴和领域相近的备选项和关键词;第五,通过 Wordsmith、Antconc 等语料库工具初步检索出可能性的隐喻用法;第六,再次定性地根据学者直觉筛查语料库检索结果,剔除可能的字面性用法,最终敲定隐喻用法的总数。另外,还可借助英国兰卡斯特大学雷森(Rayson)教授 2008 年开发的 Wmatrix 软件为一切词语切分并标注语义域,用作界定和区分隐喻类别的尝试和方法(孙毅,2013:16)。需要指出的是,雷森教授设计该软件的初衷并非为了解决隐喻的提取问题。在初步借助索引程序 Wmatrix 执行搜索的前提下,唯有经验丰富的分析者方能剔除那些“不地道的隐喻”。某些隐喻出现在半固定的搭配短语中,或暗示隐喻用法的某个主题中。语料库仅呈现了某词汇场(lexical field)诸多类型中的一个表征,尚有大量的语词分居搜索词(形符)左右。研究者须按照自身对“隐喻”的理解,依循学术直觉,方可判断语词是否为隐喻。

2. 神经、心理实证研究法

当代隐喻学的传统研究完全依赖于学者直觉的内省法和文献法。早期隐喻认知研究多采用的反应时技术以及同时期以奥托尼、根特纳(Gentner)、格鲁克斯贝格(Glucksberg)等为代表的认知心理学家相继提出的比较模型、结构映射模型和范畴赋予模型,从心理学角度进一步丰富了隐喻的跨学科维度。

近 40 年突飞猛进的神经语言学和心理语言学的发展为当代隐喻学的进一步发展提供了契机和可能。尤其是眼动、脑成像及电生理学技术在隐喻理解研究中得以应用,为揭示隐喻加工过程提供了更可靠的证据(孙毅、陈朗、段翠娥,2019)。具体说来,眼动仪可以观察受试者在阅读隐喻过程中眼动的具体区域、注视点停留的精确时间和轨迹;事件相关电位(event-related potentials,ERPs)可以通过采集头皮生理电来窥探脑区的活动情况,以毫秒级的精确度记录隐喻加工的确切时间;功能性磁共振成像(functional Magnetic Resonance Imaging,fMRI)是一种新兴的神经影像学方式,其原理是利用磁振造影来测量神经元活动所引发血液动力方向的改变,可以精确地锁定隐喻发生时受影响的具体脑区,并可以根据实验目的进行相关干预,适用范围广泛。结合此类先进设备和仪器,我们可以更加科学、客观地实时在线观察发话者和受话者交谈时的所思所想。这不仅为当代隐喻研究提供了强大的科学实验保障,还为其跻身成为一门令人信服、客观公允的人类社会科学做出了巨大的贡献。已有当代隐喻学同仁尝试倚仗神经语言学、心理语言学等领域的先进设备和仪器,设计眼动、ERPs、fMRI 等实验来实时在线考察人类大脑在加工隐喻时的运作机制、左右脑区、激活程度、加工时长、脑电波动、精确激活部位等一系列问题,为其理论假设提供了坚实的实证基础。隐喻是允许我们创造性地拓展词语意义限制的普通语言元素。但隐喻具备的新颖性程度各不相同,这决定了人们必须在线创造新意义或者从记忆中索回先前已知的隐喻意义。这些变体影响着获取隐喻加工的执行控制力(executive control),而这可以通过记录受试者自然地阅读含有隐喻的句子时的眼动情况(eye movements)而达成(Columbus et al. ,2015)。人类语言所具备的高度动态性使其所感知的意义能够与不断快速变化的语境相适应,该适用性的一个重要方面即以新颖的方式去形成原创的意义。ERPs 有助于发掘规约隐喻和新奇隐喻以及二者相互切换背后的神经-认知机制(Goldstein, Arzouan & Faust,2012)。近年来,认知神经科学实验研究作为能够直接观察活体大脑内部运作的新工具而得以蓬勃发展。同时,语言实验研究剥离其初始阶段对字面性语言的聚焦,转而关注更加复杂和有趣的隐喻语言领域。ERPs 实验中所检测出来的大脑的电生理性(electrophysiology)便对隐喻语言研究助益不菲(Blasko & Kazmerski,2006:267)。此外,根据艾维塔和贾斯特(Eviatar & Just,2006)所做的 fMRI 实验,语言刺激的新颖性影响着脑半球的参与度。新颖隐喻比直白句在右后上颞回(right posterior superior temporal gyrus)激活度更高,而熟悉隐喻在左额下回(left IFG)和双侧下颞皮层(bilateral inferior temporal cortex)部位激活度更高。认知心理、认知神经实验的贡献在于其为评估人们无意识地知晓不同抽象概念的隐喻性和涉身性理解提供了多种间接方法

(Gibbs,2011:534)。

纵观当代隐喻理论在过去40年间的发展,其在理论建构和研究方法上均取得了斐然成就。本文不揣冒昧,将“当代隐喻学”进一步界定为:一门以概念隐喻理论、概念整合理论和词汇语用理论等学术派别为主要理论来源,以语料库和学者直觉充分结合为基本的隐喻甄别方案,以 Eye Tracking、ERPs、fMRI 等认知心理、神经生理实验为依托,以一揽子人类“隐喻”概念化现象为关键词和研究对象的语言认知科学门类。然而,要将当代隐喻学提升和优化为更高层次、更令人信服、在语言学之林占据一席之地的独立学科则任重而道远。本文接下来将从七个方面沉淀和归结该学科目前仍然存在的漏洞与弊端,以期为未来的可持续发展提供借鉴。

二、当代隐喻学发展之沉思

斐然成绩已然成为过去。当代隐喻理论作为相对年轻的理论,仍需要继续理论探索并寻求更多实证支撑。这不仅需要更加细致地探索语域的概念,尤其是隐喻操作中语域类型和抽象度的问题,还需要通过参考一系列补充视角来探讨隐喻,包括涉及语域的实体性本质(ontological nature)、类属层次(level of genericity)、源域与靶域对应的方式以及隐喻运作的复杂性程度(Ibáñez & Hernandez,2011:183)。当代隐喻学已经屹立于传统语言学门类之林,受到了越来越多语言学者的青睐与关注,学术标签日益显著,学术界承认度也愈来愈高。与此同时,当代隐喻学发展到今天,光荣与掣肘并存,成绩与不足同在,主要表现在以下一些方面。

（一）理论体系整合有待完善，框架搭建还未稳固

与其他地位稳固的语言学派及其相对清晰的脉络相比较，当代隐喻学虽然历经40年的发展，但仍缺乏一套可靠、广为学界承认、具有较强涵盖性和说服力的理论体系。已有的众多理论流派包括概念隐喻理论、概念整合理论、词汇语用理论等，各自为政，无法说服彼此，理论可信度有限，学术漏洞比较明显。即便已有学者尝试将当前的理论分支盘整、汇聚到一起，将各自的理论优势和特长汇为一处，融为一炉，比如舍恩（Shen，1999）将图式模型和范畴模型结合、滕达尔和吉布斯（Tendahl & Gibbs，2008）将认知语言学与关联理论结合的尝试较为典型，但总体上规模较小，还未成气候，未见统一。特别要指出的是，近年来，蓄意隐喻理论和语法隐喻理论将单纯以“认知”为朝向的隐喻研究推进了大大的一步。

隐喻不仅是语言和思维的事物，还隶属于交际的范畴。蓄意隐喻揭示了隐喻的交际维度，与隐喻语言使用者之间的一种特定交际途径的价值有关，这一维度在当代隐喻理论的发展过程中被弃之不顾。隐喻不仅是一种借由概念结构来嫁接概念域或心理空间的思维产物，还是运用语境中的表达式来标识思维中跨域映射某个方面的语言要素，更是该表达式提示该隐喻是否对于话语者具有特定价值的交际工具。基于隐喻“语言-思维-交际”这三个相互依存的维度，斯蒂恩（Steen，2015：68）提出，当隐喻的结构暗示出受话者必须暂时将其注意力从话语的靶域转移至由其激活的源域，该隐喻用法就是蓄意性的。蓄意隐喻理论质疑无意识隐喻的解释力，这让我们不得不重新审视当代隐喻理论所忽视的意识性问题，这一切都是对目前学术方向的修正，能够极大地拓展当代隐喻理论的外延，为其可持续发展平添了一条富有开拓精神的进路（孙毅、陈朗，2017：723）。重新审视的隐喻交际维度呼吁

我们将传统修辞学最为重视的新颖隐喻与认知语言学流派更加关注的规约隐喻统筹起来，将有意识和无意识结合起来，二者同等重要，缺一不可。

除了蓄意隐喻理论，尤为值得一提的是系统功能语言学鼻祖韩礼德（M. A. K. Halliday）顺应隐喻研究汹涌澎湃的大潮而开创的语法隐喻理论。他指出，语言由不同的级层构成，下至词语、短语，上至段落、语篇，而它们之间可以相互切换转移。例如，在英语典型的名物化现象当中，动词 modernize 可以转换为名词 modernization。语言单元之间的移转腾挪促使语言能够以不同的形式表达符合特定场合的意义。英语当中存在许多与“Mary saw something wonderful.”意义相同的表达，诸如“Mary came upon a wonderful sight.”和“A wonderful sight met Mary's eyes.”等语法隐喻变体，虽然其结构的复杂度有所不一（Halliday，1985：322）。语法隐喻学者将具有语义矛盾的隐喻称作词汇隐喻（lexical metaphor），而语法隐喻是相对于缺省性过程的选择，具有语义派（onomasiological approach）和符号派（semasiological approach）两条路径（Taverniers，2006：331）。令人遗憾的是，认知隐喻学派与语法隐喻学派缺少有效的交流互通，不相为谋，没有将各自的理论优势和特长充分地发挥出来，遑论齐心协力地揭开困扰学界千百年来隐喻机制的神秘面纱。

（二）隐喻甄别程序和隐喻理解的认知神经过程仍未解锁

国际隐喻兴趣小组基本上提出了一系列隐喻存现条件，并以此为契机制定了一套比较理想、可信的定性隐喻提取程序（Steen et al.，2007；Steen，2010），甚至有学者基于此提出了多模态隐喻的甄别程序

（Bobrova，2015）。前文提到，为避免本族语者语感和学者直觉在隐喻甄别中的主观性，研究者们借助于语料库，利用 Wordsmith、Antconc、Wmatrix 等软件来提取隐喻，为传统的当代隐喻学研究带来了方法论方面的革新。目前学界尚未研发出一套集定性和定量分析优势于一身的、能够穷尽性地提取所有隐喻用法的甄别总程序，两派学者并未相互学习借鉴，实现充分融会贯通。

同时，隐喻理解的神经基础也还未锁定确认。隐喻理解究竟涉及大脑的左半球还是右半球，学界仍然争执不休。首批考察右半球对隐喻刺激理解的研究所用的方法是观察大脑损伤病人。但由于病人的损伤（lesions）部分和医疗语言干预的潜在影响缺乏同构性（homogeneity），隐喻理解的神经机制研究进展缓慢（Obert et al.，2014：112—113）。此外，在神经、心理学的研究方法中，由于各项实验测试目的、规模大小、受试群体代表性、设计过程统一性、操作时间、设备精确度等各不相同，这些实验的数据结果还不足以支撑当代隐喻学的各项命题，内省法和示例法仍然是当代隐喻学的主体研究方法和路径。眼动、ERPs 和 fMRI 等实验还没有充分发挥出各自的优势和长项，合作分工，与行为实验前后鱼贯进行，连续设计，形成合力，勾勒出隐喻发生的整体大脑图景。要解决相关问题，需要现有隐喻研究者拓宽视野，在跨学科的视角下展开更具说服力的神经、心理学实验。

可见，当代隐喻学在研究方法上，需要进一步促进定性与定量融会贯通的隐喻识别程序的构建，同时在心理神经实验的设计上需要保证研究结果的可检验性和可重复性，提升实验实证的信度效度。

（三）多模态隐喻研究领域缺乏普适性证据

在当代隐喻学40载的演进过程中，文字性隐喻一直是研究的核心与重点。但随着当代通信传媒技术的发展，语言文字逐渐让位于声光电等其他传媒形式和渠道。这些交际路径，或曰模态充分利用人类的视听嗅味触等感官通道，多快好省地传递信息和内容，极大地推动和增进了人们接收和吸纳知识的速度和步伐。荷兰阿姆斯特丹自由大学的福斯维尔是倡导大规模开展非言语多模态隐喻研究的领军学者，近年成果不断。福斯维尔（Forceville，2009：24）将多模态隐喻界定为：源域和靶域分别完全或者主导性地由不同模式表征的隐喻类型。定量的"完全或者主导性"显得十分必要，因为非言语隐喻经常同时以一种以上的模态暗示源域和靶域。概念隐喻理论的一大严重桎梏在于其长期以来在研究概念隐喻言语表现的同时宣称隐喻"不仅是一种辞格，还是一种思维方式"（Lakoff，1993：210）。这种对概念隐喻言语表现的单边研究注定会掩藏和忽视隐喻以电影、音乐、舞蹈和手势等非言语或者部分言语呈现的方方面面。以语言学为朝向的隐喻理论需要理解隐喻在不同媒介话语当中的作用，从而补充完善其在认知中的功能（Forceville & Renckens，2013：162）。但由于其新颖的跨学科属性，多模态隐喻的研究仍然处于起步阶段，还未与艺术学、设计学和美学充分地融合、并进，研究对象也基本局限于相对简单的二维的漫画、图片、宣传册等媒介，而对长时间的实时播放或互动的电影、视频、游戏和VR应用等高水平、三维立体的语域涉足尚浅。

（四）众多辞格的认知属性有待关照

当代隐喻学脱胎于拥有2000余年悠久研究历史的修辞学和文学批评，但其作为先进的语言认知科学并未显著地回馈本源学科领域，实现共同发展。作为概念隐喻理论的忠实继承者和发扬者，吉布斯(Gibbs,2011:530)片面地指出:"从一开始就应该注意到概念隐喻理论不是修辞性语言理解的总体和普通理论，因为其与反语、转喻和悖论法等修辞语言形式并不相关。"这一判断直接导致来源于同一母体的"隐喻"一枝独秀、独木成林，而除了转喻以外的矛盾修辞法、顶针、夸张、共轭、对偶、移就等一揽子辞格则无人问津，长时间躺在修辞学和文学批评的摇篮里"沉睡"，成为无人待见的"灰姑娘"(Sun, Yang & Kirner-Ludwig,2017:218)。笔者坚信，如果隐喻的确是人类概念化外部世界和内在世界的核心机制和锐利武器，那么出身相同的其他修辞格也绝不仅是修饰、装点性的"化妆品"，而在人类认知进化的过程中扮演着不可或缺的角色。研究者接下来的任务应是条分缕析地厘定"认知隐喻"的存现条件，并将其运用在其他辞格之上，检验其是否符合这些存现标准，逐一考察这些辞格的认知属性，提升其在大脑认知中的作用和地位。

(五)隐喻话语类型远未实现全景式覆盖和囊括

如果承当代隐喻学所言，隐喻是一个联结概念化和语言的凸显性认知过程，在日常交际和话语当中俯拾皆是，那么在人类各种交际场合与语篇类型当中也理应随处可见。已有学者就隐喻方式构架的抽象概念的涉足范围予以尝试性地求证，包括情感(Kövecses, 2000)、自我(Lakoff & Johnson, 1999)、道德(Johnson, 1993)、政治(Musolff, 2016; Sun & Chen, 2018)、科学(Brown, 2003)、疾病(Gibbs & Franks, 2002)、心理分析(Borbely, 2004)、法律(Winter, 2002)、经济(White, 2003)、数学(Lakoff & Núñez, 2002)等。但是学界迄今为止并没有就人们所熟知的外交、哲学、伦理、信念、理念、娱乐、教育、艺术、音乐等方方面面当中的隐喻语义进行大规模的挖掘和阐释。研究各领域共有与特有的隐喻,多维跨域地推动隐喻扇面的展开,又能带动相关学科及领域对其自身进行隐喻反思。

(六)跨语言文化的对比研究尚浅

单语言内部的隐喻探索和厘定注定存在局限性。当代隐喻学的先行者莱考夫、约翰逊、福克尼、特纳、威尔逊、吉布斯等均无一例外是操单一语言的英语本族语者。他们凭借自身对隐喻事业的热爱和多年的学者直觉,假设相当一部分的隐喻概念是为全人类所共有的。位于人类认知最底层、基于日常具身性体验的是数目极为有限的基础隐喻(primary metaphors),而在具体话语情景中随机、突发的隐喻是在这些基础隐喻反复叠加、交织之后生成的复杂隐喻(complex metaphors)(Grady,1997;孙毅、李学,2021)。所谓“人同此心,心同此理”,全部基础隐喻均具有跨语言的相同性,不同的语言以系统的方式呈现出隐喻,这支持了隐喻作为主要概念性的、根植于人类共同经验的认知地位(Yu,2003:162)。鉴于每种语言和文化的体验性焦距彼此不一,跨语言复杂隐喻也会以千姿百态的形式出现。任何隐喻表达都是具身性体验和特定文化模型共同作用的产物。学界已经有相当数量的文献致力于跨语言、跨文化的隐喻对比研究,在若干方面深入浅出地厘清阐明了隐喻的语际异同及其背后深刻的动因和理据。但鉴于全世界范围有7000多种语言,这些努力无论在深度还是广度上都较浅显和狭隘,有待大规模继续深化。这样做的最大好处是用各语言中发现的反例和特例来倒逼和反哺已有的隐喻主流理论,为构建更具概括力的当代隐喻学奠定坚实的语料和语言事实基础。

(七)隐喻能力尚未与语言教学紧密衔接

当代隐喻学已经充分证明隐喻是人类须臾难离的概念化机制和表达路径。如果隐喻如此普遍地存在并在语言学本体当中享有崇高的地位,那么其在语言教学,尤其是外语教学当中的重要价值也是毋庸讳言的。已有学者提出并验证了隐喻是本族语者熟练操作、运用母语的核心标志,考察语言能力是否习得和成熟的重要指标即其是否完全获得隐喻能力(metaphoric competence)(Littlemore & Low,2006;Sun & Jia,2019)。学界已经展开了隐喻能力与语言能力整体是否具有正相关的研究,但是更加精细的隐喻能力与认知风格、性别、性格、动机、出身背景等因素的关系尚未验明,遑论在语言教学当中应当采取的具体教学方法和应对策略。同时,由于学术背景的界限,大多数的研究目前仅局限于英语作为第二语言的研究辖域之中,其他语种的隐喻能力培养和一语向二语的隐喻迁移问题还是一片蓝海,亟待开采。当务之急是教育主管部门应早日认识到隐喻能力在语言习得过程中的重大价值并将其早日编入教学大纲,做到纲举目张,以便广大教师能够按图索骥地将提升学习者的隐喻能力作为重要的培养目标融入并贯穿于语言教学的始终,令其体现在听说读写译等各个培养环节当中,促使语言学习者总体水平真正贴近本族语者的操用标准。

令人扼腕的是,中国学者独有的标签性成果还乏善可陈。不过,已有国内学者凭借敏锐的目光关注到隐喻研究人潮的到来,深入浅出地引介了各派西方经典理论(束定芳,2000;胡壮,2004),也有学者成功地运用当代隐喻理论解释汉语现象(Yu,1998)。尤其是自陈望道《修辞学发凡》付梓以来,广大修辞学者砥砺前行,将祖国丰富的隐喻修辞资源深挖细耕,将其纵深切分为几百种类型。借助这些合理、精细的分类成果可为当代隐喻学的定义、存现条件、内涵外延、类型范围等关键性问题服务，在构建具有中国特色的当代隐喻学过程中留下国人靓丽的身影和深刻的足迹。

结　语

当代隐喻理论经过整整一代学人的不懈努力，已经枝繁叶茂，从语言学大家族中脱颖而出，成长为万众瞩目的新兴语言认知科学——当代隐喻学。该学科成果不断，连贯有序，研究浪潮一浪高过一浪（孙毅，2019）。仅就国内“外国语言文学类”来源期刊而言，当代隐喻理论发表以后 20 年（1994—2013），以“隐喻”为关键词的论文已达到 405 篇（孙毅，2015），最近 5 年（2014—2018）又刊载了论文 226 篇（孙毅，2020），发文量持续增长，蔚为壮观，研究队伍不容小觑，从绝对数量上已可冠称为“学”。与此毗邻的诸多人文社会科学也不遗余力地将当代隐喻学的相关先进原理和认识服务于自身学术领域，不断碰撞交织出璀璨火花，跨学科成果喜人。与此同时，学界同仁应时刻保持清醒的是，当代隐喻学虽已走过 40 年的发展历程，但其缺点和制约条件还很多，从理论建构到实验证明都远未成熟，未来发展之路还很长。认知语言学界也掀起了一股回顾当代隐喻理论已有重要成果和反思弊端不足的潮流（Engstrøm，1999；Ibáñez & Hernández，2011；Kovecses，2011；Tretjakova，2013；Bundgaard，2019），甚至有学者更进一步，提出了改进和提升后的“新当代隐喻理论”（Steen，2011）。当代隐喻学的定义和学术地位还未被全体学界广泛承认，隐喻的存现条件还未清晰厘定，隐喻的身份鉴定及其神经程序尚未破解，多模态隐喻的组成与表现还未浮出水面，隐喻的理解过程还未得到各种实验器材及实证设计的统一论证，隐喻在日常生活方方面面的个性表征还未见真容，隐喻的跨语言研究还未大规模展开，仅凭英语单一语言所得的推理和结论还居于绝对的主导地位，隐喻能力也远未纳入语言教学的议事日程，不一而足。但只要全世界学者同舟共济，齐心协力，从沿袭自身学术背景，发挥各自学术特长与优势，集成合力，探索隐喻机制的神妙之处，就一定能够开云见日，终将为解密和开启人类认知的“黑匣子”打磨出一把金钥匙。承前启后，下一个40年是当代隐喻学框架确定、研究路径清晰明确、各种实验反复多次多角度验证、多语言多领域细节性地研磨考证的攻坚期，全球学术界重任在肩，系列成果值得期待！

参考文献

Blasko D. & Kazmerski V., 2006, ERP Correlates of Individual Differences in the Comprehension of Nonliteral Language. *Metaphor and Symbol*, 21.

Blutner R., 1998, Lexical Pragmatics. *Journal of Semantics*, 15.

Bobrova L., 2015, A Procedure for the Identifying of Potential Multimodal Metaphor in TV Commercials. *Multimodal Communication*, 4 (2).

Borbely A., 2004, Toward a Psychodynamic Understanding of Metaphor and Metonymy: Their Role in Awareness and Defense. *Metaphor and Symbol*, 19.

Bowdle B. & Gentner D., 2005, The Career of Metaphor. *Psychological Review*, 112 (1).

Brown T., 2003, *Making Truth: Metaphor in Science*. Champaign: University of Illinois Press.

Bundgaard P., 2019, The Structure of Our Concepts: A Critical Assessment of Conceptual Metaphor Theory as a Theory of Concepts. *Cognitive Semantics*, 12 (1).

Cameron L. & Deignan A., 2003, Combining Large and Small Corpora to

Investigate Tuning Devices around Metaphor in Spoken Discourse. *Metaphor and Symbol*, 18 (3).

Carston R. & Wearing C., 2011, Metaphor, Hyperbole and Simile: A Pragmatic Approach. *Language and Cognition*, 2.

Carston R., 2010, Lexical Pragmatics, *ad hoc* Concepts and Metaphor: A Relevance Theory Perspective. *Italian Journal of Linguistics*, 22 (1).

Columbus G. et al., 2015, Individual Differences in Executive Control Relate to Metaphor Processing: An Eye Movement Study of Sentence Reading. *Frontiers in Human Neuroscience*, 8.

Coulson S., 2001, *Semantic Leaps: Frame-Shifting and Conceptual Blending in Meaning Construction*. Cambridge: Cambridge University Press.

Deignan A., 1999, Linguistic Metaphors and Collocation in Nonliterary Corpus Data. *Metaphor and Symbol*, 14 (1).

Engstrøm A., 1999, The Contemporary Theory of Metaphor Revisited. *Metaphor and Symbol*, 14 (1).

Evans V., 2010, Figurative Language Understanding in LCCM Theory. *Cognitive Linguistics*, 4.

Eviatar Z. & Just M., 2006, Brain Correlates of Discourse Processing: An fMRI Investigation of Irony and Conventional Metaphor Comprehension. *Neuropsycologia*, 44.

Fauconnier G. & Turner M., 2002, *The Way We Think: Conceptual Blending and the Mind's Hidden Complexities*. New York: Basic Books.

Fauconnier G., 1997, *Mappings in Thought and Language*. Cambridge: Cambridge University Press.

Forceville C. & Renckens T., 2013, Metaphorical Creativity across Modes. *Metaphor and the Social World*, 2.

Forceville C., 2009, Non-verbal and Multimodal Metaphor In a Cognitivist Framework: Agendas for Research. in Forceville C. & Urios-Aparisi E.

(eds.). *Multimodal Metaphor*. Berlin & New York: Mouton de Gruyter.

Gibbs R. & Franks H., 2002, Embodied Metaphors in Women's Narratives about Their Experiences with Cancer. *Health Communication*, 14.

Gibbs R., 2011, Evaluating Conceptual Metaphor Theory. *Discourse Processes*, 48.

Giora R., 2003, *On Our Mind: Salience, Context and Figurative Language*. Oxford: Oxford University Press.

Goldstein A., Arzouan, Y. & Faust, M., 2012, Killing a Novel Metaphor and Reviving a Dead One: ERP Correlates of Metaphor Conventionalization. *Brain and Language*, 123.

Grady J., 1997, *Foundations of Meaning: Primary Metaphors and Primary Scenes*, Ph. D. Dissertation. Berkeley: University of California.

Halliday M. A. K., 1985, *Introduction to Functional Grammar*. London: Arnold.

Ibáñez F. J. & Hernández L., 2011, The Contemporary Theory of Metaphor: Myths, Developments and Challenges. *Metaphor and Symbol*, 26(3).

Johnson M., 1993, *Moral Imagination: Implications of Cognitive Science for Ethics*. Chicago: University of Chicago Press.

Kövecses Z., 2000, *Metaphor and Emotion*. New York: Cambridge University Press.

Kövecses Z., 2011, Recent Developments in Metaphor Theory: Are the New Views Rival Ones?. *Review of Cognitive Linguistics*, 9(1).

Lakoff G. & Johnson M., 1980, *Metaphors We Live By*. Chicago: University of Chicago Press.

Lakoff G. & Johnson M., 1999, *Philosophy in the Flesh: The Embodied Mind and Its Challenge to Western Thought*. New York: Basic Books.

Lakoff G. & Núñez R., 2002, *Where Mathematics Comes from: How the Embodied Mind Brings Mathematics into Being*. New York: Basic Book.

Lakoff G., 1993, The Contemporary Theory of Metaphor. In Ortony A. (ed.). *Metaphor and Thought*. Cambridge: Cambridge University Press.

Lakoff G., 2008, The Neural Theory of Metaphor. In Gibbs R. (ed.). *The Cambridge Handbook of Metaphor and Thought*. Cambridge: Cambridge University Press.

Littlemore J. & Low G., 2006, Metaphoric Competence, Second Language Learning, and Communicative Language Ability. *Applied Linguistics*, 27(2).

Moreno R., 2004, Metaphor Interpretation and Emergence. *UCL Working Papers in Linguistics*, 16.

Musolff A., 2016, *Political Metaphor Analysis: Discourse and Scenarios*. New York: Bloomsbury.

Obert A. et al., 2014, Differential Bilateral Involvement of the Parietal Gyrus during Predicative Metaphor Processing: An Auditory fMRI Study. *Brain and Language*, 137.

Ritchie L., 2009, Relevance and Simulation in Metaphor. *Metaphor and Symbol*, 24 (4).

Shen Y., 1999, Principles of Metaphor Interpretation and the Notion of "Domain": A Proposal for a Hybrid Model. *Journal of Pragmatics*, 31.

Steen G. et al., 2007, MIP: A Method for Identifying Metaphorically Used Words in Discourse. *Metaphor and Symbol*, 22 (1).

Steen G., 2010, *A Method for Linguistic Metaphor Identification: From MIP to MIPVU*. Amsterdam: John Benjamins.

Steen G., 2011, The Contemporary Theory of Metaphor-Now New and Improved!. *Review of Cognitive Linguistics*, 1.

Steen G., 2015, Developing, Testing and Interpreting Deliberate Metaphor Theory. *Journal of Pragmatics*, 90.

Sun Y. & Chen X., 2018, A Diachronic Analysis of Metaphor Clusters in Political Discourse: A Comparative Study of Chinese and American Presidents' Speeches at Universities. *Pragmatics and Society*, 9 (4).

Sun Y. & Jia C., 2019, A Study of Emotional Adjectives in Teaching Chinese as a Foreign Language: A Perspective of Cognitive Metaphor Theory. *Chinese as a Second Language Research*, 2.

Sun Y., Yang Y. & Kirner-Ludwig M., 2017, A Crosslinguistic Study into Culturally Motivated Resemblances and Variations in Transferred Epithet Metaphors in Chinese and English. *Cognitive Linguistic Studies*, 28.

Taverniers M., 2006, Grammatical Metaphor and Lexical Metaphor: Different Perspectives on Semantic Variation. *Neophilologus*, 90.

Tendahl M. & Gibbs R., 2008, Complementary Perspectives on Metaphor: Cognitive Linguistics and Relevance Theory. *Journal of Pragmatics*, 40 (11).

Tretjakova J., 2012, An Insight into the Contemporary Theory of Metaphor. *Proceedings of the 53rd International Scientific Conference of Daugavpils University*, 1.

White M., 2003, Metaphor and Economics: The Case of Growth. *English for Specific Purposes*, 22.

Wilson D. & Carston R., 2006, Metaphor, Relevance and the "Emergent Property" Issue. *Mind & Language*, 21 (3).

Winter S., 2002, *A Clearing in the Forest: Law, Life, and Mind*. Chicago: University of Chicago Press.

Yu N., 1998, *The Contemporary Theory of Metaphor: A Perspective from Chinese*. Amsterdam: John Benjamins.

Yu N., 2003, Chinese Metaphors of Thinking. *Cognitive Linguistics*, 14.

胡壮麟, 2004,《认知隐喻学》,北京:北京大学出版社。

束定芳, 2000,《隐喻学研究》,上海:上海外语教育出版社。

孙毅, 2013,《基于语义域的隐喻甄别技术初探——以 Wmatrix 语料库工具为例》,《解放军外国语学院学报》第 4 期。

孙毅, 2015,《当代隐喻学在中国(1994—2013)——一项基于 CSSCI 外国语言学来源期刊的文献计量研究》,《西安外国语大学学报》第 3 期。

孙毅, 2019,《当代隐喻学的理论范式构念》,《海南大学学报(人文社会科学版)》第 6 期。
孙毅, 2020,《再议当代隐喻学在中国(2014—2018)——基于 CSSCI 期刊的文献计量研究》,《外语学刊》第 3 期。
孙毅、陈朗, 2017,《蓄意隐喻理论的学术进路》,《现代外语》第 5 期。
孙毅、陈朗、段翠娥, 2019,《辅以 ERP 实验技术的隐喻研究:回眸与前瞻》,《外语与外语教学》第 2 期。
孙毅、李学, 2021,《基本隐喻理论发端:肇始与演进》,《外文研究》第 4 期。

汉语非字面语言认知加工的“规约层级递进模型”*

王小潞　王艺臻

引　言

非字面语言又被称为比喻性语言，是词汇、短语、句子等各种语言形式的混合实体，主要包括隐喻、幽默、双关语、习语、反语、字谜等类别（王小潞、郭晓群，2016；马利军、张积家，2010）。虽然各种非字面语言类型具有各自的特征，但因为同属一个体系，其中存在着很多共同点：句法结构的稳定性、意义建构的象似性、心理加工的间接性，以及意义解构时对主、客观语境的依赖性。最为核心的是，非字面语言的整词意义不能根据其组成成分的句法分析而获得，听话人在理解各类非字面语言形式时均须超越常规语义与思维定势，运用话语字面义之外的加工获得说话人的正确意图（王小潞、郭晓群，2016）。规约度、熟悉度、语境、使用频率、个体认知方式等因素都会影响非字面语言的理解，其中规约度起到至关重要的作用（王小潞、郭晓群，2016）。规约度指的是语言规律性、使用情况以及一个群体之间的关系，该群体默认在特定情况下遵守特定的语言规律（Lewis，1969：2）。在非字面语言的理解

* 本文原载《浙江大学学报（人文社会科学版）》2020 年第 4 期。

中，规约度意为某一词汇与其某种比喻义之间的关联程度，即约定俗成的程度。结合隐喻生涯理论（Bowdle & Gentner，2005）与非字面语言的相关研究（Nunberg，Sag & Wasow，1994；Titone & Connine，1999），笔者在此将规约度定性为一种特定非字面语言结构与其非字面语义之间联系的紧密度和可接受度。其中，可接受度指的是大众接受某种非字面语言表达的难易程度，例如，当某种新颖隐喻首次出现时，人们可能并不接受其非字面义，但在该新颖非字面义被不断重复使用后，就会逐渐变成更容易接受的规约隐喻。因此，紧密度和可接受度越高，该非字面语言形式约定俗成的程度就越强，即规约度也就越强（王小潞、郭晓群，2016）。规约隐喻、习语、成语等表达形式长期储存在民族文化与人们的心理词典中（Giora，1999），这些语汇的构词成分一旦分离，大众便很难预测其意义，因为它们的结构非常紧密，约定俗成的程度也很强，已经在社会生活中完成了高度的规约化，因此被视为规约度很高的非字面语言；相较而言，新颖隐喻、幽默、字谜、反语等语言类型则需要结合特定的语境，通常要经过联想、推理或顿悟才能理解，因为它们的结构非常松散，还未达到约定俗成的程度，因此被视为规约度很低的非字面语言。

以规约度为轴，不同类型的非字面语言形式可以根据其规约层级递进分布在此轴的不同位置上，串成一个连续统。低规约度与高规约度的类型分别置于两端，中规约度的语言形式则处于连续统中间的某个位置。可以假定，对于低规约度的语言形式，如新颖隐喻、幽默、字谜、反语等，人们必须首先加工它们的字面义，根据语境才能推导并进一步解读其实际的非字面义；而高规约度的规约隐喻、习语、成语等，其约定俗成的程度较高，加工过程接近本义语言，在强语境的条件下可直接通达非字面义；此外，就中规约度的非字面语言（如中规约隐喻、双关语、歇后语）来说，其字面义与非字面义都会被激活并同时或先后进行加工，最后两种意义均获得通达。目前已有大量以英语为语料的非字面语言研究，但汉语非字面语言认知不仅会受到汉语语言形式的影响，而且会受到中国传统文化的制约，因此具有其自身的特异性。本课题组近年来对不同的非字面语言类型，如隐喻、反语、双关语、歇后语、幽默、习语、成语、谜语等均进行了实证探究；本文将归纳这些实证研究的结论，并结合其他学者的相关研究成果，对不同规约度的非字面语言形式在该连续统中的位置及其加工难度和复杂度进行探讨，以此构建汉语非字面语言认知加工的“规约层级递进模型”。

一、不同规约度的汉语非字面语言加工特性

不同规约度的非字面语言加工有其自身特征，首先以部分非字面语言类型的相关实证研究为例，对其进行整体上的梳理，随后再展开更为详细的阐述。

表1　不同规约度非字面语言形式的加工特点

规约度	形式	对比条件	加工过程	加工脑区
低	新颖隐喻	新颖隐喻相对于规约隐喻（王小潞，2009；王小潞、何代丽，2017）	新颖隐喻加工难于规约隐喻，耗费更多的认知资源	左半球负责语言加工，新颖隐喻会更多地激活右半球
	幽默	幽默语句相对于直白语句（夏之晨、杨帆、范庭卫，2016）	首先加工背景信息和妙语结尾（即字面义），随后整合其联系	左右脑均参与加工，幽默情绪加工过程中存在右侧化倾向

续 表

规约度	形式	对比条件	加工过程	加工脑区
低	字谜	顿悟相对于非顿悟(邢强等,2013)	首先加工谜面(字面义),顿悟后拆分或组合非字面语义并获取谜底	左半球整合语义关系,右半球负责顿悟
	反语	反语条件相对于字面条件(黄彬瑶,2015)	字面义首先被激活,与反语义一起参与后期加工	左右脑均参与加工
中	双关语	主要词义相对次要词义(Zheng, Wang & Wang,2020)	首先加工主要词义,但语境会推进对次要词义的加工,两种词义均通达并维持	左半球参与语言加工,右半球通过联想寻找次要词义
	歇后语	高熟悉度相对于低熟悉度(张辉,2016)	首先加工第一部分的字面义,同时通达或随后激活第二部分的非字面义	初期的加工主要在左脑,后期右脑会参与语义整合
高	规约隐喻	规约隐喻相对于本义句(王小潞、何代丽,2017;李莹等,2016)	规约隐喻句加工慢于本义句,前者难度更大,加工内容更多	主要涉及左侧脑区,但右脑也会参与,脑区激活大于本义句
	习语	习语相对于本义句(Yang et al. ,2016)	高熟悉度的形式能快速通达非字面义,接近本义语言加工;低熟悉形式易受语境干扰	左半球占优势,但右半球也在意义选择中起到一点作用
	成语	成语相对于四字短语(雷秋玥,2015)	高熟悉度形式接近字面义加工,但意义的通达仍会受语境影响	左侧脑区激活更大,但在启动语境差异较大时,右脑也会激活

(一)低规约度非字面语言

低规约度非字面语言形式灵活,内容多样,并不拘泥于固定的结构与表达。若没有非字面语境的存在,人们一般只能按其字面义进行解读,因此,在大多数情况下只有依靠语境才能到达非字面义的彼端,而且不同的语境会触发不同的话语效果。本小节将以新颖隐喻、幽默、字谜与反语四类非字面语言子系统为例,探讨低规约度非字面语言的加工特性。

1. 新颖隐喻

在低规约度非字面语言至高规约度类型的连续统中,隐喻贯穿整个区间。新颖隐喻随着熟悉度和使用频率的增加,特定的非字面义就会成为词义的一部分储存在心理词典中,从而变成规约隐喻(王小潞、郭晓群,2016),因此新颖隐喻与规约隐喻分别置于规约度连续统的两侧。在此首先讨论的是低规约度非字面语言的代表——新颖隐喻。有研究发现,理解新颖隐喻要难于规约隐喻,加工新颖隐喻涉及更多的形象思维与认知资源(王小潞,2009)。原因可能在于理解新颖隐喻首先需要对始源域进行字面义的解读,随后通过跨域映射和类比来通达目标域的非字面义。针对隐喻脑机制的研究也发现,新颖隐喻的加工会更多地激活右脑(双侧海马体、右侧杏仁核、右侧脑岛以及右侧楔前叶),因为右脑主要负责想象、联想、类比、顿悟等认知过程。此外,本义句和隐喻句在负责语言处理的左脑具有类似的加工模式,因为理解两类句子均需要左脑的传统语言区(布洛卡区与韦尼克区)来处理句法语义,但在右脑(特别是右前额区域)却表现出明显差异(王小潞,2009:188—189;王小潞、何代丽,2017)。这说明隐喻的新颖程度决定了是否需要右脑调动联想等认知过程来参与隐喻理解。

2. 幽默

幽默是“通过象征、讽喻、双关等修辞手法，揭露生活中矛盾、乖讹和不通情理之处，使人情不自禁发笑的机智言语活动或行为现象”（林崇德、杨治良、黄希庭，2003）。幽默是新颖度极高的非字面语言代表，具有极强的语境依赖特性，微观的特定语境会直接决定某个幽默的实现效果。综合过往研究，幽默的认知加工至少包括幽默探测和幽默评价两个阶段（伍海燕、傅根跃、臧燕红，2009），其中幽默探测是为了发现刺激材料中多个不一致的图式，意味着幽默认知必须先行加工字面义；而幽默评价则是对这种不一致的解决，即整合出表达幽默效果的非字面义，随后便会引发认知主体的愉悦情绪。针对汉语幽默的 ERP 研究表明，加工字面义比加工幽默义更容易。尽管外向者（夏之晨、杨帆、范庭卫，2016）、高幽默感个体（李梦薇，2017）较内向者、低幽默感个体能够更加迅速准确地通达幽默义，但二者都会首先解读字面文本。对幽默的脑机制研究也发现，当幽默探测（也即解读）字面文本时，负责语言加工的左脑下额叶与后颞叶会得到较大激活；而在幽默评价即整合非字面义时，主要依赖脑岛两侧和杏仁核，其中负责想象与顿悟的右侧前额皮层非常重要。此外，右脑损伤通常对正常语言交流影响不大，但由于幽默是一种低规约度、高新颖度的非字面语言类型，且隐喻解读、顿悟等过程都会融入幽默加工（聂其阳、罗劲，2012），因此右脑损伤个体理解幽默较为困难（伍海燕、傅根跃、臧燕红，2009），更加证明新颖幽默义的理解离不开右脑的认知抽象能力。

3. 字谜

字谜是以单个汉字为谜底的谜语，也是低规约度非字面语言的代表，比幽默认知更走向极端。它打破概念词汇认知的范畴，还原至拆文解字的字本位认知。字谜的谜面依据汉字音、形、义等方面的特征，对谜底汉字进行多样的描述（钱南扬，1987），可看作一种反应心理-文化的现象。制谜者通常会赋予谜面常规的字面义，以此来误导受众按字面义进行理解（徐盛桓，2018）（如“又进村中——树”）。但解答字谜需要猜谜者超越谜面的常规语义与思维定势，运用拆分和组合的加工方式来抵达非字面义谜底，体验新奇语义。因此，认知个体看到字谜时即会开始加工，进行初步的字形判断和语义探测（Luo et al.，2011；沈汪兵等，2011；邢强等，2017；Gibbs，2000）；部分认知个体能在加工后突破字面义，获得顿悟（邢强等，2013；沈汪兵等，2011；邢强等，2017）；接下来被试会对非字面语义进行整合并验证（邢强等，2013），确定最终谜底。针对字谜理解过程的眼动研究也表明，做错答案的被试在最初会受谜面常规语义的干扰，且整个过程均未突破字面义；但成功解谜者在初步加工字面语义后就会突破思维定势，获取非字面义的正确答案。相关研究还发现有顿悟字谜解谜较无顿悟字谜解谜诱发的差异波定位于右侧额中回、左侧顶下小叶、右侧颞上回和左侧额下回，表明了多个脑区的协同作用（Luo et al.，2011；沈汪兵等，2011），也有学者进一步总结出字谜的顿悟伴随着右半球的激活，但左半球在语义关系整合中起到关键作用（邢强等，2013；邢强等，2017）。

4. 反语

反语是指使用与字面义截然相反的语言形式来表示交际意图，通过用词、语调、语境、认知策略等因素传达说话人批评、嘲弄或幽默等潜在态度（Gibbs，2000）。由于反语本身并没有约定俗称的语汇形式，因此是一种规约化程度极低的、语境强依赖的、语义由此及彼的非字面语言代表。王小潞、黄彬瑶、李宏汀（2016）通过眼动技术，发现加工反语义比字面义耗费更多的认知资源，字面义作为反语加工的开端总是首先被激活，随后人们在语境的整合或干扰下反向解读字面义，且最早被激活的字面义会与反语义共同参与后期的语义整合。李德高等人（Li et al. ,2019）对比了听障者和听力健全者对反语的理解，发现前者比后者对反语的加工更难更慢，但两个群体对反语的加工均明显慢于对本义话语的加工。张笛（2019）考察了自闭症儿童的反语理解，认为加工反语是一种高于字面语言理解的认知处理能力。就反语加工的空间维度而言，认知主体既需要左脑对句法、语义等语言材料进行处理，又需要通过右脑进行联想与顿悟以获取新颖的反语义（王小潞、郭晓群，2016），因此左右脑需要协同参与反语的加工理解。

总体而言，新颖隐喻、幽默、字谜、反语都是低规约度非字面语言类型的代表，结构非常灵活多样。个体在对其进行加工时都必须首先理解字面义，随后突破思维定势来获得“言外之意”，且在加工非字面义时因为需要调动想象等认知机制，均伴随着较多的右半球激活。在整个过程中，客体因素如语境线索（Gibbs,2000；王小潞、黄彬瑶、李宏汀，2016）、语料类型（张笛，2019）；主体因素如执行控制功能（邢强等，2017）、人格倾向（邢强等，2013）、年龄（李雪艳等，2017）、健康状况（Li et al. ,2019；张笛，2019；李雪艳等，2017）等均会对新颖非字面语言的神经加工产生影响。尽管四者同属低规约度非字面语言，但它们也各具特征：尽管新颖隐喻与幽默的实现效果都取决于微观的情景语境，但是幽默更具社会属性，即幽默参与者双方的关系以及双方共同默认的信息等因素均会显著影响幽默加工，而且对幽默的理解具有人格和性别差异（聂其阳、罗劲，2012）；反语十分依赖语境，在语境（特别是强语境）的作用下直接从字面义抵达完全相反的对立义，是新颖度走向极端的体现（王小潞、郭晓群，2016）；字谜则是将规约的词汇字面义拆解或重组为以字为单位的元语言认知，即将汉字本身看作二维平面事物进行切分或重组的认知过程。

（二）高规约度非字面语言

高规约度非字面语言结构较为固化，通常以特定形式储存于某个民族的心理词典中。理论上来讲，即使有字面导向性很强的语境存在，认知个体仍会首先加工其凸显的非字面义（Giora，1999）。本节将以规约隐喻、习语、惯用语与成语为例，考察高规约度非字面语言的神经机制。

1. 规约隐喻

正如在“新颖隐喻”部分所提，隐喻作为经典的非字面语言，其认知过程反映了一般非字面语言的加工特性。研究者分别总结了新颖隐喻和规约隐喻的神经机制，由此更清晰地阐明非字面语言规约度连续统的整个区间演变。“隐喻生涯”理论认为，新颖隐喻逐渐演变成规约隐喻（乃至死隐喻）是其意义固化和熟悉度提升的过程（Bowdle & Gentner，2005），并会逐渐过渡到本义语言加工模式。有实验（王小潞，2009：178）表明在没有语境的情况下，汉语本义句理解易于隐喻句理解，死隐喻句理解易于新隐喻句理解，与之前对英语语料的研究结果相似（Arzouan，Goldstein & Faust，2007）。但在有语境的情况下，虽然规约隐喻的非字面义作为凸显义通常会被首先激活，然而字面语境有时会在随后的语义整合中激发出其字面义（Wang et al.，2018）。还有实验选取的隐喻句和本义句均是熟悉且合理的简单句，但规约隐喻句的加工仍然稍慢于本义句，这说明前者包含了更多的加工内容，理解上相对会难一些（王小潞、何代丽，2017；李莹等，2016）。因此，虽然两者基本上均依赖于负责本义语言加工的左脑，但规约隐喻却也涉及一小部分右脑加工，可能是其中仍需要一些更为灵活的认知过程，并不能简单地认为规约隐喻义加工完全等同于字面义加工。

2. 习语和惯用语

“规约度”一词用在语言理解中，最初就是从描述习语开始的：“习语是有组构性的，如果把构成习语的特定成分孤立开来，人们则无法预测其意思。”(Nunberg, Sag & Wasow, 1994)而“规约度”指的就是这种“不可预测性”以及“在语言中出现频率”的程度(Nunberg, Sag & Wasow, 1994; Titone & Connine, 1999)。习语、惯用语等固化的非字面语言表达形式形成于长期的民族文化，其意义不是成分的简单叠加，而是抽离字面义的隐喻性概念，约定俗成的程度较强，规约度也较高。从理论上来说，非字面语言形式会随着规约度的逐渐增强过渡到接近本义语言的加工机制(王小潞、郭晓群，2016)。但并不是所有的习语、惯用语都接近本义语言加工。熟悉度和语境共同影响了这些非字面语言形式的认知，且熟悉度在其中起到更为重要的作用：熟悉的语言表达形式更容易与非字面义语境整合，不易受字面语境影响，但不熟悉的语言表达形式容易受不同的语境影响(张辉，2016：170—182)。根据对习语脑机制的研究，研究者总结出左半球在习语字面加工时占优势，但右半球也在意义选择中起到认知调控作用，尤其是针对低熟悉度习语而言(Yang et al., 2016)。

3. 成语

成语与习语、惯用语等具有共同特征，即约定俗成的程度较高，且同时具有能够表达整体的比喻意义以及能够表现成分的字面意义(余莉莉，2014)。但两者也存在一定差异：尽管它们的组构性都很强，成语的结构却更为紧实，语素之间的相互制约性更强。成语加工同样深受熟悉度的影响：钟毅平、雷潇、屈卫国(2011)通过 ERP 技术，发现熟悉成语的语义已经固化，加工难度远低于不熟悉的成语。高熟悉度的成语可以直接识别反应，对其整体语义的加工易于对成语词形的分解加工(黄希庭等,1999),高熟悉成语的非字面义更符合人们的心理期待(张瑜等,2012)。此外,成语加工也会受到语境的影响,语境越强通达越容易(王欢、王小潞,2019)。相关脑机制研究表明,在成语的语义加工中,负责语言的左侧脑区激活较大(张辉,2016:96;张瑜等,2012);但由于成语也受语境影响,因此在语境与成语凸显义不符时,右半球凭借更为松散的语义表征,此时会呈现更为广阔的语义场激活,以选择最终通达的词义。

综合上述对高规约度非字面语言的总结,可以发现随着规约度的增高,非字面语言逐渐接近于本义语言加工,但前者并不能等同于后者,因为前者比后者的认知过程更复杂。同时,高规约度非字面语言并非具有相同的熟悉度。高熟悉度的形式有时可直接通达非字面义,或只对字面义进行短暂加工;但低熟悉的类型则仍然依赖字面义的加工,进行成分层面的激活。相较于句子形式的习语、谚语、歇后语,成语的加工似乎更容易受到语境的影响,可能是由于成语更像一个词汇,且对大部分成语来说,其字面义也是合理且具体的。有研究认为,成语的字面义和比喻义能够同时被激活,两者之间相互竞争,直到获取对应语境的合适语义,甚至一些低频成语的字面意义可能较比喻义更为凸显(黄希庭等,1999)。

(三)中规约度非字面语言

此外,还有一些语言形式分布于规约度连续统区间的中段,如双关语与歇后语。这些类型受熟悉度和语境制约,且其字面义与非字面义在特定语境中均有合理的意义,在理解过程中都会先后被激活、维持和提取。相比之下,高低规约度的非字面语言加工则只是抑制字面义,提取非字面义。

1. 双关语

《修辞学发凡》中指出，“双关是用了一个语词同时关顾着两种不同事物的修辞方式”（陈望道，2001:97），双关语则是表现这种修辞的词或短语（陈望道，2001；英国柯林斯公司，2008）。双关语的两种语义即与词典意义一致的凸显规约义以及适合语境的非规约义，这两种意义在加工过程中均会被激活。成功理解双关语的关键在于两种语义的成功通达、保持并提取。其中语境和词义使用频率会在此过程中起到重要作用。王小潞、郑伟（2019）结合过往研究构建了双关语语义通达模型，根据该模型，双关语主要词义由于使用频率和语境的关系，其通达会优先于仅被语境激活的次要词义。但语境会将次要词义的通达提前，因此可能会与主要词义的输出过程部分重叠。郑伟等人（Zheng，Wang & Wang，2020）针对双关语的眼动研究也证实了该模型。目前英语双关语的脑机制研究表明双关语的主要词义会在左右脑中同时通达，此时次要词义在左脑中虽有一定激活，但暂未进入语境整合阶段。不过在双重语境下，大脑若发现主要词义只与语境部分相符，就会搜寻其他可能的词义。此时右脑由于语义表征方式较为松散，更容易通过联想远距离激活次要语义。

2. 歇后语

歇后语是一种独特的语类，由前后两部分组成，第一部分起“引子”作用，像谜面，后一部分起“后衬”的作用，像谜底，但不同于谜语，歇后语的前后两部分语义都会被提取。第一部分为第二部分的启动明确提供了一个字面义语境（张辉，2016:175）。因此，与其他字面语境隐含的熟语相比，一个歇后语会同时存在一个显性的字面义（第一部分）和一个隐性的引申义或非字面义（第二部分）。熟悉度和语境在歇后语加工中同样起着非常重要的作用。对于熟悉的比喻类歇后语而言，人们对第一部分提供的语境很熟悉，导致引申的比喻义通达较为容易，而不熟悉的歇后语则会因为新奇的语境使人们困惑，必须首先加工字面义，再通过顿悟等心理过程到达比喻义（张辉，2016：201）。相较不熟悉歇后语，高熟悉歇后语会更快通达非字面义。但不管何种歇后语，都是高熟悉歇后语的加工更为迅速准确。同时，歇后语加工时双侧脑区均有激活，左脑在初期的激活更大，原因仍在于早期左脑主要加工歇后语字面语义，而右脑会随后对字面义与非字面义进行调动与选择（Wang et al.，2021）。

综上，在加工两级之间的非字面语言形式时，往往会共同通达与维持字面义和非字面义，但两种意义激活的顺序可能会有所不同。双关语会优先通达主要词义，但语境会把次要词义的激活提前，且两种词义会在加工过程中重叠；而歇后语由于第一部分是字面语境，因此必然首先加工字面义，随后通达第二部分的隐喻义，若是熟悉度高的歇后语，被试会在看到字面语境时同时激活之后引申的隐喻义，对于熟悉度低的歇后语，认知个体会反复整合字面语境来抵达隐喻义。总体而言，两种语义贯穿歇后语加工始终。在此，隐喻这个非字面语言类型可以得到重新审视，隐喻虽然会由新颖至规约贯穿于规约度连续统的整个区间，但往往并不分布于两级，而是处于一种字面义与隐喻义交互通达的状态，隐喻语境和字面语境会很大程度上影响其意义的先后激活。此外，就两级之间的非字面语言子系统而言，熟悉度越低，越需要调动类比、联想等认知机制，右脑参与加工也就越多。

二、汉语非字面语言认知加工的“规约层级递进模型”构建

根据上述本课题组及其他学者的相关实证研究成果，笔者对非字面语言加工的整体模型进行了构建。本部分拟以规约度为轴心，聚拢各个层级的汉语非字面语言类型，归纳和总结分布在不同规约度连续统上的汉语非字面语言的共性和特性，试图建立汉语非字面语言认知加工的“规约层级递进模型”。

（一）规约度越高，加工越容易

规约度越高的非字面语言，加工起来越容易，也更能快速通达非字面义。最直观的例子即贯穿整个规约度连续统的隐喻加工。规约隐喻已储存在民族文化和人们的心理词典中，比新颖隐喻的理解更为迅速且更容易。前者往往能快速通达非字面义，而后者则需要首先加工字面义，并在语境的导向下才能推进对非字面义的领悟。在低规约度的形式中，过往实验通过对比低规约度条件（如幽默、字谜义、反语义等）与本义条件，发现前者的加工较后者更为复杂，步骤更多，消耗的认知资源也更大。原因在于理解本义条件下的语言表达只需要加工字面义即可，但解读低规约度条件的非字面义表达则须从字面义的启动开始，通过不断的语义整合来获取最终的非字面义。一般而言，规约度高的语言形式熟悉度也相对较高，但也会有一些例外情况。比如说，所有的习语、惯用语、成语等均是高规约度的非字面语言形式，因为它们形成于长期的社会文化，具有固定的形式。但个体对它们的熟悉程度却不同，一些在现代汉语中较少使用的习语也具备高规约度，但对普通人来

说却有着低熟悉度,并不能直接提取其非字面义。因此,在高规约度非字面语言中,兼具高熟悉度的形式可以被完整激活,迅速通达非字面义,有时甚至比本义句加工更快;但是对低熟悉度的形式而言,人们仍然需要首先对字面义进行加工,并根据语境、文化知识等因素推断出其非字面义。总体而言,规约度与熟悉度在大多数情况下是可以等同的,语言形式的规约度越高,人们通常会越熟悉,其非字面义也越容易通达。

(二)规约度越低,右脑参与越多

加工规约度较低的非字面语言时,往往需要远距离的非规约词义和非语言因素的连接,此时负责相关认知功能的右脑就会更多参与并起到更为重要的作用。隐喻这一贯穿规约度连续统的经典非字面语言代表仍然可以作为示例来分析,加工新颖隐喻相比规约隐喻时右脑激活得更多,因为新颖隐喻的理解需要顿悟、联想等多种右脑负责的功能才能实现(王小潞,2009;王小潞、何代丽,2017;李莹等,2016);且与本义语言相比,加工规约隐喻时右脑的参与也更多,说明理解规约隐喻仍然比本义语言涉及更多灵活的认知过程。再来看其他形式的非字面语言:低规约度的幽默、字谜、反语等必须依靠右脑所主导认知功能的激活才能获得顿悟,通达新颖意义,甚至在加工过程中存在半球右侧化倾向(夏之晨、杨帆、范庭卫,2016);对于两极之间的中规约度非字面语言而言,左右脑均会在加工过程中协同作用,左脑的语言加工优势在前期负责凸显词义的加工,右脑也会通过联想搜寻非凸显词义,并参与语义的选择与整合,且如果启动语境与凸显义的差异较大,右脑便会进行更多的联想,激活的程度也就越高;高规约度的非字面语言由于较为接近本义语言,大脑主要进行字面义的语言处理,因此左半球在加工中占较大优势(王小潞、何代丽,2017;李莹等,2016;Yang et al. ,2016),而较少依赖右半球的认知功能。但若某些表达对个人来说熟悉度较低,那么此时则需要右脑的协助才能进行发散思维、顿悟和意义判断。总之,非字面语言的理解是一个复杂的过程,需要多个脑区、两个半球的共同协作,才能保证信息得到正确加工,最终通达非字面义。一般而言,规约度越低的非字面语言形式,越依靠非语言线索的帮助,也更需要右脑进行较广阔的语义场激活并调动联想机制(王小潞、郑伟,2019),因此右脑会更多地参与其中。

(三)熟悉度和语境相互牵制

乔拉(Giora,1999)的分级凸显假说(graded salience hypothesis)认为,凸显义在任何情况下均被首先激活,即使语境倾向于非凸显义也不会影响凸显义的通达,说明了熟悉度对于加工非字面语言的重要性。但根据以上对汉语非字面语言的研究,语境在语义加工中同样非常重要。同时,语境与熟悉度有着相互牵制的作用,即对于所有的非字面语言形式,高熟悉度和强语境是最容易加工的,而低熟悉度和弱语境则最难加工,其间的高熟悉度和弱语境以及低熟悉度和强语境都可因为一方的优势而弥补另一方的不足,从而比较容易地获得加工。具体而言,低规约度非字面语言,尤其是幽默、反语等,没有固定的表达形式,原本就依赖语境,语境决定了其实现效果;但如果认知个体对某个幽默很熟悉,或事先熟悉某种反语表达,语境的作用也就没有那么明显;两极中间的非字面语言双关语需要根据语境来推进并提前次要词义或非字面义的激活,但词义的使用频率与熟悉度也是此类语言形式加工中同等重要的因素(张瑜等,2012);理论上不受语境影响的高规约度非字面语言实际也会受到一定的语境制约,尤其是其中熟悉度偏低的语言形式,人们需要根据语境来推断出其非字面义,过程正如低规约度非字面语言加工。这可能是由于大部分非字面语言形式本身确实具备合理的字面义与非字面义,且两种意义在整个加工过程中可能会并行存在。某种意义只是在某个特定时刻被暂时抑制,但若受到有倾向性语境的刺激启动,或是对认知个体来说熟悉度较高,则隐藏的意义就会浮现出来,甚至盖过凸显的意义。此外,高规约高熟悉度的形式虽然较少依赖语境,但也依然可能会在字面语境启动的情况下抑制比喻义的通达(张瑜等,2012)。此种现象可以解释为在语义整合阶段,除了语汇本身的凸显义之外,语境也以一种平行的方式起到促进或抑制意义阐释的作用(Wang et al. ,2018)。

(四)汉语非字面语言认知加工的"规约层级递进模型"

综上所述,研究者认为汉语非字面语言系统中确实存在着一个从新颖到规约的连续统。本小节试图构建汉语非字面语言的"规约层级递进模型"(图1),在大脑统一的认知框架下表现不同规约度非字面语言类型在该连续统中的位置及加工难度与复杂性,分析其统一性和特异性对其认知加工的影响。

结合本模型,不同非字面语言类型的规约度由高至低,其字面义与非字面义激活的速度与顺序也会随之变化:高规约度且高熟悉度的非字面表达往往可以直接通达非字面义,但高规约度低熟悉度的形式则需要先理解字面义,再结合语境抵达非字面义;两级中间的类型会共同激活并维持字面义与非字面义,但凸显字面义的通达可能更为优先,语境会随后推进非字面义的理解;低规约度的非字面语言会首先通达字面义,随后需要结合语境,并通过联想、顿悟等方式从字面义过渡到非字面义,其加工过程比高规约度形式更为困难。但在整个过程中,语言

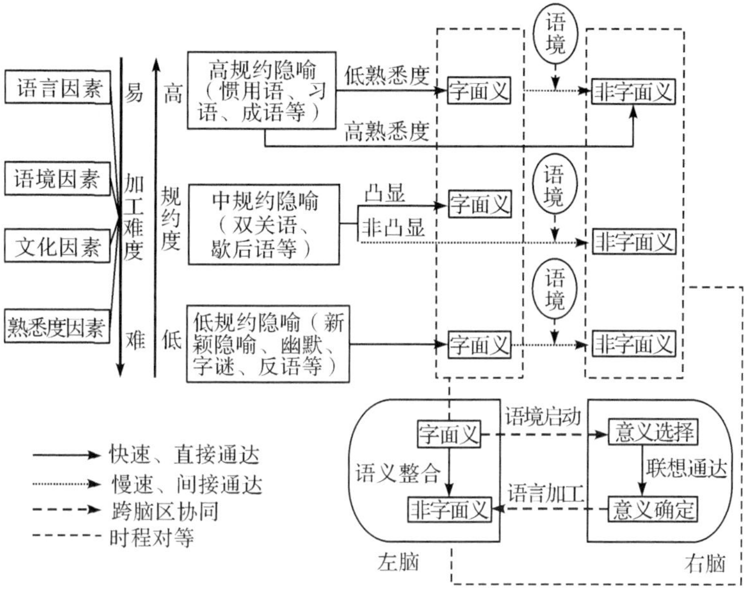

图1　汉语非字面语言认知加工的“规约层级递进模型”

因素（如形态句法、语义特征）、语境因素、文化因素和熟悉度因素都会影响个体的认知方式，造成“个体规约度”的差异，这些特异性同样也会影响加工的难度。就非字面语言加工的脑机制而言，左脑的语言加工优势会对语言本身进行加工，但右脑的联想、顿悟、意义选择等功能才是真正促进字面义到非字面义在左脑中的语义整合与确定的关键。

结　语

本文基于本课题组对不同种类汉语非字面语言前期的认知神经机制实证研究，并参考其他学者的相关成果，试图构建起汉语非字面语言认知加工的“规约层级递进模型”。该模型对不同规约度非字面语言在"规约度"连续统中的位置及加工难度与复杂性进行了梳理与总结，可对之后的非字面语言研究起到理论指导作用。但是当前的模型仍然是一个雏形，肯定会存在一定的不足与缺陷，因为即使是针对同一种非字面语言形式，相关实验在方法、操作、语料和任务等方面都会存在许多不一致的情况，且每个研究聚焦的视点会有所不同，因此可能对本文总结的加工时程与特点存在着一定的影响。同时，汉语非字面语言的一些类型会发生重叠：许多歇后语是利用谐音双关构成的，如"老虎拉车——谁赶（敢）?""孔夫子搬家——净是书（输）"等；一些幽默会采用反语、双关语等形式实现；隐喻也参与构建了大部分非字面语言形式。此外，当前以汉语为语料的实验并没有将某两种或三种非字面语言形式合并研究，所以仍然不能非常精准地对语言形式在非字面语连续统上的位置予以确定。总之，汉语非字面语言仍然需要学者们更进一步的探索。

参考文献

Arzouan Y., Goldstein A. & Faust M., 2007, Brainwaves are Stethoscopes: ERP Correlates of Novel Metaphor Comprehension. *Brain Research*, 1160 (1).

Bowdle B. & Gentner G., 2005, The Career of Metaphor. *Psychological Review*, 112 (1).

Gibbs R., 2000, Irony in Talk among Friends. *Metaphor and Symbol*, 15 (1-2).

Giora R., 1999, On the Priority of Salient Meanings: Studies of Literal and Figurative Language. *Journal of Pragmatics*, 31 (7).

Lewis D., 1969, *Convention*. Cambridge: Harvard University Press.

Li D. et al., 2019, DHH Students' Comprehension of Irony in Self-Paced

Reading. Journal of Deaf Studies and Deaf Education, 24 (2).

Luo J. et al., 2011, The Time Course of Breaking Mental Sets and Forming Novel Associations in Insight-Like Problem Solving: An ERP Investigation. *Experimental Brain Research*, 212 (4).

Nunberg G., Sag I. & Wasow T., 1994, Idioms. *Language*, 70 (3).

Titone D. & Connine C., 1999, On the Compositional and Noncompositional Nature of Idiomatic Expressions. *Journal of Pragmatics*, 31 (12).

Wang X. et al., 2021, The Roles of Familiarity and Context in Processing Chinese Xiehouyu: An ERP Study. *Journal of Psycholinguistic Research*, 50 (4).

Wang X. et al., 2018, The Role of Context in Processing Chinese Three-Character Verb-Object Metaphors: An Event-Related Potential Study. *Psychological Reports*, 122 (4).

Yang J. et al., 2016, Hemispheric Involvement in the Processing of Chinese Idioms: An fMRI Study. *Neuropsychologia*, 87 (4).

Zheng W., Wang Y. & Wang X., 2020, The Effect of Salience on Chinese Pun Comprehension: A Visual World Paradigm Study. *Frontiers in Psychology*, 11 (4).

陈望道, 2001,《修辞学发凡(第 3 版)》,上海:上海教育出版社。

黄彬瑶, 2015,《语境制约汉语反语认知加工的神经心理机制研究》,浙江大学博士学位论文。

黄希庭等, 1999,《结构对称性汉语成语的认知研究》,《心理科学》第 3 期。

雷秋玥, 2015,《语境对汉语四字成语隐喻加工影响的 ERP 研究》,大连理工大学硕士学位论文。

李梦薇, 2017,《汉语幽默语言的 ERP 研究》,南京师范大学硕士学位论文。

李雪艳等, 2017,《生命周期不同阶段的幽默理解与加工机制》,《浙江大学学报(人文社会科学版)》第 4 期。

李莹等, 2016,《不同性质汉语隐喻句认知加工的 fMRI 研究》,《浙江大学学报(人文社会科学版)》第 6 期。

林崇德、杨治良、黄希庭，2003，《心理学大辞典》，上海：上海教育出版社。
马利军、张积家，2010，《比喻性语言加工的脑机制》，《心理科学进展》第9期。
聂其阳、罗劲，2012，《“啊哈！”和“哈哈！”：顿悟与幽默的脑认知成分比较》，《心理科学进展》第2期。
钱南扬，1987，《谜史》，上海：上海文艺出版社。
沈汪兵等，2011，《三字字谜顿悟的时间进程和半球效应：一项ERP研究》，《心理学报》第3期。
王欢、王小潞，2019，《前后语境在汉语成语义识别中的作用》，《心理科学》第1期。
王小潞，2009，《汉语隐喻认知与ERP神经成像》，北京：高等教育出版社。
王小潞、郭晓群，2016，《汉语非字面语言认知神经心理系统》，《浙江大学学报（人文社会科学版）》第6期。
王小潞、何代丽，2017，《汉语隐喻加工的fMRI研究》，《北京第二外国语学院学报》第4期。
王小潞、黄彬瑶、李宏汀，2016，《汉语篇章阅读中反语认知的心理机制：反语表达对肯定/否定数量词“聚焦效应”的影响》，《外国语（上海外国语大学学报）》第1期。
王小潞、郑伟，2019，《双关语的语义通达模型及其认知神经加工特征》，《浙江大学学报（人文社会科学版）》第2期。
伍海燕、傅根跃、臧燕红，2009，《幽默加工的脑机制》，《心理科学进展》第1期。
夏之晨、杨帆、范庭卫，2016，《内外向者幽默加工进程差异：ERP研究》，《心理科学》第3期。
邢强等，2017，《执行功能对言语顿悟问题解决的影响：基于行为与ERPs的研究》，《心理学报》第7期。
邢强等，2013，《汉字字谜任务中限制解除的电生理机制》，《心理学报》第5期。

徐盛桓，2018，《精巧的语言 有意味的形式——汉语谜语语言研究》，《外语教学与研究》第4期。

英国柯林斯公司，2008，《柯林斯高阶英汉双解词典》，姚乃强等审译，北京：商务印书馆。

余莉莉，2014，《中文熟语认知中的整体加工与成分加工研究》，天津师范大学博士学位论文。

张笛，2019，《句末语气词和韵律在自闭症儿童理解反语时的作用》，《中国临床心理学杂志》第1期。

张辉，2016，《熟语表征与加工的神经认知研究》，上海：上海外语教育出版社。

张瑜等，2012，《熟悉与不熟悉成语语义启动的事件相关电位研究——熟语表征和理解的认知研究之一》，《外语研究》第1期。

钟毅平、雷潇、屈卫国，2011，《熟悉性对中文成语理解的影响：事件相关电位研究》，《湖南师范大学教育科学学报》第4期。

影响隐喻认知的主客体因素*

王小潞　徐慈华

一、研究问题

在当代隐喻研究中,"隐喻"一词的用法已有所不同,如今它意谓"概念系统中的跨域映射"。(Lakoff,1993:203)简单地说,隐喻理解就是从始源域向目标域的映射。但是,在我们的日常语言理解中,映射过程总是在一个非常复杂的隐喻认知加工系统中得以完成,受到其所在系统构成要素的多重影响。那么,这些影响因素都有哪些?又是如何影响映射过程的?笔者将结合具体的汉语实例,从主客体两方面因素对其做深入的探讨和分析。

二、影响隐喻认知的主体因素

言语思维最终传达和被理解的是语义,而语义又是从感受开始的。从思维的生成到言语表达有一个内在的认知建构过程,从现象上看,这个过程中存在思维生成的个体性和语言的公共性之间的矛盾,语义的整体性和符号的线性条件之间的矛盾,思维的无限生成性和语言规则

* 本文原载《外语与外语教学》2008年第7期。

系统的有限性之间的矛盾的辩证运动。一个最终被我们清楚理解的思想,不是一开始就是清晰的,思维从一个模糊的整体的感受性语义到最终获得外部言语的清晰语言形式是在经历了一系列矛盾的辩证运动后完成的。因此,如果从这个矛盾的辩证运动看,那么语言的创造性或生成性就不能首先单纯从语法中去寻找,也不能完全放到语义中去寻找,而是要从这一系列矛盾的辩证运动中去寻找,而这种辩证运动是在脑-身体和语言世界之间的交互过程中实现的。笔者认为,主体因素在语言认知中起着主导和决定的作用。如果一个认知主体根本就不懂某种语言,或尚未习得某种语言(婴幼儿),或尚未达到某种语言水平(未受教育者),或丧失了某种语言能力(失语症者),那么他/她对于一般的语言理解都会成问题,更不用说理解隐喻了。主体隐喻认知能力缺失的情况下谈客观语境就显得多余,在这种情况下,哪怕客观语境再关联也等于对牛弹琴。因此,隐喻认知首先从隐喻认知主体开始,认知主体对隐喻的熟悉程度和个体背景因素均会影响到认知主体对隐喻的解读。

(一)熟悉度

熟悉度是影响隐喻认知的主要因素。对特定隐喻表达的理解,主体的接受频率和熟悉程度直接影响到认知主体对该隐喻的加工方式。束定芳(2000:77)指出:“隐喻性只是一个程度问题。新鲜隐喻一旦被接受和传播,其隐喻性就开始减弱,随着隐喻使用频率的增加,其隐喻义便成为词义的一部分,但仍然保持隐喻的特征。即使是死喻,也是一种随时可能‘复活’的‘死火山’。”束定芳提到的程度问题只是意指某一隐喻的社会认可度,即公众对该隐喻的接受程度,而本文提到的熟悉度是具体认知主体对特定隐喻的认识程度和使用程度。认知主体对某件事物的熟悉度跟他/她对此物的长期记忆有关,跟大脑神经机制有关。

神经心理学和神经成像的研究结果表明,人类的再认记忆反映了两种不同的记忆类型:回想(recollection)和熟悉性(similarity)。对过去事件的记忆可以是基于回想,也可以是基于对事件熟悉性的评估(樊晓燕、郭春彦,2005)。以往的研究资料从四个方面阐明了至少存在这两种类型的记忆过程:1)加工速度的研究表明熟悉性反应比回想快;2)不同的加工过程影响两种测验类型的成绩;3)回想和熟悉性显示了不同的电生理学相关;4)某些脑损伤对回想的影响比对熟悉性的影响大,说明这两个加工过程依赖于不同的脑区(Yonelinas,2002)。罗德和唐纳森(Rhodes & Donaldson,2007)在联想识别任务中用熟悉性来帮助提取信息。北京师范大学彭聃龄等(Peng et al.,2003)的脑成像研究也发现,语言脑区的激活受汉字呈现时间与字频(熟悉性)的影响,表明这些脑区的激活受到经验的调制。在柯伦(Curran,2000)所做的一个再认记忆任务中,要求被试区分三种单词:以前学过的单词、在学习和测验间改变了形式的相似的单词和新单词。结果发现,FN400(300—500ms)成分随着单词的熟悉性而改变(新的 > 学习过的 = 相似的),而顶成分(400—800ms)与改变形式的单词的回想相联系(学过的 > 相似的 = 新的)。

从中我们可以得出:熟悉的东西比不熟悉的东西更容易加工,大脑在处理不熟悉的东西时更费力、更耗时。继而我们可以进一步推出:死隐喻加工易于新隐喻加工。这一点跟莱考夫和特纳(Lakoff & Turner,1989:80)指出的"理解新隐喻有三种最基本的途径:对传统隐喻的扩展;属层次(基本层次)隐喻;意象隐喻"相吻合,因为根据他们的观点,理解新隐喻是在理解传统隐喻的基础上实现的。然而,新隐喻和死隐喻很难划界,因为所谓“新”或“死”是因人而异的,具体联系到每一位隐喻认知主体在程度上有很大的差异,甚至有时是截然不同的。传统的划界一般遵循词语的比喻用法是否归入词典而定,即已归入词典的视作死隐喻,而未归入的视作新隐喻。尽管这样的划界标准已被学界广泛接受,但其弊端也是显而易见的,因为这一划界标准没有将认知主体的因素考虑在内。对于特定认知个体而言,他/她所熟悉的隐喻便是死隐喻,而他/她不熟悉的隐喻便是新隐喻。例如:对于《现代汉语词典》(2005)中所列的比喻“岳母”的死隐喻“泰水”,现代似乎很少有人知晓,而对于现代青年几乎人人皆知的“玉米(李玉春迷)”“盒饭(何洁迷)”等,词典却均无列出。因此,对于现代大学生而言,“玉米”“盒饭”应归入死隐喻,而“泰水”则应归入新隐喻,因为他们更熟悉前者,对前者的加工反应也快于后者。

(二)个体背景

同样是语言使用者,为什么有的人能更多地使用隐喻,而有的人则不能?为什么有的人对隐喻较敏感,而有的人则相反?为什么有的人能迅速理解隐喻,而有的人则不能?这是因为各人的认知能力和知识水平不同。这种认知能力和知识水平表现在以下三个方面。

首先是经验。根据莱考夫等人的经验主义认知观,认知主体的身体经验在认知发展中起着十分重要的作用,抽象概念的形成源于认知主体在环境中的身体经验。人们首先以自身躯体经验为基础,构思情景,合成图像,这就是意象图式,它为抽象思维提供了基础,是理解抽象概念和进行抽象思维的主要途径。隐喻是以相似性为基础的,在隐喻中,“相似”是用喻体来表达那些抽象的、难以表述的事物或概念的根据。例如,人们用身体的某一重要部位来比喻重要的人,人们可以经常听到“他是我们的头”“他这两个儿子简直就是他的左右手”“娇娇是她妈妈的心肝宝贝”等隐喻。人是以自身为出发点体验和认识客观世界的，一个人亲历了某个事件，以自己的身体感受了某种事物，他/她对所经历的东西会比间接了解到的东西有更深刻的印象，更容易保留在长时记忆中。因此，一个人的阅历越多，经验越丰富，他/她就越容易将自己体验过的不同的东西做类比，越能找出不同事物之间的相似性，其结果是越容易理解隐喻。

其次是年龄。经验是与日俱增的，这就关系到语言使用者的年龄。调查表明，隐喻理解取决于年龄更甚于语言背景、家庭背景或移民时间（Johnson，1991）。概念隐喻是语言使用者在长时记忆中已经储存了对世界事物各种特性的认识，语言使用者能从眼前的事物特性联系到以前经验过的事物。显然，长时记忆与语言使用者的经验有关，经验越多，长时记忆中储存的事物特性越多。博诺等人（Bonnaud，Gil & Ingrand，2002）用 ERP 做实验，他们用正常年轻人和老年人做被试，让他们做主词和靶词间的语义连接任务，其中包括熟悉隐喻语义的连接（“will-iron”，意志—钢铁），非隐喻语义的连接（“will-courage”，意志—勇气），还包括有语音连接的非正常语义连接，以及没有语音连接的非正常语义连接。比较结果显示，老年被试比年轻被试在判断熟悉隐喻语义连接任务中犯的错误少。这一结果与博斯韦尔（Boswell，1979）的研究结果相符。后者发现，在隐喻离线解释中存在年龄差别。究其原因有二：一是由于他们有更长的语言使用经验；二是由于他们对于社会已经约定俗成的隐喻表达更为熟悉，因此他们在辨别和连接传统隐喻意义时就显得更轻松、更容易。

最后是语言使用者的文化层次。隐喻理解是个语义连接过程，需要词汇控制能力，而隐喻的掌握在语义记忆中有其特殊的地位。因此，受教育越多，文化层次越高，对这种特殊词汇的控制能力就越强，而且这一社会层次对隐喻使用频率一般也相应逐渐递增。有调查表明，有经验的作家往往持续使用修饰性的词语（Williams et al.，1992）。受教育程度对于准确地运用隐喻和理解隐喻都起着重要作用。卡茨（Katz，1996）通过实验发现，听话者对不同的说话者有不同的隐喻使用可能性的期待。根据卡茨的研究报告，听话者对不同职业的人使用隐喻可能性的打分情况如表1所示：

表1　不同职业使用隐喻的可能性（转引自束定芳，2000）

序号	职业	隐喻使用可能性
1	艺术家	7.00
2	教师	7.00
3	教授	6.93
4	作家	6.87
5	诗人	6.60
6	演员	6.07
7	记者	5.93
8	律师	5.93
9	推销员	5.88
10	文学评论家	5.87

续 表

序号	职业	隐喻使用可能性
11	政治评论家	5.80
12	钢铁厂工人	2.57
13	卡车司机	2.40

笔者认为,卡茨所列的职业基本跟文化层次即受教育程度有关。从表1可看出,前11种职业均属于脑力劳动者,需要一定的文化要求,因此他们之间没有表现出质的区别;而后两种职业属于体力劳动者,他们跟前者截然不同,相较前者表现出了一个梯度的区别,也即一个质的跳跃。假如哪位研究者对我国的农民、农民工、建筑工人、餐馆服务员、宾馆清洁工等文化层次要求不高的职业人员做调查,估计得分跟后者不会有本质的区别。

当然,这三者是相辅相成、互相影响的。性别是否也是影响认知主体对隐喻解读的因素之一,目前学界尚无定论。

三、影响隐喻认知的客体因素

客观语境是影响隐喻认知的客体因素。美国语言学家奥托尼(Ortony,1993:11)指出:如果不把隐喻发生的语境考虑在内,那么这种"自然发生"的隐喻通常是不能理解的。这一观点表明,词和句子本身并不成其为隐喻,是某种特殊的使用使之成为隐喻。本文这一部分主要讨论的是上下文语境、情景语境和文化背景等客观语境对隐喻认知所产生的影响。

（一）上下文语境

上下文语境（textual context）指的是隐喻表达所在的语言符号的前后搭配。汉语中有为数众多的死隐喻是语境自洽的，即一般情况下不需要上下文语境便能理解。汉语中的大部分熟语属于这一类，这些熟语一般都有程式化的理解，人们一般理解的是它的隐喻意义而非字面意义。例如：

（1）皇帝的女儿不愁嫁。（比喻自恃某一外部条件优越而不思主观努力）

（2）会哭的孩子有奶吃。（比喻态度强硬、要求强烈的单位或下属能得到更多的照顾）

（3）捡了芝麻丢了西瓜。（比喻抓住了次要的东西而放弃了主要的东西）

（4）乱点鸳鸯谱。（比喻瞎指挥，胡乱凑合）

（5）天上不会掉馅饼。（比喻白占便宜的事是不会有的）

（6）无事不登三宝殿。（比喻没有事情就不上门）

（7）有眼不识泰山。（比喻浅陋无知，认不出有地位有能耐的人）

（8）宰相肚里好撑船。（比喻某人有度量，能容忍、原谅别人）

然而，有些词在某些上下文语境中为本义表达，而换了上下文语境就成了隐喻表达。例如：

（9）A. 锅子<u>生锈</u>了。（本义）

B. 脑袋<u>生锈</u>了。（隐喻义：不灵敏）

（10）A. 冰霜<u>解冻</u>了。（本义）

B. 关系<u>解冻</u>了。（隐喻义：不再僵持）

(11) A. 给宝宝打预防针。(本义)

B. 给球迷打预防针。(隐喻义:预先提醒)

(12) A. 孩子个头矮人一截。(本义)

B. 女篮不再矮人一截。(隐喻义:比别人差)

(13) A. 这台电脑的硬件不行。(本义)

B. 这个学校的硬件不行。(隐喻义:物质条件)

(14) A. 裁判向违规球员亮起黄牌。(本义)

B. 小店因违法经营被亮黄牌。(隐喻义:受警告)

(15) A. 他在爆破前点燃了导火线。(本义)

B. 他在讨论时点燃了导火线。(隐喻义:触发了争论的话题)

(16) A. 出国留学深造,他交了很多学费。(本义)

B. 熟悉这个行业,他交了很多学费。(隐喻义:花了很大代价)

这八对句子中,每对划线词或词组的语符完全相同,但由于上下文语境不同,同形语符所赋予的语义便大相径庭。每对句子中的 A 句是这些词或词组的本义用法,而到了 B 句中则成了隐喻义。它们从本义向隐喻的转化关键是受到了上下文语境的制约。如(9B)中的"生锈"应该是金属的属性,跟生物的"脑袋"搭配,显然超出了它原有的属性,然而根据"概念整合理论"(Fauconnier & Turner, 1998),在类别空间(generic space)中两者有了结构上的相似性"金属不用会生锈"↔"脑子不用会不灵敏",于是在层创空间(blending space)中得出"脑子不用会生锈"。

还有些词用作隐喻时,在不同的上下文语境中所表示的隐喻意义完全不同。例如:

(17) A. 魔鬼工头。(贬义隐喻义:邪恶凶狠的)

B. 魔鬼身材。(褒义隐喻义:有曲线的、苗条的)

(18) A. 老爷车标志。(隐喻义:经典汽车)

B. 老爷车服饰。(隐喻义:商标)

(19) A. 脑子短路。(隐喻义:思路不顺畅)

B. 情节短路。(隐喻义:不连贯)

(20) A. 高官落马。(隐喻义:因腐败被抓)

B. 名将落马。(隐喻义:在比赛中失败)

(21) A. 给自己涂脂抹粉。(隐喻义:为自己加砝码,说好话)

B. 给城市涂脂抹粉。(隐喻义:美化,打扮)

(22) A. 糊涂男人自戴"绿帽子"。(死隐喻义:老婆在外面有情人的男人的标签)

B. 食品乱戴"绿帽子"。(新隐喻义:符合环保要求的标签)

(23) A. 取暖器是家里的小太阳。(隐喻义:像太阳一样散发热量的电器)

B. 我儿子是家里的小太阳。(隐喻义:家人围着转的中心人物)。

(24) A. 他为自己的人生划上了圆满的句号。(隐喻义:他已去世)

B. 他为自己的运动生涯划上了圆满的句号。(隐喻义:他不再是职业运动员)

尽管每对句子中的划线部分词性一致,用法一致,且都是隐喻表达,但是因为上下文语境使它们产生了相近,如(19)(20)(21)(24),或相异,如(17)(18)(22)(23),等不同意义。它们的语义所指也许褒贬完全相反(例17),也许同时新旧概念在不同语境中并存(例22)。简言之,脱离了上下文语境,这些隐喻就很难表达一个明确的含义。

(二)情景语境

情境语境(situational context)指言语行为发生时的具体情景。在言语交际中,语境对隐喻意义的恰当表达和准确理解起着重要作用。在语用学的理论框架下,我们已经清楚地认识到,话语意义的恰当表达和准确理解是在不同的语境中进行的。人们在言语交际中,离开语境,只通过言语形式本身,说话人往往不能恰当地表达自己的意图,听话人也往往不能准确地理解说话人的真正意图。因为要准确地理解说话人的话语所传递的信息,仅理解语言形式的"字面意义"是不够的,还必须依据当时的语境推导出言语形式的"言外之意"(索振羽,2000:17)。隐喻受者本身要索取的就是言语形式的"言外之意",因此,在我们讨论隐喻认知时,绝对不能忽略隐喻理解对于语境的特别依赖性。

就话语表达而言,语境影响说话人的说话内容、表达方式、表达手段等方面的选择;就话语理解而言,语境有助于听话人确定指称、消除含糊、充实语义等(何自然、陈新仁,2004:121)。情境语境的功能在于对意义的表达和理解在不同的会话情境中产生影响,因此情境语境对隐喻理解可起到制约作用。一个隐喻是一个语境中的一个词,语境决定了这个词不是它本身的意义,而是别的意义,更确切地说,这往往是唯一可能的隐喻定义。因此,隐喻认知还极大地依赖于情景语境。以多义隐喻为例,这些意义一般并非在同一情境中同时呈现,而是在不同的情境中产生不同的语义指向。

(25)张三是老虎。(张三很强壮;张三很勇猛;张三很凶……)

(26)张三是老鼠。(张三很瘦小;张三长得贼头贼脑;张三会偷东西……)

(27)张三是猴子。(张三很瘦;张三脑子很灵活;张三动作很敏捷……)

(28)张三是猪。(张三很胖;张三很懒;张三很笨……)

其中对于喻体“老虎”“老鼠”“猴子”“猪”的理解必须在特定的语境之下才能判断。我们可以将一个魁梧的人称为“老虎”,也可以将一个脾气暴躁的人称为“老虎”,其中的意义和褒贬只有在具体客观语境中才能体现出来。强有力的语境限定可以让最陌生的词产生合适的意义。比如在隐喻“张三是老虎”中,如果我们所指的“张三”魁梧得像老虎那样壮实,那么该隐喻应以“张三很强壮”来理解;如果我们提及的“张三”在打仗或体育比赛中像猛虎一样冲锋陷阵,那么该隐喻应该意指“张三很勇猛”;但如果我们谈论的“张三”经常跟人家吵架,吵的时候像老虎一样要把对方吃掉,那么我们应该以“张三很凶”来理解;或许大家都在谈论属相时,“张三是老虎”这一命题就不能归为隐喻,而只能理解成“张三属老虎”。同理,“张三是老鼠”“张三是猴子”“张三是猪”都应该在具体语境中判别其真正含义。

由此可以得出:在不同的语境中表达同样的隐喻会产生不同的语用意义。特别是那些具有发散意义的隐喻,其语义的不确定性、含糊性及语义发散性,使得受喻者在没有情景语境的情况下很难把握隐喻发出者的真正意图。一旦脱离语境,受喻者将无法准确理解其真正含义。按照斯珀波和威尔逊(Sperber & Wilson,1995:15)的关联理论,在处理话语时,人们往往首先假定关联的存在,然后再寻找满足关联条件的语境,最后做出话语理解。具体落实到隐喻理解就应该是:在处理隐喻时,人们往往首先假定映射的存在,然后再寻找(联想)满足映射条件的语境(相似性),最后做出隐喻的理解。

(三)文化语境

文化语境(cultural context)指说话人生活于其中的社会文化背景。

思维是大脑的功能,尽管隐喻作为一种思维方式和认知功能体现了人类的思维共性,然而,隐喻思维同时又是一种文化行为。人类大脑的生理构造基本一致,没有民族性,但是不同的语言社团使用不同的语言,导致他们对世界的认识也不尽相同。反之,世界通过语言的折射,使操不同语言的社团对同一概念的认识产生这样或那样的差别。换言之,尽管人类的认知有共性,但人类认知活动植根于人们自身的日常体验之中,隐喻认知在很大程度上与受喻者的文化背景有关。无论是语言的本义理解还是语言的隐喻理解,无一不处在文化所界定的范围之内。因此,隐喻认知归根结底又是一种文化行为。不考虑文化因素的影响,便无法解释两个不同事物如何在人的心智中联系起来,也无法解释人们为何可以由源域联想到目标域。有时,离开语境,离开对文化的认识和理解,单靠生物本能和纯粹的心理生物机制,也无法进行隐喻的创造和领悟。根据王松亭(1996)的观点,文化因素对隐喻感悟体现为三个方面的重要作用:文化意识为隐喻感悟过程中的联想提供参考框架和心理基础;文化因素为隐喻的感悟提供一定的审美观念;文化因素为隐喻的感悟提供一定的价值取向。笔者认为,第一条是最基本的,审美观念和价值取向都建立在认知框架和心理基础之上。

隐喻体验受文化影响。英国科学社会学家巴里·巴恩斯(2001)指出,理论是人们创造出来的一种隐喻,创造它的目的,就是要根据我们所熟悉的、已得到完善处理的现有文化,或根据新创造的、我们现有的文化资源能使我们领会和把握的陈述或模型,来理解新的、令人困惑的或反常的现象。人们长期置身于某种文化氛围之中,长期获取该种文化的指令,受其熏染,在潜移默化之中形成某种固定的方式和审美观念。例如,竹子在中国文化中有丰富的内涵。中国成语中有"势如破竹"一说,意指"形势像劈竹子一样,劈开上端之后,底下的都随着刀刃分开了,比喻节节胜利,毫无阻碍”(《现代汉语词典》,2005)。对于中国人而言,竹子的这一特性是不言而喻的,因此很容易想象“势如破竹”的场面,也很容易将源域对应于目标域。而对于生活在没有竹子的西方国家的人而言,根本就没有这种生活经验,他们的心理词典中也就不可能有竹子的概念,让其想象破竹之势就勉为其难了。这正是在不同语言中隐喻差异的根源所在,因为不同的文化在隐喻感悟的深层心理中起着不可替代的作用。

隐喻构成受到文化模型的熏陶。隐喻的感悟与文化因素之间有着非常密切的关系。隐喻是在一定的文化范围之内被创造和接受的,隐喻的创造者和接受者是一定文化的载体,因而隐喻也体现人们的文化观念。维克多·巴拉班(Victor Balaban)明确论证了隐喻和文化模型有关的说法;吉布斯(R. Gibbs)指出,语言表达中隐喻表达式的出现是成系统的,这不仅反映了人的心理结构,而且也反映出不同的文化模型也在起作用。隐喻跟文化模型的关系如何;隐喻构成还是反映文化模型,二者是不是逐渐全等关系;这些都有待于进一步研究(参见 Steen & Gibbs,1999;转引自林书武,2002)。笔者认为,文化模型和隐喻构成并不是全等关系,而是决定和被决定的关系。任何思维活动,都是以自我的文化经验意识为前提的,于隐喻的感悟亦然。文化是隐喻的前提,它在认知主体的感悟活动中起决定作用。人类认识水平的提高,实践经验的积累,离不开联想的文化环境和氛围。“万物各具一理,而万理同出一源,此所以可推而无不通也。”(黎靖德,1986)隐喻正是在联想的基础上才得以创造并为人所接受。在人们的实践活动中,某些现象或因素与人的心理感受乃至审美观念等逐渐发生了稳定的对应关系。例如,红色在中国文化和西方文化的对应中是截然不同的。红色是我国文化中的基本崇尚色,它体现了中国人在精神和物质上的追求。它象征着吉祥、喜庆，如把促成他人美好婚姻的人叫“红娘”，喜庆日子要挂大红灯笼、贴红对联和红福字，男娶女嫁时贴大红“喜”字，把热闹、兴旺叫“红火”等。而西方文化中的红色（red）则是一个贬义相当强的词，是“火”与“血”的联想，它象征着残暴、流血，如 red revenge（血腥复仇），a red battle（血战）；它也象征危险、紧张，如 red alert（最高级空袭报警），a red flag（危险信号旗）；它还象征着放荡、淫秽，如 a red light district（红灯区）。

隐喻理解受文化的制约。隐喻作为语言现象是储藏、传承、发展文化的载体，必然蕴含着丰富的文化。因此，隐喻也具有民族性和约定性，体现着文化的冲突和差异。不同的民族文化沉淀在隐喻中必然留下截然不同的深刻痕迹。人们写文章对某一问题展开辩论，汉语曰“笔战”，英语称“纸战”，而俄语却说“用墨水作战”。三种语言都把“辩论”比作“打仗”，但由于观察事物的角度有别，对事物的命名也就不同。有些隐喻化的语言对于非本族人来说简直是不可思议的。例如：英语说 love with my heart，汉语也说“用我的心去爱”，然而中美洲的玛雅语却说“用我的肚子去爱”，而某些非洲语言说“用我的肝去爱”，西太平洋上的马绍尔语竟然说“用我的喉咙去爱”（李国南，1996）。有时，由于民族文化心理、风俗习惯及价值取向不同，同一喻体在不同文化中的隐喻意义大相径庭。例如：由于英美人对狗有好感，因此 dog 在英美文化中常作褒义词，是“忠诚的人类朋友”的同义语。英语中有关狗的隐喻大都是褒义的，如 a lucky dog（幸运的人），love me love my dog（爱屋及乌）。在英美文化中，如果说某人是 old dog，是称赞他为行家里手；而在中国文化中，“老狗”却是相当难听的骂人话，因为在汉民族的传统心理中，狗是一种贱物，凡是以狗作喻体形成的隐喻，往往具有贬义，比如“狗头军师”“狗嘴里吐不出象牙”“狗皮膏药”“狗眼看人低”“狗仗人势”等。在理解隐喻 big thunder, little rain(雷声大,雨点小)时,英美国家的人将它理解成“无效的努力”,而汉语中一般理解为“声势大,行动小”。

因此,相同的隐喻在不同的文化中有不同的诠释。语言不仅仅是一种沟通工具或符号,它更能显示一种传统及文化价值内涵。隐喻作为语言现象体现着文化的差异,具有民族性和约定性。因为文化背景的差异,不同语言中对于同一事物所采用的语词,可能造成完全不同的思想内涵或联想。不同文化背景的人有可能运用不同的概念隐喻来理解同一抽象概念,或运用相同的隐喻来表达不同的概念。同样的表达在不同的文化背景中存在着不同的象征,因为它们的象征意义在不同民族语言中往往有不同的特点,有些特点甚至构成了人们对经过引申、转义以后特殊表达法的崇尚、禁忌、喜好和厌恶。认知主体所处的文化环境对于隐喻的使用和理解所起的关键作用是不可小视的,不同民族和地域的人会创造出不同的隐喻,即使同一语言社团中的人,因其背景不同对同一隐喻也会有不同的理解。这种不同文化之间的话语象征意义的差异,是由于各自民族的文化历史背景、审美心理的不同而产生的,是在社会的发展、历史的沉淀中约定俗成的,是一种永久性的文化现象。生活环境、生活经验、风俗习惯、宗教信仰、价值观念等不同导致了不同语言中隐喻的生成和理解上存在着的差异。

当然,人的审美观念并不是一成不变的。隐喻也并不会因审美观念的固定而丧失其生命力。文化熏染一方面通过无意识形态积淀为人的行为模式,另一方面通过有意识形态产生对于新的行为方式的自觉接受或抵制。人的审美观念通过这两种形态逐步固定下来并不断发展,而隐喻也正是随着人的观念的发展而不断生成与更新,从而永远保持其魅力。隐喻的发展与文化的发展同存,可以说,隐喻的变化和发展反映出人类观念的更新,认知水平的提高,以及感悟程度的深入。

结　语

综上所述,我们可以清楚地看到,从始源域向目标域的映射过程直接受到认知主体和认知客体的影响。在探究隐喻加工模型时应该把影响隐喻理解的主客体因素考虑进去,如果不把这些因素考虑进去而断言隐喻加工模式是非常不明智和不可取的,其结果会将隐喻认知研究引入歧途。我们同意皮亚杰(1995)的建构论观点:认识主体与认识客体之间的相互作用,建构成认识。这一观点不仅适用于对一般事物的认识,也同样适用于像隐喻这样的语言的特殊形式的认识。

参考文献

Bonnaud V., Gil R. & Ingrand P., 2002, Metaphorical and Non-metaphorical Links: A Behavioral and ERP Study in Young and Elderly Adults. *Clinical Neurophysiology*, 32.

Boswell D. A., 1979, Metaphoric Processing in the Mature Years. *Human Development*, 22.

Curran T., 2000, Brain Potentials of Recollection and Familiarity. *Memory & Cognition*, 28 (6).

Fauconnier G. & Turner M., 1998, Conceptual Integration Networks. *Cognitive Science*, 22 (2).

Johnson J., 1991, Developmental Versus Language-based Factors in Metaphor

Interpretation. *Journal of Educational Psychology*, 83(4).

Lakoff G., 1993, The Contemporary Theory of Metaphor. In A. Ortony (ed.), *Metaphor and Thought*. Cambridge: Cambridge University Press.

Lakoff G. & Turner M., 1989, *More than Cool Reason: A Field Guide to Poetic Metaphor*. Chicago: University of Chicago Press.

Ortony A., 1993, Metaphor, Language, and Thought. In A. Ortony (ed.), *Metaphor and Thought*. Cambridge: Cambridge University Press.

Peng D. et al., 2003, Neural Basis of the Non-attentional Processing of Briefly Presented Words. *Human Brain Mapping*, 18.

Rhodes S. M. & Donaldson D. I., 2007, Electrophysiological Evidence for the Influence of Unitization on the Processes Engaged during Episodic Retrieval: Enhancing Familiarity Based Remembering. *Neuropsychologia*, 45.

Sperber D. & Wilson D., 1995, *Relevance: Communication and Cognition*. Oxford: Blackwell Publishers Ltd.

Williams W. et al., 1992, Metaphor Production in Creative Writing. *Journal of Psycholinguistic Research*, 21(6).

Yonelinas A. P., 2002, The Nature of Recollection and Familiarity: A Review of 30 Years of Research. *Journal of Memory and Language*, 46.

巴恩斯,2001,《科学知识与社会学理论》,鲁旭东译,北京:东方出版社。

樊晓燕、郭春彦,2005,《从认知神经科学的角度看熟悉性和回想》,《心理科学进展》第3期。

何自然、陈新仁,2004,《当代语用学》,北京:外语教学与研究出版社。

黎靖德,1986,《朱子语类》,北京:中华书局。

李国南,1996,《汉语比喻在西方的可接受度》,《四川外语学院学报(重庆)》第3期。

林书武,2002,《隐喻研究的基本现状、焦点及趋势》,《外国语(上海外国语大学学报)》第1期。

皮亚杰,1995,《发生认识论原理》,王宪钿等译,北京:商务印书馆。

束定芳，2000，《隐喻学研究》，上海：上海外语教育出版社。

索振羽，2000，《语用学教程》，北京：北京大学出版社。

王松亭，1996，《隐喻的感悟及其文化背景》，《外语学刊（黑龙江大学学报）》第4期。

关联理论视域下的隐喻研究:问题与展望*

范振强

引　言

“隐喻的实质就是用一类事物来理解和体验另一类事物。”(Lakoff & Johnson,1980:26)因此,“隐喻”这一术语不仅指语言现象,更是指语言背后的思维和认知方式。暗喻、明喻、拟人等都是隐喻认知在语言层面的体现。在当代,隐喻研究依然方兴未艾,隐喻理论林林总总(范振强,2018)。其中,RT 的隐喻观兼顾认知和语用交际,独树一帜,“把隐喻视为松散使用和关联性驱动过程的观点曾经而且依然是隐喻理论的某种突破”(Carston,2012:340)。“关联理论与其他认知理论一样,力求使自己对隐喻的解释符合已知的实证研究成果,并且也为实证研究提供研究假设。”(Wilson & Carston,2012:363)在论及 RT 的优越性时,吉布斯和滕达尔(Gibbs & Tendahl,2006:379—403)指出,RT 与心理语言学在隐喻方面通过实验得出的结论高度一致,其独到的理论优势是其他理论所无法企及的。但是,“隐喻学界对关联理论的隐喻观重视程度不够,实际上,RT 对于构建一个完整的隐喻理论有着很多有价值的贡献”(Tendahl,2009:81)。本文在介绍新、旧 RT 隐义隐喻观和显义

* 本文原载《外语学刊》2019 年第 2 期。

隐喻观的基础上，尝试对 RT 视域下的隐喻研究所面临的关键问题和挑战进行梳理分析并对将来的研究进行展望，以期促进 RT 范式下隐喻研究的融合与深入。

一、早期 RT 的隐义隐喻观

早期的 RT 认为隐喻理解并无特殊性，所需要的认知能力和推理过程与理解其他语言现象并无二致，都遵循关联原则（Sperber & Wilson，1995：237）。根据 RT 的话语理解程序，言者通过隐喻话语引起听者的注意，让其产生关联期待，听者第一念想到的信息就是言者意欲传达的意图。隐喻尤其是新奇隐喻，在加工时需要受话人付出额外的认知努力，换来更大的认知效果。隐喻相比字面义的特殊之处就在于它能传达额外信息，即强、弱隐义。"最具创新性的隐喻要求听者付出更多的认知努力，构建更多的认知语境，进而得到更多的隐义。总体而言，获得的潜在隐义越多，听者承担的责任就越大，隐喻就越具有创新性。"（Sperber & Wilson，2012a：335）例如福楼拜在评论诗人李勒（Leconte de Lisle）的诗作时写道：

（1）His ink is pale.

该评论话语似乎并没有确定的强隐义，而是传递一连串的弱隐义，如：

（2）a. Leconte de Lisle's writing lacks passion.

b. Leconte de Lisle does not throw himself fully into his work.

c. Leconte de Lisle's work is relatively feeble.

d. Leconte de Lisle's work will not last.

这种弱隐义数量的开放性正是诗歌隐喻的关键所在（Clark，2013：

271)。RT把能激活潜在隐义的数量作为衡量隐喻创新性的标准。“成功的新奇隐喻能带给人惊喜,让人获得审美情趣,它高度浓缩,用一条松散的语言传达多个可接受的弱隐义。”(Sperber & Wilson, 2012a:335)总而言之,经典RT认为隐喻是用来表达一个或多个强弱隐义的过程。正是因为这种要表达的含义比较复杂,难以言表,人们才使用隐喻作为有力的表意工具。这就是为什么我们感觉优美的隐喻往往对言者“言有余”而对听者则“意无穷”。

二、新RT的显义隐喻观

卡斯顿等人(Carston,2002;Wilson & Carston,2012)在RT框架内对隐喻做过新阐释。新RT致力于将各种词汇语用现象纳入一个统一的框架,打造一个基于临时概念的词汇语用学统一范式。早期RT认为隐喻义是命题整体层面产生的隐义,而根据RT关于显隐义的新区分标准(Carston,2002;Wilson & Carston,2012:35),隐喻义是概念层面(命题局部)基于临时概念的显义构建过程。也就是说,新的RT把很多原先归于隐义的隐喻义(整体命题义)重新划归为显义(局部概念义),如:

(3) A: Why does your boyfriend want you to go with him everywhere?

B: Because he is a <u>baby</u>.

(4) Being the only boy, Dave has always been the <u>prince</u> of the house.

(5) My boss is a <u>bulldozer</u>. (Moreno,2007:96)

新RT认为要理解上述隐喻,听者需要对下划线的3个词所指向的概念实施调整,构建对应的临时概念。这些新构建的概念可以比原来的概念扩大(broadening)或收窄(narrowing)。比如,在理解(3)的隐喻时,听者需要在认知语境中检索有关 baby 的百科知识。根据最佳关联原则,在当前语境下最具可及性的认知假设是“小宝宝没有自理能力,需要照顾”,于是构建 baby * 这样一个临时概念,其外延既包括小宝宝也包括一部分成人,因此属于概念扩大,见图 1。

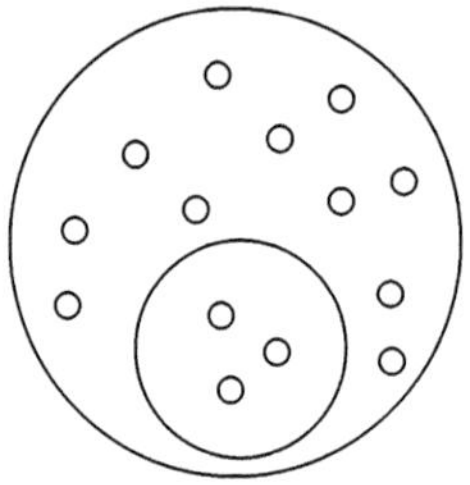

图 1　概念扩大

同样,理解(4)的隐喻时构建的临时概念 prince * 既包括“娇宠和任性”的真王子,也包括具有“娇宠任性”属性的非王子,这是一个先收窄、再扩大的过程,见图 2。

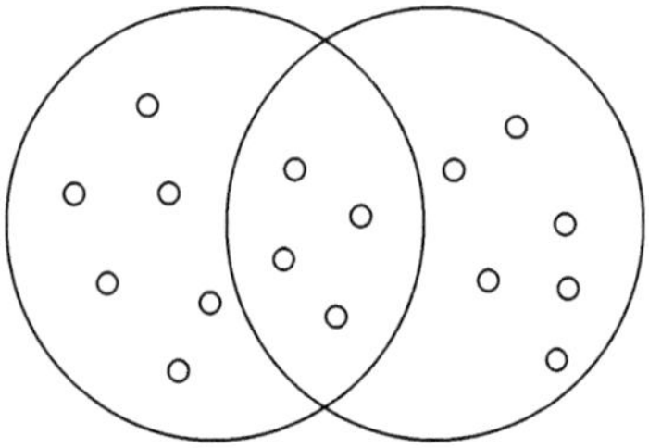

图 2　概念收窄与扩大

在理解(5)的时候构建的临时概念 bulldozer 包括那些“执拗、不近人情”的一类人。临时概念的指称(“人”)和 bulldozer 词条编码的概念(“推土机”)并不重合,见图 3。

新 RT 的显义隐喻观有很多优势,比如它可以更加清晰地区分明

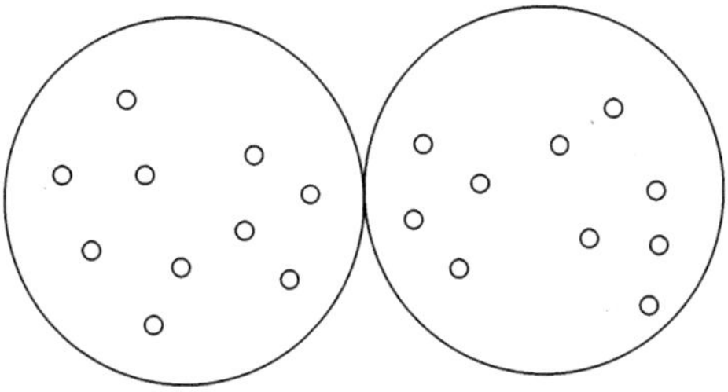

图3　概念不重合

喻和暗喻,如:

(6)a. Mary is like a bulldozer * .

b. Mary is a bulldozer.

c. Mary is like a human being.

我们可以说(6b)“Mary is a bulldozer * .”,因为 bulldozer * 代表的是临时范畴,is 表示隶属。但(6a)不合适,因为我们不说某物“像”(like)它所隶属的范畴,其荒谬性同(6c)句。

新 RT 用临时概念来解释隐喻,扩大或收窄的临时概念仅仅是认知加工的结果,至于人们在理解隐喻时的即时加工过程到底是怎样的,新 RT 并未给出详尽的解释。此外,心理语言学的实验(Gibbs,1994)证明,人们在理解隐喻义时,无须借助字面义,因此听者也不会去比较两个概念到底是扩大还是收窄,所以“临时概念”只不过是语言学家的理论分析工具,并不能揭露普通交际者真实的隐喻理解过程。

总体而言, RT 就隐喻的理解过程提出了很多具有心理现实性的见解(包括关联原则的引导、认知语境的检索等),彰显出其独到的理论解释力(如隐义观能解释隐喻的创新性,显义观能解释区分明喻和暗喻),但 RT 的隐喻研究也存在一些问题,面临一些挑战。

三、问题与挑战

(一)隐喻的涌现特征

新旧 RT 都认为,隐喻的理解离不开喻体词所连通的百科知识,但无法解释“涌现问题”。如图 3 所示,临时概念只包含“执拗不近人情的一类人”,而喻体的词条下并不存有“执拗、不近人情”这样一条百科知识,临时概念和编码概念两者之间不存在重合点,因此这条特征是涌现特征。那么听者是如何跨越鸿沟,基于喻体的百科知识推知隐喻义呢?卡斯顿(Carston,2002:350)认为,涌现问题对任何隐喻理论都构成挑战。滕达尔(Tendahl,2009)尝试在 RT 框架内借助认知语言学(CL)的概念隐喻理论和概念整合理论来阐释涌现特征问题。但这里需要思考两个问题:第一,RT 和 CL 在哲学学理上的兼容性。RT 建立在模块论的基础上,认为语言是一个独立的认知模块;而认知语言学坚持体验哲学观,充分考虑到语言研究中人的因素,强调语言与人的身体经验和认知密不可分,语言能力是人类整体认知能力的一部分(王寅,2007:11)。因此如何化解两个理论在哲学学理上的矛盾是 RT 面临的一个基本问题。第二,把 RT 和 CL 相结合所构建的隐喻理论模式暂时缺乏实证支撑(Tendahl,2009:94)。可见,对涌现特征继续从理论和实证方面进行深入探讨仍是今后的努力方向。

(二)隐喻理论的循环论证

同 CL 一样,RT 的隐喻理论面临“隐喻解释循环论证的怪圈”(范振强,2009)。以李白的诗句“桃花潭水深千尺,不及汪伦送我情”为例,有人认为是比喻,有人认为是夸张。如果理解为比喻,那么比喻的本体是“汪伦送我情”,喻体是“深千尺”的“桃花潭水”。本体和喻体有共同的特征——深。实际上,用“深”来讨论感情已经是隐喻,也就是说感情的“深”和水深其实并不同义,前者本身就是一种比喻用法,这陷入“以比喻来解释比喻”的循环论证。再比如“She is a block of ice.”,冰可以很冷,但说人很冷就已经是在打比方。如何跳出隐喻解释循环论证的怪圈,也是 RT 隐喻理论走向深入面临的重要挑战(范振强,2015)。

(三)隐喻的使用动因

塞尔(Searle,1979:92)指出:“为什么我们使用隐喻表达而不是直言表达信息呢?”很显然,“隐喻义不是字面义的替代品”(Pinkton,2000:89),二者负载的信息并不完全等同。这就“需要解释隐喻的使用动因和隐喻义的特殊性”(Levinson,1983:157),但解释隐喻动因问题是 RT 的短板(Tendahl,2009:111)。

在解释隐喻动因时,新旧 RT 都强调隐喻义具有不确定性,隐喻义超越字面释义。旧 RT 认为,隐喻的不确定性体现在一串或强或弱的隐义;新 RT 则认为,隐喻的模糊性体现在多个临时概念的构建上(例如理解 Robert is bulldozer 时,需要构建 bulldozer *、bulldozer * *、bulldozer * * * 等等),这些临时概念没有一个是言者的特定交际义,它们一起构成隐喻的使用动因(Carston,2012:350)。实际上,隐喻的使用动因远不只停留在命题或概念层面,它还能够传达传递意象、传递感受意等内容,这对关注概念表征(显义或隐义)的 RT 构成挑战。

1. 传递意象

RT 在强调隐喻认知功能的同时,也认识到隐喻同时可以传递命题以外的内容，RT 把这种难以言表的内容称为“诗性效果”，并且指出，“它们没有增加任何在当前环境中明示性很强的全新假设……诗性效果创造的不是共同知识，而是共同印象，具有诗性效果的话语的使用目的恰恰就是创造这种情感明示，而不是认知明示”（Sperber & Wilson, 1995：224）。“诗歌与隐喻在许多方面有着共同的地方。隐喻与诗歌是同质的现象。”（束定芳，2000：121）RT 虽然隐约意识到存在某种超越命题的“共同印象”和“情感明示”，但是限于当时认知科学和心智哲学的发展程度，并没有沿着这条思路深入挖掘。他们甚至反对把“印象”“意象”和“情感”纳入语用学研究的视野（Carston，2010：9），因为这些都“是非命题性的，语用推理无法介入”（Sperber & Wilson，1995：57）。最新研究表明，“任何隐喻都会激活意象”（Refaie，2015：64），因此，RT 如何在关注概念表征的同时能够阐释隐喻的意象传递功能，也是当前亟须攻克的难题（Richie，2013；范振强，2015；Refaie，2015）。

2. 传递感受意

隐喻还能传递另外一种非命题效果：心智的质性状态，比如感受或感觉，它们并无概念性，但恰恰是诗人在创造性地使用语言时所追求的效果（Carston，2002：356）。RT 如何把感受意的传递纳入自己的解释框架，也是将来需要努力的方向之一。例如，隐喻的这种诗性效果可以借助心智哲学的感受意理论加以解释。感受质是主体直接感受事物时的心理感受或体验（如看到老虎感到害怕和恐惧），感受意则是语言所表征的事物给主体带来的心理感受或体验（如“谈虎色变”“说梅止渴”等）。“语句中会有一些不同于句义和含意的但又可辨识的而且可以在不同语言经验中得到一定程度的重复感受的特质，即‘感受意’。”（徐盛桓、陈香兰，2010：334）李白的《赠汪伦》一诗中，“桃花潭水”不一定真的达到“深千尺”，这里用的是隐喻兼夸张。作者故意夸大自己的感觉,从而传递一种感受意,让读者亲身感受到汪伦送我之情的强烈程度,同样,言者通过说“She is a block of ice.”让听者感受到谈论对象的冷的程度。总之,对隐喻感受意和意象传递等隐喻背后深层动因的挖掘是隐喻今后面临的重要挑战。

(四)与其他隐喻理论的整合

近年来,学者们开始积极探索RT与其他理论的整合模式,旨在拓展RT的解释力(Tendahl & Gibbs,2008;Tendahl,2009;Gibbs & Tendahl,2011;Fauconnier,2012;范振强,2015:36)。卡斯顿(Carston,2012)的临时范畴概念就是借鉴心理学家巴尔萨洛(Barsalou,1983)的范畴化理论。这种整合模式“可以做出独特的、原创性洞见和预测,这样的洞见和预测是任何一种理论单凭自身力量无法做出的”(Tendahl,2009:3)。国内甚至有呼声倡议利用CL和RT整合模式创立“新认知语用学”(陈新仁,2011;王寅,2013)。

在整合应用方面,曾铭裕(Tseng,2014:185)运用概念整合和RT整合模式对诗歌中的隐喻进行分析,发现这种多维新模式具有更强的解释力,因为它兼顾“隐喻涉及的概念、语用和社会文化因素”。可以预见,RT还会继续以包容的心态汲取其他理论的养分。

(五)RT与隐喻实证研究

RT的隐喻理论不仅具有心理现实性,并且与心理学的实验结论相吻合,同时也为语言学的一些基本概念带来新的启发(如显义、隐义和真值条件),弥补心理语言学在这方面的不足(Moreno,2007:95)。

相比较概念隐喻主要采用思辨的研究方法,RT更多依靠实验语用学的实证研究。RT要进一步与实证学科相结合,首先需要消除一些误解。例如:误解一,“RT同其他语用理论一样坚持字面义优先加工的隐喻理解观”(Moreno,2007:88)。实际上,根据RT的关联交际原则,交际双方都会选择符合最佳关联原则的话语(言者)或假设(听者),而无须首先判断该话语或假设是字面义还是隐喻义。日常交际中,非字面义反而是常态,严格的字面义则较少使用。字面义和隐喻义处于同等竞争的状态,“字面义、松散义和隐喻义的获取方式是一样的,即通过建构符合听者关联期待的解读”(Sperber & Wilson,2012b:61)。

误解二,简单地把RT隐喻观解读为“隐喻加工需要额外认知消耗,以换取额外的认知效果”。“RT将隐喻视为语言的松散用法的观点尽管认识到隐喻不是交际准则的违反,但仍然错误地认为隐喻和其他辞格(如反讽)一样,一定需要额外的认知消耗才能被理解。”(Gibbs,1994:231—232)一些心理学的实验强化了这种误解。例如,诺维克、比安科和卡斯特里(Noveck,Bianco & Castry,2000)通过阅读实验证明隐喻对年龄和时间要求更高,据此他们认为该实验支持RT的假设,即隐喻加工需要额外认知消耗。首先,RT区分对待常规隐喻和新奇隐喻,认为常规隐喻的加工速度较快,而新奇隐喻的加工则需要更多的认知付出(Pilkington,2000:110—111;Carston,2010:373),因此上面实验的结论并不是对RT隐喻观的全面解读。其次,诺维克等人在实验中使用的“中立语境”在现实生活中并不存在,“隐喻出现的语境从来就不是中立的,而是包含一些相关的隐喻词或概念,会对后续隐喻话语的解读产生启动效应”(Tendahl,2009:90)。最后,诺维克等人在实验中假设字面话语和隐喻话语具有相同的意义。而实际情况是,“隐喻指称传递更多认知效果”(Tendahl,2009:90)。这种只关注认知消耗而忽略隐喻认知效果的做法是很多心理语言学的弊端,“针对隐喻加工时间的实证研究很多,但尚未有专门聚焦多种隐喻认知效果的心理语言学研究”(Tendahl,2009:90)。究其原因,如前所述,命题层面的隐喻义(强弱隐义串或多个临时概念)具有不确定性,像上文“隐喻的使用动因”中提到的意象和感受意等非命题隐喻义就更具模糊性,这就使得实验材料的设计面临困难。

为此,克服这些困难就成为 RT 隐喻研究从理论走向实证需要深入开展的课题。既可以考虑直接研究(如 Gibbs & Tendahl,2006)也可以考虑寻找间接证据,如巴恩登(Barnden,2015)对隐喻夸张机制的研究和雷法耶(Refaie,2015)对意象隐喻的研究分别对感受意和隐喻意象有所启发;再如斯托弗(Stöver,2013)借助其他学者(如 Rubio-Fernández,2008)心理语言学的实验为支撑,强调主体意识对隐喻理解的重要性。

RT 理论和实证相结合具有双赢的效果。一方面,RT 为实证提供阐释框架。例如,RT 的认知语境观能够解释为什么有的实验结果认为创新隐喻义和字面义理解速度一样(Allbritton,Mckoon & Gerrig,1995;Gerrig,1989),而有的实验则得出相反的结论(Gibbs,1994,2002:460)。另一方面,RT 理论也接受实证的检验。科学的理论应该具有可证伪性,概念隐喻理论因为没有可证伪性而受到批评(Richie,2006)。RT 的隐喻观有一定的可证伪性。例如,费尔南德斯等人(Rubio-Fernández,Wearing & Carston,2015)通过实验对 RT 有关“隐喻和夸张并无实质区别”的论点进行修正,提出相对温和的观点。该研究同时提醒 RT 要关注分析隐喻和其他非字面用法的区别,而不是一味强调它们的相通性。

(六)隐喻语料

“解释语言须用统一模式”(王寅,2007:238),语言理论要有解释力，就要能尽量容纳较多的语言现象，对隐喻的解释也是如此。但现实的 RT 研究存在“语料单一、结论过泛”的弊端。滕达尔（Tendahl，2009：139）指出，“不同的理论视角只关注某些类型的隐喻，而忽略其他类型，它们把只基于某一特殊类别的隐喻分析得出的结论用来概括所有的隐喻”。邓恩（Dunn，2015：18）利用思辨、问卷调查和计算模拟等多种方法，按照语境稳定性和是否涉及认知域映射两个参数，把隐喻分为三类。他对包括 RT 在内的几种理论进行元分析（meta-study）后发现，“大多数的隐喻理论对隐喻话语特征的归纳是不准确的，其理论仅仅适用于各自分析的隐喻语料，而不能解释所有的隐喻”。

就形式而言，RT 的隐喻语例多由研究者凭借语感自拟且形式单一，多用 *A* is *B* 格式，RT 和 CL 及语言哲学所研究的隐喻类型几乎没有交集（Dunn，2015：18）。为了使 RT 真正有理论解释力，需要在语料的多样性方面加强努力。

四、结论与展望

可以预见，RT 隐喻理论将会在隐喻研究的大花园中绽放出更加灿烂的花朵。为了应对本文提到的问题和挑战，RT 未来的隐喻研究可以在以下几个方面继续努力。

第一，密切关注认知科学各分支学科新的理论动向，汲取其养分继续从理论上完善 RT。在拓展理论解释力的同时，对研究对象有新发现。例如，在探求各种非字面现象共性的同时，要着力揭示它们的个性，同时把观察到的结果纳入 RT 的理论解释范围。

第二，RT 作为认知语用学的基础，应该同时顾及言者和听者。学者越来越重视交际双方在隐喻理解时的心智过程（巴拉，2013）。目前，这方面的研究刚刚起步，如斯蒂恩（Steen，2011）对言者意向的研究和斯托弗（Stöver，2013）对听者意识的研究。这也会是未来 RT 隐喻研究的主攻课题之一。

第三，在研究方法上，加强实证研究。完善实验语用学的方法，并且充分利用语料库语言学、神经语言学和计算机模拟等方法，一方面为实证研究提供具有可操作性的框架，另一方面接受后者的检验，不断修正理论。这也是今后研究的主要趋势之一。

第四，结合多种语言形式和语言类型的语料，拓展 RT 的理论解释力，这是未来发展的方向。此外，为了打破"语言-认知-语言"的循环论证怪圈，RT 需要更多关注多模态隐喻。

参考文献

Allbritton G.，McKoon G. & Gerrig R.，1995，Metaphor-based Schemas and Text Comprehension：Making Connections through Conceptual Metaphors. *Journal of Experimental Psychology：Learning，Memory，and Cognition*，21.

Barnden J.，2015，Metaphor，Simile and the Exaggeration of Likeness. *Metaphor and Symbol*，30（1）.

Barsalou L. W.，1983，*Ad Hoc* Categories. *Memory and Cognition*，11.

Carston R.，2002，*Thoughts and Utterances：The Pragmatics of Explicit Communication*. Oxford：Blackwell.

Carston R.，2010，XIII-Metaphor：*Ad Hoc* Concepts，Literal Meaning and Mental Images. *Proceedings of the Aristotelian Society*.

Carston R.，2012，Metaphor，*Ad Hoc* Concepts，and Word Meaning：More Questions than Answers. In Hanks P. & Giora R.（eds.），*Metaphor and*

Figurative Language. London: Routledge.

Clark B., 2013, *Relevance Theory*. Cambridge: Cambridge University Press.

Dunn J., 2015, Three Types of Metaphoric Utterances that can Synthesize Theories of Metaphor. *Metaphor and Symbol*, 30 (1).

Fauconnier G., 2012, Comments on Deirdre Wilson's Paper "Parallels and Differences...". *Intercultural Pragmatics*, 9 (1).

Gerrig R., 1989, The Time Course of Sense Creation. *Memory & Cognition*, 17 (2).

Gibbs R., 1994, *The Poetics of Mind: Figurative Thought, Language, and Understanding*. New York: Cambridge University Press.

Gibbs R., 2002, A New Look at Literal Meaning in Understanding What is Said and Implicated. *Journal of Pragmatics*, 34.

Gibbs R. & Tendahl M., 2006, Cognitive Effort and Effects in Metaphor Comprehension: Relevance Theory and Psycholinguistics. *Mind & Language*, 21 (3).

Gibbs R. & Tendahl M., 2011, Coupling of Metaphoric Cognition and Communication: A Reply to Wilson. *Intercultural Pragmatics*, 8 (4).

Lakoff G. & Johnson M., 1980, *Metaphors We Live By*. Chicago: University of Chicago Press.

Levinson S. C., 1983, *Pragmatics*. Cambridge: Cambridge University Press.

Noveck I. A., Bianco M. & Castry A., 2000, The Costs and Benefits of Metaphor. *Metaphor and Symbol*, 16 (1&2).

Pilkington A., 2000, *Poetic Effects: A Relevance Theory Perspective*. Amsterdam: John Benjamins.

Refaie E., 2015, Reconsidering "image metaphor" in the Light of Perceptual Simulation Theory. *Metaphor and Symbol*, 30 (1).

Ritchie L. D., 2013, *Metaphor*. Cambridge: Cambridge University Press.

Rubio-Fernández P., 2008, Concept Narrowing: The Role of Context-independent Information. *Journal of Semantics*, 25 (4).

Rubio-Fernández P. , Wearing C. & Carston R. , 2015, Metaphor and Hyperbole: Testing the Continuity Hypothesis. *Metaphor and Symbol*, 30 (1).

Searle J. R. , 1979, Metaphor. In Ortony, A. (ed.), *Metaphor and Thought*. Cambridge: Cambridge University Press.

Stöver H. , 2013, Awareness in Metaphor Understanding: "The Lingering of the Literal". In Francisco G. , et al. (eds.), *Metaphor and Metonymy Revisited beyond the Contemporary Theory of Metaphor: Recent Developments and Applications*, Amsterdam: John Benjamins.

Sperber D. & Wilson D. , 1995, *Relevance: Communication and Cognition*. Oxford: Blackwell.

Sperber D. & Wilson D. , 2012a, Loose Talk. In Hanks P. & Giora R. (eds.), *Metaphor and Figurative Language*. London: Routledge.

Sperber D. & Wilson D. , 2012b, *Meaning and Relevance*. Cambridge: Cambridge University Press.

Steen G. J. , 2011, The Contemporary Theory of Metaphor-Now New and Improved!. In Gonzálvez-García Francisco G. , et al. (eds.), *Metaphor and Metonymy Revisited beyond the Contemporary Theory of Metaphor: Recent Developments and Applications*. Amsterdam: John Benjamins.

Tendahl M. , 2009, *A Hybrid Theory of Metaphor: Relevance Theory and Cognitive Linguistics*. New York: Palgrave Macmillan.

Tendahl G. & Gibbs R. , 2008, Complementary Perspectives on Metaphor: Cognitive Linguistics and Relevance Theory. *Journal of Pragmatics*, 40 (11).

Tseng M. , 2014, In Defense of Complementary Perspectives on Metaphor: A Lesson from the East. *Metaphor and Symbol*, 29 (3).

Moreno R. E. , 2007, *Creativity and Convention: The Pragmatics of Everyday Figurative Speech*. Amsterdam: John Benjamins.

Wilson D. & Carston R. , 2012, Metaphor, Relevance and the "Emergent Property" Issue. In Hanks P. & Giora R. (eds.), *Metaphor and Figurative Language*.

London: Routledge.

巴拉, 2013,《认知语用学:交际的心智过程》,范振强、邱辉译,杭州:浙江大学出版社。

陈新仁, 2011,《新认知语用学——认知语言学视野中的认知语用研究》,《外语学刊》第 2 期。

范振强, 2009,《〈隐喻中的语境和连接〉介评》,《现代外语》第 2 期。

范振强, 2015,《关联理论视域下隐喻的感受意——兼论心智哲学与关联理论的互补性》,《天津外国语大学学报》第 5 期。

范振强, 2018,《论隐喻理论构建的参照维度及连续统——以"A is B"型隐喻为例》,《西南交通大学学报(社会科学版)》第 3 期。

束定芳, 2000,《隐喻学研究》,上海:上海外语教育出版社。

吴诗玉、杨枫, 2014,《隐喻理解加工中概念构建的内在理路及其作用机制研究》,《外语学刊》第 2 期。

王寅, 2007,《认知语言学》,上海:上海外语教育出版社。

王寅, 2013,《新认知语用学——语言的认知-社会研究取向》,《外语与外语教学》第 1 期。

徐盛桓、陈香兰, 2010,《感受质与感受意》,《现代外语》第 4 期。

混杂隐喻的语义连贯机制*

黄华新　刘　星

混杂隐喻(mixed metaphor)经常被一些学者视为“使用不当的语言”(Kimmel,2010:98)。近三十年来,随着实证方法在语言研究中的兴起,混杂隐喻在自然语言中的“真貌”逐渐被揭开。以英语为语料的实证研究表明,混杂隐喻不仅是自然语言中隐喻语言的主要表现形式,而且绝大部分都是语义连贯、易于理解的(Gibbs,1994;Cienki & Swan,2001;Müller,2008;Kimmel,2010;Hilpert,2010;Lonergan,2009)。本文在接入语义学的理论框架下,结合汉语语料,探讨混杂隐喻“混而不杂”的语义连贯机制。

一、混杂隐喻概说

长久以来,中外学者对混杂隐喻①的态度褒贬不一。“从亚里士多德到启蒙运动至今,关于修辞和文体的教科书几乎都在提倡禁用混杂

* 本文原载《浙江社会科学》2015 年第 4 期. 。

① 纵观国内关于 mixed metaphor 的学术文献,“混杂隐喻”并非这一术语唯一的中文翻译,还有“混合隐喻”和“复合隐喻”等多个中译术语的使用。对 mixed metaphor 的不同翻译也体现了学者对“混杂隐喻”这类语言现象的不同看法。本文采用“混杂隐喻”这一翻译,主要原因有二:一是沿用赵元任(1981)和李向农(1987)的说法;二是“混杂隐喻”这一译法目前有更高的认可度,以其为关键字可以获取更多的相关文献。

隐喻。”(Pesmen,1991:213)德文中将混杂隐喻称为 bildbrüche,意思是“意象破坏”。对于混杂隐喻是否是一种得体的语言表达形式,国内外学者争论已久。反对者认为,混杂隐喻是“最可耻的前后矛盾”(Quintilian,1891:136)。康斯特勃(Constable,1731:104)在《关于文体准确性的思考》(*Reflections Upon Accuracy of Style*)中就曾公开指责混杂隐喻是“隐喻的粗暴结合”。陆谷孙主编的《英汉大词典》(2007:1239)将混杂隐喻定义为“两个或两个以上通常为互不协调或互不相容的隐喻的结合”。

然而,自上世纪以来,对混杂隐喻持肯定态度的学者越来越多。塞尔(Searle,1979:236)指出:“混杂隐喻的文体风格可能有争议性,但我并不认为它们在逻辑上一定是不连贯的。”穆勒(Müller,2008:134—177)更是抨击了将混杂隐喻视作意象冲突、语义矛盾和思维缺陷等的不公评价。赵元任(1981)对混杂隐喻的态度比较中肯,认为它是一种形式与语义的脱节现象,若混杂并未发生在同一语义层面,则并不易于察觉。

近三十年,学者们通过对自然语言的系统考察,发现混杂隐喻并非极端的语言个例,而是一种常见的语言现象(Kimmel,2010)。不仅如此,西方学者(Gibbs,1994;Cienki & Swan,2001;Müller,2008:160;Kimmel,2010;Hilpert,2010;Lonergan,2009)还通过对英语语料库和英语母语被试的研究,发现自然语言中生成的混杂隐喻绝大部分都是语义连贯、易于理解的。

目前,学术界对混杂隐喻的态度正在改变,这从《牛津英语语言指南》(*Oxford Companion to the English Language*)的不同版本对混杂隐喻的定义可见一斑。1992 年版的《牛津英语语言指南》尚将混杂隐喻定义为一种由“熟语混用而导致的文体缺陷”(McArther,1992:663);2001

年版的《牛津简明英语语言指南》(*Concise Oxford Companion to the English Language*)已去掉“缺陷”一词，将混杂隐喻定义为“由不相关的、甚至有时不协调的隐喻共现构成的”(McArther,2001:382)。而金梅尔(Kimmel,2010)和希尔伯特(Hilpert,2010)语料库研究的结果则是“鲜少不协调”(Kimmel,2010)。

随着越来越多的实证研究都指向混杂隐喻的得体性，混杂隐喻得到了认知语言学、心理学、人类学以及哲学等诸多学科的更多关注。但国内相关研究从数量上来讲相对较少(赵元任,1981;徐文博,1984;李向农,1987;陈道明,2000;梁远冰,2007;王丽丽,2010)，基于语料库的实证研究尚未展开。

二、混杂隐喻存在的普遍性

混杂隐喻是指由来自不同始源域的喻体词项或来自不同目标域的本体词项在邻近语篇中成簇共现构成的一种隐喻簇(metaphor cluster)。[①] 在金梅尔(Kimmel,2010)的语料库研究中，混杂隐喻占其语料库中隐喻语言总数的76%。基于此，金梅尔指出，“混杂隐喻在语言使用中出现的频率如此之高，使得我们不得不充分重视它”。龙纳根(Lonergan,2009:68)聚焦混杂隐喻现象，通过语料库结合心理实验的方法，不仅对混杂隐喻被视作一种不得体的语言这一论调进行平反，并认为“混杂使用隐喻是人类思维和推理的核心要素，混杂隐喻不仅

---

① 金梅尔认为，混杂隐喻是由“多个不同类型的隐喻在邻近语篇中的共现构成”;并对以上定义中所谓“不同类型的隐喻”做了如下进一步解释:“当两个邻近的隐喻共享一样的始源域或一样的目标域，或一样的始源域和一样的目标域，则被认为是概念连贯的;否则则被认为是混杂隐喻。”(Kimmel,2010:97—98、101)

不会妨碍隐喻意义的理解，而且非常易于理解，传递着特定语言所独有的文化内涵”。

本文以《读者》2012年的256篇文章（合计315,710字）为语料，将目标域为“人生”的隐喻语言作为个案进行研究。以《读者》作为语料来源，主要是因为，相对而言，它文体广泛，题材众多，语言规范。文体和题材的多样性避免了语料的倾向性，有利于统计结果的相对客观。语言的规范性有利于获得更有说服力的混杂隐喻的语言特征。“人生”是《读者》期刊探讨的一个重要话题，每期均设有由十余篇以“人生”为主题的文章构成的“人生”专栏。此外，其“人物”“社会”“生活”等专栏均与“人生”关联紧密。

在我们的研究中，经过语料的识别和编码，共获得136个隐喻簇，其中混杂隐喻103个，占75.7%。这一数据与金梅尔（Kimmel，2010）以及舍恩和巴拉班（Shen & Balaban，1999）的研究结果吻合。此外，在混杂隐喻中，含2—3个喻体词项的混杂隐喻占总数的比重降至42.7%左右。当喻体词项数量大于等于4个时，该隐喻簇为混杂隐喻簇的可能性极大，占85.3%。混杂隐喻广泛存在于汉语自然语言中，是不容忽视的隐喻语言现象。

三、概念域的冲突与统一

接入语义学（Evans，2013）是在认知科学跨学科研究中形成的一门新兴的认知语言学理论，“接入”二字点出了其最核心的接入式意义观。其代表性理论“词汇概念与认知模式理论”（lexical concept and cognitive model theory，简称LCCM理论）对混杂隐喻“混而不杂”的语义特性提供了很好的解释路径，这是一个既充分关注前台（frontstage）

语言符号系统的加工机制，又关注后台（backstage）概念系统认知机制的意义建构理论框架；同时它的研究范畴涵盖认知语言学的两大板块——认知语法和认知语义学；此外，它提出了明确的语义组构机制——选择（selection）与溶合（fusion），以及清晰明确的意义建构流程，为揭开隐喻的面纱提供了独特的理论分析工具。

接入是关于语义表征的问题，它解释了语言系统和概念系统之间的互动方式，阐释了如何通过前台语义结构进入后台概念结构，进而实现情境话语语义的意义建构路线。接入语义学的一个基础性假设是，在以语言符号为载体的意义建构中，两种表征系统起到至关重要的作用：一种是语言符号系统，即由词汇概念（lexical concept）构成的语义结构；另一种是概念系统，即由认知模式构成的概念结构。认知模式根据由词汇概念接入的路径长度（length of access route），又可分为基本认知模式（primary cognitive model）和次级认知模式（secondary cognitive model）。由语言系统中的词汇概念向概念系统提供接入而直接激活的认知模式被称为基本认知模式，而由基本认知模式进一步接入的下一级认知模式被称作次级认知模式。词汇概念所编码的语言内容是抽象的、图式化（schematic）的、非模态（amodal）的；而认知模式所包含的概念内容则是由生动的、富于细节的、多模态的模拟信号构成的（Evans，2013）。

从接入语义学的理论假设出发，我们认为混杂隐喻的“混杂”仅表现在基本认知模式（始源域）层面，次级认知模式（目标域）间的统一是混杂隐喻获得语义连贯的核心机制。所谓“混”，是喻体所属始源域之间的无关联或冲突；所谓“不杂”，是本体所属目标域之间的连贯统一。本文从始源域间的冲突、目标域间的统一两个层面来探讨混杂隐喻“混而不杂”的语义连贯机制。

(一)始源域间的冲突

在特定语境信息的引导下,喻体词项符形所编码的词汇概念作为极其抽象的图式化语言知识被解包提取,并随即向概念结构中的特定认知模式提供接入(Kimmel,2010)。这个由词汇概念直接提供接入的基本认知模式即始源域。

始源域一旦被接入,会出现两种结果:始源域间的统一和始源域间的冲突。始源域间的语义冲突通常发生在混杂隐喻的理解过程中。参见如下语例。

(1)我忍不住又问:"当年汉斯离开的时候,您是怎么熬过来的?""这是一件很自然的事情,夫妇两人总有一个要先走。他先走了,就是说要让我来送他,然后我便一个人继续我的路。世界上的很多事情,不是人的力量可以改变的,担心烦恼都不能解决问题,那就随意吧。"(《读者》2012 年第 4 期)

在(1)中,词汇概念"离开""走""送""路"向概念结构中的"旅行"认知域提供接入,激活了作为"人生是旅行"这一结构隐喻的始源域中关于"离开""走""送""路"等的多模态模拟信息;词汇概念"熬"所提供接入的"烹饪"认知域作为"人生是烹饪"这一概念隐喻的始源域,在词汇概念"熬"的引导下激活了关于"熬"这一事件框架的多模态模拟信息。由于这个隐喻簇同时将"人生"喻作"旅行"和"烹饪"两种截然不同的事物,这两个不同始源域在同时喻指"人生"的过程中产生了概念内容的冲突。

(二)目标域间的统一

在自然语言的生成过程中,若一个符形具有与话语中其他词汇概念冲突的异常凸显的词汇概念,那么在词汇概念的选择过程中就会干扰释话者提取正确的词汇概念，说话者基于会话的经济和有效性原则就会自发避免使用这个符形。即使使用了规约程度不高且易于产生冲突的词汇概念，绝大部分也发生在不同的分句中，通过句法空间距离将其分隔于不同的思维空间，以缓冲语义冲突。然而，冲突的缓冲能否实现，取决于个体的百科知识结构中相应信息之间关联性的神经权重，而这往往是因人而异的。有些混杂隐喻的理解众口不一，这是一个重要原因。

(2)老师说没事时浏览这一排排散发着油墨香气的书籍，仿佛佛陀慈爱的目光注视着自己，能回味起生命时光里点点滴滴的心路历程！（《读者》2012 年第 4 期）

在(2)中，词汇概念“佛陀慈爱的目光”“回味”以及“路”和“历程”分别向概念结构中“佛陀”“饮食”“旅行”三个认知域的基本认知模式提供接入。一旦基本认知模式得到接入，概念系统中的诠释(interpretation)机制便开始运作，诠释的目的是使抽象的词汇概念从概念系统的百科知识中获取丰富的信息刻画(informational characterization)。诠释的核心机制是匹配(matching)，即对两个目标认知域进行匹配。若匹配在基本认知模式层面无法达成，这时搜索(search)机制启动，对与基本认知模式链状关联的次级认知模式中的概念内容进行搜索，直到匹配达成，情境隐喻意义实现(Evans，2013)。

(2)中，得到接入的“旅行”认知域的基本认知模式“路”“历程”中的概念内容以及得到接入的“饮食”认知域的基本认知模式“回味”中的概念内容在进行认知模式匹配的过程中与“当下”的话题“人生”认知域的基本认知模式产生概念冲突，即“人生”作为一个抽象概念既不能被“回味”也并不拥有“道路”或“历程”。一旦基本认知模式遭遇语义冲突，匹配失败，概念系统便会自动执行搜索机制，在分布式存在于概念系统中的众多次级认知模式中寻找相互匹配的目标认知域。通过搜索和匹配,进一步循序接入了“回想体会”和“经历”这两个分别隶属于基本认知模式“回味”和“历程”的次级认知模式,使得始源域的语义冲突在次级认知模式层面得到解决。

而“佛陀”的基本认知模式“佛陀慈爱的目光”和“注视”在与上下文所提供接入的概念内容进行匹配时,与“当下”的话题“书籍”的基本认知模式产生冲突,即书不能用“慈爱的目光注视老师”。因此,概念系统在特定的语境中,通过搜索匹配,基于“佛陀慈爱的目光是智慧的象征”这一百科知识,接入了次级认知模式“智慧”,基于“注视是一种眼神的交流”这一百科知识,接入了“交流”这一次级认知模式,从而建构了“书里的智慧是佛陀慈爱的目光”“精神的交流是眼神的交流”两个概念隐喻,在次级认知模式层面使基本认知模式层面涌现的语义冲突得到调解。

同理,尽管三个始源域“佛陀慈爱的目光”“饮食”“旅行”之间并无语义关联,在基本认知模式层面产生了语义的不连贯甚至冲突感。然而,由于在与上下文词汇概念所提供接入的语义进行整合时,自发接入了各自的目标域“智慧”和“人生”,基于“智慧”与“人生”之间密切的概念关联,三个截然不同的始源域终于在目标域接入之后获得了次级认知模式之间的语义连贯和统一,而这也是混杂隐喻之所以“混而不杂”的关键所在。

当然,在某些极个别的情况下(Kimmel,2010),譬如在具有丰富意象的混杂隐喻中,一旦多个始源域具有截然不同且生动形象的意象,即使目标域得到接入,由于意象在始源域中被深加工,导致其在目标域激活后依然保持活跃或尚未从注意区褪去,因而对多个目标域之间隐喻意义的整合产生了负面干扰。这也是部分混杂隐喻被视作“不好的语言”或“语言瑕疵”的主要原因。然而,目标域间的语义统一性可以使始源域间的这种持久语义冲突得到不同程度的缓解。

由于我们统计的语料来自《读者》期刊,其选摘的文学作品大多出自名家或经过编辑精心挑选,因此并未发现此种极端个例。此处我们以其他语料来源的例子作为参考。

(3)社会生活诸多坎坷,起起伏伏是一面海……一旦现实给我一扇表达真情的窗口,读者可以看见我内心深处有一条情感的大河。(《南方周末》2010 年 11 月 18 日)

(3)中的基本认知模式“起起伏伏的海”“窗口”“大河”均具有丰富的意象,其所建构的隐喻都属于意象隐喻的类型。由于意象在始源域层面被激活,甚至某些想象力较为丰富的读者对其进行了深加工,其鲜明生动的图像对语义的溶合产生了较大干扰。比如,由于始源域中“窗口”和“大河”的形象过于生动,使得在整合“人生是建筑,我在建筑中”以及“我的内心是一个容器,可以容纳一条大河”这些概念内容时,产生了逻辑上的强烈冲突,即“身在建筑中的我,无法容下比建筑占地面积更大的大河”。再比如,词汇概念“起起伏伏”“大海”所提供接入的概念内容很容易在读者头脑中产生画面感,激活“波澜壮阔的大海”意象,这样一来,这一意象由于经过深加工不会立刻退出激活区,从而对“人生是在陆地旅行”和“人生是海”这些概念内容进行整合时产生干扰,导致逻辑上的冲突,即“陆地不可能同时是海”。然而,由于上述彼此冲突的始源域所接入的目标域“人生”“心灵”和“情感”之间在上下文中形成了连贯统一的语义结构,使得始源域之间的矛盾得到了调解。

相比之下,始源域之间同样存在语义冲突的(1),在概念内容进行整合的过程中就不会遭遇这种来自不同始源域的持久干扰。由于“离开”和“熬”属于知识型认知模式，画面感不强，并不具有过于活跃、彼此强烈冲突的意象，因此始源域之间的冲突并未得到深加工，这些冲突可以在接入目标域之后，得到比较好的解决。“离开”和“熬”在两者共同的目标域“人生”得到接入后，获得了语义的统一与连贯。

混杂隐喻中始源域层面的语义冲突，还可以通过句法杠杆进行调节，譬如将其分置于间隔多个从句的不同从句中，或以句号相隔，通过弱化其语法关联实现避免语义冲突的目的。譬如，在隐喻簇“她是飞翔在荒漠里的一只孤雁，形单影只。她是失去伴侣的天鹅，独自漂泊、流浪，无处停歇”(《读者》2012 年第 21 期)中，虽然也涉及通过两个截然不同且形象鲜活的意象“孤雁”和“天鹅”来对“她”进行设喻，尽管这些意象也都会经过深加工，甚至在读者脑海中以优美的意象浮现，但由于这个句子使用了句号将两个隐喻隔开，通过较大的句法空间间隔，避免了始源域意象间的冲突，使得目标域在次级认知模式层面顺利获得接入。

参考文献

Cienki A. & Swan D. W., 2001, Metaphors, Coherence, and Blending. *Unpublished manuscript*.

Constable J., 1731, *Reflections upon Accuracy of Style*. London: John Hawkins.

Evans V., 2013, *Language and Time: A Cognitive Linguistic Approach*. London: Cambridge University Press.

Gibbs R., 1994, *The Poetics of Mind: Figurative Thought, Language, and Understanding*. Cambridge: Cambridge University Press.

Kimmel M., 2010, Why We Mix Metaphors (and Mix Them Well): Discourse

Coherence, Conceptual Metaphor, and Beyond. *Journal of Pragmatics*, 42 (1).

Lonergan J. E., 2009, *Understanding Mixed Metaphor and Conceptual Metaphor Theory*. California: University of California, Santa Cruz.

McArther T., 1992, *Oxford Companion to English Language*. Oxford: Oxford University Press.

McArther T., 2001, *Concise Oxford Companion to the English Language*. Oxford: Oxford University Press.

Müller C., 2008, *Metaphors Dead and Alive, Sleeping and Walking: A Dynamic View*. Chicago: University of Chicago Press.

Pesmen D., 1991, Reasonable and Unreasonable Worlds: Some Expectations of Coherence in Culture Implied by the Prohibition of Mixed Metaphor. *Beyond Metaphor: The Theory of Tropes in Anthropology*.

Quintilian M. F., 1891, *Institutionisoratoriae Liber X*. Oxford: Oxford University Press.

Searle J., 1979, *Metaphor and Thought*. Cambridge: Cambridge University Press.

Shen Y. & Balaban N., 1999, Metaphorical (in) Coherence in Discourse. *Discourse Processes*, 28.

陈道明，2000，《"混杂隐喻"和隐喻连贯》，《华侨大学学报(哲学社会科学版)》第2期。

李向农，1987，《隐逻辑辞格与混杂隐喻》，《当代修辞学》第4期。

梁运冰，2007，《从认知视角看广告中的隐喻》，广西师范大学硕士学位论文。

陆谷孙，2007，《英汉大词典(第2版)》，上海:上海译文出版社。

王丽丽，2010，《复合隐喻的认知心理图式》，《外语学刊》第6期。

徐文博，1984，《一个模糊的范畴——混合隐喻》，《深圳大学学报》第1期。

赵元任，1981，《汉语结构各层次间形态与意义的脱节现象》，田砥译，《国外语言学》第1期。

第三部分

逻辑学视角下的隐喻语义理解

隐喻理解的台前与幕后*

——基于范畴推理视角

黄华新　杨小龙

引　言

隐喻研究主要存在于两个层面:语用层面和认知层面。语用层面研究的主要代表有格赖斯(Grice)的会话含义理论以及斯珀波(也译作斯铂佰)和威尔逊(2001)的关联理论。认知层面研究的主要代表有莱考夫和约翰逊的概念隐喻理论以及福柯涅尔和特纳的概念整合理论。语用层面和认知层面对于隐喻的研究一直存在分歧。语用学认为隐喻直接来自言语交际。关联理论认为人类在言语交际中形成具有临时性的特定概念,隐喻是特定概念中的语用充实。认知语言学认为隐喻理解依赖人类幕后(backstage)认知过程。语用层面的研究侧重于语言单位在隐喻理解中的作用;认知层面研究侧重人类基本认知能力在隐喻理解中的作用。认知语言学与关联理论在隐喻问题上的主要区别在于:认知语言学认为隐喻基于业已存在的跨域映射,而关联理论则认为跨域映射来自语言在交际中的重复使用(Wilson,2011)。即语用研究侧重隐喻的台前(frontstage),而认知研究则关注隐喻的幕后。吉布斯

* 本文原载《浙江社会科学》2013年第7期。

和滕达尔（Gibbs & Tendahl，2006）指出，关联理论和认知语言学关注不同类型的隐喻。根据吉布斯和滕达尔的观点，威尔逊（Wilson，2011）指出关联理论更关注（1）中的标准隐喻（类似于经典的修辞性隐喻），而认知语言学则更关注（2）中的隐喻（跨域映射产生的隐喻）：

（1）a. Robert is a computer.

b. Susan is a wild rose.

c. Sally is an angel.

（2）a. Bill's marriage is on the rocks.（Love is a journey.）

b. He destroyed my defenses.（Arguments are fights.）

c. Your theory is falling apart.（Theories are buildings.）

如上所述，认知语言学更多关注幕后推理，在一定程度上忽视了语言单位本身对于隐喻理解的贡献。关联理论注重日常交际中的语言理解，具有台前认知性。虽然关联理论和认知语言学在研究目标和工作假设上存在差异，但是两者在隐喻的理解上应该是互补的而不是相互矛盾的（Tendahl & Gibbs，2008）。我们在日常交际理解中应该构建一个既关注台前又有幕后参与的较完整隐喻理解推理过程。埃文斯（Evans，2010）指出台前认知关注语言单位本身对话语理解尤其是对修辞话语理解的阐释：

> 除了幕后认知视角，我认为（认知）语言学家需要一种理论性解释；在修辞性话语理解过程中，我们需要塑造语言单位本身如何与非语言结构（如概念隐喻、意义建构中的概念结构和概念融合的过程）进行接口互动。也就是说，我们需要一种台前认知理论。台前认知理论强调语言提示和修辞性话语语义组合过程里语言加工的角色。

范畴是认知语言学的一个重要概念。范畴化是人类认知事物和习得语言的重要认知工具。台前认知强调语言单位本身在语言理解中的作用。范畴的建立基于日常交际中的语言单位,语言单位本身对于构建范畴起着关键性作用。与此同时,语言单位直接激活的概念是范畴推理的基础。然而在隐喻研究中,我们在一定程度上忽视了范畴推理的作用。本文将首先回顾当下的隐喻研究,然后运用范畴推理阐释隐喻理解的台前与幕后。

一、隐喻的认知关联视角

认知语言学提供了研究人类想象能力的方法,揭示了人类认知系统的加工过程(Evans & Green,2006)。人类依靠存储于长时记忆中的稳定性概念以及图式结构来理解语言现象(尤其是隐喻)。莱考夫和约翰逊(Lakoff & Johnson,1980:3)认为:"隐喻普遍存在于人类日常生活之中;隐喻不仅存在于语言层面而且存在于人类思维以及行为层面。"目前,隐喻已经成为人类认知和交际研究中的核心议题。概念隐喻理论强调人类概念系统中的跨域映射在隐喻理解中的重要作用。隐喻理解基于人类认知经验中形成的基本隐喻(Lakoff & Johnson,1999)。基本隐喻构成源域,通过映射可以让人们理解目标域中的事物。

另一个关于隐喻理解的认知语言学理论是福柯涅尔和特纳(Fauconnier & Turner,2002)的概念整合理论。概念整合理论认为,心理空间是隐喻理解的关键。在隐喻理解过程当中,两个或多个心理空间进行整合,从而产生新的隐喻。概念整合是高度归纳化的工具,不仅能解释隐喻现象也能够解释其他语言现象(Coulson,2008:177—196)。这两个理论都过多关注隐喻的普遍性及幕后推理过程。埃文斯(Evans,2010)指出,认知语言学过多关注了人类的幕后认知过程,而在一定程度上忽视了语言单位本身对意义理解的作用。

格赖斯提出了会话含义理论,并建立了语言交际中的推理模式。在语言交际过程中,听话人要推理出暗含意义必须依靠说话人的交际意图。交际意图的识别成为会话含义理论中的核心概念。在此假设基础上,斯珀波和威尔逊(2001)提出了全新的认知语用学理论:关联理论。关联理论重视语言单位对于语言意义构建和理解的作用。人类认知倾向于关注与自身最具关联性的信息。关联理论认为,话语交际是一种明示推理过程,旨在建立一个明示意图性交际推理解释框架。就隐喻而言,威尔逊和卡斯顿(Wilson & Carston,2006)认为,隐喻并不是语言中的特殊现象。我们能够理解隐喻的原因在于隐喻所表达的含义对交际者具有更大的关联性。卡斯顿进一步提出,隐喻理解存在于语用充实过程中,语用充实过程寄存于交际中形成的特定概念(Carston,2002:322)。在交际过程中,人们不断地在现实语境中扩大或缩小词汇概念来实现语言理解。但这个扩大或缩小的认知过程仍然十分模糊,难以清晰描述两个概念域相互作用的具体过程(徐慈华、黄华新,2012)。关联理论重视交际过程中语言的运用,却在一定程度上忽略了隐喻等其他语言现象内部认知结构的构建与推理过程。

从以上分析我们可以看出,语用层面和认知层面的隐喻分析都具有自己系统的解释框架,但也存在自身的局限性。因此,我们有必要构建一个既关注台前又有幕后参与的较完整的推理过程。基于认知语言学假设,我们认为理解隐喻的另一个重要手段是“范畴推理”。范畴推理由交际中词汇激活的稳定性概念开启,范畴归纳以及结合策略(conjunction strategy)是重要认知运作工具,寻求关联性是范畴推理的指导性原则。

二、范畴推理与稳定性概念

范畴推理是在范畴归纳基础上运用结合策略来确定未知事物特征的一种认知推理过程。预测范畴成员中未被注意的属性是范畴推理的重要作用之一(Murphy & Ross,2007:205—225)。其中,人们会采用两种不同策略:一是多范畴(multi-categories)策略,二是单范畴(single-category)策略。多范畴策略是指在多个范畴中进行抉择。单范畴策略是指为未确定事物确认一个最有可能的范畴,然后通过推理确定是否属于此范畴。两种策略都具有自身的优点,但多数实验证明人们更倾向于使用单范畴策略(Murphy & Ross,2007:205—225)。隐喻的理解倾向于使用单范畴策略。目标域中的事物先被确认属于源域范畴,然后再进行归纳推理。人们先运用范畴层面知识对事体进行归纳推理。范畴层面知识是指关于范畴整体层次的信息(Murphy & Ross,2010:1—17)。当范畴层面知识不能完成推理的情况下,人们运用结合策略进行推理。结合策略是运用已有范畴或概念的特征来计算目标事体的特征。墨菲和罗斯(Murphy & Ross,2010:1—17)通过实验发现,人们在预测事物特征时有强烈使用结合策略的倾向。

概念是运用结合策略的基础,也是进行台前推理的关键。如前所述,台前推理主要关注语言单位对于话语理解的作用。日常交际中的语言单位直接激活相联概念。而后,人们在此基础上进行认知操作,如范畴归纳等。人类认知概念包含两种成分:稳定性成分和特质性成分。稳定性成分是进行台前推理和运用结合策略的关键。稳定性成分是主体间共享并相对固定的概念。稳定性概念与心理本质论的实验发现相吻合。心理本质论发现,人们相信世界中的事体具有恒久不变的深层次特征(Medin,1989:1469—1481)。深层次特征成为人类认知概念中的稳定性成分。特质性成分是认知主体受到个人情感等因素影响而形成的个体概念。举例来说,“牛”这个概念,其稳定性成分是其生理特征等共享而相对不变的概念;有些人怕“牛”,因此会形成区别于稳定性成分而独享的特质性成分概念。稳定性概念是认知推理(尤其是范畴推理)的关键因素。稳定性概念的另一个重要作用在于其投射作用。我们通过稳定性概念的投射而获知未知事物的特征。稳定性概念投射又可以被称为“范畴归纳”(Mazzone & Lalumera,2010:47—68)。范畴的归纳推理是一种将概念表征作为刺激输入的推理过程(Murphy,Chen & Ross,2012:81—117)。同时,墨菲(Murphy,2002:243)这样解释“范畴归纳”:

> 如果一个朋友给我打电话,因为不能按时回家,她请我帮忙照顾她的宠物狗。我完全明白她的意思。即使从未见过她的宠物狗,我也能够确切知道关于这条狗的大体信息以及该如何照顾它。我没有必要去问是否需要给狗洗澡、给狗喂食等信息,也会知道该怎样照顾宠物狗。事实上,就是此类推理让范畴变得如此重要。在没有能力对新事物做出有效推理时,知道事物是狗还是沙发或树木是有一定优势的。

稳定性概念由两类认知模型构成:存在模型和行为模型。存在模型是关于概念的事体性特征。事体性特征大多属于状态性和静态性特征。行为模型是概念中包含的动作性或动态性特征。两类模型相互影响并相互限制共同构成一个完整的稳定性概念成分。两类认知模型在隐喻理解中不可或缺。举例来说,“牛有很多毛”属于“牛”稳定性概念中的存在模型。当我们运用“九牛一毛”这一隐喻表达时,“牛有很多毛”这一存在模型就是理解此隐喻的关键。鲁迅在《自嘲》中曾说过:

“横眉冷对千夫指，俯首甘为孺子牛。”理解“孺子牛”这一隐喻的关键在于“牛”稳定性概念中的行为模型，因为“牛”在中国文化中“任劳任怨干活”的行为特征深入人心。

两类认知模型具有结构层次性。存在模型和行为模型分别由基本认知模型（primary cognitive model）和第二层级认知模型（secondary cognitive model）构成。基本认知模型是词汇直接连接的概念模型，第二层级认知模型是词汇间接连接的概念模型（Evans，2010）。第二层级模型泛指区别于基本认知模型的所有认知模型。模型越概括化以及越主体间性化，人们就越倾向于将其称为概念（Mazzone & Lalumera，2010：47—68）。基本认知模型概括化和主体间性化程度要高于第二层级认知模型，并在此基础上构成一定的等级关系。按照埃文斯（Evans，2010）的理解，理解话语需要先激活基本认知模型；如果激活基本认知模型不能完成话语理解，就要激活第二层级认知模型。我们认为这种激活方式并不符合人类行为表现出的经济性原则以及关联性原则。日常交际中，我们不需要按照顺序原则激活基本认知模型和第二层级认知模型。受到关联性原则制约，人们直接从语境中选择具有更大凸显性的模型来参与话语理解。语境能够强烈促使一些边缘特征直接出现在脑海中（Sperber & Wilson，2002：3—23）。关联性是人类认知的指导性原则，寻求关联性是人类交际遵循的重要原则。人类认知系统的发展受到效率性选择压力影响，人类的知觉机制会自动地挑选出最具关联性的潜在刺激。人类的记忆检索机制会自动地激活最具关联性的潜在假设。人类的推理机制会用最有成效的方式来处理这些信息（Wilson & Sperber，2004：607—632）。关联因素不仅制约人类语言交际，同时还影响其他领域。曼迪等（Medin et al.，2003：527—532）指出，关联因素同样影响人类其他非交际认知推理（如基于范畴概念的推理等)。受到语境和关联性因素影响,人们对所需概念模型进行筛选,第二层级认知模型有时直接浮现而无须连接基本认知模型,从而达致意义理解。也就是说,在范畴推理过程中,人们不需要启用所有认知模型,只需要激活与语境关联性最大的模型即可。

三、隐喻理解的台前与幕后

如上所述,范畴的重要功能在于推理。我们运用已有知识来推理认识新事物。范畴归纳认为,一旦一个事体被划归为某一范畴,就可以用稳定性概念来推理认知这一事体。概念不仅具有稳定性,还表现出很高的语境敏感性。概念主要是语境敏感类实体(Barsalou,2003:1177—1187)。概念结构是通过语境而构建的临时性实体。我们认为,这里所说的语境敏感性是指通过语境而激活的某一概念成分。这一概念成分在语境中得到凸显,从而影响交际者对话语的理解。这种临时构建的概念与关联理论中的特定概念具有一致性。关联理论运用特定概念来解释日常交际中出现的隐喻现象。卡斯顿(Carston,2002:322)认为:"特定概念是指语用中听话人在话语理解过程中构建起来的概念。"特定概念的建构是在特殊语境下为了满足对于关联的期待而构建的临时性概念。因此,本文认为隐喻台前认知过程在于运用交际中语言单位及激活的相关概念构建临时性特定概念。在此基础上,通过范畴推理的介入完成隐喻理解的台前与幕后。

"My boss is a pussycat."此类句子可以用典型的谓词结构做出概述:X is a Y(Evans,2010)。这种结构属于典型的范畴归纳。我们可以运用以上范畴推理模式对其进行推理。隐喻例子在日常生活有很多,为了便于讨论,我们将使用(1)和(2)出现的例子阐释隐喻理解的台前与幕后。(1)中"Robert is a computer."通过语言交际中的词汇建立一个临时的特定概念(Robert is a kind of computer.)。通过单范畴策略,我们确认 Robert 属于 computer 这一范畴。当无法使用范畴层面知识进行推理时,人们通过结合策略将两个概念中的基本认知模型或第二层级认知模型进行匹配,从而完成隐喻话语的理解。在关联原则制约下,我们选择最具关联性的模型解释新事物的特征。当无法用 computer 的范畴层面知识来具体解释时,我们就需要 computer 相联的存在模型或行为模型说明 Robert 的存在模型或行为模型。这种说明方式就是我们所说的结合策略。人们用 computer(概念隐喻中的源域)中的某一认知模型计算说明 Robert(概念隐喻中的目标域)的某一特征。请看下面例子:

(3)A:Is Robert a good accountant?

B:Robert is a computer.

如果我们考虑上面的语境,交际双方在讨论 Robert 是否是一个称职的会计。说话人不想明说 Robert 的优点,而运用一个隐喻来传递自己的意图。听话人能够意识到说话人的意图。同时,说话人运用词汇 computer 帮助并限制听话人理解此句的含义。听话人先通过交际中的词汇建立了一个特定概念(Robert is a kind of computer.),然后运用范畴归纳进行推理。如特定概念无法用范畴层面知识进行推理,根据假设,在范畴层面知识不能完成推理的情况下,我们需要运用结合策略。听话人需要匹配相关认知模型进行话语理解。Robert 和 computer 在某些行为上具有相似性,说话人希望用 computer 的某一特征说明 Robert 的行为表现。因此在特定概念中,双方的行为模型下的基本认知模型或第二层级认知模型进行结合。受到语境和关联性原则的影响,processing a large number of information 这一特征与 Robert 的行为模型匹配成功，隐喻从而得以理解。processing a large number of information 这一特征属于基本认知模型，因为关于电脑这一方面的信息主体间性化和概括化程度较高。为了能够说明问题，我们再看下面一个例子：

(4) A：How good a friend is Robert?

B：Robert is a computer.

同样的隐喻在不同语境中可以有不同的含义。关联性作为指导性原则起到关键作用。我们同样假定说话人不想明说 Robert 的缺点，而运用一个隐喻传递自己的意图。听话人能够意识到说话人意图。在此语境下，这句表达可以传递"Robert is lack of feeling."这一含义。being lack of feeling 属于存在模型中的第二层级认知模型，其上层模型为 computer is a machine。being lack of feeling 是 being a machine 的一个特征。受到关联和语境影响，第二层级认知模型将直接浮现从而匹配 Robert 的认知模型，进而达致话语理解。

以上所讨论的隐喻是威尔逊所指出的关联理论所关注的标准隐喻。下面我们将尝试探讨认知语言学关注的跨域映射类隐喻。为了方便说明，我们将运用(2)中出现的例句：

(5) A: How is Tom in the argument?

B: He destroyed my defenses.

(5)是典型的动词性隐喻。(5)中动词 destroy（概念中的行为模型）首先激活与语境相关的 fight 这一整体性概念。再次，我们通过语境及关联性建立了一个新范畴或特定概念"Argument is a kind of fight."。受到词汇 destroy 激活的行为模型限制，我们将此行为模型与目标概念中的行为模型进行匹配，从而达致话语理解。destroy 激活的行为模型的出现，将帮助交际者直接运用结合策略进行模型匹配，其理解程序更加简洁。

结 语

吉布斯和滕达尔(Gibbs & Tendahl,2011:601—609)希望能够将关联理论和认知语言学的成果更有效地结合起来,以阐释人类语言交际中的隐喻现象。认知语言学之前的研究较系统地解释了基于身体经验的隐喻现象,能够很好地阐释隐喻现象背后的推理过程,但在一定程度上忽视了日常交际中出现的语言单位的作用。隐喻推理不应只关注认知语言学所提倡的幕后认知推理,还要关注语言单位本身对推理的贡献。我们运用语言交际中的词汇来构建一个新的特定概念,然后在关联性和语境制约下激活筛选关联概念。这个过程符合埃文斯对台前认知的表述。之后,我们运用范畴推理中的结合策略,从源域范畴中寻求合适的认知模型来匹配说明目标域事物的特征,进而达致隐喻的理解。

参考文献

Barsalou L., 2003, Abstraction in Perceptual Symbol Systems. *Philosophical Transactions of the Royal Society of London*, 358 (1435).

Carston R., 2002, *Thoughts and Utterances: The Pragmatics of Explicit Communication*. Oxford: Blackwell.

Coulson, S., 2008, Metaphor Comprehension and the Brain. In Gibbs R. (ed.), *The Cambridge Handbook of Metaphor and Thought*. Cambridge: Cambridge University Press.

Evans V. & Green W., 2006, *Cognitive Linguistics: An Introduction*. Edinburgh:

Edinburgh University Press.

Evans V., 2010, Figurative Language Understanding in LCCM Theory. *Cognitive Linguistics*, 2110 (4).

Fauconnier G. & Turner M., 2002, *The Way We Think: Conceptual Blending and the Mind's Hidden Complexities*. New York: Basic Books.

Gibbs R. & Tendahl M., 2006, Cognitive Effort and Effects in Metaphor Comprehension: Relevance Theory and Psycholinguistics. *Mind & Language*, 21 (3).

Gibbs R. & Tendahl M., 2011, Coupling of Metaphoric Cognition and Communication: A Reply to Deirdre Wilson. *Intercultural Pragmatics*, 8(4).

Lakoff G. & Johnson M., 1980, *Metaphors We Live By*. Chicago: University of Chicago Press.

Lakoff G. & Johnson M., 1999, *Philosophy in the Flesh*. New York: Basic Books.

Mazzone M. & Lalumera E., 2010, Concepts: Stored or Created?. *Minds & Machines*, 20 (1).

Medin D. L., 1989, Concepts and Conceptual Structure. *American Psychologist*, 44 (12).

Medin D. et al., 2003, A Relevance Theory of Induction. *Psychonomic Bulletin & Review*, 10 (3).

Murphy G. L. & Ross B. H., 2007, Use of Single or Multiple Categories in Category-based Induction. In Feeney A. & Heit E. (eds.), *Inductive Reasoning: Experimental, Developmental, and Computational Approaches*. Cambridge: Cambridge University Press.

Murphy G. L. & Ross B. H., 2010, Category vs. Object Knowledge in Category-Based Induction. *Journal of Memory and Language*, 63 (1).

Murphy G. L., 2002, *The Big Book of Concepts*. Cambridge, Mass.: MIT Press.

Murphy G. L., Chen S. Y. & Ross B. H., 2012, Reasoning with Uncertain Categories. *Thinking and Reasoning*, 18 (1).

Sperber D. & Wilson D. , 2002, Pragmatics, Modularity and Mind-reading. *Mind & Language*, 17 (1-2).

Tendahl M. & Gibbs R. , 2008, Complementary Perspectives on Metaphor: Cognitive Linguistics and Relevance Theory. *Journal of Pragmatics*, 40 (11).

Wilson D. & Carston R. , 2006, Metaphor, Relevance and the "Emergent Property" Issue. *Mind & Language*, 21 (3).

Wilson D. & Sperber D. , 2004, Relevance Theory. In Horn L. & Ward G. (eds.), *The Handbook of Pragmatics*. Oxford: Blackwell.

Wilson D. , 2011, Parallels and Differences in the Treatment of Metaphor in Relevance Theory and Cognitive Linguistics. *Intercultural Pragmatics*, 8 (2).

斯铂佰、威尔逊, 2001,《关联性:交际与认知》,北京:外语教学与研究出版社。

徐慈华、黄华新, 2012,《符号学视域中的隐喻研究》,《浙江社会科学》第9期。

多层级概念隐喻的溯因推理及意识性研究*

范振强

一、问题的提出

概念隐喻理论掀起了一场隐喻研究的革命，但它聚焦静态的、脱离语境的常规隐喻，忽视了交际主体在具体语境下的在线推理过程。因此，探讨隐喻的在线推理成了亟须解决的问题之一。CMT 历经完善，发展出了最新版的“隐喻多层级结构理论”（Kövecses，2017），但它只分析受常规概念结构制约的隐喻，对常规化概念系统以外的新奇隐喻重视不足。

此外，CMT“忽视了的一个根本问题，即它未能区分隐喻思维究竟是有意识还是无意识。几乎所有的隐喻理论，特别是概念隐喻理论，只关注隐喻的无意识性。……概念隐喻理论从一开始就笼统地将隐喻认知的自动化和无意识性列为其理论的核心”（Steen，2009：180）。因此，对隐喻推理中意识问题的探讨也是隐喻研究的当务之急。

隐喻的溯因推理研究是语言学、逻辑性和哲学交叉研究的重点课题，但现有研究多基于上世纪的单一溯因推理框架（Carapezza & Cuccio，2018），只承认“令人惊讶的事实”（徐慈华、李恒威，2009），因此

---

* 本文原载《外语学刊》2022 年第 2 期。

只能解释新奇隐喻的推理。溯因推理局限于解释推理的起止点和路线，对具体推理过程中百科知识的检索机制没有给出详尽的解释，而后者可以从多层级隐喻理论那里得到补充，这是本文尝试解决的又一个问题。

综上，本文主要回答三个问题：(1)各个层级概念隐喻的在线溯因推理机制分别是什么？(2)溯因推理的具体运作过程是如何实现的？(3)不同层级隐喻溯因推理的意识性如何？为此，本文借助最新的溯因推理框架，对各层级概念隐喻的在线推理过程以及所涉及的意识性逐一进行论证。

二、隐喻的多层级概念结构

自从莱考夫和约翰逊(Lakoff & Johnson,1980)提出 CMT 以来，该理论经历了多次完善，就隐喻的概念结构而言，出现了多个术语共用的局面，包括认知模型、框架、脚本、理想化认知模型、意象图式、心理空间等。在前人研究的基础上，科夫斯(Kövecses,2017)提出了更加清晰的隐喻综合立体理论模型，称为“概念多层级结构理论”。根据该理论，概念结构按照抽象程度或图式化程度由高到低呈递减层级分布(见图 1)。

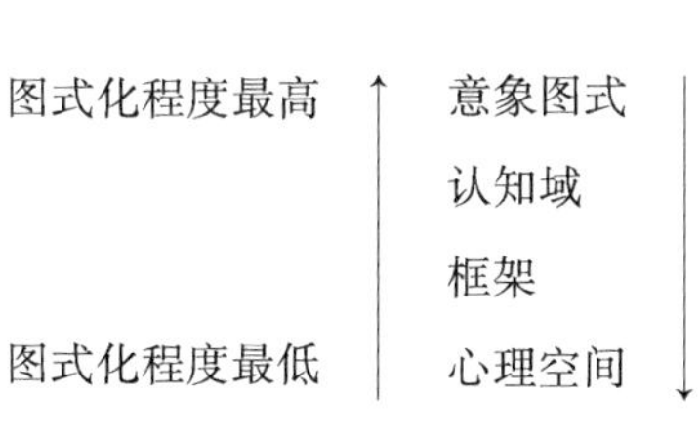

图 1　四层级概念结构图式化程度(Kövecses,2017:3)

在隐喻交际过程中，层级结构中的意象图式、认知域、框架和心理空间同时发挥作用。意象图式源自身体经验,具有跨文化的共通性,属于无意识认知。认知域和框架知识是特定语言文化社团约定俗成的集体概念表征,存储于社团所有成员的长时记忆中,是一种集体无意识,且因文化而异。心理空间是个体在交际过程中实时构建的话语空间,是基于意象图式并整合语境和话语因素,对认知域和框架空位的细节填充过程,是一种有意识认知。

多层级隐喻理论认为,这四个层级的概念结构都有相对应的典型隐喻,而且同一条隐喻可以从不同结构进行分析。例如,英语中的习语 blow one's top(字面义是“把某人的头顶掀开”,隐喻义是“怒发冲冠”)涉及具体的框架知识,可视为框架隐喻;沿着框架层级往上,这条隐喻也可以是认知域层级隐喻,因为物理事件(头顶掀开)和情感(愤怒)分属不同的认知域,其背后的认知域层级概念隐喻是 anger is heated fluid in a container;而这个隐喻涉及的 container 是意象图式,因此也是意象图式隐喻。沿着框架层级往下,这个习语可以被主体用来喻指任何怒发冲冠的情境,是框架层级的具体化,因此也可视为心理空间隐喻。

总之,层级越高,隐喻概念结构就越抽象,加工就越浅,就越偏向无意识加工;反之,层级越低,隐喻概念结构越具体,激活程度和意识性也越高。

三、溯因推理及最新发展

皮尔斯将推理分为演绎推理、归纳推理和溯因推理。现有的溯因推理研究多基于上世纪的模型,在解释隐喻时只关注“令人惊讶的”隐喻现象。“溯因推理的第二个重要的认知特征是相似性。溯因推理的

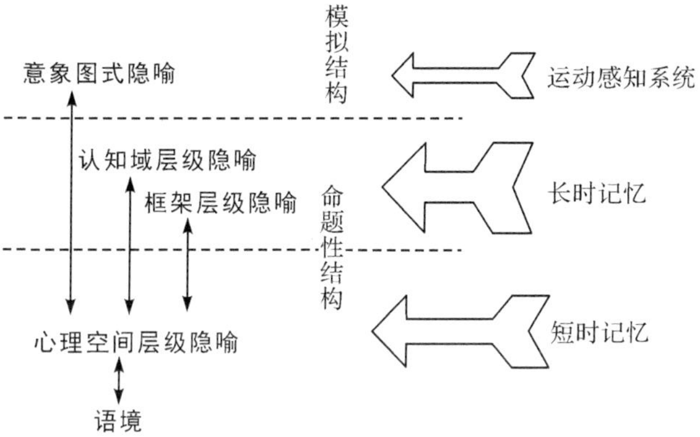

图 2　隐喻的多层级结构及表征

触发条件是事实与预期不符,如新事实、异常事实的出现”(徐慈华、李恒威,2009:95),图示为:

$$\frac{\begin{array}{c}C\\ H \longrightarrow C\end{array}}{H}$$

图 3　溯因推理示意图

图 3 所示的传统溯因推理可描述为:1)一个令人惊讶的事实 C 被观察到;2)如果 H 为真,那么 C 会是一个不言而喻的事实;3)因此,有理由相信 H 为真(徐慈华、李恒威,2009:95)。这种解释模式只能解释新奇隐喻,而无法解释常规隐喻。

此外,最新研究显示,溯因推理有三种模型,并且被证明可以更系统地解释语用和认知推理(Carapezza & Cuccio,2018)。三种推理模型可以总体描述为:被观察到的事实是“结果”(result),解读事实所用到的知识是“规则”(rule),解读获得的方案或者推理的最后一个步骤是“事例”(case),溯因推理整体表示为“结果—规则—事例”。虽然溯因推理的步骤比较固定,但由于观察到的事实类型各异,解读时依据的知识不同,不同知识的提取方式和逻辑结构也大相径庭。比如,“规则”有显性和隐性之分;规则的检索有不同的自由度,有的是快速的、自动的和必需的,处于意识控制的门槛之外,比如感知信息(如意象图式),有的检索过程则相对自由,意识性较强。总体而言,自由度越低,认知消耗越少,越缺乏创新性,那些经常碰到的事实的解读过程通常是自动推理过程(比如规约隐喻的推理)。相反,推理过程的自由度越高,认知消耗就越多,推理结果越具有创新性。有时候面对全新现象(如新奇隐喻),主体找不到现成的规则,需要充分发挥自由、临时创建的新规则,来完成推理(Carapezza & Cuccio,2018:231)。

具体而言,溯因推理的三种新类型分别是:

自动化溯因推理,从结果推知事例所用的适用规则是必需的、自动或半自动的。

选择性溯因推理,从结果推知事例所用的适用规则是从可及的百科知识中遴选出来的。

创新性溯因推理,从结果推知事例所用的适用规则是新创造的(Carapezza & Cuccio,2018:231—232)。

(一)自动化溯因推理

自动化溯因推理的特征是运行速度快、无意识、自动化。由于人类与世界的身体经验内化为意象图式或者百科知识表征,存储在长时记忆中,这些表征可以帮助人们处理观察到的事实。例如人们可以快速地将听到的声音识别为词汇或句子,这种识别过程是自动的和无意识的,人们只能意识到识别的结果。整个识别过程按部就班地执行常规百科知识或标准化的语言知识,创新性程度最低。

自动化溯因推理又分为个体和亚个体两类层级,区分的标准为是否满足“可及性条件”:个体层级的推理虽然是无意识的,但是在一定的条件下可以通过意识回溯到这种推理,对主体具有可及性;亚个体层级的推理自始至终都是无意识的,不满足可及性条件(Carapezza & Cuccio,2018:232)。换言之,虽然两者的规则都是自动和无意识的,但就前者而言,从结果到事例的推理路径可以被个体回忆起来,有进入意识的潜势,而后者的推理则无法被意识捕捉到,永远处于亚主体状态(见图4)。

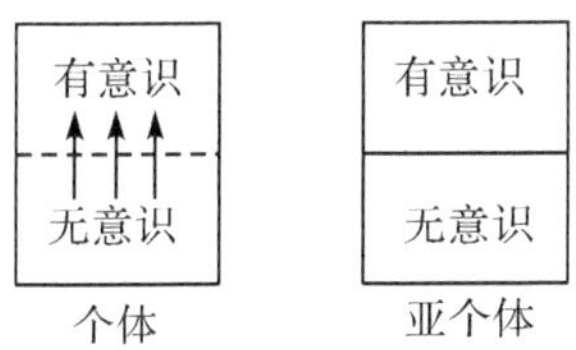

图4 个体和亚个体层级自动化溯因推理

(二)选择性溯因推理

选择性溯因推理具有非自动化性质,为了解释眼前的现象(结果),从背景知识中选择最合适的规则,进而形成对结果的最佳解释(事例)。例如,侦探们破案就是根据自己掌握的科学、历史、心理学和文化等知识,选择并形成对案件解释的最佳假说。选择性溯因推理只根据隐性知识是不够的,有时候需要结合显性知识,整个推理过程处于意识的严密监控之下(Carapezza & Cuccio,2018:233)。例如,侦探有时候需要对犯罪现场的线索仔细判断,选择过程相对缜密和谨慎,有时候甚至会推翻之前的解释,重新选择规则,这些都是意识支配的推理过程。

（三）创新性溯因推理

创新性溯因推理“在解读过程中找不到现成的规则。如果找不到一条具体的规则来解释眼前的现象，我们就只能创造新的规则”（Carapezza & Cuccio，2018：233）。科学假说的形成运用的就是创新性溯因推理，例如美国科学家富兰克林用电火花来解释雷电，牛顿用万有引力来解释苹果落地等，这些新的规则创造都源自一个相对令人惊讶的事实。“科学家们经常会发现一些与理论预测不符的新的现象或事实。这时，他们就会有强烈的动机去思考为什么会出现这样的情况，并形成假设来解释这一现象。”（徐慈华、李恒威，2009：96）从事实的发现到推理规则的创造都处于意识范围之内，比如阿基米德发现浮力定理是冥思苦想、持续追寻的结果。

上述三种溯因推理可以纳入统一的分类和运作模式，图示如下。

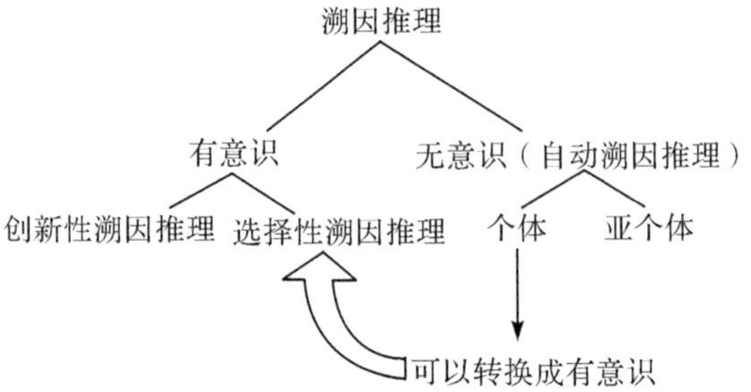

图5　溯因推理模型

四、各层级概念隐喻的溯因推理及意识性

（一）意象图式层级隐喻的亚个体无意识溯因推理

根据可及性原则，意象图式层级隐喻背后依靠的是亚个体层面的

自动溯因推理,该原则认为,“我们对世界的知识和体验,例如声音或其他感知意象,可以被自动检索和即时识别。我们只能意识到推理的最后一个步骤,即推理的结果。中间的推理过程完全是自动化和无意识的”(Carapezza & Cuccio,2018:232)。例如:

(1)Wall Street is in a panic.(Gibbs,2017:27)

(2)Let's hope that we can keep the team on the road tosuccess.(Gibbs,2017:43)

(1)中的 in a panic 是一个隐喻,将“惊恐”状态喻为一种“容器”;而 wall street 涉及一个转喻链“地点→机构→人”,前者依靠 container 意象图式,后者则以 part—whole 图式为基础。(2)是 journey 隐喻,其体验哲学基础是 source—path—goal 图式。“这种基于空间关系的意象图式在使用时是无意识的,我们可以用这些图式来认知感知概念信号。我们自动和无意识地‘感知’某物在另一物‘里面’‘上面’或呈‘横穿’关系。但是,这些感知取决于我们自动化无意识的心理活动。”(Lakoff & Johnson,1999:21)

亚个体层级溯因推理的规则不是概念知识,“这种规则基于隐性的非概念知识,其检索过程毫不费力,是一种必需的、彻底的无意识过程”(Carapezza & Cuccio,2018:235)。而意象图式就是一种非概念知识。“意象图式是一种如此根本的思维方式,以至于难以被我们的意识捕捉到。”(Evans & Green,2015:180)根据亚个体自动溯因推理的“结果—规则—事例”框架,语言层面的隐喻表达是结果,是溯因推理所形成的事例,而推理过程所依据的规则是意象图式。

总之,根据可及性原则,意象图式隐喻推理的整个过程难以被意识所监控,因此属于亚个体推理自动溯因推理(见表 1)。

表1 意象图式隐喻亚个体自动溯因的特性

<table>
<tr><th>溯因结构</th><th>特性</th><th>隐喻层级</th></tr>
<tr><td>结果:隐喻表达</td><td>速度快</td><td rowspan="4">意象图式层级隐喻</td></tr>
<tr><td rowspan="2">规则:意象图式</td><td>无意识</td></tr>
<tr><td>省力</td></tr>
<tr><td>事例:隐喻</td><td>不满足可及性条件</td></tr>
</table>

(二)认知域层级隐喻的溯因推理

认知域层级隐喻分为两种情况,意义焦点范围内的隐喻依靠无意识溯因推理,范围外的隐喻依靠有意识选择性溯因推理。

1. 认知域层级隐喻的个体自动溯因推理

隐喻源于人类的具身经验,一些隐喻义逐渐固化成为词典义,久而久之,语言隐喻背后的概念隐喻也常规化成为人们惯常的概念思维方式。当然,常规化不等于变成死喻,而是成为一种无意识和默认的认知方式,在一定语境下,人们依然可以激活常规化的概念隐喻,在语言上使用新奇隐喻。以“水”为源域的常规隐喻多用来表示“量大”(口若悬河、文思泉涌、人海等),同样,journey 隐喻定点投射的是事物的“进展”(Baldauf,2003:55),这已经成为惯常思维。科夫斯(Kövecses,2017:5)分析“建筑”隐喻时也指出,建筑可以投射到无数抽象的目标域,但人们通常在描述事物的“创建”“结构”或“稳固性”时更习惯使用建筑隐喻,这种局部定点映射称为隐喻的“意义焦点论”。如机器隐喻的意义焦点是“功能”,身体隐喻的意义焦点是“等级结构”,战争隐喻的意义焦点是“控制”等。例如：

(3) Is that the foundation of your theory?

(4) The theory needs more support.

(5) We need to construct a strong argument for that.

(6) We need to buttress the theory with solid arguments.

(7) The theory will stand or fall on the strength of that argument.

(8) So far we have put together only the framework of the theory.

(Kövecses, 2017:12)

例句中的 support、solid、buttress、stand、strength 关涉建筑的“稳固性”，construct、put together 关涉“建设”，foundation、framework 关涉“结构”。根据 CMT，这些都是隐喻的核心映射或意义焦点。与意义焦点内成分相关的语言隐喻是集体共享和熟知的隐喻，可以自动激活或者浅加工即可实现成功交际。

根据可及性原则，个体溯因推理在意识之下运行，但在一定语境下能够被主体追溯到。认知域层级意义焦点范围内的隐喻经过提示能被主体意识到，因此属于个体溯因推理。CMT 认为，我们的常规隐喻系统是“鲜活”的，正如语法和音系系统一样的鲜活，即它们在我们的意识层面以下时刻可以被自动激活。“我们的常规隐喻系统往往是无意识的、自动的、无须较多认知消耗，这跟我们的语言系统及其他概念系统是一样的。”(Lakoff, 1993:245) 语言背后的概念隐喻处于深睡、浅睡、苏醒和清醒等不同意识状态，从有意识到无意识是一个程度不同的连续统，不是简单的二分(Müller, 2016)。同时，人们在理解常规隐喻时会激活其背后的概念隐喻，这一观点也得到心理语言学的支持(Gibbs, 2017)。这些研究都间接验证了可及性原则，即推理过程及规则可以被主体追溯，因此是个体层面的自动溯因推理。根据个体自动溯因推理的“结果—规则—事例”框架，语言层面的常规隐喻表达是“事例”，是自动溯因推理所形成的“结果”，而推理过程所依据的“规则”是常规化概念隐喻的焦点（见表2）。

表2 认知域层级隐喻的个体自动溯因推理

<table>
<tr><th>溯因结构</th><th>特性</th><th>隐喻层级</th></tr>
<tr><td>结果：常规隐喻表达</td><td>速度快</td><td rowspan="4">认知域层级无意识隐喻</td></tr>
<tr><td rowspan="2">规则：概念隐喻的焦点</td><td>无意识</td></tr>
<tr><td>省力</td></tr>
<tr><td>事例：焦点激活</td><td>满足可及性条件</td></tr>
</table>

2. 认知域层级隐喻的有意识推理与选择性溯因推理

心理实验研究显示，主体如果在认知域范围内的焦点以外选择新的成分进行隐喻映射，则是一种激活共享认知域并进行再选择的有意识隐喻认知过程（Keysar et al.，2000）。

如前所述，建筑隐喻的常规意义焦点是“建设”“结构”和“稳固性”单个方面，但下面隐喻却在源域范围内选择了意义焦点以外的成分。

(9) We are delighted that Germany's unification takes place under the European roof.

(10) What does he [Chancellor Kohl] need this house for, after so many years as Chancellor?

—Well, it's obvious, he wants to become the caretaker.

(11) [The European house is] a building without fire-escapes: no

escape if it goes wrong.

(12)[It is a] burning building with no exits. (Kövecses,2017:16)

理解这些隐喻需要激活其背后的概念隐喻:European union is a building。这种激活是一种选择机制。以上例句中,主体需要表达的目标域意义在源域焦点范围内(建筑的"建设""结构"和"稳固性")无法找到对应的现成表达,发话者只能在同一个源域(建筑)内选择新成分(例中的划线部分),表达交际意义,这是一种"以旧创新"的隐喻交际过程。这种上位概念隐喻(European union is a building.)的重新唤醒及其新成分的选择是从无意识到有意识的切换过程。

认知域层级的有意识隐喻基于选择性溯因推理。"在选择性溯因推理中,对规则的检索过程是非自动化的。我们在语境的基础上,从背景知识和其他可能的路径中,选择最合适的规则。规则一旦选定,就形成对事实的最佳解释。最终形成的假设是从多个可能的解读中选择出来的。在选择的过程中,仅凭隐性知识是不够的;我们同时依靠显性知识和概念知识。整个推理过程处于意识的监控之下。"(Carapezza & Cuccio,2018:233)选择性溯因推理的过程表示为:主体观察到新颖隐喻,与当前的话题不一致(结果),主体结合语境激活长时记忆中的上位概念隐喻并在意义焦点以外选择对应的概念成分(规则),推理的结果新颖隐喻和概念成分匹配(事例),这种概念隐喻复活的过程也是触发意识的过程(见表3)。

表3 认知域层级隐喻中的选择性溯因推理

<table>
<tr><th>溯因结构</th><th>特性</th><th>隐喻层级</th></tr>
<tr><td>结果：隐喻义新颖</td><td>有意识</td><td rowspan="7">认知域层级
有意识隐喻</td></tr>
<tr><td>规则：概念隐喻复活
和新成分选择</td><td>速度慢</td></tr>
<tr><td rowspan="4">事例：与新成分匹配，
隐喻识别和理解</td><td>认知消耗相对大</td></tr>
<tr><td>一定范围内存在多种合理的选项</td></tr>
<tr><td>需要选择</td></tr>
<tr><td>满足可及性条件</td></tr>
</table>

（三）框架层级隐喻的溯因推理

框架层级隐喻通常涉及一个具体的情境框架，框架是语言社群集体表征中的规约知识，以习语和谚语最为典型。根据等级凸显假说（Giora，2003），由于字面义和隐喻义具有相似的熟悉度、使用频率、规约度和典型度，它们在人们的心理词库中具有相似的凸显度。实验显示，在隐喻加工的最初阶段，无论凸显义是否与语境相符合，都会无条件得到激活，即便是凸显义与语境不一致，语境也压制不住凸显义的自动激活（Giora，2003：104—125）。在框架隐喻加工的后续阶段，受话者就需要根据语境选择与语境相符的意义，而没有被选择的意义，则或者被压制，或者继续保留等待后续加工。总之，框架隐喻在交际中的认知机制是一种在字面义和隐喻义之间选择的过程。

由于这种习语的隐喻义和字面义已经变得高度凸显，因此其激活是自动的和无意识的。后期加工又分两种情况：如果最初激活的凸显义与语境或发话者的意向一致，那么这种凸显义就继续处于无意识状态；相反，如果不一致，隐喻义或者字面义的一种就会从无意识状态进入有意识状态，接受进一步的认知加工。前者用到的是个体层级自动溯因推理，后者依靠意识层面的选择性溯因推理。

1. 框架层级的无意识隐喻与个体自动溯因推理

首先，以习语为代表的框架隐喻是无意识推理。例如：

(13) In order to solve the math problem, the student broke her head.（隐喻义语境）

(14) Because she was so careless when she jumped into the pool, the student broke her head.（字面义语境）

在理解的最初阶段，字面义和隐喻义因为凸显，同时激活。在后续阶段，如果语境偏向支持隐喻义(13)，那么人们就会在无意识中选择隐喻义；如果语境偏向支持字面义(14)，那么隐喻义就会得到一定程度的压制。总之，两例中的隐喻都是一种无意识推理过程。

其次，框架层级隐喻的推理过程可以被主体的意识感知到，这可以通过心理学实验的方法证实。实验中，受试在听到 spill the beans(字面义："豆子撒出来了"；隐喻义："泄露机密")以后，被要求口头陈述理解该隐喻时所形成的心理意象，大多数的受试都能对心理意象做精确描述，比如"豆子是放在锅里，锅的大小和人头差不多，豆子是生的，豆子的撒落是无意的，豆子散落一点也不好收拾"等(Gibbs, 1994)。多个受试对意象推理的高度一致表明主体有能力回溯隐喻义无意识推理，因此根据可及性原则，这属于个体层级无意识推理。

总之，框架隐喻是个体层级的自动溯因推理，语言浮现出来的框架层级隐喻是结果，从字面义或隐喻义进行选择是规则，选择符合语境的意义是事例(见表4)。

表4 框架层级的自动溯因推理

<table>
<tr><th>溯因结构</th><th>特性</th><th>隐喻层级</th></tr>
<tr><td>结果:框架隐喻</td><td>无意识</td><td rowspan="7">框架层级
无意识隐喻</td></tr>
<tr><td>规则:字面义和
隐喻义选择</td><td>速度快</td></tr>
<tr><td rowspan="5">事例:
复合语境的意义</td><td>认知消耗小</td></tr>
<tr><td>存在多种合理的选项</td></tr>
<tr><td>需要选择</td></tr>
<tr><td>满足可及性条件</td></tr>
</table>

2. 框架层级隐喻的意识切换与选择性溯因推理

心理学和神经科学等相关研究显示,有些熟悉度高的习语或谚语,其隐喻义比字面义更为凸显,在理解时比字面义耗时更短(Giora, 2003:136)。例如,习语 kick the bucket(字面义:"把桶踢倒";隐喻义:"去世"),无论语境支持其字面义还是支持隐喻义,它的隐喻义("去世")会优先得到激活。实验证明,无论在隐喻义语境下还是在字面义语境下,下面句子中 on one leg(字面义:"单脚站立";隐喻义:"简短地")的隐喻义优先被激活并且后期不受压制。

(15) He told me the whole story <u>on one leg</u>. (支持隐喻义的语境)

(16) In the zoo, I saw a stork standing <u>on one leg</u>. (支持字面义的语境)

除了语境因素外,对习语进行形式上的微调会减慢受试的理解速度。例如,在一次词汇判断实验中(Giora,2003),受试在微调后的习语中(She let the fat cat out of the bag.)理解目标词 bag 比在原习语中(She let the cat out of the bag.)的反应时间要长。这说明,主体在理解习语时首先激活隐喻义,在隐喻义不符合语境后,进而切换到字面义,这种切换同时是一种从无意识到有意识的转换。这种切换是一种选择性溯因推理,描述为:主体第一念激活的隐喻义在与当前语境发生冲突(结果),主体结合语境与背景知识,在隐喻义和字面义之间做出选择和切换(规则),推理的结果是字面义的选择(事例)。

选择性溯因推理可以解释交际中框架隐喻的说理功能、文字游戏功能和幽默功能,如:

(17)大城市的厕所怎么样?面对窘境,京片子毕竟幽默:上厕所比第三者更难“插足”。

(18)The mouth of the river is laughing at us.

(19)It’s as easy as falling off a piece of cake.

“第三者插足”这个框架隐喻指的是破坏别人婚姻(结果),这层隐喻义已经成为凸显义,(17)中用语境和引号的方式将其字面义重新激活(规则),揭示了上厕所遭遇无落脚之地的尴尬(事例)。(18)中利用“河口”文字游戏的理解也需要在隐喻义和字面义之间进行有意识切换,需要选择性溯因推理。同理,(19)是个体发话者故意将英语习语隐喻“It’s as easy as falling off a log.”和“It’s a piece of cake.”进行混合。由于两者在隐喻层面上具有大致相同的意义,理解起来毫不费力。但发话者将两者混合制造了意义“撞车”,促使受话者做选择性溯因推理,激活其字面义,并且将两个字面义进行概念整合。蛋糕具有松软的属性,不大可能从上面滑落下来,所以混合后的隐喻会产生一种荒谬的意象，制造出幽默诙谐的语用效果。总之，三者都可以运用“结果—规则—事例”的溯因推理机制加以解释，这种推理是有意识的选择性推理，需要的认知消耗也比无意识溯因推理大（见表5）。

表5 框架层级隐喻的选择性溯因推理

<table>
<tr><th>溯因结构</th><th>特性</th><th>隐喻层级</th></tr>
<tr><td>结果：隐喻义与语境冲突</td><td>有意识</td><td rowspan="7">框架层级
有意识隐喻</td></tr>
<tr><td>规则：字面义和隐喻义选择</td><td>速度慢</td></tr>
<tr><td rowspan="4">事例：字面义复活</td><td>认知消耗相对大</td></tr>
<tr><td>存在多种合理的选项</td></tr>
<tr><td>需要选择</td></tr>
<tr><td>满足可及性条件</td></tr>
</table>

（四）心理空间层级的有意识隐喻与创新溯因推理

有些语言隐喻的背后不存在一个常规概念隐喻，而是个体通过在心理空间临时构建相似性，制造出的新奇隐喻。这种新奇隐喻完全不在常规概念隐喻系统以内，而是选取一个全新的源域，从而达到“对事物的全新认知”（Lakoff & Johnson，1980：53）。

这类新奇隐喻的认知机制是创新性溯因推理。当我们第一次听到某个新奇隐喻时，仅仅依靠背景知识无法实现理解。面对新奇隐喻（结果），主体在找不到现成的概念隐喻作为推理的依据时，只能根据现场语境和长时记忆中的百科知识，在两个事物之间临时构建相似性

（规则），进而推知发话者的意图，实现隐喻理解（事例）。下面是取自《围城》中的例子：

(20) 方鸿渐受到两面夹攻，才知道留学文凭的重要。这一张文凭，仿佛有亚当、夏娃下身那片树叶的功用，可以遮羞包丑……自己没有文凭，好像精神上赤条条的，没有包裹。

(21) [张先生]说话有个特征……喜欢中国话里杂无谓的英文字，他并无中文难达的新意，需要借英文来讲；所以他说话里嵌的英文字，还比不得嘴里嵌的金牙，因为金牙不仅妆点，尚可使用，只好比牙缝里嵌的肉屑，表示饭菜吃得好，此外全无用处。

正是因为"树叶"与"文凭"、"英文"与"肉屑"在一般人的经验中很少共现，所以超越了概念隐喻理论的解释范围，作者钱锺书在本体和喻体之间创新出来的相似性使得读者对认知对象有了生动形象的认识。在(21)中，"英文"和"肉屑"的隐喻是在"英文"和"金牙"隐喻之后生成的，第一次隐喻创造之后，其喻体概念的相关概念同时投射到对象的认知上面，形成二次创造，认识也随之加深，由"装饰尚有用"进而创造出"装饰且无用"。

上述例子中的新奇隐喻制造了"令人惊讶的事实"，引发了创新性溯因推理，受话者需要创造性地构建相似性。有时候，为了帮助受话者理解或接受这种新奇隐喻，发话者会提供某种线索，比如(20)中的"没有包裹"，(21)中的"全无用处"。创新性溯因推理是一种高度有意识的、慢速的、认知消耗较大的推理过程（见表6）。

表 6　心理空间层级隐喻中的创新性溯因推理

<table>
<tr><th>溯因结构</th><th>特性</th><th>隐喻层级</th></tr>
<tr><td>结果:词汇层面隐喻义与语境冲突</td><td>有意识</td><td rowspan="7">心理空间层级有意识隐喻</td></tr>
<tr><td>规则:语境、百科知识和发话者的交际意图</td><td>速度慢</td></tr>
<tr><td rowspan="5">事例:相似性的建立、命题的形成和冲突的消解</td><td>认知消耗相对大</td></tr>
<tr><td>需要临时寻找相似性,构建新的推理规则</td></tr>
<tr><td>无现成的解释</td></tr>
<tr><td>满足可及性条件</td></tr>
</table>

结　语

根据层级性,概念隐喻分为意象图式、认知域、框架和心理空间四种类型,本文结合溯因推理的三种推理模式,对四个层级隐喻的在线推理过程以及各自的意识性逐一进行了论证。研究发现,意象图式隐喻运用的是亚个体自动溯因推理,认知域隐喻涉及个体自动溯因推理和选择性溯因推理,框架隐喻涉及个体自动溯因推理以及个体到选择性推理的切换,而心理空间层级隐喻主要基于创新性溯因推理(见表 7)。

表 7　四层级概念隐喻的在线溯因推理机制及意识性

概念隐喻类型	溯因推理类型	意识性
意象图式隐喻	亚个体自动推理	无意识
认知域隐喻	个体自动溯因推理	无意识
	选择性溯因推理	有意识
框架隐喻	个体自动溯因推理	无意识
	个体切换到选择性溯因推理	有意识
心理空间隐喻	创新性溯因推理	有意识

就意识性而言，当代认知语言学的一种重要理论基石是包括隐喻在内的“认知是无意识的”，而修辞学则认为“修辞行为本身就是一种自觉的和有意识的语言行为。只要对自身的语言表达有清醒的自觉意识，那这种表达就总是修辞的”（霍四通，2018：14）。实际上，隐喻的意识性相对复杂，四层级概念隐喻和溯因推理可以为解释隐喻的意识问题提供一个综合的、可操作的和解释细致的认知与推理模型。

参考文献

Baldauf C.，2003，On the Mixing of Conceptual Metaphors. In Zelinsky-Wibbelt C.（Ed.）*Text*，*Context*，*Concepts*. Berlin：Mouton de Gruyter.

Carapezza M. & Cuccio V.，2018，Abductive Inferences in Pragmatic Processes.

In Capone A., Carapezza M. & Piparo F. L., (eds.), *Further Advances in Pragmatics and Philosophy*. Cham: Springer.

Evans V. & Green M., 2015,《认知语言学导论》(*Cognitive Linguistics: An Introduction*). 北京:世界图书出版公司.

Gibbs R., 1994, *The Poetics of Mind: Figurative Thought, Language, and Understanding*. New York: Cambridge University.

Gibbs R., 2017, *Metaphor Wars: Conceptual Metaphors in Human Life*. Cambridge: Cambridge University Press.

Giora R., 2003, *On Our Mind: Salience, Context, and Figurative Language*. Oxford: Oxford University Press.

Keysar B. et al., 2000, Conventional Language: How Metaphorical is It?. *Journal of Memory and Language*, 43(4).

Kövecses Z., 2017, Levels of Metaphor. *Cognitive Linguistics*, 28(2).

Lakoff G. & Johnson M., 1980, *Metaphors We Live By*. Chicago: University of Chicago Press.

Lakoff G. & Johnson M., 1999, *Philosophy in the Flesh: The Embodied Mind and Its Challenge to Western Thought*. New York: Basic Books.

Lakoff G., 1993, The Contemporary Theory of Metaphor. In Ortony A. (ed.), *Metaphor and Thought*. Cambridge: Cambridge University Press.

Müller C., 2016, Why Mixed Metaphors Make Sense?. In Gibbs R. (ed.), *Mixing Metaphor*. Amsterdam: John Benjamins.

Steen G., 2009, Deliberate Metaphor Affords Conscious Metaphorical Cognition. *Cognitive Semiotics*, 5(1-2).

霍四通, 2018,《汉语积极修辞的认知研究》,上海:复旦大学出版社。

徐慈华、李恒威, 2009,《溯因推理与科学隐喻》,《哲学研究》第7期。

从句法到语用：隐喻的真值条件*

黄华新　洪峥怡

一、隐喻的语义真值条件

真值反映了命题与事态之间的对应关系，传统的真值条件分析严格限制在字面语义和世界状态的符合之上。因此，表达非字面意义的隐喻语句在很长时间内被简单地归为语义上真值为假。如经典的格赖斯理论认为，隐喻违反合作原则中的质准则，它本身并没有“说”什么，只是给出了一种“好像要说某事”的含义，即只能作为传达说话者含义的工具。这种解释否认了隐喻语句存在真值条件。由于语义上不符合逻辑，它在真值上为假（指两个所指的某些性质之间不匹配），并由这种逻辑上的假产生有意义或有见识的陈述（胡壮麟，1997：52）。

随着隐喻研究的认知转向，学者们逐渐意识到，隐喻不仅是一种修辞手段，更是一种认知方式。莱考夫和约翰逊（2015：1）在《我们赖以生存的隐喻》开篇就指出，“日常生活中隐喻无处不在，我们的思想和行为所依据的概念系统本身是以隐喻为基础”。作为一种基本认知方式，必然有它要表达的特定语义，也就会有真值。“通过隐喻映射来理解真与通过非隐喻映射理解真不存在本质上的区别。唯一的不同是隐

---

* 本文原载《浙江大学学报（人文社会科学版）》2019 年第 3 期。

喻映射涉及通过某一事物来理解另一事物，而非隐喻映射只涉及一件事物。”（莱考夫、约翰逊，2015：154）实际上，真值条件应该是隐喻语句的一部分，听话人即使理解到说话人的会话含义，也可能否定他所使用的隐喻。

对于隐喻真值的刻画有两条主要路径（黄华新、徐慈华，2008）。20世纪90年代，格勒克斯堡（S. Glucksberg）等人提出了范畴归属理论，认为隐喻语句的理解过程是一个范畴归属判断。“在隐喻中，喻体词有两个潜在的指称对象：一个是字面指称，另一个是以该喻体为代表的事物或情境的类范畴。如果这个范畴被用于描写一个隐喻本体，那么它就起到赋予隐喻本体以特征的归属性范畴的作用。”（Glucksberg & Mcglone，1999：1542）此后，吉纳比（Genabith，2001：45）提出了一种与上述范畴归属理论的思想有着内在一致性的隐喻真值刻画方式，他运用建立在λ演算基础上的高阶逻辑，通过标准类型论来描述范畴，由此探讨了隐喻语句的真值条件问题。具体而言，一阶语言主要描述的是个体的性质及个体间的关系，如果用它来刻画隐喻语句“John is a fox.”，得到的是 $\mathrm{fox}(j) \mid [\mathrm{fox}(j)] = 1 \text{ iff } [j] \in [\mathrm{fox}]$，也就是句子的字面意思。显然 John 是一个人，不属于“狐狸”的个体集。而高阶语言则可以描述性质及性质间的关系。通过这种提升，可以进一步提取谓词中的某性质 P，这是比本体和喻体都更高一个层次的类的属性，P 性质的抽象类范畴同时包含了本体和喻体。上例的隐喻语义刻画为 $\exists P(Pj \wedge \forall x(\mathrm{fox}\ x \rightarrow Px)$，意思是：存在一个性质 P，John 具有该性质，且对于任何狐狸，它具有性质 P。隐喻语句的真值条件也就是本体和喻体真包含于一个抽象的类范畴，这一思想非常具有启发性。但正如吉纳比本人所言，他所做的工作只是针对隐喻意义的真值条件，并不是解释隐喻的处理过程（Genabith，2001：47）。也就是说，这样的真值条件判定只是隐喻理解的最低要求。

不同于吉纳比的方案，斯坦哈特（E. C. Steinhart）提出了一种基于可能世界语义学来讨论隐喻的“隐喻结构理论”（STM）。他认为每个隐喻都具有模糊性：它同时具有字面真值条件（LIT）和隐喻真值条件（MET）。隐喻的真值条件可以通过可能世界语义学和扩展的谓词逻辑进行刻画。他将源域和目标域视为不同的可能世界，将情境的可类比性作为可通达关系。以“*A* is *C*”式隐喻为例，用 *T* 标识目标域，*S* 标识源域，MET 标识不属于前两者的隐喻标志词，得到 $((A)_T(\text{is})_{\text{MET}}(C)_S)_{\text{MET}}$。该表达式为真，当且仅当 $(\exists B,D)(\exists R)R(A,B)\ \&\ R(C,D))$。意思是存在个体 *B*、*D* 和关系 *R*，并且 *A* 和 *B* 之间的关系与 *C* 和 *D* 之间的关系均为 *R*（Steinhart，2009：178—179）。斯塔哈特引入“可能世界”的概念，给隐喻真值条件研究提供了更大的空间，但该方案所立足的是可类比性，即把相似和对应作为隐喻的基本条件。隐喻“通过另一事物来理解和体验当前事物”（莱考夫、约翰逊，2015：3），相似性固然是一种重要的联系，但关联并不唯一取决于相似性，不同语境下事物间的相似强度也有很大差别，因此当处理源域与目标域的可类比性不高的隐喻句时，该方案也可能会出现偏差。

纵观上述两种路径，吉纳比是通过两个类之间的包含关系来表征隐喻的跨域性，而斯坦哈特则是通过情景之间的对应，两者对隐喻的作用机制理解有所不同。有学者已指出，吉纳比的方案以隐喻理解的结果为分析出发点，而斯坦哈特则以隐喻理解的过程为分析基础（黄华新、徐慈华，2008：97）。但无论是哪种路径，其所刻画的都是纯粹的语义真值条件，并不谈论如何从语句的生成角度分析这一语义真值条件的产生，也未把语境作为影响真值条件的重要因素，如果把语义真值条件的分析延伸至句法和语用，形成三者的交织和互动，或许可以更好地反映隐喻生成和理解。

二、隐喻的语用真值条件

诚然,纯粹语义是真值条件判定的核心,但在语言的使用中,语句的真值条件往往超出语义层面。如在含有代词的语句中,必须先在语境中为代词赋值,才能判定这句话的真值条件。进而真值条件语用学提出,真值条件内容不仅可能(像在语境中为指示语赋值那样)受到饱和过程的影响,而且会受到自由语用过程的影响。即在不需要填补空缺的语句中,仍然存在一种强语用效应对真值条件内容产生影响(雷卡纳蒂,2012:7)。

相应地,在对纯粹语义的刻画中,基本前提是认为自然语言的语义遵循“组合性原则”,语句是其各部分语义函数,各部分语义组合成完整的语句语义。之后,蒙太格(Montague,1974)构造了一个逻辑严密的部分语句系统,成为对语义组合性的成功尝试。而真值条件语用学对这种语义组合性原则提出了质疑,雷卡纳蒂(2012:49)在《真值条件语用学》中指出,表达式(在语境中)经过调适(modulation)的意义产生于把在语境中恰当的调适函数应用于表达式的语义理解,复杂表达式的语义内容是其组成部分调适内容(及其组合方式)的函数,但并非各部分语义内容(及其组合方式)的函数。其实就本质而言,这并没有完全否定组合原则,只是增加了一个调适过程,将字面义转化为调适后的语义后,再进行组合。由此他引入了一个调适函数 f,该函数以语境 c 为自变量,得到表达式在该语境下的解释。对于语境敏感性表达式(指示语等必须依赖语境才有语义真值条件的表达式)来说,语境对词汇的指派是直接的,该规则可以写成:$I(\alpha)_c = f(c)$(雷卡纳蒂,2012:

41)，即对表达式 α 来说，它可以用于组合的语义是在语境 c 中经过调适产生的某种内容 $f(c)$。

隐喻的本质是通过彼概念来理解此概念的一个方面，这种迁移必然会使我们聚焦于某一概念的某一方面，而隐藏此概念的其他方面(Lakoff & Johnson，2015：7)。比如常见的“争论—战争”隐喻，就是选择了战争所具有的战斗性特征，以此突出争论的战斗性。隐喻的不确定性和动态性正是因为这种焦点性质的选择可能并不唯一。因此隐喻的构建是一个动态过程，隐喻的真值判定也是动态的。戴维森(Davidson，1967：319)认为：“真作为一种特性，不是语句的特性，而是说话方式、言语行为的特性，即关涉到语句、时间和人的有序三元组。”可见，时间、话语使用者等具体动态的语用因素对于语用真值条件都有重要的影响。因此隐喻句虽然不属于一般的语境敏感，但语境导致了语句中出现明显的范畴冲突，迫使人们做出偏离字面意义的解释(Lakoff & Johnson，2015：45)，语境在该机制中的作用与语境敏感性词汇中并没有本质区别。

帕金和佩尔蒂埃(Pagin & Pelletier，2007：46—50)提出可以递归地给出用于解释“调适 M”的函数，雷卡纳蒂(2012：49)则将其具体表示为：$M(e,c) = \text{mod}(e,c)(I(e)_c)$，其中 e 为表达式，c 为语境，$I(e)_c$ 表示语境 c 下对表达式 e 的字面语义解释。由该公式可见，表达式的字面义 e 具有双重属性：一方面，它和语境 c 作为函数 mod 的自变量，二者一旦产生冲突，就会得到一个语用函数 g ($g = \text{mod}(e,c)$)；另一方面，它又是语用函数 g 的一个自变量，运算后的函数值为调适后的语义，表达在语境中凸显/相关/适当的语用效果。在分析“城市睡着了”(转引自 Recanati，2004：34—36)这一语句时，雷卡纳蒂用该函数对“城市”一词的语义进行了调适，得到了语句的转喻义。同样对于这一语句，如果我们将表达式“睡着”作为调适函数自变量，得到的将是隐喻义。

(a)“睡着”作为一种生命体特有的行为与“城市”这个无生命的事物产生了语义冲突，产生了语用函数 g 来实现对隐喻的理解：

$$\mathrm{mod}(\text{睡着}, c) = g$$

(b)“睡着”也直接提供了字面语义，当输入的表达式是隐喻中与睡觉相关的源域，输出的就是隐喻的目标域，“睡着”这一字面义经隐喻调适后的语义就是“沉静而几无活动”：

$$M(e,c) = \mathrm{mod}(e,c)(I(e)_c) = g(I(e)_c) = g(\text{“睡着”}) = \text{沉静而几无活动}$$

真值条件语用学通过引入调适函数，对不系统的语用因素做出了系统的阐释。只是他们认为，上文所述的语用函数 g 完全出现在元语言层面，语用过程不由句法变项或任何类似的东西触发，而纯粹由语用原因产生（雷卡纳蒂，2012：140）。同时，他们又承认复杂表达式的语义内容是其组成部分调适内容（及其组合方式）的函数，即语句最终的语义还是通过函数组合实现的。为处理该矛盾，我们允许 g 这一元层面的函数出现在语义组合过程中。对于一个隐喻语句，如果存在既不属于源域也不属于目标域的隐喻标志词（如“*A* is *B*”型隐喻中的 is），则该词的语义为隐喻函数；如果语句中不出现隐喻标志词，则源域表达式本身具有双重语义：其一是字面意思，其二是在语境作用下产生的隐喻函数。由于这两种形式同时存在，为说明方便，可以视为表达式 *B* 自带一个不显示在表层语句中的隐喻函数，具体实现方式将在下文详述。

三、隐喻真值条件的句法生成

蒙太格(Montague,1974)在20世纪70年代提出自然语言和形式语言在本质上并无差别,两者都遵循同样的法则,都可以统一在“普遍语法”的模式下做精确的数学描述。他认为句法和语义同构,句法结构和语义表达的生成一一对应。在这些原则下诞生的蒙太格语法开创了自然语言逻辑的研究范式,之后各流派几乎都继承了这一思想,大都认同语法和语义的生成是组合性的,在多数语句中句法和语义的同步生成是可能的。

范畴语法集中体现了这一思想,作为一种词汇语法,它首先为每个词规定范畴,再由范畴的组合生成语句。范畴包括初始范畴(原子范畴)和函子范畴。初始范畴如NP(代表名词短语范畴)和S(代表语句范畴)。函子范畴则如S/NP和S\NP,表示作为输入的论元范畴为NP,结果范畴为S,即该范畴和一个名词短语组合后得到一个语句。S/NP为向前函子,论元NP在其右边出现,S\NP为向后函子,论元NP在其左边出现①(参见Steedman,1987;邹崇理等,2018)。

定义(范畴):范畴集CAT是满足以下条件的最小集合(哈姆特,2017:122)。

(1)S、NP、IV、CN为范畴;

(2)如果A和B为范畴,则A/B和A\B是范畴。

同时,根据弗雷格(G. Frege)等人提出的组合性原则,自然语言的语义是其各部分语义的函数,通过类型论可以描述这种语义的生成过程。在类型论中,语言表达式分别属于不同的语义类型。根据自然语言的特

① 本文采用组合范畴语法的记法和规则。

点，定义个体表达式的类型为 e（个体），命题的语义类型为 t（真值）。

定义（类型）：类型集 T 是满足以下条件的最小集合（哈姆特，2017：105）。

（1）e 和 t 为基本语义类型；

（2）如果 α 和 β 为语义类型，则 $\langle\alpha,\beta\rangle$ 为语义类型。

可见，语义和句法的定义用到的是非常类似的函数运算，范畴语法的一条主要原则是：一个表达式的句法范畴反映了它的语义功能。如果在范畴和类型之间定义对应关系，也就间接得到了句法和语义的对应关系。因此可以定义一个将范畴映射到类型上的函数 f：

f 是一个从 CAT 到 T 的函数，并满足：

$$f(\mathrm{S}) = t, f(\mathrm{NP}) = e, f(\mathrm{CN}) = f(\mathrm{IV}) = \langle e,t\rangle$$

$$f(\mathrm{A/B}) = f(\mathrm{A\backslash B}) = \langle f(\mathrm{B}), f(\mathrm{A})\rangle$$ ①（哈姆特，2017：196）

这种句法-语义匹配方法对于计算机生成和理解自然语言十分有益。但对于隐喻句而言，这种句法-语义的一一对应会遇到困难。上述对隐喻真值条件的探讨中可以看出：同一语句存在着字面义和隐喻义两种合法的语义。当我们按照通常的做法给出句法和语义，生成的只能是语句的字面义，语句想要表达的意思无法被刻画。

例 1：张三是猴子。

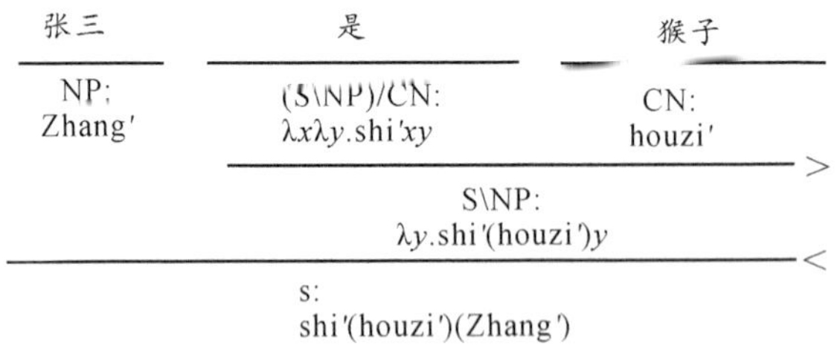

① 蒙太格语法运用的是一种内涵范畴论，此处不考虑内涵和外延的区分，故进行简化。

这里的判断动词“是”与其后的名词短语贴合,得到的短语“是猴子”在语句中充当谓词。从集合论上看,它是所有“猴子”个体的集合,表达“猴子”所具有的性质。这个谓词作为函数进一步与专名“张三”贴合,就得到了完整的语句,其真值条件可以表达为:‖张三是猴子‖ $= shi'(houzi')(Zhang') = 1$ *iff* $\| Zhang' \| \in \| shi'(houzi') \|$,即有一个由猴子个体组成的集合,个体“张三”是该集合的元素,也就是有一只名叫张三的猴子。这里的“张三”是一个人,显然命题为假。

诚然,绝大多数可以有效使用的隐喻语句在字面解释下都为假,但根据上文所述,通过增加对语义的调适,组合原则依然有效,那么其真值条件也依然可以对应于句法而生成。为了合理解释隐喻语句,我们可以考虑为隐喻语句增加特有的标记,赋予不同的范畴,以另一种范畴组合方式实现隐喻语义的生成。

在范畴归属理论和吉纳比的真值判定方法中,存在一种高于源域概念和目标域概念的性质,隐喻句为真是因为存在这种二者共有的性质,这需要高阶语言来表达;而在雷卡纳蒂的调适方案中,表达式与语境产生冲突后会产生语用函数 g,g 的功能是将表达式从字面义转化为语境义,但并没有表征这一转化是如何实现的。

我们从句法范畴的角度整合和完善这些尝试,进一步将该函数拆分为源域类型转换和隐喻函数选择两个过程。具体做法是将源域中对象由个体集转换为(该对象所具有的)性质的集合,再通过受语境影响的从性质集到个体集的隐喻函数 f_c(语形上可能为空),以语境和上述性质集作为自变量,映射到其中一个性质,隐喻的判定就是目标域的对象是否是这个个体集中的元素,即目标域对象是否具有函数运算得到的那个性质。以“A 是 B”式隐喻为例,首先源域 B 从个体集提升为性质集,并将“是”视为一个从性质集到个体集的隐喻函数,也就是在 B

所具有的性质中进行选择。最终对“*A* 是 *B*”的真值条件判定就变为：‖A 是 B‖ =1 iff A ∈ ‖是 B‖，其中‖是 B‖变为 B 具有的某种性质。依照这一思路，重新给语句中成分赋予范畴，改变与之一一对应的语义类型，就可以实现语义上的改变。回到上述的例子：

张三是猴子。⇒（[张三]$_{T}$[是]$_{MET}$[猴子]$_{S}$）$_{MET}$。[①]

通过生成树给出句法范畴的贴合过程：

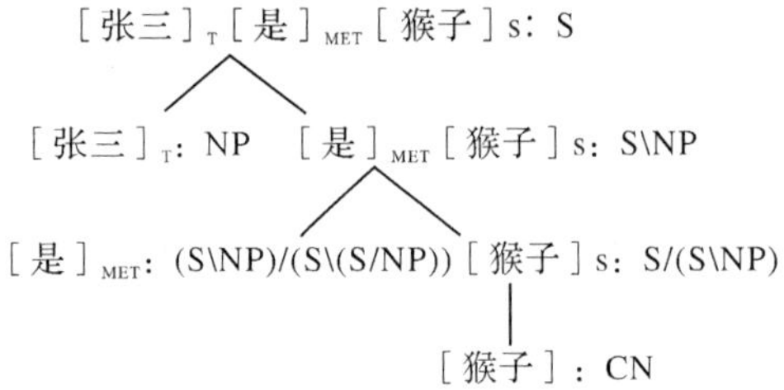

根据 $f(\mathrm{S}) = t$，$f(\mathrm{NP}) = e$，$f(\mathrm{A/B}) = f(\mathrm{A\backslash B}) = \langle f(\mathrm{B}), f(\mathrm{A})\rangle$ 三条规则，得到与句法范畴一一对应的语义类型：

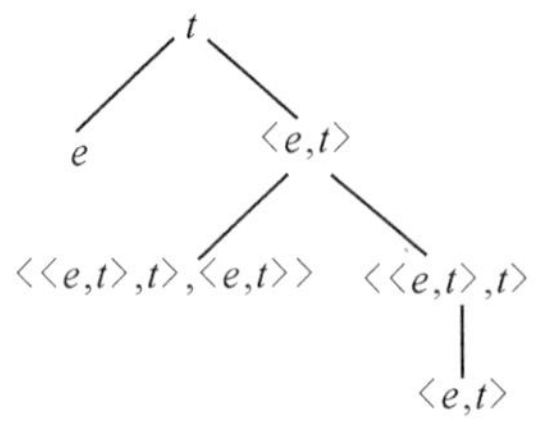

“猴子”是一个通名，相当于猴子个体组成的集合（即“猴子”这一性质），因此通名在类型上和不及物动词是一致的。当成为隐喻语句的源域时，其范畴转变为 $\langle\langle e,t\rangle,t\rangle$，即性质的集合，且这一性质集的元素是所有（典型）猴子具有的性质。“是”的隐喻语义是一个语境影响下从性质集到对象集的函数 f_c，其定义域为各种名词提升后形成的

---

① 下标记法参照 Steinhart，其中 S 标识源域，T 标识目标域，MET 标识隐喻标志词和隐喻语句。

(性质集)的集合,值域为各种性质的集合。从语义类型角度看,输入类型为$\langle\langle e,t\rangle,t\rangle$的"一只猴子"后,得到的函数值类型为$\langle e,t\rangle$。再输入一个类型为$e$的个体,得到完整的语句。

在范畴贴合的框架下添加以λ演算的形式来表达上述类型的语义,得到:

[张三]$_{T}$	[是]$_{MET}$	[猴子]$_{S}$
NP	(S\NP)/(S/(S\NP)):	S/(S\NP)
Zhang′	$\lambda Q\lambda y.\exists R(Ry\wedge QR)$	$\lambda P.\forall x(houzi'x\rightarrow Px)$

$$\frac{\lambda Q\lambda y.\exists R(Ry\wedge QR)\quad \lambda P.\forall x(houzi'x\rightarrow Px)}{S\backslash NP:\ \lambda y.\exists R(Ry\wedge\forall x(houzi'x\rightarrow Px))}>$$

$$\frac{NP:\ Zhang'\quad S\backslash NP:\ \lambda y.\exists R(Ry\wedge\forall x(houzi'x\rightarrow Px))}{S:\ \exists R(R(Zhang')\wedge\forall x(houzi'x\rightarrow Px))}<$$

"是猴子"的语义是一个从所有典型猴子具有的性质构成的集合中选出的一个特征性质X_i,如果"张三"是这个集合中的元素,即张三具有这一典型的猴子特征,则语句为真。"张三"是猴子的语义是$\exists R(R(Zhang')\wedge\forall x(houzi'x\rightarrow Rx))$,直观意思是存在一个性质,张三具有该性质,且任意猴子都有该性质。

"*A*是*B*"式隐喻中,"是"既不属于源域也不属于目标域,其本身是隐喻标志词,也就是隐喻函数。而在非"*A*是*B*"式的复杂隐喻中,可能所有词汇都属于源域或目标域,这时可以认为类似于"是"的隐喻标志词在表层语句中以隐性的形式出现。

例2:我的车喝饱了油。⇒([**我的车**]$_{T}$[( )]$_{MET}$[**喝饱了**]$_{S}$[**油**]$_{T}$)$_{MET}$。(Genabith,2001:50)

其中"喝饱了"除了字面意义,还能在语境作用下调适为隐喻的语用函数,表达为生成"( )"这样一个隐性的隐喻函数。通过生成树给出句法范畴和与之匹配的语义类型:

$$[\text{我的车}]_T[()]_{MET}[\text{喝饱了}]_S[\text{油}]_T\text{: S}$$

$$t$$

$$[\text{我的车}]_T\text{: NP} \qquad [()]_{MET}[\text{喝饱了}]_S[\text{油}]_T\text{: S\textbackslash NP}$$

$$e \qquad \langle e,t\rangle$$

$$[()]_{MET}[\text{喝饱了}]_S\text{: (S\textbackslash NP)/NP} \qquad [\text{油}]_T\text{: NP}$$

$$\langle e,\langle e,t\rangle\rangle \qquad e$$

$$[()]_{MET}\text{: ((S\textbackslash NP)/NP/(S\textbackslash (S\textbackslash NP)/NP))} \qquad [\text{喝饱了}]_S\text{: S\textbackslash ((S\textbackslash NP)/NP)}$$

$$\langle\langle\langle e,\langle e,t\rangle\rangle,t\rangle,\langle e,\langle e,t\rangle\rangle\rangle \qquad \langle\langle e,\langle e,t\rangle\rangle,t\rangle$$

$$[\text{喝饱了}]\text{: (S\textbackslash NP)/NP}$$

$$\langle e,\langle e,t\rangle\rangle$$

在范畴贴合的框架下添加以 λ 演算表达上述类型的语义：

$$[\text{我的车}]_T \qquad [()]_{MET} \qquad [\text{喝饱了}]_S \qquad [\text{油}]_T$$

$$\text{NP} \qquad \text{((S\textbackslash NP)/NP)/(S\textbackslash ((S\textbackslash NP)/NP))} \qquad \text{S\textbackslash ((S\textbackslash NP)/NP))} \qquad \text{NP}$$

$$che' \qquad \lambda Q\lambda y\lambda x.\exists R(R(x,y)\wedge QR) \qquad \lambda P.\forall uv(he'(u,v)\rightarrow P(u,v)) \qquad you'$$

$$>$$

$$\text{(S\textbackslash NP)/NP}$$

$$\lambda y\lambda x.\exists R(R(x,y)\wedge\forall uv(he'(u,v)\rightarrow R(u,v)))$$

$$>$$

$$\text{S\textbackslash NP}$$

$$\lambda x.\exists R(R(x,you')\wedge\forall uv(he'(u,v)\rightarrow R(u,v)))$$

$$<$$

$$\text{S}$$

$$\exists R(R(che',you)\wedge\forall uv(he'(u,v)\rightarrow R(u,v)))$$

这一隐喻中，源域中的对象是一种生物和液体之间的关系“喝”，目标域中的对象是汽车和汽油之间的关系 R。首先对源域中的对象提升，得到“喝”这一关系所具有的性质的集合。以该集合为自变量，隐喻函数的函数值为“喝”具有的某个性质。如果关系 R 是这个集合的元素，则语句为真。“我的车喝饱了油”的语义是 $\exists R(R(che',you')\wedge\forall uv(he'(u,v)\rightarrow R(u,v)))$，直观意思是：存在一种关系，“我的车”和“油”之间具有该关系，且任意满足“喝”这一二元关系的有序对都满足该关系。

上述过程刻画了隐喻语句的范畴组合和语义生成，最终得到的是与吉纳比的分析一致的真值条件；同时进一步分解了一个表达式转化为隐喻语用函数的具体过程，即通过对隐喻源域的范畴进行转化，得到范畴归属理论所要求的高阶性质，再通过一个语境相关的隐喻函数 f_c 从性质集到个体集的运算，选取性质集合中适应于语境的元素。该选择则势必依赖于语境的关联性。关联是隐喻语用真值条件开启的关键因素（杨小龙、王天翼，2017：74），在隐喻语句的构造和理解中，双方都设想语句与语境存在关联，说话者相信听话者可以基于语境的关联性在源域提供的性质集中选出他所意欲表达的那个性质，而听话者也尽力根据语境提供的信息从性质集中选择最可能的元素。如“张三就是只猴子”，是由“猴子”的语义得到的性质集中包括了典型猴子具有的所有性质：{哺乳动物，爱吃香蕉，顽皮好动，灵活}，如果语境是老师批评不遵守课堂纪律的学生，那么这句话是对“张三”这个人课堂表现方面的评价，因此选出的是可以用来描写人的品行特征的性质，得到“顽皮”这一属性，这句话的真值判定就变成：如果张三具有“顽皮”这一性质，则语句为真。正是基于这种关联性，交际双方才可以从语境中有效地提取信息，听话者得以识别说话者的意图并对隐喻做出符合说话者的解释。这就是语境 c 作为论元输入调适函数 mod 产生的作用，在语义的形式刻画中，这种作用可以进一步表现为支持函数在性质集中选择最理想的性质，实现隐喻句的语义解释。

隐喻语句的语义有着非字面性和不确定性等特点，其语义内容并非各组成部分语义内容（及其组合方式）的函数，而是各组成部分经调适的内容（及其组合方式）的函数。但它仍然可以通过范畴的贴合从词汇产生语句，并由与之一一对应的语义生成机制得到非字面的语义真值条件。对部分表达式的调适过程中，语境至关重要，它作为调适函数 mod 的一个自变量，生成不同类别的语用函数（包括解释隐喻义的函数）。在范畴类型理论框架下，语境的调适体现为提升源域类型和限制隐喻函数对性质的选择，从而对语句的真值条件产生影响。通过给出新的句法范畴和语义类型组合，一方面有利于机器理解隐喻语句时得到非字面的语义，另一方面能更清楚地分析语句的各成分在隐喻中起到的作用。

参考文献

Davidson D., 1967, Truth and Meaning. *Synthese*, 17.

Genabith J., 2001, Metaphors, Logic, and Type Theory. *Metaphor and Symbol*, 16(1-2).

Glucksberg S. & Mcglone M. S., 1999, When Love is not a Journey: What Metaphors Mean. *Journal of Pragmatics*, 31(12).

Montague R., 1974, The Proper Treatment of Quantification in Ordinary English. In Thomason R. H. (ed.), *Formal-Philosophy: Selected Papers of Richard Montague*. New Haven and London: Yale University Press.

Pagin P. & Pelletier F. J., 2007, Context, Content and Composition. In Preyer G. & Peter G. (eds.), *Context-Sensitivity and Semantic Minimalism*. Oxford: Clarendon Press.

Recanati F., 2004, *Literal Meaning*. Cambridge: Cambridge University Press.

Steedman M., 1987, Combinatory Grammars and Parasitic Gaps. *Natural Language & Linguistic Theory*, 5(3).

哈姆特，2017，《逻辑、语言与意义（第二卷）：内涵逻辑与逻辑语法》，李可胜、张晓君、邹崇理译，北京：商务印书馆。

莱考夫、约翰逊，2015，《我们赖以生存的隐喻》，何文忠译，杭州：浙江大学出版社。

雷卡纳蒂，2012，《真值条件语用学》，刘龙根、王晓飞译，长春：吉林出版集团有限公司。

胡壮麟，1997，《语言・认知・隐喻》，《现代外语》第4期。

黄华新、徐慈华，2008，《隐喻语句的真值条件》，《哲学研究》第4期。

斯坦哈特，2009，《隐喻的逻辑：可能世界中的类比》，黄华新等译，杭州：浙江大学出版社。

杨小龙、王天翼，2017，《隐喻语句的语用真值条件》，《外国语文》第4期。

邹崇理等，2018，《自然语言信息处理的逻辑语义学研究》，北京：科学出版社。

概念隐喻的情境转移*

洪峥怡　黄华新

绪　论

隐喻，分而释之，《说文》曰“隐，蔽也”，“隐”的意思是隐藏、遮蔽；《玉篇》云“喻，晓也”，“喻”表示通晓、明白。隐喻从认知效果即表现为使隐藏的含义通晓。“隐喻普遍存在于日常生活中，我们惯常的概念体系，我们的思维和行为，在本质上都是隐喻性的。”（Lakoff & Johnson，1980：3）隐喻通过一个熟悉的源域来解释目标域中抽象和陌生的对象，揭示概念的特征，对世界加以概念化的构建。因此隐喻不仅仅是特殊词汇的使用，更是一种基本的思维模式。隐喻的生成和理解离不开语用因素。许多与隐喻相关的特性对时间和语境具有高度的敏感性，它们只在一定语境中和一定期间内依附于某个表达式，这些特性依据一些关系（如互动关系）和来源（如语义场）而被包括在隐喻阐释的候选之列（魏纪东，2006）。可见，对隐喻的解释需要在字面义解读的基础上考虑包括时间、背景知识在内的诸多要素，也就需要一个表达力更强的语义学。

这类思想的代表性理论是情境语义学（situation semantics，简称

---

* 本文原载《自然辩证法研究》2021年第1期。

SS)。1981 年,巴威斯(Jon Barwise)和佩里(John Perry)在《隐蔽的情境》(The Situation Underground)一文中阐述了关于情境语义学的最初构想,同年,巴威斯首次提出"情境语义学"这一术语(Barwise,1988:7)。1983 年,巴威斯和佩里合著了《情境与态度》(*Situations and Attitudes*)一书,比较完整地呈现了情境语义学的理论体系,该书也成为情境语义学最重要的代表性著作。1989 年,巴威斯又出版了论文集《逻辑中的情境》(*The Situation in Logic*),全面整理了他与合作者近十年间对于情境理论与情境语义学的探索。1991 年,德夫林(Devlin)在《逻辑与信息》(*Logic and Information*)中将情境理论作为以数学为基础的分析工具,用以分析语境影响信息生成和信息传递的方式,从信息处理角度阐释了情境语义学的数学分析框架①,希望通过情境语义学"为信息科学提供所需要的数学理论"。此外,三次情境理论与情境语义学国际会议的会议论文集《情境理论及其应用》(*Situation Theory and Its Applications*)对该理论进行了拓展和应用(Cooper, Mukai & Perry, 1990;Barwise et al.,1991;Aczel et al.,1993),其中日本学者森辰则(Tatsunori Mori)和中川裕志(Hiroshi Nakagawa)用一种类似语用推理的方式尝试给出了情境语义学刻画隐喻表达的步骤(Barwise et al.,1991,449—467):首先由语句本身给出满足它的情境,如果该情境与现实情境无矛盾,则不是隐喻表达;如果产生了矛盾,则听话者会将满足字面信息的情境作为并列语境成分融入实际语境中。根据该情境所支持的制约关系,可以构建源域和目标域之间的推导关系,消除对相关论元的不合适指派,将字面信息描述的源域中的相关对象联系到实际被描述的目标域中的对象。

① 下文关于情境理论和情境语义学概念和记法遵循德夫林的版本。

和传统的真值条件语义学相比，情境语义学弱化了命题真值的重要性，信息元本身无所谓真假，只能判定它是否被某一情境所支持。在信息元中，真假极性也只是和关系、个体、时空等并列的一个要素，传递关于个体是否具有某性质的信息。相对地，它突出了语言信息在信息传递方面的作用，认为一个情境包含关于另一个情境的信息，而语句的意义就是从一个情境类型推出另一个情境类型所实现的信息流动。从这一角度看，字面义为假并不意味着就是异常表达，隐喻表达和非隐喻的常规表达没有本质差别。而这种由一个情境向另一个情境转移的过程也为隐喻理解提供了一种新思路，与概念隐喻中常说的源域到目标域的映射不同，情境转移和制约关系不用于表达每个具体的个体或性质之间的对应关系，而是将目标域的情境类型转换为源域的情境类型。

一、隐喻概念与情境转移

情境理论认为，话语的解释被认为是若干信息元的汇集。构成一个信息元的基本要素包括：个体（individuals），用 $a_1,\dots,a_n$ 表示；关系（relations），用 r 表示；时空场点（space-time locations），其中时间用 t，t'… 表示，空间用 l,l'… 表示，时空的序列体现信息的动态性；极性（polarity），用 i 表示，$i\in\{0,1\}$，区别肯定信息和否定信息。这就是说，一个某时某地某个体（或某些个体）具有/不具有某性质（或某关系）的事实就构成一个基本信息单位，基本信息单位的合取或析取构成复合信息元（compound infons）。主体将其认知到的现实场景个体化为“情境”，即个体化为主体设法挑选出来的有结构的现实世界部分（Devlin，1991：31）。情境和信息都是独立的实体，给定一个情境 s 和信息元 σ，s 支持 σ 说的是该信息元在情境中被满足，记作 $s\vDash\sigma$，$s\vDash\sigma$ 当

且仅当 $\sigma \in s$。

不同的具体事件中可能具有相同的性质，为实现对事件相似性的刻画，情境语义学引入了类型（type）的概念，起到类似于语义学中常见的 λ-抽象的效果。类型是对具体情境进行简单扩充，允许信息元中的一些要素被抽象为自由变元（一般用 $\dot{a}_1,\ldots,\dot{a}_n$ 表示个体未定量，$\dot{r}$ 表示关系未定量，$\dot{t}$ 和 $\dot{l}$ 表示时空场点未定量），即类型中既可以包括真实的个体、场点和关系，也允许个体未定量、场点未定量和关系未定量的存在。具体可以将类型分为两类：一类是满足抽象了其中某些要素的信息元的情境的集合，称为情境类型，记作 $[\dot{s} \mid \dot{s} \vDash \sigma]$；一类是情境满足的信息元中抽象出的某些要素的集合，称为对象类型，给定一个情境 s 和未定量 $\dot{x}$，令 σ 为一个包含 $\dot{x}$ 的信息元，一个对象类型 $[\dot{x} \mid s \vDash \sigma]$ 为所有在 s 中被锚定的 $\dot{x}$ 的集合（Devlin，2006：607）。相应地，也可以为信息元中的自由变元赋值，对情境类型进行还原。给定抽象信息 σ，其中包含 $\dot{a},\ldots,\dot{r},\ldots,\dot{l},\ldots$ 等未定量，若函数 f 给其中的某些未定量指派个体、关系、场点，则称 f 为 σ 的锚（anchor）。如果 f 定义在 σ 中所有未定量上，那么结果中就不再有未定量要素，这样的锚被称为 σ 的总锚（total anchor）（Barwise & Perry，1983：73），锚定后的结果支持新的信息元 $\upsilon[f]$。可以认为，作为隐喻理解基础的相似性是情境的相似性，即两个情境存在某些共同满足的信息元。但这些相同的信息元不是任意的，在概念隐喻理论中，“隐喻蕴涵”描述了隐喻概念及其对应的隐喻表达之间的连贯系统（Lakoff & Johnson，1980：9）。如“人生是旅行”，这是一个隐喻概念，它统摄着“人生很坎坷”“生活中走了很多弯路”等日常表达，只有接受了隐喻概念，才能恰当地理解它所派生出的具体表达，这种隐喻概念所体现的系统性可以由高于情境的情境类型来表征。

隐喻概念都可以表示成“ A 是 B ”的形式，但这里的 A 和 B 分别是

目标域和源域，不能任意代入对象，它不是“苏格拉底是人”这样表示某个体和某性质关系的命题，也不是“人是动物”这样表示某性质（个体集）和另一个性质（个体集）之间的关系，而只能是两个概念或者说性质的集合。我们令 A 和 B 的语义是它们所具有的性质的集合，$\| A \| = \{A_1, A_2, \ldots\}$，$\| B \| = \{B_1, B_2, \ldots\}$。由“$A$ 是 B”给出的信息是，某个目标域中的对象也是源域中的对象，语句表达的意义是：如果情境支持信息元 $\sigma_1 = \ll 是 A, x, l, 1 \gg$，则也会支持信息元 $\sigma_2 = \ll 是 B, x, l, 1 \gg$（黄华新，2020：56）。这里，“$A$ 是 B”的论断仅对满足 A 中所有性质的对象使用，即条件关系的前件恒成立，因此语句的实际语义就是希望找到一个 s 使得 $s \vDash \ll A_1, x, l, 1 \gg \wedge \ll A_2, x, l, 1 \gg \wedge \ldots \wedge \ll B_2, x, l, 1 \gg \wedge \ldots$。

尽管 A 和 B 作为一个可以在现实情境中存在的概念域，其各自性质集内部的元素彼此无矛盾，但不能保证 B 中的性质与 A 中的性质也无矛盾。对于隐喻而言，一方面作为日常生活中的常用表达，同样不允许逻辑矛盾的存在；另一方面，它的字面含义与现实总是存在着冲突，也就是说必然存在某些性质 A_i 和 B_j 在现实情境中无法同时被满足。

为同时满足这两个要求，我们首先构造排除两个概念域中的矛盾性质的新的概念域，也就是得到在一定条件下最大的可相容状态，以确保隐喻表达是有意义的。令 $C_0 = A$，即目标域所具有的所有性质为初始性质集。将 B 所有元素按某一顺序排序，得到序列 $B_1, B_2, \ldots, B_n$。

$$C_{i+1} = \begin{cases} C_i, \text{如果不一致} \\ C_i \cup B_{i+1}, \text{如果一致} \end{cases}$$ [①]

① “一致”的定义与通常逻辑学中的定义基本相同。称 p_0，$p_1 \ldots$ 一致，当且仅当对于任意 q，p_0，$p_1 \ldots \nvdash q \wedge \neg q$。这里的每个性质可以视为陈述对象具有该性质的命题。

最终得到的 $C=\bigcup_{i=0}^{n} C_i$ 是转移后的情境所要满足的性质集。相应地，复合信息元就是 C 中所有性质和主体、抽象时空构成的信息元的合取，即 $\ll C_1,x,l,1\gg\wedge\ll C_2,x,l,1\gg\wedge\ldots\wedge\ll C_n,x,l,1\gg$。令所有关系要素保持不变，抽象相应的信息元 $\sigma'=\ll C_1,x,l,1\gg\wedge\ll C_2,x,l,1\gg\wedge\ldots\wedge\ll C_n,x,l,1\gg$，得到支持信息元的情境类型 $E=[\dot{s}\mid\dot{s}\models\sigma]$，对于这一情境类型，存在某个情境 s' 满足被总锚 f 锚定的信息，即 $s'\models\sigma'[f]$。这个抽象和还原的过程改变了时空场点，抽象后的情境类型是满足该抽象信息元的情境集，因此还原后得到的情境具象不会包含矛盾的性质，对于其中任意的 A_i 和 B_j，"x 具有性质 A_i"和"x 具有性质 B_j"在新的情境中同时成立。但难以保证现实中存在某个满足所有 A 性质的情形也满足所有 C 中的 B，满足这一条件的情境通常不会是现实情境，而是仅存在于认知中的理想情境。

情境语义学自创立之初就强调"情境是主体所在的现实世界的部分"（Barwise，1988：xiv）。这里的"现实世界"的所指范围可以被进一步规定为不仅包括客观世界，也包括认知世界。即认知主体的精神状态处于现实世界的各种各样的事态和事件之中，同样可以视为现实世界的一部分（贾国恒，2007：42）。其实，从一定意义上说并不存在纯粹的外在情境，即使是现实世界中存在的外部情境，也需要认知主体反映在大脑中形成相应的内在情境才算被关注到，内在情境之间的联系与其同外在情境的联系一样自然。隐喻的显著特点是它在语义上往往违反现实世界的情况，因此我们必须允许纯粹由认知创造的场景作为一种特殊的情境存在，将这种只存在于认知中的内在情境作为隐喻理解的初始情境。现在我们进一步定义"内在情境"这一概念，它支持的信息元由包括心理时空场点 l_m、个体 x 的心理对应物 x'、性质/关系 r 要素和极性要素 i 组成。内在情境可以只存在于主体的思维中，不需要在客观现实中存在与之符合的对应物，因此该情境可以支持语句表达的某些非事实信息。

隐喻所构成的情境转移大多是从现实情境转移到纯粹由认知构造的非现实情境。下面通过一个例子来具体说明：

人生是一场旅行，不必在乎目的地，在乎的是沿途的风景。

上层的隐喻概念是"人生是旅行"，在认可了这两个概念域的关联后，就能接受由此延伸出的"人生不必在乎目的地""人生在乎的是沿途的风景"等说法。我们首先从隐喻概念中得到一个复合信息元 $\sigma = \ll$ 人生，$x, l_0, 1 \gg \wedge \ll$ 旅行，$x, l_0, 1 \gg$，进一步将通名"人生"和"旅行"解释为它们所具有的性质的集合，得到 $\|$ 人生 $\|$ = {有终结，抽象事物，非位移…}，$\|$ 旅行 $\|$ = {有目的地，有风景，有终结，位移…}。对"旅行"概念域中的所有性质排序，得到一个性质序列，并依次将序列中所有无矛盾的概念加入"人生"概念域，构成集合 $C = \{C_1, C_2, \ldots, C_n\}$（"非位移"和"位移"矛盾，"位移"性质就不能加入 C 中，而现实中"人生"和"风景"不直接发生关联，"人生"的定义中没有与之矛盾的性质，所以这类性质可以通过扩充被加入 C 中），构造极大一致集。最终得到的性质集包含所有"人生"的性质，以及所有不会产生矛盾的"旅行"的性质。但在当前所处的现实情境 s 中，不存在同时满足 C 中所有性质的个体（如现实世界中"人生"作为抽象的经历总结，与具体的"风景"不兼容，即现实中不存在某个人的"人生"存在风景），所以 $s \nvDash \ll C_1, x, l, 1 \gg \wedge \ll C_2, x, l, 1 \gg \wedge \ldots \wedge \ll C_n, x, l, 1 \gg$。因此对 σ 进行抽象，并得到满足该抽象信息的情境类型 $\dot{S}$：

$$\dot{S} = [\dot{s} \mid \dot{s} \vDash \ll \text{有开始}, x, \dot{l}, 1 \gg \wedge \ll \text{有终结}, x, \dot{l}, 1 \gg \wedge \ldots]$$

f 是该情境类型的总锚，使得 $f(\dot{l}) = l_m$，$f(x) = a'$，其中心理时空

场点 l_m 可以是现实的或非现实的，a' 是满足所有条件的对象的心灵对应物。这样就得到了一个新的信息元和满足该信息的情境：

$$S' = [s' \mid s' \models \ll 有开始, a', l_m, 1 \gg \wedge \ll 有终结, a', l_m, 1 \gg \wedge \ldots]$$

集合 S' 中的情境都满足：在某个只存在于认知中的特殊时空场点上，“人生”可以用（大部分）旅行的性质来描述，或者可以一般地说，某个人的人生就是某种特殊的旅行。

二、隐喻表达与实际制约

在概念隐喻体系中，上层的隐喻概念是有限的，这些概念根植于人们的思维中，成为认知抽象事物的基础。上文所述的情境转移就需要限定在隐喻概念所给的情境类型之间。但由于这类语句只给出了两个概念域，因此在语义上显得比较含混。如当一个人说“人生是旅行”时，他可能想表达人生的美好，也可能强调它富有挑战性。这是因为该语句的功能是完成一次情境转移，它只保证了在新的内在情境中，人生成为一种旅行，但没有进一步提供具体信息供听话者判断情境与信息的支持关系。事实上，对于很多固化成词的死隐喻，它们在隐喻层面的含义经过高频使用后已成为了语词的基本义项，人们不再重复表述隐喻概念，这些具体的隐喻表达不要求“A 是 B”的形式，也不要求源域和目标域同时在语句中出现。如果我们承认死隐喻仍然是一类隐喻，认为在具体分析这些语句时仍然需要基于某一特定的隐喻概念，那么对于这些隐喻表达的理解，首先需要确定它基于何种隐喻概念，也就是找到该隐喻的源域和目标域。

情境语义学用情境和个体组成的有序对表示角色，表达事件与其中承担角色的对象之间的关系。如果 $\dot{x}$ 是未定量，$[\dot{x} \mid s \models \sigma]$ 中的未

定量 $\dot{x}$ 和该情境组成的有序对 $\langle \dot{x}, s\rangle$ 称为角色 $\dot{c}$，并允许 $\dot{c}$ 作为信息元的要素。与施事、受事等语义角色类似，隐喻语句中特有的源域和目标域也可以视为特殊的角色。隐喻语句能被理解，当且仅当存在情境对角色有唯一指派，这样就得到了清晰的隐喻概念，给出了初始情境。当然，如上文所述，初始情境支持的信息仍然过于庞大，不足以对具体的隐喻语句做出准确解释，因此需要进一步通过具体隐喻语句中的关键词对隐喻表达进行理解。一个具体隐喻表达的关键词主要来自源域中的概念，由这些关键词建立的制约关系，可以进一步推出新的信息。“制约”是情境类型之间的二元关系，情境类型之间的系统性制约允许一个情境类型包含另一个情境类型的信息，使得信息从一个情境向另一情境流动。只有适应了该制约，才能得到当前情境关联的另一情境。因此当我们说一个对象有什么意义时，实际上是在讨论涉及该对象的情境所属的情境类与另一情境类之间的制约关系。情境语义学中对简单制约的形式定义是：$C = [S \Rightarrow S']$。如果情境 $s_0 \in S$，那么 s_0 相对于 C 就是有意义的；而如果 s_0 相对于 C 是有意义的，那么，对于 S 中相同未定量的每个总锚 f，如果 s_1 属于 $S'[f]$，就称 s_1 为相对于 C 的 s_0 的意含选项，记作 $s_0 MO_C s_1$（Barwise & Perry，1983：104—105）。对于日常使用中的各种隐喻语言，情境相对于制约的意含选项是隐喻理解得以进行的前提，一个有意义的情境必须保证来自目标域，如果情境中存在超越了目标域限制的个体或关系，该情境也就不再属于这个隐喻的解释范围；如果情境完全在目标域中，用相同的函数 f 锚定 S 和 S' 中的个体未定量，必然得到相同的个体对象，$s_0 MO_C s_1$ 就要求如果这个对象具有目标域的某种性质，那么它同时也具有源域的性质。

从信息流角度来理解，语义理解的实质是根据制约给出的限制完成信息流动的过程。这种制约为掌握该语言的群体所共有，理解这个词就是得到由它推出的信息。对于一个隐喻表达,源域中的概念是需要提取的关键词,主体关于关键词的背景知识构成了制约关系,使其由该关键词给出的情境类型得到另一个情境类型。

具体而言,首先在隐喻表达中提取相应的信息元,如果对于现实情境 s_1, $s_1 \in [s \mid s \vDash \ll r, a_1, \ldots a_n, l, 1 \gg]$,说明字面义所描述的惯常情境的现实时空 l 中,主体就具有 r 关系,即这句话可以按字面义理解;如果 $s_1 \notin [s \mid s \vDash \ll r, a_1, \ldots a_n, l, 1 \gg]$,则这句话为假或可以非字面地使用,即可能是一种隐喻的表达。由一个与之匹配的上层隐喻概念完成情境转移,得到主体的潜在性质集,表示主体理论上有能力具有 A 和 B 的所有性质。再根据新信息及其制约给出的信息流支持或拒绝特定的性质,初始情境满足的信息集会不断缩小,最终可以从这个潜在性质集中选出某些性质,得到隐喻语句在此处的准确含义。因此,隐喻表达中给出的信息越多,这句话的语义就越明确。

上例中,隐喻概念"人生是旅行"通过情境转移给出了一个新的内在情境,该情境支持主体具有"人生"和"旅行"两个概念域中的全部非矛盾性质作为这个隐喻概念下所有隐喻表达的初始情境。如在某个说话场景中,A 对 B 说"人生在乎的是沿途的风景",这句话中存在两类情境类型①,一类是说话情境 U,提取关于这个说话场景的基本信息,另一类是被描述情境 E,提取语义所对应的信息,$E = [\dot{e} \mid \dot{e} \vDash \ll 是人生, \dot{a}, l_m, 1 \gg \wedge \ll 是沿途的风景, \dot{b}, l_m, 1 \gg \wedge \ll 在乎, \dot{a}, \dot{b}, l_m, 1 \gg]$,$U = [\dot{u} \mid \dot{u} \vDash \{\ll speaking, A, l, 1 \gg, \ll addressing, A, B, l, 1 \gg, \ll saying, A, 人生在乎的是沿途的风景, l, 1 \gg\}]$。进而,需要理解属于源域的关键词"沿途的风景",这个词的内容就是从包含它的情境类型到另一类型的

① 该语句不含人称或指示代词等语境敏感成分,故此处略去所指情境。

制约。听话人根据语义知识可以得到 $C = [S \Rightarrow S']$，其中 $S = [\dot{s} \mid \dot{s} \vDash \ll$ 是沿途的风景,$\dot{b}, l, 1 \gg]$，$S' = [\dot{s} \mid \dot{s} \vDash \ll$ 是值得欣赏的事物,$\dot{b}, l, 1 \gg]$。适应制约 C 的主体可以通过满足 $E(f)$ 的情境 e_0 得到满足 $e_0\ MO_C\ e_1$ 的情境 e_1，$e_1 \vDash \ll$ 是人生,$\dot{a}, l_m, 1 \gg \wedge \ll$ 是值得欣赏的事物,$\dot{b}, l_m, 1 \gg \wedge \ll$ 在乎,$\dot{a}, \dot{b}, l_m, 1 \gg$，这就是从 e_0 获知的新信息。

对否定形式的语句处理也类似，语句“人生不在乎目的地”中，说话情境为 $U = [\dot{u} \mid \dot{u} \vDash \{\ll speaking, A, l, 1 \gg, \ll addressing, A, B, l, 1 \gg, \ll saying, A,$ 人生不在乎目的地,$l, 1 \gg\}]$，被描述情境为 $E = [\dot{e} \mid \dot{e} \vDash \ll$ 是人生,$\dot{a}, l_m, 1 \gg \wedge \ll$ 在乎目的地,$\dot{a}, l_m, 0 \gg]$，即 $e \vDash \ll$ 是人生,$\dot{a}, l_m, 1 \gg$ 且 $e \vDash \ll$ 在乎目的地,$\dot{a}, l_m, 0 \gg$。虽然情境语义学通常不接受二值逻辑，从 $s \nvDash \ll r, a_1, \ldots a_n, l, 1 \gg$ 不能推出 $s \vDash \ll r, a_1, \ldots a_n, l, 0 \gg$；但因为信息元本身无涉真假，极性仅仅是用来表达信息是肯定还是否定的，所以反之成立，也就仍然可以断定这句话可能存在隐喻解读。类似地，支持极性为0的信息元的情境类型也有相应的制约，从 $S = [\dot{s} \mid \dot{s} \vDash \ll$ 在乎目的地,$\dot{a}, l, 0 \gg]$，到 $S' = [\dot{s} \mid \dot{s} \vDash \ll$ 在乎结局,$\dot{a}, l, 0 \gg]$。最终得到的情境是 $e_1 \vDash \ll$ 是人生,$\dot{a}, l_m, 1 \gg \wedge \ll$ 在乎结局,$\dot{a}, l_m, 0 \gg$。

可见，选择隐喻表达中属于源域的语词作为关键词，通过与另一个情境类型建立制约关系，为情境增加特殊的限制，可以进一步缩小隐喻概念给出的主体性质集，甚至锁定到某一个特殊的性质，完成隐喻理解。

结　语

隐喻理解具有强语境依赖性，表达涉及的时空背景、说话人和听话人的知识等因素都会对理解产生影响。情境语义学认为,语句的外延意义不是真值而是句子所描述的情境,将包含了更多的语境信息的信息元作为语义的基本单位,为隐喻刻画提供了有效的工具。

概念隐喻为常规隐喻构建了一个由源域映射到目标域、由隐喻概念统摄表达隐喻的框架系统。在情境语义学的视角下,隐喻概念所描述的概念域间的关系可以视为情境类型间的转移。转移之后得到的新的情境是可以同时满足源域和目标域中非矛盾性质的极大一致集。这种转移不仅使隐喻概念本身得到解释,也构成了理解具体隐喻表达的初始情境。隐喻表达中,属于源域的关键词本身包含着特殊的制约关系,借由这些制约引起的信息流动,可以从隐喻概念所给出的性质集中选出语句实际想要表达的性质,实现对具体隐喻语句的准确理解。由此我们可以实现对使用单个隐喻概念的隐喻表达的刻画,而如果源域和目标域之间跨越了一个以上的隐喻概念,就会有多个上层隐喻概念的序列构成多级情境转换,由情境语义学发展出的信息流逻辑或许可以进一步为这种更复杂的隐喻形式提供分析工具。

参考文献

Aczel P. et al., 1993, *Situation Theory and Its Applications*: *Volume 3*. Stanford: CSLI.

Barwise J. & Perry J., 1983, *Situations and Attitudes*. Stanford: CSLI.

Barwise J., 1988, *The Situation in Logic*. Stanford: CSLI.

Barwise J., Gabbay D. & Hartonas C., 1995, On the Logic of Information Flow. *Logic Journal of IGPL*, 3(1).

Barwise J. et al., 1991, *Situation Theory and Its Applications: Volume 2*. Stanford: CSLI.

Cooper R., Mukai K. & Perry J., 1990, *Situation Theory and Its Applications: Volume 1*. Stanford: CSLI.

Devlin K., 1991, *Logic and Information*. Cambridge: Cambridge University Press.

Devlin K., 2006, Situation Theory and Situation Semantics. In Gabbay D. & Woods J. (eds.), *Handbook of the History of Logic*, *Volume 7*. Netherlands: Elsevier.

Lakoff G. & Johnson M., 1980, *Metaphors We Live By*. Chicago: University of Chicago press.

黄华新，2020，《认知科学视域中隐喻的表达与理解》，《中国社会科学》第 5 期。

贾国恒，2007，《模态逻辑可能世界与情境》，《学术研究》第 2 期。

魏纪东，2006，《论语用语境对篇章隐喻的影响》，《山东外语教学》第 2 期。

基于信息元的隐喻逻辑初探*

洪峥怡

绪　论

20世纪80年代以来,隐喻研究发生认知转向,隐喻的生成和理解机制开始受到认知语言学、认知心理学、自然语言处理等多个领域的广泛关注。当隐喻被认为是一种基本认知方式,而非仅仅是一种修辞手段时,大量日常隐喻被纳入了讨论范围。比如,我们说"生活中遇到困难,走了弯路"时,潜在地使用了"人生是旅行"的隐喻概念;说"一年前""三年后"时,使用了"时间是空间"的隐喻概念。从这一意义可以说,隐喻表达具有普遍性,它构建着我们惯常的概念体系,影响着我们的思维和行为,在日常生活的信息传递中大量地被使用;但同时,它也具有特殊性,作为一种表达非字面义的手段,隐喻所传达的信息不是直接的,其过程涉及了显性信息和隐性信息的矛盾消去与重组。

认知视角的隐喻研究中,一条主要路径是隐喻理论的构建和修正。其中具有开创性意义的理论是莱考夫和约翰逊(Lakoff & Johnson, 1980)提出的概念隐喻理论。该理论认为隐喻认知是基础性、系统性的,隐喻的本质是源域和目标域之间的跨域映射。但对一些新奇隐喻

* 本文原载《逻辑学研究》2022年第2期。

或更复杂的隐喻而言，概念隐喻理论所描述的概念之间的一一映射是一个过强的假设。比如，在一些隐喻中，要突出的本体性质并不为喻体本身所具有，需要将喻体性质与本体重组后做进一步的推断，此时源域和目标域就不存在直接的对应关系。对于这些特殊的隐喻理解，福柯涅尔和特纳（Fauconnier & Turner，1998：133—187）基于心理学研究提出的概念整合理论有更强的解释力。概念整合是心理空间的整合，该认知模型存在两个输入空间，每个输入空间都是一个情境的部分结构；由一个跨空间的部分映射将这两个输入空间中相联系的部分分别进行匹配；两个空间中共有要素组成类属空间；两个输入空间的选择性投射则得到复合空间。由于进入复合空间的要素是部分的、选择性的，因此也允许这些要素进行进一步的组合、完善、精演，这使得概念整合理论有更强的包容性，可以解释一些复杂的隐喻理解过程。

近年来，隐喻认知的动态演变受到了更广泛的关注。隐喻生涯理论分析了新奇隐喻转变惯常隐喻的过程，认为这是认知机制从对比转为归类的过程（Bowdle & Gentner，2005：193—216）。隐喻动态生态观（metaphor as dynamical-ecological performance）则对动态的视角隐喻认知的特定生态结构进行了描述，强调人类的思想和行动是如何伴随时间的推移随着隐喻不断变化的，强调大脑、身体和生态环境的制约作用（Gibbs，2019：33—44）。

在加深对日常隐喻认知的同时，研究者对修辞功能更强的新奇隐喻也进行了认知方向的研究，斯蒂恩（Steen，2008：213—241）提出刻意隐喻理论（deliberate metaphor theory），聚焦表达者刻意激活源域使理解者理解其表达意图的那部分隐喻，在该情况下，表达者指导理解者对目标对象采取“另类”视角，在该视角下获得对目标的深刻认识。

从上述这些具有代表性的隐喻认知理论的观点中，我们可以大致概括出隐喻认知核心机制的主要特点。

1）跨域性：隐喻是通过一个熟悉的概念来理解陌生的概念，这两个概念必须来自不同的概念域。

2）系统性：不同概念域间的联系不是孤立的，源域中的多组概念会同时映射到目标域中，概念之间的关系也会映射到目标域概念间的关系上。

3）动态性：隐喻不是一成不变的，具体场景下的隐喻理解会随着主体、环境和语言使用的不同而有所不同；隐喻语义的演化也存在出现、稳定、传播、消亡的历程。

由于这些性质的存在，即使不考虑上下文对目标语句的信息更新，该语句的理解同样也包含了语义转换过程。

从信息流动的角度看，作为隐喻理解核心机制的跨域映射是将目标域情境无法满足的信息传递到某个可满足的源域情境中，理解者在更为熟悉的源域情境中，可以获得新的理解，从而使原本被简单判定为假的字面义信息转换为可接受的非字面义信息。那么，如何定义一个表达是隐喻的？跨域映射需要满足哪些条件？当一个隐喻表达被认知时，主体可获得的信息包括哪些？我们尝试从逻辑的视角给这些问题一种回答，以更好地描述隐喻理解过程及上文所述的三个主要特点。

在下文中，第一节介绍关于情境理论的背景知识，并尝试以信息元为基本单位，将一个隐喻语句处理为一个它所表达的基本信息元的集合。第二节构造了一个以信息元为基本单位的隐喻理解逻辑，给出隐喻理解的语义模型，并从中得到一些隐喻的特殊性质。第三节首先通过一个具体的隐喻例子进一步解释该逻辑，然后进行简单的讨论和总结。

一、情境与隐喻理解

如上所述，如果将隐喻表达同样视为一种信息传递的手段，则它与非隐喻表达没有本质区别。只是，隐喻传递的信息不是由字面义直接提供的，需要增加字面义到非字面义的信息转换。接下来，我们就将隐喻视为一种特殊的信息传递方式，说明其中涉及怎样的信息传递方式和主体认知结构。

情境理论（situation theory）是信息流理论发展前期的代表性理论体系。该理论认为语言最重要的不是真值，而是传递信息，语句的意义就是从一个情境类型推出另一个情境类型所实现的信息流动（Barwise & Perry，1983）。情境理论及其在语言学上的应用——情境语义学（situation semantics），在代词回指、悖论等问题上的解释上有诸多创见，也有学者尝试以此为工具对隐喻表达的步骤进行刻画。有文献（Mori & Nakagawa，1991：449—467）指出，隐喻表达的目的是对目标域中的对象做出说明，但实际呈现的是与源域相关的字面表达，这一不对应要求听话者结合语境对源域信息进行满足目标域理解的扩充，具体地说，是将满足字面信息的情境作为并列语境成分融入实际语境中，使其在理解时可以调用关于源域和目标域的背景知识以及两者之间的混合背景知识。为此，他们引入了一个新的资源情境，它是一个由表达两域对应关系的制约集，根据情境所支持的制约关系，可以构建源域和目标域之间的推导关系，消除字面义理解下对论元的不合适指派。

情境理论的基本设定中，话语的解释被认为是若干信息元的汇集。一个信息元是由关系、主体、时空场点、极性构成的 n 元组 $\langle R^n, a_1, \ldots, a_n, l, i\rangle$，直观上，一个基本信息元描述了一个某时某地某个体（或某些个体）具有/不具有某性质（或某关系）的事实。

考虑到隐喻信息具有特殊性，它不同于代词的指代问题，对时空限制不敏感，语境的作用更多地体现在对概念域的选择的影响上。因此，我们暂时不考虑时空场点要素 l，而加入一个关于当下所谈论的概念域的要素“主题” t，使得作为信息元的 n 元组表达形式为 $\langle R^n, a_1, \ldots, a_n, t, i\rangle$。基本信息元的合取或析取构成复合信息元。主体认知到的个体化的现实场景称为“情境”，它是主体设法挑选出来的有结构的现实世界的部分（Devlin，1991：31）。可见，情境和信息都是独立的实体，但为了便于形式表达，情境在外延上被定义为它所满足的那些信息元的集合。给定一个情境 s 和信息元 σ，s 支持 σ 说的是信息元 σ 在情境 s 中被满足，记作 $s \vDash \sigma$。从语义上看，$s \vDash \sigma$ 当且仅当 $\sigma \in s$。

情境理论的目的是描述信息元的传递情况，这种传递和转换往往不是孤立的，而是依赖于属性之间固有的关联性。也就是说，只要满足一定的条件，某一类事件的出现就提示了另一类事件。为了描述这种事件之间的普遍联系，情境理论中定义了情境类型（situation types）。情境类型是具体信息元的简单扩充，它允许信息元中的一些要素被抽象为自由变元，即在一个抽象信息元中，其要素既可以包括真实的个体、场点和关系，也允许个体未定量、场点未定量和关系未定量的存在。根据类型集合所包含的元素的不同，具体可以将其分为两类：一类是满足某些要素抽象后的信息元的情境的集合，称为情境类型，记作 $[\dot{s} \mid \dot{s} \vDash \sigma]$；一类是在情境所满足的信息元中抽象出的要素的集合，称为对象类型，记作 $[\dot{x} \mid s \vDash \sigma]$。给定一个情境 s 和 s 满足的信息元 σ，令 $\dot{x}$ 为 σ 中某一元素的抽象，则一个对象类型 $[\dot{x} \mid s \vDash \sigma]$ 为所有在 s 中被锚定的 $\dot{x}$ 的集合（Devlin，2006：607）。“制约”（constraints）是情境类型上的二元关系，如果类型 A 制约类型 B，则说明 A 到 B 有信息的可推出关系,信息元从一类情境向另一类情境流动。借由这种信息传递,我们可以从一个情境中得到关于其他情境的信息。

抽象信息元的还原是信息元抽象的逆过程。给定抽象信息 σ ,若函数 f 给其中的某些未定量指派个体、关系、场点,则称 f 为 σ 的锚。如果 f 定义在 σ 中所有未定量上,那么结果中就不再有未定量要素,称这样的锚为 σ 的总锚(Barwise & Perry,1983:73),锚定后的结果支持新的信息元 $\sigma[f]$。

如前所述,莱考夫和约翰逊(Lakoff & Johnson,1980)将隐喻解释为两个概念域之间的跨域映射,这一观点在认知隐喻学的诸多理论中被广泛认可和使用。隐喻的基本结构通常可以由隐喻概念来表达,在惯常隐喻中,它作为一种自明的认知框架存在于主体的认知/信念中,而在新奇隐喻中,它往往也会被首先表达。

隐喻概念的基本形式为"A 是 B",其中 A 称为目标域,B 称为源域,这两个不同的概念域是隐喻认知的起点。由于信息元中包含了特定的谈论主题和具体的对象,而隐喻理解依赖于两个不同概念域的相似性关联,这种相似性并不体现为具体信息元的同一,而体现在是否同样具有(或不具有)某一特定性质。因此,在表达映射关系时,我们实际关注的是表达满足某个性质或关系的抽象信息元 $\langle R^n, \dot{a}_1, \ldots, \dot{a}_n, \dot{t}, 1\rangle$。

特别地,在隐喻表达中,本体和喻体等"对象"通常是一个通名,是某一类事物的集合。在外延语义下,它和通常意义上的属性或关系在处理方式上没有本质区别,因此可以将"对象"视为一种特殊的性质,用抽象信息元来表达其所对应的个体集。而从 A 到 B 的跨域映射则被视为隐喻信息传递必须依赖的制约。

在脱离语境的情形中,话语情境所满足的信息元往往不能被唯一确定。但根据既有认知,主体仍然存在对一个概念域的模糊认识,由所认知的信息量以及信息的核心程度，可以对不同信息集（也就是情境）做出偏好排序。当处于一定的语境中时，随着信息的变化，主体对情境的偏好也可能发生变化。如果初始信息是“A 是 B”形式的隐喻概念，则它只给出了两个概念域，提示了两者之间存在关联，基于这种关联可以建立认知框架。但要准确理解一个隐喻，通常还需要由具体的隐喻表达来提供新信息。从隐喻表达中提取的对象、性质、关系同样构成一系列的信息元，加入这些新信息后会形成新的情境。

判定一个表达为隐喻（某一情境中该信息可以被隐喻地理解），要求在目标域情境中的抽象信息元同时存在于与之有映射关系的源域情境中，抽象信息元由每个情境给出的锚定函数 f 还原为具体信息元，得到实际被认知到的性质。当然，这一条件显然过弱，因此还需要隐喻模型满足一些额外的性质。

二、隐喻逻辑 L_M

这一节中，我们基于极小的正规模态逻辑（Blackburn, De Rijke & Venema, 2001），尝试以信息元为基本单位，通过引入隐喻算子〈M〉来描述表达的隐喻性，构造一个隐喻逻辑 L_M，以此探讨字面义信息和非字面义信息之间的联系。如前所述，在情境理论中，信息元无所谓真假，只能判定某个情境满足或不满足它。但这里为了叙述方便，我们仍然把信息元近似地视为原子命题，使用了类似真值条件的描述。对一个信息元赋值为真，指的是该信息元在情境中的存在是合理的。

作为一种跨概念域的信息传递方式，隐喻的理解难以唯一确定，即便只考虑不存在信息增减更新的静态隐喻理解情况。主体在选择一个隐喻可能表达的不同含义时存在偏好，或者说，隐喻理解可以视为一种在跨域映射制约下对某一概念域中的信息进行偏好选择的过程。偏好是一种基本的认知活动，它在推理、判断、决策中发挥着广泛而深刻的影响。1963 年，冯·赖特对偏好逻辑进行了专门的探讨，认为偏好的基本属性关联着价值论概念“更好”和人类学概念“选择”（刘奋荣，2010：2）。之后的数十年中，随着认知逻辑不断受到关注，“偏好”成为了一个重要的研究对象，在逻辑学中被大量讨论。但研究者们对其的定义并不统一：偏好关系可以定义在可能世界上，如果采用全称形式的定义，即如果所有主体认为至少和当前世界一样好的世界都满足 φ，就称主体偏好 φ（Meyer & Van der Hoek，1996）；如果采用特称形式的定义，即如果存在一个主体认为至少和当前世界一样好的世界满足 φ，则主体偏好 φ（Boutilier，1994）；还可能介于两者之间，定义为“所有最好的世界满足 φ”（Van Benthem，2006）。也可以将偏好定义在命题上，如果采用特称形式，对任意 ψ 为真的世界，都存在一个可通达的 φ 为真的世界，主体认为它至少和当前世界一样好，则主体相比 φ 更偏好 ψ（van Benthem，2006）；如果采用全称形式，即对任意 ψ 为真的世界，所有可通达的 φ 为真的世界，主体都认为 ψ 至少和当前世界一样好（Von Wright，1963）。

通过加入隐喻算子和偏好算子，可以具体定义隐喻逻辑语言：

定义 1（语言） 给定一个 n 元关系集 R，一个个体集 A，一个主题集 T，一个极性集 $\{0,1\}$，可以定义信息元 $\sigma = \langle R^n, a_1, \ldots, a_n, t, i \rangle$，$R^n \in R, a_1, \ldots, a_n \in A, t \in T, i \in \{0,1\}$。且信息元的各要素都可以被替换为自由变元，记作 $\dot{r}, \dot{a}, \dot{t}, \dot{i}$，所有信息元的集合记作 INF。一个公式可以以如下方式递归定义：

$$\varphi = \sigma \mid \neg \varphi \mid (\varphi \rightarrow \varphi) \mid \langle P \rangle \varphi \mid \langle M \rangle \varphi$$

¬ 和→的定义以及其他可以由此定义的命题联结词都与经典命题

逻辑一致。特别地，由于情境是不完全信息的可能世界，可能出现一个信息的肯定和否定都没有被主体认知到的情况，因此对 $\langle R^n, a_1, \dots, a_n, t, 0\rangle$ 和 $\neg\langle R^n, a_1, \dots, a_n, t, 0\rangle$ 加以区分，称前者为“否定信息元”，后者为“信息元的否定”。$\langle P\rangle$ 称为偏好算子，表示 $\langle P\rangle\varphi$“主体偏好 φ”，即如果存在一个主体看到的更好世界满足 φ，则主体偏好 φ，这是一种较弱的偏好定义，其对偶算子 $[P]\varphi = df\neg\langle P\rangle\varphi$，则可以表达强偏好。① $\langle M\rangle$ 为隐喻算子，$\langle M\rangle\varphi$ 即表示 φ 是一个隐喻性的表达。相应地定义其对偶算子 $[M]\varphi = df\neg\langle M\rangle\varphi$，称为“弱隐喻表达”，这一区分建立在新奇隐喻和惯常隐喻的区别上，下文将做进一步的说明。

接下来，结合上文对隐喻信息的说明，定义隐喻理解模型 $\mathfrak{M}$ 以及该模型上的语义。

定义 2（模型） 一个隐喻模型为一个五元组 $\mathfrak{M} = (S, \rightsquigarrow, \leq, f_T, V)$。

其中 S 为一个情境集，其中的每个情境 $s \in S$ 是一个“主题”相同的信息元的集合 $\{\sigma_1, \sigma_2, \dots, \sigma_n\}$。令 T 为所有 σ 中的要素 t 的集合，$f_T: S \rightarrow T$ 为定义在情境集上的主题函数，任给一个情境 s，$f_T(s) = t$ 是该情境的主题，简记作 t^s。规定对任意 s，如果 $\sigma \in s$，则 $\lambda t.\sigma(t^s) \in s$，即同一情境满足的所有信息有相同的主题，该主题也是这一情境的主题。这里，f_T 提供了一个划分依据。$\lfloor f_T(s)\rfloor$ 为所有与 s 有相同主题的情境的集合，$\{[f_T(s)] : s \in S\}$ 是集合族 S 的一个划分，其每个子集对应一个概念域。之所以这样规定，是希望体现概念域所具有的认知框架功能，例如，当人们说“人生是旅行”时会展开一个系列，其所用的描述如“走弯路”“来到十字路口”“一帆风顺”等，都是以“旅行”为主题展开

① 由于隐喻理解往往不局限于某一具体命题，而是在概念域层面进行的，所以无须定义在命题上构成条件句，故用简单形式的 $[P]\varphi$ 和 $\langle P\rangle\varphi$ 作为强（弱）偏好的定义。

的。实际上,对于一个明确的隐喻而言,我们所关心的情境主题只包括两个,一个关于源域概念,一个关于目标域概念。

V:INF$\rightarrow 2^S$ 是关于信息元的赋值,对于任意 σ, 函数 V 将其映射到一个所有满足 σ' 的情境构成的情境集,其中 $\lambda t'\lambda a_1'\ldots\lambda a_n' \cdot \sigma' = \lambda t\lambda a_1\ldots\lambda a_n \cdot \sigma$。显然,这里的 σ' 也可以是 σ 自身。类似于通常定义的赋值函数, V 直观上也被理解为输入一个信息元,得到满足信息元的所有情境。但不同的是,这里需要考虑隐喻的跨域映射实际上已改变了原有信息元,因此,该赋值真正给出的是跨域映射后的对应信息元所满足的所有情境。$\leq$ 是 S 上的自返、传递关系,且要求如果 $s, s' \leq S$ 满足 $s \leq s'$ 则 $f_T(s) = f_T(s')$。它表达对同一主题不同情境的偏好。$\rightsquigarrow$为一个描述跨域映射关系的二元关系,称 $s \rightsquigarrow s'$, 如果 $f_T(s) \neq f_T(s')$ 且对于任意 $\langle R^n, a_1, \ldots, a_n, t_s, i\rangle \in s$:$s' \in \vee(\langle R^n, a_1, \ldots, \dot{a}_n, t'_s, 1\rangle)$, 即要求映射必须建立在源域和目标域中有相同的性质作为关联的基础上。由于信息接收者首先得到的是关于谈论话题的信息,然后将该信息通过一个较为熟悉的源域概念来进行理解,因此,$\rightsquigarrow$最终反映的是从目标域到源域的映射。

定义 3(语义) 给定模型 $\mathfrak{M} = (S, \rightsquigarrow, \leq, f_T, V)$ 和情境 s∈S, s 中公式的真值条件递归定义如下:

$\mathfrak{M}, s \vDash \sigma$ 当且仅当 $s \in V(\sigma)$

$\mathfrak{M}, s \vDash \neg \varphi$ 当且仅当 并非 $M, s \vdash \varphi$

$\mathfrak{M}, s \vDash \varphi \rightarrow \psi$ 当且仅当 如果 $M, s \vDash \varphi$, 则 $M, s \vDash \psi$

$\mathfrak{M}, s \vDash \langle P\rangle\varphi$ 当且仅当 存在 s':$s \leqslant s'$, 使得 $M, s' \vDash \varphi$

$\mathfrak{M}, s \vDash \langle M\rangle\varphi$ 当且仅当 存在 s':$s \vDash s'$, 使得 $M, s' \vDash \varphi$

在该语义定义中,称一个情境满足一个(肯定或否定的)信息元,当且仅当,具有对应主题的信息元在该情境中。这个信息元可以是肯定的也可以是否定的，一个情境满足否定信息元说明与原信息极性相反的信息存在于该情境中，如“旅行”情境满足“沿途充满风景”对应的否定信息元，说的是“旅行中沿途并非充满风景”；而情境满足信息元的否定说明该情境下主体不了解原信息，也无法判定原信息的极性。如果情境满足的是“沿途充满风景”的否定，则说明该情境不包含关于旅行中是否充满风景的信息。在完全信息的情境中，两者含义相同，但通常情况下，情境只包含主体认知到的部分信息，此时两者无法等同。称一个情境偏好一个信息元，当且仅当在同一概念域中存在一个更好的情境，该情境满足这一信息元。对应的□-算子[P]则表达强偏好，即在任意更好的情境中，都有该信息元。称一个信息元在一个情境中隐喻地为真，当且仅当，存在一个由当前情境映射到一个跨域的新情境，该情境上，原有信息元中的主题变更为该情境的主题后的新信息元为真。也就是说，一个信息在现实情境中是隐喻性的，指的是它可以映射到一个具有该性质的源域情境，这在直观上接近我们对隐喻的认识。而对[M]，一个情境满足[M]φ当且仅当在 s 映射到的所有源域世界上，都有 w 中最优先的信息，说明该性质的存在具有惯常性，已固化为主体所具有的常识。这类表达见于日常语言中常用的隐喻框架，无须增加特殊信息也能被理解者接受，所以我们称之为“弱隐喻”。

在上文中，我们定义了映射关系$\rightsquigarrow$，但要解释隐喻中的跨域映射，该关系显然过弱。隐喻基于一种广义的“相似性”而存在，这种相似性可以是某个性质的相似或同一，也可能是具身性的相似的感知，但至少，不是任何两个概念都可以构成隐喻。因此，我们要求隐喻映射首先应该建立在一个概念域中突出的情境之间。为实现这一效果，我们希望隐喻模型具有性质 $\forall s \forall t \forall u:((s \rightsquigarrow t) \wedge (t \leq u) \rightarrow (s \rightsquigarrow u))$。这一类似于传递性的框架性质，要求对于任意情境，如果它映射到谈论另一个主题的某情境，则也可以映射到同一主题下更典型的情境。

从隐喻所要求的这一特殊的模型性质中，可以得到与之对应的隐喻理解中的隐含规定。

命题1 公式 $[M]\varphi \rightarrow [M][P]\varphi$ 有效，当且仅当模型类具有性质 $\forall s \forall t \forall u:((s \rightsquigarrow t) \wedge (t \leq u) \rightarrow (s \rightsquigarrow u))$。

证明 从左到右：证明逆否命题，如果框架不满足 $\forall w \forall u \forall v:((w \rightsquigarrow u) \wedge (u \leq v) \rightarrow (w \rightsquigarrow v))$，则 $F \nvDash [M]\varphi \rightarrow [M][P]\varphi$，即 $\exists V \exists w: F,V,w \nvDash [M]\varphi$ 且 $F,V,w \nvDash [M][P]\varphi$，即 $\exists V \exists w \forall u: w \rightsquigarrow u \Rightarrow F,V,w \vDash [M]\varphi$，且 $\exists u': w \rightsquigarrow u', \exists u'': u' \rightsquigarrow u''$ 且 $F,V,u'' \nvDash \varphi$。框架不满足 $\forall w \forall u \forall v:((w \rightsquigarrow u) \wedge (u \leq v) \rightarrow (w \rightsquigarrow v))$，即 $\exists w \exists u \exists v:(w \rightsquigarrow u) \wedge (u \leq v)$ 且 $\neg(w \rightsquigarrow v)$。令 $w \in V(\varphi), u \in V(\varphi), v \notin V(\varphi)$，该赋值存在，原命题成立。从右到左：假设公式不有效，$F \nvDash [M]\varphi \rightarrow [M][P]\varphi$，即 $\exists V \exists w \forall u: w \rightsquigarrow u \Rightarrow F,V,u \vDash [M]\varphi$ 且 $\exists u': w \rightsquigarrow u', \exists u'': u' \rightsquigarrow u''$ 且 $F,V,u'' \rightsquigarrow \varphi$。由于框架满足 $\forall s \forall t \forall u:((s \rightsquigarrow t) \wedge (t \leq u) \rightarrow (s \rightsquigarrow u))$，所以由存在 $\exists u': w \rightsquigarrow u'$ 且存在 $\exists u'': u' \rightsquigarrow u''$ 可得，存在 $w \rightsquigarrow u''$。又因为 $\forall u:(w \rightsquigarrow u \Rightarrow F,V,u \vDash \varphi)$，所以 $F,V,u'' \vDash \varphi$，这与 $F,V,u'' \nvDash \varphi$ 矛盾，假设不成立，原命题成立。

满足该框架性质的有效式说明，如果一个信息是惯常隐喻表达给出的，那么在隐喻表达中，它是主体有强偏好的信息。也就是说，惯常隐喻所构建的认知框架对一个概念的典型性质有凸显作用。

命题2 在满足隐喻特性的模型中，以下公式是有效式：

(1) $[M](\varphi \rightarrow \psi) \rightarrow ([M]\varphi \rightarrow [M]\psi)$

(2) $[M](\varphi \wedge \psi) \leftrightarrow [M]\varphi \wedge [M]\psi$

(3) $[M]\varphi \rightarrow \langle P \rangle \langle M \rangle \varphi$

证明 (3)：假设公式无效，即 $\exists V \ \exists w: F,V,w \nvDash [M]\varphi \rightarrow$

$\langle P\rangle\langle M\rangle\varphi$,即 $\exists V\ \exists w: \forall u. w \rightsquigarrow u. F,V,u \nvDash \varphi$ 且 $\forall w'. w \leq w'. \forall u'. w' \rightsquigarrow u'. F,V,u' \nvDash \varphi$。令 $w' = w$,因为 $\leq$ 具有自返性,$w \leq w$,所以对任意 u',如果 $w \rightsquigarrow u'$ 则 $F,V,u' \nvDash \varphi$,这与 $\forall u. w \rightsquigarrow u. F,V,u \vDash \varphi$ 矛盾。假设不成立,原命题为真。

公式(1)和(2)体现的都是弱隐喻的信息流动能力,以此可以描述惯常隐喻认知的体系性。公式(1)说明如果从一个信息推出另一个信息的过程是隐喻性的,那么如果当前信息是隐喻的,则它推出的信息也是隐喻的。公式(2)说明在同一个惯常隐喻认知框架中,信息拆分解读和综合解读具有一致性。即惯常隐喻理解的整个过程是在源域给出的认知框架下进行的。

公式(3)说明,如果一个信息是惯常隐喻表达给出的,那么在隐喻表达中,它是主体有强偏好的信息。也就是说,惯常隐喻所构建的认知框架对一个概念的典型性质有凸显作用。

三、讨论与结论

回到上文中"人生是旅行"的例子。令 $S = \{s_1, s_2, s_3, s_4, s_5\}$,其中,

$s_1 = \{\langle$坎坷,历程,人生,0$\rangle$,$\langle$艰难,经历,人生,1$\rangle\}$,

$s_2 = \{\langle$艰难,经历,人生,1$\rangle$,$\langle$不确定,选择,人生,1$\rangle\}$,

$s_3 = \{\langle$坎坷,历程,旅行,1$\rangle\}$,

$s_4 = \{\langle$坎坷,历程,旅行,1$\rangle$,$\langle$艰难,历程,旅行,1$\rangle\}$,

$s_5 = \{\langle$行驶,火车,旅行,1$\rangle\}$

根据 f_T,可以得到 S 的划分 $\{\{s_1, s_2\}, \{s_3, s_4, s_5\}\}$,$\{s_1, s_2\}$ 可以视为主体在当前语境下的目标域,$\{s_3, s_4, s_5\}$ 为所选择的源域。

现在假设需要理解的隐喻表达为“他的历程很坎坷”。从中我们得到的信息元 $\varphi = \langle$坎坷,他的一生,人生,1$\rangle$。假设当前情境为 s_1，即说话人的唯一目的是要传递“他的经历很艰难”的信息$\langle$坎坷,他的一生,人生,1$\rangle$。因此,主体对 s_1 的偏好程度应该高于包含冗余信息的 s_2；而在构成目标域的情境集中，s_4 中包含了主体由性质“坎坷”进一步推断出的性质“艰难”,因此对其的偏好程度高于 s_4。综上,令 $\leq = \{(s_2, s_1), (s_3, s_4)\}$（这里省略了每个点都具有的自返关系），$\rightsquigarrow = \{(s_1, s_3), (s_1, s_4), (s_2, s_4), (s_2, s_5)\}$。根据语义，$\mathfrak{M}, s_1 \vDash \varphi$ 当且仅当 $s_1 \in V(\varphi)$, $V(\varphi) = \{s \mid \langle$坎坷$, \dot{a}, \dot{t}, 1\rangle\}$。显然,在该模型中，$\mathfrak{M}, s_1 \nvDash \varphi$，当前情境不满足该信息元。但存在 $s_1 \rightsquigarrow s_3$ 且 $s_3 \in V(\varphi)$，所以即 $\mathfrak{M}, s_1 \vDash \langle M\rangle\varphi$ 当前情境满足作为隐喻表达的该信息。

通过这个例子,也可以更直观地说明所要求的框架性质及其体现的隐喻特性。其中,传递性说的是,由表达所给出的“坎坷”这一性质,主体可以在“旅行”这一源域中找到同样的性质,又由“坎坷”可以进一步推出性质“艰难”,那么主体也应该能够通过隐喻映射得到这个包含“艰难”性质的情境。连通性说的是,当选择“旅行”为源域,用“坎坷”表达隐喻含义“艰难”时,主体由隐喻映射可以得到 s_3、s_4 两个目标域情境,那么,主体必须对这两个情境的可接受程度进行评判,并选择其偏好的情境进行隐喻信息的理解。在上述限制下,该逻辑能够一定程度上表达隐喻理解所涉及的信息流动。简单来说,该过程是将当前情境中的字面义信息,映射到基于另一个概念构建认知框架的新情境中,并判定其在新情境中是否被支持。

在隐喻的认知研究视角下,隐喻被认为是一种基本的认知方式,对隐喻的理解从根本上影响着人们对事物的看法;也被认为是一种惯常的表达方式,对隐喻的使用普遍存在于各种语类的表达中。尽管隐喻表达字面上为假,但并不影响人们用它进行交流,一定意义上,能在听说双方之间建立起有效的信息传递就可以视为一种为真的隐喻表达。因此,我们以信息元为基本单位,在经典模态逻辑的基础上构造了一个隐喻逻辑 L_M 来描述隐喻理解,以更基本且更具一般性的方式描述了隐喻理解的跨域性、整体性和动态性。这里,隐喻理解的动态性表现为存在不同的源域情境,在特定语境下,主体对这些情境有内在偏好;跨域性由目标域到源域的映射关系表达,如果映射到的源域中包含目标域最凸显的性质,则隐喻表达可接受;整体性则体现在隐喻信息对合取和蕴含封闭。而通过对框架及模型的限定得到的一些特殊的有效式,可以进一步反映隐喻理解的一些非显著的特有性质。

当然,该逻辑只是描述了单一语句做隐喻理解的过程,即一种上下文无关的理解情形。但当隐喻表达处于交际中时,双方的信息会不断交互和更新,实际形成的是一个多主体的动态系统。因此,进一步地考虑与动态信念逻辑结合,基于制约关系进行信念更新,从而探讨一个动态的隐喻理解模型。

参考文献

Barwise J. & Perry J., 1983, *Situations and Attitudes*. Cambridge, Mass.: MIT Press.

Blackburn P., De Rijke M. & Venema Y., 2001, *Modal Logic*. Cambridge: Cambridge University Press.

Boutilier C., 1994, Conditional Logics of Normality: A Modal Approach. *Artificial Intelligence*, 68(1).

Bowdle B. F. & Gentner D., 2005, The Career of Metaphor. *Psychological*

Review, 112 (1).

Devlin K., 1991, *Logic and Information*. Cambridge: Cambridge University Press.

Devlin K., 2006, Situation Theory and Situation Semantics. In Gabbay D. & Woods J. (eds.), *Handbook of the History of Logic, Volume 7*. Netherlands: Elsevier.

Fauconnier G. & Turner M., 1998, Conceptual Integration Network. *Cognitive Science*, 22 (2).

Gibbs R., 2019, Metaphor as Dynamical-ecological Performance. *Metaphor and Symbol*, 34(1).

Lakoff G. & Johnson M., 1980, *Metaphors We Live By*. Chicago: University of Chicago Press.

Meyer J. & Van der Hoek W., 1996, A Modal Contrastive Logic: The Logic of "But". *Annals of Mathematics and Artificial Intelligence*, 17 (2).

Mori T. & Nakagawa H., 1991, A Formalization of Metaphor Understanding in Situation Semantics. In Barwise J. et al. (eds.), *Situation Theory and Its Applications, Vol. 2*. Stanford: CSLI.

Segerberg K., 2011, A Modal Logic of Metaphor. *Studia Logica*, 99 (1-3).

Steen G., 2008, The Paradox of Metaphor: Why We Need a Three-Dimensional Model of Metaphor. *Metaphor and Symbol*, 23 (4).

Van Benthem J., 2006, *Philosophical Trend: Special Issue in Logic*. Beijing: The Chines Associate of Logic.

Von Wright G. H., 1963, *The Logic of Preference*, Edinburgh: Edinburgh University Press.

刘奋荣，2010，《动态偏好逻辑》，北京：科学出版社。

汉语隐喻认知及其计算研究*

黄孝喜

一、隐喻计算化研究概况

机器能够理解人类的语言，能够与人进行对话，这种情景在科幻电影和小说中经常可见。要让现实生活中的机器具有这样的能力正是自然语言理解研究的目标，同时也是人工智能研究的重要目标之一（周昌乐，1996）。隐喻作为一种普遍的语言现象，是处理好自然语言无法回避的重要问题，但是目前这一问题在自然语言理解中还很少体现。

传统意义上，人们往往认为隐喻是语言的异常运用，是语言使用偏离而导致的现象，属于文学语言等特殊领域，不具有普遍性。因此，长期以来哲学家、语言学家们认为隐喻相对于清晰思维来说是一种危险的因素，往往把隐喻严格限制在文学、修辞学和艺术等领域，这实际上回避了复杂的隐喻现象，局限于理性方法而不敢正视实际复杂的语言现象。随着认知科学的不断发展，人们越来越清楚地认识到隐喻在语言中所处的中心地位，看到所谓的“异常”语言实际上无比正常，而非隐喻的使用才是“异常”的，正如我们对线性与非线性的认识一样，我们再也没有理由去回避隐喻这一问题了。隐喻问题不应该回避，实际

---

* 本文原载《语言与认知研究》第6辑，社会科学文献出版社，2012年。

上也是回避不了的。隐喻是人类概念系统的一部分,人们所思考的许多方式、所体验的事物和认知活动,实际上都是隐喻的一种表征。然而,概念系统相当抽象,并非显而易见。日常生活中的思维和理解方式其实在某一层面上都受到了某种约束,只是我们往往没有察觉到而已。

从日常生活语言的使用中可以看出我们所使用的概念系统是如何组织的。莱考夫和约翰逊(Lakoff & Johnson,1980)从语言使用中找到的证据表明,在人类的概念系统中,隐喻是一个重要的基础。研究语言中大量使用的隐喻,可以推得我们如何感知外在世界、如何思考。我们以概念隐喻"辩论即战争"为例子来说明思维的隐喻性。下列为一些与"辩论即战争"相关的语句实例:

对方不断攻击我方观点的弱点。

这场论战势必会很精彩。

他的论证可以说是无懈可击。

他的反驳切中要害。

从这几个简单的句子我们可以发现,人们在辩论的时候,会把对方当作敌人,攻击他的论点,或者针对其言语攻击采取防御或者反击,而一场辩论的最终结果也是以输赢作为收场,恰如战争的胜负。我们采用战争这一较为基本的概念来理解较为抽象的辩论概念。也就是说,隐喻的本质其实就是以一个较为熟悉或简单的概念来理解另外一个较为复杂或困难的概念。

当前的自然语言理解系统大都停留在字面意义的获取上,如前所述,许多研究(特别是莱考夫等人的研究)已经表明,自然语言中充满了各种隐喻,隐喻不仅仅是语言上的修辞手段或者个别使用现象而已,而是一种无处不在的语言现象(Lakoff & Johnson,1980;Lakoff,1993;束定芳,2000;胡壮麟,2004),是一种思维的过程。它不但塑造了我们思维的模式,同时也是通往人类认知与心灵活动的一扇窗户,是有关人的认知和思维的中心问题(Lakoff & Johnson,1980;Goatly,1997)。同时,隐喻也是创造性思维的重要方面。隐喻问题能否解决将直接成为自然语言处理系统性能的瓶颈问题(俞士汶,2003;周昌乐,2007)。基于此,近年来自然语言处理领域的研究者们对隐喻的研究产生了越来越大的兴趣,国际人工智能联合会(International Joint Conferences Associated on Artificial Intelligence, IJCAI)、计算语言学联合会(Association for Computational Linguistics, ACL)和北美计算语言学联合会(North American Chapter of Association for Computational Linguistics,NAACL)分别在1992年、2003年和2007年举办了关于非字面语言处理的专题研讨会。人工智能领域的重要期刊《人工智能》(*Artificial Intelligence*)、《计算语言学》(*Computational Linguistics*)、《计算智能》(*Computational Intelligence*)等,每年均有这方面的研究论文出版,而关于隐喻专项研究的专业期刊《隐喻与象征》(*Metaphor and Symbol*)也有大量关于隐喻计算的研究成果。

自20世纪70年代以来,隐喻的计算化研究就随着隐喻理论研究热潮不断地发展着。在隐喻类比推理方面,根特纳(Gentner,1983)提出了隐喻的结构映射理论(SMT),并建立了相关的计算模型SME(Falkenhainer,Forbus & Gentner,1989;Forbus,Gentner & Law,1995);赫约克和萨伽德等人(Holyoak & Thagard, 1989; Holyoak & Hummel, 2001)提出了类比约束满足模型(ACME);维尔采用神经网络方法,构建了隐喻类比模型Sapper(Veale & Keane,1992;Veale,1995)。在词汇意义方面,威尔克斯和法斯从识别词语的隐喻、转喻、字面义和异常使用的角度出发,利用优先语义学理论(Wilks,1975),先后提出了Meta5(Fass & Wilks,1983)和Met*系统(Fass,1991);罗塞尔(Russell,1992)

采用概念依存网络，着重探讨了动词性隐喻与词语异常使用之间的区别；马丁（Martin，1990，2000）在分析常规隐喻知识的基础上，提出了一种基于隐喻知识的隐喻解释、描述和获取系统 MIDAS，并应用于 UNIX 教学系统中。在隐喻的形式化方面，斯坦哈特（Steinhart，1994，2001）在根特纳的结构映射类比理论的基础上，利用扩展谓词逻辑（XPC），构建了一个基于模态逻辑语义学的隐喻结构理论（STM），并给出了计算模型 NETMET；巴登等人（Barnden，1992；Barnden & Helmreich et al.，1996；Barnden & Lee，1999；Wallington & Barnden，2004）结合隐喻与信念推理的关系，建立了一套基于规则的隐喻推理系统 ATT-Meta。在隐喻识别方面，除了威尔克斯和法斯从优先语义学理论的选择限制冲突入手外，研究者们倾向于运用大规模语料统计方法，如：金茨（Kintsch，1972，2000，2001）利用潜在语义分析方法建立的 CI-LSA 框架；梅森（Mason，2002，2004）结合莱斯尼克（Resnik，1993）基于统计的选择限制获取方法，利用 WordNet 和语料库建立的隐喻提取引擎 CorMet 系统；伯克和萨卡尔（Birke & Sarkar，2006，2007）利用机器学习方法从语料库中识别特定词汇的隐喻用法；克里希纳库马兰和朱晓进（Krishnakumaran & Zhu，2007）利用 WordNet 的上下位语义关系和 FrameNet 所带的语义标注语料库探讨了识别形如 verb-noun、noun-verb 和 adj-noun 的隐喻的方法。

在国内，关于隐喻的计算研究虽然起步较晚，但已有初步的成果。北京大学俞士汶教授从自然语言理解角度提出隐喻与歧义一样是自然语言理解必须攻克的难题（俞士汶，2003）；台湾学者安可思教授和黄居仁教授运用 WordNet、SUMO（Suggested Upper Merged Ontology）等词汇语义本体资源，结合语料库统计方法分析了诸如 economy is buiding 等概念隐喻的映射（Ahrens，2002；Ahrens，Chung & Huang，2003）；浙江大学张威博士从回避逻辑全能问题角度构建了一个初步的汉语隐喻逻辑方法(张威,2003;张威、周昌乐,2004);北京大学王治敏博士通过在现有的《现代汉语语法信息词典》和中文概念词典(Chinese Concept Dictionary,CCD)中添加词汇的隐喻相关信息,结合机器学习中的最大熵方法,着重研究了汉语名词短语隐喻的结构和识别,并构建了汉语名词隐喻知识库(Wang et al.,2006;王治敏,2006);厦门大学周昌乐教授团队的杨芸、王雪梅和戴帅湘等在隐喻的分类、识别、生成以及语料库建设方面也有一些重要的成果(杨芸等,2004;戴帅湘等,2005;王雪梅,2005;Zhou,Yang & Huang,2007)。杨芸从“隐喻识别与理解的可分性”假设出发,提出了基于依存句法分析的“隐喻角色依存模式”形式化分析方法,构建了汉语隐喻计算分类体系,包括两大系别和 32 种类别模式(杨芸,2008;杨芸等,2008;杨芸、李剑锋、周昌乐,2008;杨芸、周昌乐、李剑锋,2008)。苏畅从隐喻的本体与喻体合作互动的角度提出一种汉语名词隐喻理解的合作逻辑方法(苏畅、周昌乐,2007;苏畅,2008)。

综观现有隐喻机器理解的研究成果,我们发现,无论是基于符号逻辑的方法,还是基于语料统计的方法,都对作为一种认知思维方式的隐喻本质特征缺乏深入研究。这使得构造的方法只能适用于特定应用领域的部分隐喻。随着隐喻认知研究的深入,隐喻的机器理解应该与这些研究成果紧密结合,利用计算手段模拟隐喻的认知机制,充分体现隐喻的认知本质。

本文主要从面向汉语信息处理的角度出发,从隐喻机器理解的知识表示方法和逻辑推理两个方面展开。

二、基于本体论的隐喻映射方法

语言理解是对言语中词语所表达的概念及其关系的理解过程。依存语法理论认为句子理解的关键在于把握联系不同词语的各种关联(Tesnière,1959)。心理语言学认为:语言理解是根据语音或文字构建言语的意义,了解说话人所传递的消息内容和意图(桂诗春,2000)。隐喻的理解是一种错综复杂的语言理解,其理解过程涉及的因素很多,如:字面意义与隐喻意义之间的转绎;隐喻跨域映射过程中涉及的背景知识及经验等。

语用学和认知语言学领域的研究对隐喻的理解过程提出了许多可参考的观点。现有的计算模型大都从语用学观点中获取关于隐喻理解的理论,较少涉及关于隐喻认知方面的成果。本节首先分别从语用学和认知语言学的观点出发,从体验哲学的观点看隐喻认知理解的涉身性,由此探讨隐喻理解映射所需的相关要素,并首次提出面向隐喻认知的通用计算理解框架。针对隐喻理解的跨域特性及知识相关性,选择本体作为知识表示模型,并在此基础上,引入概念合成理论的思想,建立一种隐喻映射的方法,为隐喻理解提供一条可能的途径。

(一)隐喻的理解过程及表征

关于隐喻的理解过程,不同学派存在不同的观点。传统的观点从语义学的角度解释隐喻,把隐喻看作词义替换或变化现象(胡壮麟,2004)。这种区别词的本义和修饰义的方法遭到许多质疑,它未能说明语言使用者如何理解看起来是变异的句子的意义,也未说明一些意义清楚的句子也可表达隐喻。单从词义难以对隐喻做出满意的解释。语用学观点注重语言作为一种话语现象，强调结合特定的语境，根据话语的字面意义在逻辑语义上的冲突或语境语用上的冲突，来判断是否应该对某一话语做出隐喻理解。就语用观点来说，话语包含两个方面的意义：字面意义和隐喻语义。字面意义是话语各组合成分的累加意义；隐喻意义则是隐喻句在具体语境中的实际意义。隐喻的理解实际上就是字面意义基础上的隐喻意义的理解。针对字面意义和隐喻意义之间的通达方式，语用学家塞尔（Searle，1993）从言语行为的角度提出了隐喻解释的八个原则，即如何根据喻体 P 来获得本体 S 的关联语义特征 R 的原则。根据这些原则，塞尔给出了字面表述、隐喻表述、反语以及间接言语行为之间的差异和相似。塞尔还给出了隐喻理解的具体步骤：首先确定是否需要对表述做出隐喻解释的策略；其次，如果确定要寻找隐喻解释，则利用某些策略或原则来寻找 R 的可能取值；最后，确定 R 的范围，即确定哪些 R 可能是 S 所要意谓的。这一理解过程被大多数的计算方法所采用，但是这一方法要求隐喻的理解过程需要与字面理解过程分离开，而实际上，现代隐喻研究表明，隐喻的理解过程并不需要有异于字面意义的理解（Ortony，1993）。

莱考夫和约翰逊（Lakoff & Johnson，1980；Lakoff，1993）的概念隐喻映射理论具体描述了隐喻的工作机制，阐明了隐喻意义的产生方式。概念隐喻的两个认知域分别称为源域和目标域。隐喻定义为用源域中的概念来理解目标域。隐喻的映射方式就是从源域到目标域。在概念隐喻理论中，源域通常是我们熟悉的、已知的或者具体的概念，而目标域往往是不熟悉的、有待于理解的或者抽象的概念。这种映射方式反映了人类从具体到抽象的基本认知方式。

莱考夫和特纳（Lakoff & Turner，1989）认为隐喻的映射主要包括以下过程：①源域中的空槽（slot）被映射到目标域的空槽上；②源域中各个元素之间的关系被映射到目标域的关系上;③源域各元素的特征(属性)被映射到目标域的特征上;④源域的知识被映射到目标域的知识上。根据概念映射理论,隐喻映射具有单向性,即由源域向目标域进行;同时又不是随意的,具有系统性的特点,即源域的结构系统地映射到目标域中。

综而观之,在认知语言学看来,隐喻的映射最好理解为一套限制,这套限制规定了源域中哪些概念可以映射到选定的目标域概念上。这些限制不仅有助于避免源域概念与目标域概念之间的任意对应,而且还有助于激发可能的对应范围。隐喻映射在本质上反映了我们处置所处世界的概念经验(Ungerer & Schmid,2001)。具体来说,隐喻映射由三个主要部分组成:①意象图式(image schemas),意象图式是与隐喻的机制研究密切相关的概念,它根植于我们的身体经验,由约翰逊提出。他把意象图式定义为"在人们与外界交互作用的过程中,反复出现、赋予我们经验一致性结构的动态性模式"(Johnson,1987)。此后,莱考夫(Lakoff,1987)对意象图式做了类似的定义:相对简单的、在我们的日常身体体验中反复出现的结构,如容器、路径、连接、动力、平衡,或某种空间方位或关系。②基本相互关系(basic correlations),基本相互关系不像意象图式那样具有涉身体验(embodied experience),但是它们能引导我们理解所处世界中的时间和动作。基本相互关系包括因果关系、相似关系、动作结果关系、目的-目标关系等。本文参考福柯涅尔概念整合理论中关于关键关系(vital relations)的论述,选择合适的基本相互关系。③文化相关评估(culture-dependent evaluations),文化相关评估是指隐喻映射涉及的是特定文化的成员,即文化语境。进一步讲,这里也涉及了我们强调的隐喻理解的主观因素。

在隐喻的认知研究中还有一个术语无法回避,那就是语言的涉身性(embodiment)。认知语义学研究者发现,许多抽象概念的意义实际上来源于涉身概念。莱考夫和约翰逊(Lakoff & Johnson,1980)认为,日常话语中使用的许多概念来源于涉身概念的隐喻映射。所谓涉身性概念认知是指我们概念的形成依赖于概念性涉身经验。婴儿的前概念经验,如身体运动经验、物体移动经验、整体感知经验以及意象图式等,均是日后概念形成与认知的基础(周昌乐,2008)。涉身认知概念通过隐喻的映射可以扩大而得到更大的概念体系,这种人类认知活动的规律即涉身性认知机制(Anderson,2003)。莱考夫和约翰逊(Lakoff & Johnson,1999)创立的体验哲学体系就认知的本质问题提出三个基本观点:①思维的无意识性(cognitive unconscious);②心智的涉身性(embodied mind);③抽象概念的隐喻性(abstract concepts are largely metaphorical)。由此可知,隐喻是身体、大脑、经验和心智的产物,从根本上是建立在涉身认知基础上的。

周昌乐教授(2008)从隐喻的这种涉身性出发,提出了一种涉身隐喻作用于概念体系的设想,如图1所示。图中的具象性概念是指人们通过感觉-运动系统的涉身经验形成的概念,即前述的涉身概念,而抽象性概念则是通过隐喻认知机制作用而形成,神经动力学作用机制是隐喻意义产生的核心机制,其中的语境信息是一种广义的语境,包含了话语情境信息、语言上下文信息以及认知主体的知识背景等。

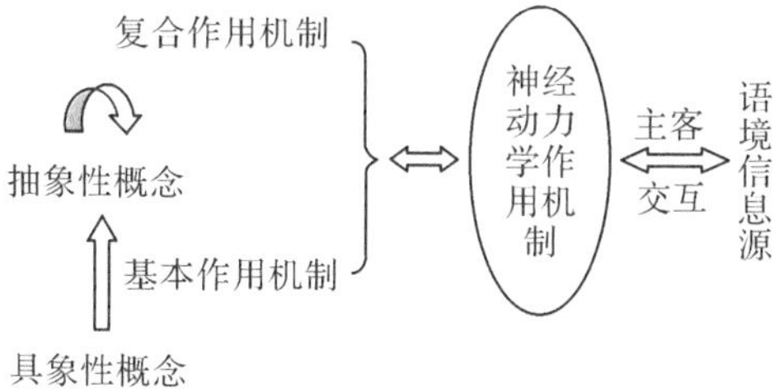

图1　涉身性隐喻作用概念体系原理图

综合隐喻理解的上述理论和观点，我们可以看到，隐喻理解过程实际上涉及的内容是多方面的，除了一般语言理解所需要的字面意义与表述意义之间的转化问题（语用学观点），还涉及关于概念知识的涉身性获取问题（涉身认知）、概念知识的层次性问题（范畴化理论）、概念映射中的约束问题（意象图式、基本关系、语境）、认知主体的主观状态因素问题以及概念映射中的类比联想机制问题，等等。于是，我们可以采用图 2 所示的框架模型来描述隐喻的理解过程。

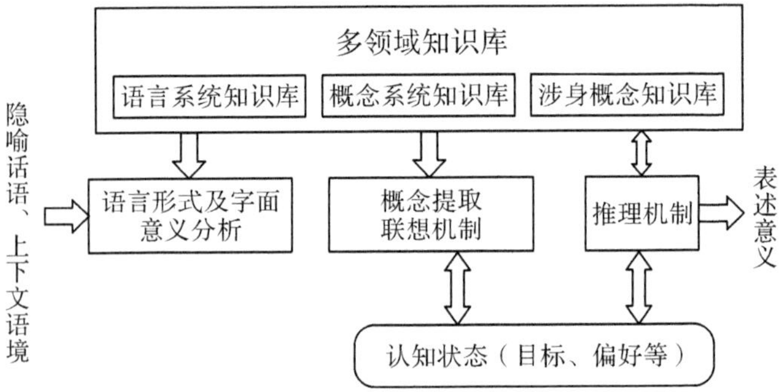

图 2　隐喻理解框架模型

框架中的各个部分主要是：

· 多领域知识库。如前所述，隐喻的理解离不开知识，包括语言形式分析和字面意义获取的语言系统知识库、涉身概念相关的基本概念知识库以及概念域相关的知识库等。

· 联想机制。联想是一种心理过程，表示由一个概念而引出其他相关的概念。鉴于隐喻的跨域特性，这里的联想机制实际上是一种双向联想机制（bisociation）（Boden，2003；Pereira，2007），指的是为两个领域中的概念发现或建立预先并不明确的关联。双向联想机制由两个部分组成，一是跨域的映射，主要是建立领域之间的元素对应关系；二是合成，利用映射的结果和领域知识，根据认知主体的认知状态，产生新的概念。

· 推理机制。推理功能建立在知识库之上，是对联想的约束，用于选择映射的结果。

· 认知状态。认知主体的状态，主要考虑隐喻理解中的主观因素影响。

这样，隐喻理解的过程可以解释为：在一定的上下文语境下，对给定的隐喻话语进行语言形式和字面意义的分析，获取隐喻各要素及其对应的概念域，然后在当前的认知状态下，结合上下文语境及概念知识库，通过联想机制产生概念之间的类比映射，并选择源域和目标域之间的相似点，最后通过推理而获得隐喻的表述意义。为了反映隐喻认知过程概念的累积性，隐喻理解过程中的推理结果能够扩充到涉身概念知识库和概念系统知识库中。

（二）隐喻知识的本体论描述

我们知道，隐喻理解离不开知识，同时，由于隐喻涉及跨域的映射，因此，需要涉及多个领域的知识。知识的描述不可避免地涉及概念，因而关于概念及其关系的表示是一个至关重要的问题。我们采用本体论的方法来组织概念及其关系，隐喻映射中的各个概念域知识采用统一的本体描述语言。然后，在本体形式化方法的基础上，进一步采用概念合成方法对隐喻映射进行描述，从而为隐喻映射过程提供一种形式描述方法。

本体论（ontology）原本是一个哲学概念，指关于存在及其本质和规律的学说，后被用于研究实体存在性和实体存在的本质等方面的通用理论（Gruber，1993）。在人工智能领域，人们借用这一理论，把现实世界中某个领域抽象或概括成一组概念及概念之间的关系，构造出该领域的本体。

本体的逻辑基础是描述逻辑。描述逻辑是一种基于对象知识表示的形式化语言,是一阶谓词逻辑的一个可判定子集。巴德尔等人(Baader et al. ,2003)详细介绍了描述逻辑的起源、理论基础及应用情况。与一阶谓词逻辑不同的是,描述逻辑系统能够提供可判定的推理服务,具有较强的推理能力。本体的描述语言有多种,最具代表性和实用性的是 OWL 语言(Daly et al. ,2004)。我们的本体实现采用 OWL 语言来描述。

戈梅斯和科乔(Gómez-Pérez & Corcho,2002)归纳出了建立知识的本体模型所需的五个基本建模原语,分别是:①概念(concepts)或类(classes):指任何事物对象,从语义上讲,它表示的是对象的集合;②关系(relations):表示领域中概念之间的交互作用,形式上定义为 n 维笛卡尔积的子集 $R:C_1 \times C_2 \times ... \times C_3$,对应着 n 元对象元组集合。他们在其中定义了四种基本关系,part-of、kind-of、instance-of 和 attribute-of;③函数(functions):是一种特殊的关系,该关系的前 $n-1$ 个元素可以唯一地确定第 n 个元素。形式化地定义为 $F:C_1 \times C_2 \times \cdots \times C_{n-1} \rightarrow C_n$;④公理(axioms):表示永真的断言;⑤实例(instances):表示论域中的元素,即对象。

在这五个基本原语的基础上,我们给出能够处理隐喻知识本体描述的概念原语定义。

定义 1　概念原语　概念原语包括以下内容。

1)概念成分:用于描述概念,通常包括实体、事件等,表示为 C_1,C_2 等。

2)关系名:用于关联两个概念,表示为 R_1,R_2 等。关系中的两个概念分别称为 domain 和 range,并且分别由一个论元角色来指定它们所能指称的概念，如 $R_1(T_1:C_1,T_2:C_2)$，表示在关系 R_1 的 domain 由来自于概念 C_1 的个体充当论元角色 T_1，range 由来自概念 C_2 的个体充当论元角色 T_2。

3）论元角色名：用于指定关系中的概念所扮演的角色，即论元角色是对关系中各参元概念的约束。

4）个体名：用于描述个体对象。

5）概念和关系层级（conceptual taxonomy）：概念与概念之间的层级关系，关系与关系之间的层级关系，对应于戈梅斯和科乔的 kind-of 基本关系，记为 $\subseteq$ 或 isa。

6）部分-整体层级关系（meronomy taxonomy）：表示概念与概念之间的部分-整体关系层级，对应于戈梅斯和科乔的 part-of 基本关系，记为@ 或 partOf。

7）实例关系：表示个体对象与概念之间的关系，对应于戈梅斯和科乔的 instance-of 基本关系。

8）等价关系：表示两个概念是等价的，记为 $\equiv$。

9）隐喻关系：表示一个概念在某些情况下被看作另一个概念，记为 ~ 。

显然，在定义 1 中，我们把概念原语分为两种不同类型：概念成分、关系名、论元角色名和个体名是节点类型；其他的均为联结类型。如果运用图论的术语来说明，节点类型对应着图的顶点，而联结类型则对应着图中顶点与顶点之间的边。

在概念原语基础上，结合描述逻辑的语法和语义，我们给出概念和公式的递归定义。

定义 2　概念和公式　设 C_1 和 C_2 都是概念名，a 和 b 是对象名，R 是一个关系名，T_1 和 T_2 是论元角色名，则：

· C_1 和 C_2 均为概念；

· $C_1 \cap C_2$，$\neg C$ 和 $\exists R.C$ 都是概念；

· $T_1:C_1$ 是概念；

· $C_1(a)$，$R(a,b)$，$C_1 \equiv C_2$，$C_1 @ C_2$，$C_1 \subseteq C_2$，$C_1 \sim C_2$ 是原子公式；

· 原子公式的布尔组合也是公式，即如果 α 和 β 是公式，则 $\alpha \wedge \beta$ 和 $\neg \alpha$ 也为公式。

定义 3　语义解释　概念原语的语义模型定义为二元组 $\langle \Delta^I, \cdot^I \rangle$，其中 Δ^I 为非空集合，表示 I 的论域，$\cdot^I$ 是一个解释函数，它将每个概念 C 解释为 Δ^I 的一个子集 $C^I(C^I \subseteq \Delta^I)$，每个关系 R 解释为 Δ^I 上的二元关系 $R^I(R^I \subseteq \Delta^I \times \Delta^I)$，每个论元角色 T 解释为 N_T 中的元素 T^I，每个个体对象 a 解释为 Δ^I 的元素 $a^I(a^I \in \Delta^I)$。那么，任意概念和公式 φ 在 I 中的真值可以递归定义如下：

· $(C_1 \cap C_2)^I = C_1^I \cap C_2^I$；

· $(\neg C)^I = \Delta^I \backslash C^I$；

· $(\exists R.C)^I = \{x \in \Delta^I \mid \exists y \in C^I, R^I(x,y)\}$；

· $(T_1 : C_1)^I = \{x \in \Delta^I \mid \lambda(x) = T_1^I\}$，其中 λ 是一个函数，用于指派对象的论元角色；

· $I \vDash C(a)$，当且仅当 $a^I \in C^I$；

· $I \vDash R(a,b)$，当且仅当 $R^I(a^I, b^I)$；

· $I \vDash C_1 \subseteq C_2$，当且仅当 $C_1^I \subseteq C_2^I$；

· $I \vDash C_1 @ C_2$，当且仅当 $x \in C_1^I, y \in C_2^I, \mathrm{partOf}(x,y)$；

· $I \vDash \varphi \wedge \varnothing$，当且仅当 $I \vDash \varphi$ 且 $I \vDash \varnothing$；

· $I \vDash \neg \varphi$，当且仅当 $I \vDash \varphi$ 不成立。

公式 φ 在 I 中为真，记为 $I \vDash \varphi$，我们称 I 为 φ 的一个模型。如果存

在公式 φ 的一个模型,则称 φ 是可满足的。对于概念 C, 如果存在一个模型 I, 使得 $C^I \neq \varnothing$, 则称 C 是可满足的。

此外,我们还需要对部分-整体关系的性质做进一步约束,即部分-整体关系是传递的,如果 C_1 是 C_2 的一部分, C_2 是 C_3 的部分,则 C_1 也是 C_3 的部分,形式化定义为: $C_1 @ C_2 \wedge C_2 @ C_3 \rightarrow C_1 @ C_3$。在上述概念形式描述语言的基础上,我们就可以给出本体模型的形式定义。

给定领域空间 $\langle D, W\rangle$, 其中 D 是领域, W 是领域中的事件集(可能世界),定义本体模型如下:

定义 4　本体模型　本体定义为八元组 $O = \langle C, H_C, R, H_R, P, T, A, D\rangle$, 其中 C 是概念集, $H_C \subseteq C \times C$, 表示概念之间的包含关系,用 rdfs:SubClassOf 来描述; $R \subseteq C \times C$, 是概念之间的二元属性关系,用 owl:ObjectProperty 来描述; $H_R \subseteq R \times R$, 是属性之间的包含关系,用 rdfs:SubPropertyOf 来描述; $P \subseteq D \times DT$ 是概念的数据类型属性,用 owl:DatatypeProperty 来描述,其中 $DT \subseteq D$ 是数据类型集; $T \subseteq C \times TH$, 表示论元角色,用 owl:ObjectProperty 描述,其中 $TH \subseteq D$ 是论元角色集; A 是由描述语言给定的公理集,并可用于推理; D 是论域。实际上,本体 O 中的所有成员都可以描述为形如 $\langle subject, predicate, object\rangle$ 的三元组。

概念原语中的等价关系通过 owl:EquivalentClass 来描述,部分-整体层级关系 partOf 定义为 R 中的元素,通过 owl:TransitiveProperty 来描述,表示 partOf 是一个传递性属性。

在自然语言中,概念的表现形式是词汇,为了能够有效地处理隐喻语言中涉及的各类概念,必须让自然语言文本与本体中的各元素建立关联。参考 Text-to-Onto 方法(Maedche & Volz, 2001),我们定义一个文本到本体元素的映射:

$$\Gamma = \{\Gamma^C, \Gamma^R, F, G\}$$

其中：Γ^C 和 Γ^R 分别称为概念和关系的词汇入口（lexical entries）；$F \subseteq \Gamma^C \times C$ 和 $G \subseteq \Gamma^R \times R$ 分别表示概念和关系的所指。对于概念词汇 $l \in \Gamma^C$，定义 $F(l) = \{c \in C \mid (l,c) \in F\}$，而对于概念 $c = C$，定义 $F^{-1}(c) = \{l \in \Gamma^C \mid (l,c) \in F\}$（同样地，可以定义 G 和 G^{-1}）。

简单地说，文本到本体元素的映射可以看作一个本体的词库（lexicon）。在这里，Γ^C 和 Γ^R 中的词汇可以是多种语言的文本，同时考虑到词汇的多义和同义现象，因此，F 和 G 是一种多对多的关系。表1的词汇意义矩阵模型（Fellbaum，1998）进一步说明了这种多对多关系。

表1　概念和词汇之间的关系

概念	词汇			
	l_1	l_2	l_3	l_4
c_1	$E_{1,1}$			
c_2		$E_{2,2}$	$E_{2,3}$	
c_3	$E_{3,1}$	$E_{3,2}$		$E_{3,4}$
c_4				$E_{4,4}$

在表中，$E_{i,j}$ 表示词汇 l_j 与概念 c_i 之间存在着意义关系，即 $(l_j, c_i) \in F$。从中我们可以看出 l_1、l_2 和 l_4 都是多义词，而 l_2 和 l_3 是同义词。通过借用语义三角关系（奥格登、理查兹，2000），我们可以说明词汇、概念和论域对象之间的关系，如图 3 所示。

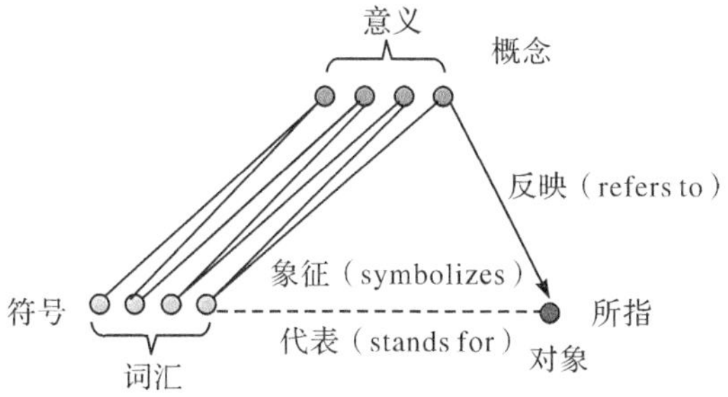

图 3　词汇、概念和对象的语义三角形解释

在文本和本体元素之间的映射基础之上，我们定义一个词汇概念空间。

定义 5　词汇概念空间是一个 5 元组 Ω ＝ (L, LR, M, η, SR)，其中：

1）集合 L 称为 Ω 的词汇集。

2）LR 称为词汇关系集合，可用于描述词语之间的关系，如反义关系、分词关系、派生关系等。

3）M 是 Ω 的意义集合，M 中的元素 m 是词汇所表示的一种意义，每个意义对应着本体中的概念。

4）函数 $\eta: L \rightarrow 2^M$，对于任意词语 $l \in L$，$\eta(l) = \{m_1, \ldots, m_k\}$，表示 l 具有 k 个意义，分别为 $m_1, \ldots, m_k$。

5）SR 称为概念关系集合，用于描述概念与概念之间的关系，如上下位关系、整体-部分关系等，对应着本体中概念与概念之间的关系。

通过对 WordNet① 结构的分析，我们把 WordNet 形式化为词汇概念空间 Ω ＝ (L, LR, M, η, SR)，其中 L 为 WordNet 中所有的词语集合，

① 我们结合了东南大学计算机学院提供的中文 WordNet，http://aturstudio.com/wordnet/windex.php。

LR 由 WordNet 中的词汇关系组成，M 为 WordNet 中所有的词义构成，SR 由 WordNet 中的语义关系组成，函数 η 用于获取词语在 WordNet 中所拥有的意义，如 η（“bank”）= {bank#n#1，bank#n#2，bank#n#3，bank#n#4，bank#n#5，bank#n#6，bank#n#7，bank#n#8，bank#n#9，bank#n#10，bank#v#1，bank#v#2，bank#v#3，bank#v#4，bank#v#5，bank#v#6，bank#v#7，bank#v#8}，表示词语 bank 拥有 18 个意义，其中作为名词有 10 个，动词 8 个。

进一步地，利用 OWL 语言，我们将 WordNet 词汇概念空间实现为一个 OWL 描述的本体，称为词汇概念知识本体（lexical ontology）。

根据 WordNet 词汇概念空间，WordNet 的数据被划分为三个部分，即词汇、词义和同义词集，分别定义为 Word、WordSense 和 Synset 三个类，其中 Word 和 WordSense 对应于 Ω 中 L 和 M，而 Synset 用于指称本体中的概念，如图 4 所示。其中 Synset 和 WordSense 根据词性细分为多个子类，Word 细分的子类 CasedWord 用于描述 WordNet 中的专有名词和搭配词，Frame 和 SentenceGroup 为动词的辅助类。WordNet 中的各类数据以属性的形式来描述，详细的数据类型及其所应用的类见文献（黄孝喜，2009）。

图 5 给出了整个词汇概念知识本体的结构，整个体系结构可以分为三个层次：词语层、词义层和概念层。每个 WordSense 表示某个词语的一个词义，如果一个词是多义的，那么就可以有多个 WordSense 与它关联（通过 hasSense 属性）。从图 5 可以看出，词义关系均处于词义层，而语义关系则处于概念层。

利用 WordNet 元知识表示体系，我们就可以把 WordNet 的数据文件转换为 OWL 描述的词汇概念知识本体，其中 WordNet 中的词语、词义和同义词集分别定义为 Word、WordSense 和 Synset 的实例。

- WNSchema
  - Frame
  - SentenceGroup
  - ▼ Synset
    - ▼ AdjectiveSynset
      - AdjectiveSatelliteSynSet
    - AdverbSynset
    - NounSynset
    - VerbSynset
  - ▼ Word
    - CasedWord
  - ▼ WrodSense
    - ▼ AdjectiveWrodSense
      - AdjectiveSatelliteSynSetWrodSense
    - AdverbSynsetWrodSense
    - NounWrodSense
    - VerbWrodSense

图 4　词汇概念本体的元知识类层次

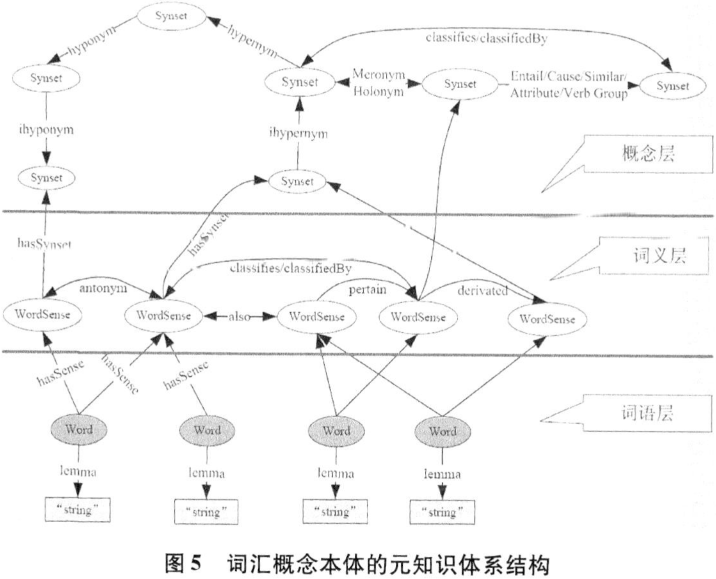

图 5　词汇概念本体的元知识体系结构

通过本体模型和词汇概念知识本体，考虑到隐喻涉及两个域之间的映射，我们进一步给出关于本体映射的形式描述，从而可以用来刻画本体之间的各种互动操作，包括两个本体之间的对应关系、本体和本体之间的融合等。

定义 6　本体映射　假设本体 O 中的词汇集为 Σ_O，用 ε 表示空对象 null。本体映射定义为一个映射函数 $\rho: \Sigma_{O_S} \rightarrow \Sigma_{O_T}$，其中 O_S 和 O_T 分别表示源本体和目标本体，使得：

$$\forall s \in \Sigma_{O_S}(\exists t \in \Sigma_{O_T}: \rho(s) = t \text{ 或者 } \rho(s) = \varepsilon)$$

我们用 $\rho(O_S, O_T)$ 表示从 O_S 到 O_T 的映射。

隐喻跨域映射是一种较为抽象的映射，因此比一般的本体映射要复杂，涉及的具体要素也要多些。我们曾讨论过隐喻语言的要素，然而隐喻的语言形式只作为一种基础描述，此外还需要在概念层面给出隐喻知识的形式化描述。从概念层面来看，隐喻除了源域、目标域、喻底和标记语这些要素外，还应包括如下两个方面：

第一，相似点。源域和目标域之间映射的基础是相似点。隐喻中的相似是指源域与目标域之间的相似，而不仅仅是两个概念之间的相似，语言层面上的喻底只是隐喻相似点的一个方面。根据相似点的有无，隐喻可以划分为基于相似点的隐喻和创造相似点的隐喻（Indurkhya，1992）。

第二，语境。隐喻的生成和理解都离不开语境。语境包括上下文语境和认知主体的认知状态。上下文语境是指隐喻话语提供的各类信息，认知主体的认知状态涉及主体的主观状态和背景知识。

基于这样的考虑，隐喻知识的形式化描述除了提供有关源域、目标域的描述方法外，还要能够提供相似点的选择（针对基于相似点的隐喻）和产生（针对创造相似点的隐喻）、语境的形式描述。

为此，在上述有关隐喻本体模型的知识描述方法的基础上，我们从语言和概念两个层面来考虑隐喻映射的形式化问题。在语言层次上，隐喻的形式化是在隐喻话语的语法语义分析后，标注以隐喻要素的方式来描述，我们采用隐喻角色依存模式的描述方法。而在概念层面上，隐喻是源域和目标域之间的映射关系，我们利用福柯涅尔（Fauconnier，1994）的心理空间来表示源域和目标域，而心理空间的表现形式为本体。

设隐喻话语依存模式为 $M=(T, Met_T, Met_S, Met_G, Met_M)$，其中 T 是隐喻话语对应的依存树，$Met_*$ 为隐喻话语的语言要素，均为 T 的子树集合。我们可以从 M 中获得关于源域和目标域的相关信息，分别用 O_S 和 O_T 来表示。在此基础上，我们给出隐喻映射的形式定义。

定义 7　隐喻映射　对于源域本体 O_S 和目标域本体 O_T，Σ_O 表示本体 O 的词汇表，隐喻映射定义为关系 $\tau(O_S, O_T)$，满足：

$$\exists x \in \Sigma_{O_T}(\exists y \in \Sigma_{O_S}: x \sim y)$$

其中，$x \sim y$ 来自于概念原语（定义 1），表示 x 在某种情况下可看作 y。

如前所述，隐喻映射还依赖于源域和目标域之间的相似点（即在某种情况下可看作），这就要求我们给出关于相似性的形式刻画。

隐喻的生成和理解依赖于寻找源域和目标域之间的相似点。特维斯基（Tversky，1977）给出了一个关于相似性的特征模型。在心理学中，相似性是一种存在于两个感知对象之间的关系，是一种人的心理反应。目前，关于相似性形成的机理尚不明确，只能通过观察外在表现来描述相似性所具有的性质。林德康（Lin，1998）从信息论的角度提出了一组具有广泛意义的相似性定义。他认为，相似性定义应该符合以下四个直觉：①对象 a 和 b 之间的相似性与它们之间的相同点相关，相同点越多，相似性越大；②对象 a 和 b 之间的相似性与它们之间的相异点有关，相异点越多，相似性越小；③如果对象 a 和 b 之间只存在相同点而没有相异点，则称 a 和 b 是相同的，其相似性最大；④如果对象 a 和 b 之间只存在相异点而没有相同点，则称 a 和 b 是互斥的，相似性最小。

从中我们可以看出，相似性是相同点和相异点的统一体，共同点是相似性的基础，而相异点是相似性的补充。

心理学领域最早提出的相似性模型是几何相似性模型。几何模型认为，相似性满足四个基本公理：自相似的常数性、最小性、对称性和三角不等性。心理学实验表明，几何模型并不完全符合人的相似性感觉（Tversky，1977；MacCormac，1985）。由于几何模型的这些不足，特维斯基提出了一个集合理论模型来替代几何模型。他认为对象之间的相似性应满足匹配性、单调性和独立性。假设对象 a 和 b 的特征集分别是 A 和 B，则匹配关系定义为：

$$s(a,b) = F(A \cap B, A - B, B - A) \quad (1)$$

即两个对象之间的相似性与它们之间的相同点（$A \cap B$）、相异点（属于 A 但不属于 B，$A - B$；属于 B 但不属于 A，$B - A$）有关。在此基础上，特维斯基进一步给出了相似性的单调性和独立性。对于满足匹配性、单调性和独立性的相似性函数 s，存在一个相似度量 S，非负函数 f 以及正常数 θ、α 和 β，对于所有的对象 a,b,c,d，满足：

1) $S(a,b) \geqslant S(c,d)$ 当且仅当 $s(a,b) \geqslant s(c,d)$；

2) $S(a,b) = \theta f(A \cap B) - \alpha f(A - B) - \beta f(B - A)$

罗德里格斯和埃根霍费尔（Rodríguez & Egenhofer，2003）在特维斯基模型的基础上，提出了一个标准的相似性模型，其公式如下：

$$S(a,b) = \frac{f(A \cap B)}{f(A \cap B) + \alpha f(A - B) + \beta f(B - A)} \quad (2)$$

其中 a 和 b 是本体中的概念，A、B 分别是概念 a 和 b 的特征集合，f 是一个非负函数，α 和 β 表示不同的相对显著性，$0\leqslant\alpha,\beta\leqslant 1$，且 $\alpha+\beta=1$。罗德里格斯把显著性函数定义为集合中元素的个数，$f(A)=|A|$。

综合林德康的观点和特维斯基模型，我们可以看出相似性具有不对称性。在特维斯基模型中，不对称性通过参数 α 和 β 的取值来实现，也就是说特维斯基通过引入相异点到相似性度量中，使得相似性具有方向性。特维斯基模型中的非负函数 f 称为显著性函数，它受上下文和主观因素的影响，但特维斯基并没有给出如何构建该函数。罗德里格斯的模型把 f 定义为特征的个数，只能体现特征数量对相似性的影响，还不能体现特维斯基的原始观点。

我们认为，特维斯基模型反映了相似性作为一种心理反应的特性，而其非对称性、上下文相关和人的主观因素都与隐喻的特性密切相关。基于此，我们参考罗德里格斯的模型，定义一个源域和目标域对象之间的相似性度量：

$$S(a^T,b^S)=\omega_w S_w(a^T,b^S)+\omega_u S_u(a^T,b^s)+\omega_n S_n(a^T,b^s)$$

其中 a^T，b^S 分别表示目标域和源域中的概念，S_w 表示词汇层面的相似性，S_u 表示属性层面的相似性，S_n 表示语义邻近的相似性，$\omega_w,\omega_u,\omega_n\geqslant 0$ 表示不同层次的相似性权重。把公式(2)中的 α 修改为关于 a 和 b 的函数，则公式(2)变换为：

$$S(a,b)=\frac{f(A\cap B)}{f(A\cap B)+\alpha(a,b)f(A-B)+(1-\alpha(a,b))f(B-A)} \tag{3}$$

函数 α 可以用于说明两个概念之间的特征显著性的重要程度，也可以用于指定认知主体对概念的认知程度。词汇层面的相似性 S_w 通过计算概念之间的相似性获得，属性层面的相似性 S_u 定义为与概念相关的关系之间的相似性,而邻近相似性 S_n 则定义为概念上下位、部分-整体关系等相关概念之间的相似性。

(三)概念合成框架下的隐喻映射方法

概念合成理论也称为概念整合理论,是为了处理如隐喻、转喻和违实推理等具体认知现象而由福柯涅尔和特纳(Fauconnier & Turner,2002)提出的。概念合成通常涉及两个输入的心理空间,然后根据给定的映射,产生第三个心理空间,称为合成空间。这个新产生的空间保持了输入空间的部分结构,并且增加了自身的涌现结构(emergent structure)。概念合成理论是在莱考夫的概念隐喻理论基础上提出来的,因而概念合成过程与隐喻的解读机制具有密切的联系。加上概念合成是跨域的部分映射,而隐喻的认知解读同样是以各相关领域的某个相似性作为基础,因此,可以说概念合成是对隐喻的意义构建进行阐释(Grady,Oakley & Coulson,1999)。

概念合成是一种部分的跨空间映射,它对输入空间进行部分并有选择性的投射,并在合成空间中产生涌现结构,其整个认知运作过程,如图 6 所示。图 6 的整体表示为一个概念整合网络,圆圈表示心理空间。它由多个心理空间组成,包括 1 个类属空间(Generic Space)、2 个输入空间(Input Space)和 1 个合成空间(Blending Space),连接中间两个圆圈的两条实线表示输入空间之间的对应连接关系,连接各圆圈之间的虚线表示输入空间、类属空间和合成空间之间的连接,合成空间中的方框表示涌现结构。

对于隐喻的建构或解读,输入空间 1 就是指隐喻中的源域,输入空间 2 是指隐喻的目标域;类属空间是一个比较抽象的组织结构,它是由同属于两个输入空间的结构组成;合成空间,是指从类属空间里继承事

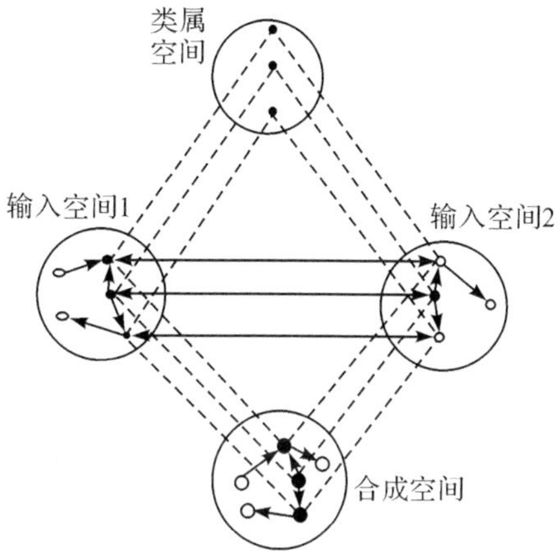

图6　概念整合网络模型

件与结果的关系,并将两个输入空间中的成分和结构有选择地对应起来,形成一个在一定程度上有别于原输入空间的概念结构;涌现结构,指当两个输入空间的元素被部分而有选择地映射到合成空间后,通过认知操作过程的相互作用而产生的结构。

概念合成的基本单元是心理空间。心理空间是指人们在思考或者交谈时为了达到局部理解与行动的目的而构建的概念集合。它们不是语言形式本身或语义结构本身的一部分,而是语言结构中相关信息的临时结构(Goatly,1997)。心理空间通过框架来组织,心理空间之间相互关联,并可以随着思维和语篇的展开进行修改。从形式表征的角度来看,心理空间可以看作一个语义网络,其中的节点代表概念(对应心理空间中的元素)并通过关系相连。因此,我们可以采用上面的本体模型来表示心理空间,对其进行形式化表征。心理空间之间的联系,即建立从一个空间中的元素到另一个空间中的元素之间的映射,就可以通过本体映射来实现,其中产生合成空间的映射即跨域的隐喻映射。

隐喻概念合成中的认知操作主要包括组合(composition)、完善

(completion)和扩展(elaboration)[①]。此外,还要通过引入关键关系来对模型进行细化。关键关系用于描述跨域映射中的具体类型,包括:变化(change)、同一(identity)、时间(time)、空间(space)、因果(cause-effect)、部分-整体(part-whole)、表征(representation)、角色(role)、类比(analogy)、反类比(disanalogy)、属性(property)、相似(similarity)、范畴(category)、意图(intentionality)和唯一(uniqueness)等。所有的合成过程都需要经过压缩控制原则进行细化。所谓压缩就是指把两个输入空间概念之间的关系引入合成空间,把空间外部关系转化为空间内部关系。除了压缩控制原则外,为了得到更为合理的涌现结构,合成过程中还需要满足一系列的优化原则。

在概念合成理论中,福柯涅尔用框架来表示心理空间的结构。在这里,我们采用本体来描述心理空间,并针对不同心理空间在概念合成过程中所处的位置,分别给出对应的本体定义及其功能。

类属空间相当于一个通用的本体,在合成过程中为概念的映射提供背景知识等信息。设类属空间本体为 $GO = \langle C, H_C, R, H_R, P, T, A, D\rangle$。类属空间本体的主要功能包括:①提供背景知识;②为输入空间本体之间的映射提供必要的支持,比如输入空间中概念之间的相似性、类比性、语义关系等信息。

本文的类属空间本体构建以知网(HowNet[②])(Dong & Dong,2006)为基础,参照一些文献(陈克健等,2004;Chen et al.,2005)对知网进行扩展的方法[③],对知网的义原体系结构进行了合理的调整,使之成为用

---

① 福柯涅尔和特纳论文中的佛教徒谜题例子详细地说明了概念合成框架的主要构成和过程(Fauconnier & Turner,2002)。

② http://www.keenage.com.

③ http://ckip.iis.sinica.edu.tw/taxonomy/taxonomy-doc.htm.

于描述概念与概念之间、概念所具有之属性间的关系的本体知识库。知网义原中的{entity|实体}和{event|事件}两棵子树组成概念集 C,层次结构 H_C 如图7 所示。关系 R 表示概念之间的各种属性关系,包括知网提供的实体角色和属性;论元角色集 TH 由事件角色组成,用于描述动词概念的论元角色;实体角色和事件角色主要来自知网义原集合中的动态角色(event role and feature)和第二特征(secondary feature),还结合了北京大学中国语言学研究中心的"现代汉语语义词典"形容词语义分类树①,属性则来自知网义原体系中的"attribute|属性"子树。实体角色和事件角色的层级结构分别如图 8 和图 9 所示。

输入空间用于描述隐喻源域和目标域的知识,分别用输入空间本体 IO_S 和 IO_T 来表示源域和目标域。相对于类属空间扮演的通用本体,输入空间是认知主体在理解隐喻过程中根据隐喻角色在线生成的结构。输入空间本体的形成方法如下:

从隐喻识别标注的句子中获取相应的隐喻角色概念。隐喻识别标注后的句子以 XML 格式传送,如图 10 所示。图中的 XML 元素 sent 表示句子原文,其属性 id 表示该句在树库中的编号,属性 met 用于标记是否存在隐喻,yes 表示存在隐喻现象,no 表示不存在,属性 metcls 用于标注具体隐喻类型信息,其值的首字母表示大类信息,如 D 表示指称型隐喻,C 表示搭配型隐喻,子类信息则通过在大类后面加标号形式来表示,最后通过冒号来指定该类在句中发生的位置。当句子中出现多个隐喻现象时,类别之间通过分号来区分,如图 10 的句子共出现了两个搭配型隐喻(metcls 标注为"C. 5:2;C. 4:6"),分别为"心里盛开"构成的状中结构搭配隐喻(C. 5)和"慈爱之花"构成的定中搭配隐喻

① http://ccl. pku. edu. cn/cclsemdict/.

- ▼● event_事件
  - ▼● act_行动
    - ▼● ActGeneral_泛动
      - ● cease_停做
      - ● do_做
      - ● DoNot_不做
      - ● sart_开始
      - ● wait_等待
    - ▼● ActSpecific_实动
      - ▼● AlterGeneral_泛变
        - ● alter_改变
        - ▶● control_控制
        - ● stabilize_使不变
      - ▶● AlterSpecific_实变
  - ● static_静态
    - ▼● corelation_关连
      - ▶● arithmetic_数量关系
      - ▶● be_是
      - ▶● CauseResult_因果关系
      - ▶● comparison_相比关系
      - ▶● connective_关联关系
      - ▶● inclusive_蕴涵关系
      - ▶● OwnOrOwnNot_领属关系
      - ▶● suit_相适关系
      - ▶● TimeOrSpace_时空关系
  - ● state_状态
      - ▶● StateMental_精神状态
      - ▶● StatePhysical_物理状态

- ▼● object_物体
  - ▼● space_空间
    - ▶● place_地方
  - ● thing_万物
    - ▶● fact_事情
    - ▶● group_群体
    - ▼● mental_精神
      - ● aspiration_意愿
      - ● duty_责任
      - ● emotion_情感
      - ● experience_感受
      - ▶● InfoCarrier_信息载体
      - ▶● information_信息
      - ▶● regulation_规矩
      - ● rights_权利
      - ● thinking_思想
      - ● willpower_意志
    - ▼● physical_物质
      - ▼● animate_生物
      - ▶● AnimalHuman_动物
      - ● bacteria_微生物
      - ▶● BodySubstance_身体部件
      - ▶● plant_植物
    - ● inanimate_无生物
      - ▶● artifact_人工物
      - ▶● NaturalThing_天然物
      - ● waste_废物
  - ▼● time_时间

图7 类属空间本体概念层次图(节选)

(C.4),其中前者发生在以“盛开”为根的子树(词序号为2),而后者发生在以“花”为根的子树(词序号为6)。词语信息由元素word来描述,属性id表示词语在句中的位置,pos表示词性,parent表示该词依存的父节点位置,relate表示依存关系。当某个节点是隐喻角色时,通过属性metrole来表示具体的角色。对于标注为源域角色或目标域角色的词语,通过访问词汇概念知识本体获取其所代表的概念。

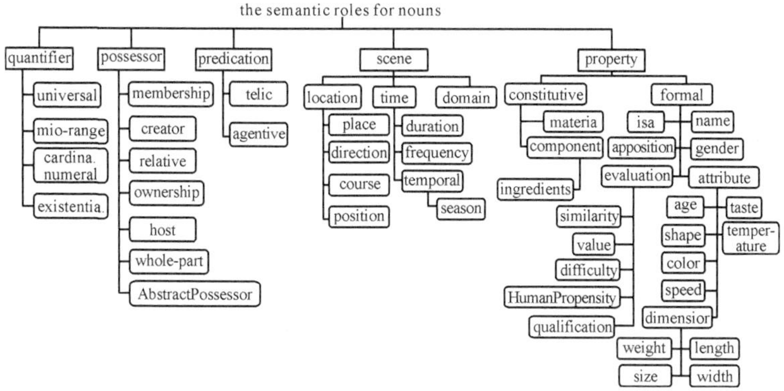

图 8 属性层次(陈克健等,2004)

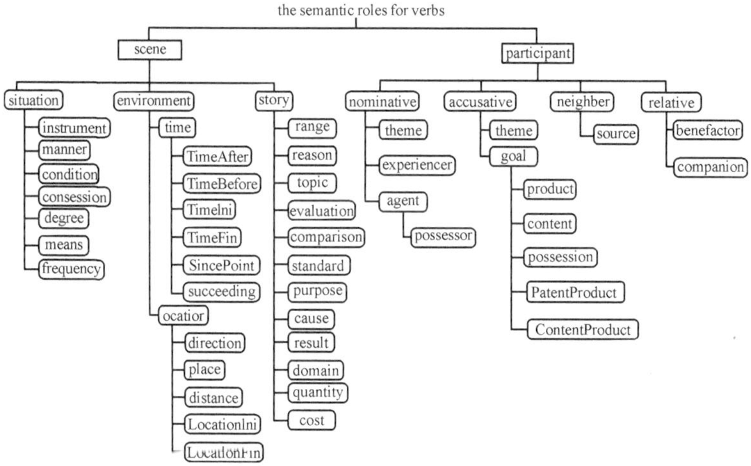

图 9 语义角色层次(陈克健等,2004)

经过这样处理以后,福柯涅尔的四空间概念整合网络实际上就扩展为由五个空间组成的网络,即图 6 扩展为图 11 所示的网络结构。图

```
<sent id = "7" cont = "她心里盛开着慈爱之花。" met = "yes" metcls = "C.5:2; C.4:6" >
    <word id = "0" cont = "她" pos = "r" parent = "2" relate = "SBV" wsd = "Aa04" metrole = "Met_T" />
    <word id = "1" cont = "心里" pos = "nl" parent = "2" relate = "ADV" wsd = "Df02" metrole = "Met_T"/>
    <word id = "2" cont = "盛开" pos = "v" parent = "-1" relate = "HED" wsd = "Ib21" metrole = "Met_S" >
<arg id = "0" type = "A0" beg = "0" end = "0" />
    <arg id = "1" type = "AM-LOC" beg = "1" end = "1" />
</word>
    <word id = "3" cont = "着" pos = "u" parent = "2" relate = "MT" wsd = "Fa18"/>
    <word id = "4" cont = "慈爱" pos = "a" parent = "5" relate = "DE" wsd = "Ee01" metrole = "Met_T"/>
    <word id = "5" cont = "之" pos = "u" parent = "6" relate = "ATT" wsd = "Kd01" />
    <word id = "6" cont = "花" pos = "n" parent = "2" relate = "VOB" wsd = "Bh02" metrole = "Met_S"/>
    <word id = "7" cont = "。" pos = "wp" parent = "2" relate = "PUN" wsd = "-1"/>
</sent>
```


图 10　隐喻角色依存描述的 XML 格式

中增加了词汇知识本体和语境信息对源域和目标域两个输入空间的约束。

为描述的方便，根据概念原语和本体模型的定义，我们可将本体模型看作图结构，其中图的节点表示概念成分、题元角色名和个体名，边则为其他的概念原语。这样，概念合成就可以看作寻找图之间的同构、匹配和映射关系。

福柯涅尔的概念合成理论给出了三个认知操作，即组合、完善和扩展。在这三个认知操作之前，两个作为输入的概念域中的元素首先要被投射到合成空间中。我们首先定义一个抽象的映射算子来表示心理空间上的对应关系。

定义映射算子 φ 为心理空间上的对应关系，即 $\varphi: O_1 \times O_2 \rightarrow \Theta$，其中 O_1 和 O_2 表示心理空间本体，而 Θ 表示 O_1 和 O_2 中所有元素的可能配对。为了能够生成尽可能多的候选匹配，本文在映射过程中采用了

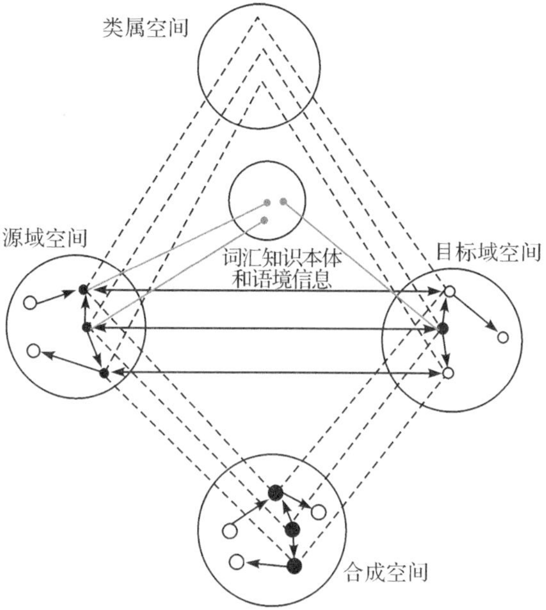

图 11　改编的概念整合网络

Sapper 模型中的三角规则和修整规则,相应地,映射算子由两个步骤组成:第一步,利用三角规则和修整规则发现潜在的映射;第二步,对所有的候选匹配进行评估,然后有选择地投射到合成空间。其中第一步由两部分构成:在第一部分中,如果两个输入的心理空间中的两个元素 a 和 b 均通过关系 R 与同一个元素 c 关联,则利用三角规则, a 和 b 之间可建立一个映射关系 $\varphi(a, b)$; 在第二部分中,根据修整规则,如果 O_1 中的元素 a 和 b 之间、O_2 中的 c 和 d 之间均存在关联 R ,而在 b 和 d 之间存在映射关系 $\varphi(b, d)$, 则 a 和 c 之间可建立一个匹配关系 $\varphi(a, c)$, 不断地循环第一步,直到没有更多的匹配关系建立。经过第一步后,所有可能的匹配均已被建立。

映射算子的第一步由函数 GenerateCandidates 实现,算法 1 给出该函数的第一次循环的伪码。第二次循环与此代码类似,只是在第⑦到⑨行变为修整规则的代码。

算法 1　GenerateCandidates

输入:目标域空间本体 T,源域空间本体 S,类属空间本体 G

输出:T 与 S 之间所有可能的映射关系列表

流程:

```
① ArrayList < Pair >  candidates =  new ArrayList < Pair > ( ) ;
② for( Node nodeT ; T) //对于目标域的每个节点
③    ArrayList < Edge >  curEdges = nodeT. getRelation( ) ;//获取该节点的所有相关的边
④    for( Edge edgeT: curEdges) //对该节点的所有相关边遍历
⑤       Node desc  =  edgeT. getEnd( ) //获取当前边的终点
⑥       for( Node nodeS ; S) //遍历源域本体的节点
⑦          if( nodeS. hasRelation( edgeT. name, desc) ) //三角规则
⑧            Candidates. add( new Pair( nodeT, nodeS) ) ;
⑨          end if
⑩       end for
⑪    end for
⑫ end for
```

映射算子的第一步实际上承担的是概念合成框架中的组合认知操作的第一步,接下来要从这些候选的配对中有选择地投射。根据概念合成理论的压缩和控制优化原则,我们对每个候选匹配对设定一个整合度(integrated degree)的量化公式。假设 $m = (nodeT, nodeS)$ 是一组候选匹配对,则 m 的整合度定义为:

$$I(m) = \frac{(m.size - 1) \times 2}{(nodeT.rSize + nodeS.rSize)} \tag{4}$$

上式中，节点的 *rSize* 属性表示该节点相连的边个数，*m. size* 表示由 *nodeT* 和 *nodeS* 引出的目标域 *T* 和源域 *S* 之间的匹配数，其中包含了从源域 *S* 投射到 T 中的元素。

映射算子的第二步即根据每组候选匹配对的整合度进行选择，将整合度大于设定阈值的候选配对投射到合成空间中。

例 1　市场是大海。

经过句法分析和隐喻角色标注以后，上例的隐喻角色依存模式如图 12：


```
<sent id = "0"  cont = "市场是大海。"  met = "yes"  metcls = "D.1" >
    <word id = "0"  cont = "市场"  pos = "n"  parent = "1"  relate = "SBV"  wsd = "Cb28"  metrole = "Met_T"/>
    <word id = "1"  cont = "是"  pos = "v"  parent = "-1"  relate = "HED"  wsd = "Ja01"  metrole = "Met_M" >
    </word>
    <word id = "2"  cont = "大海"  pos = "n"  parent = "1"  relate = "VOB"  wsd = "Be05"  metrole = "Met_S"/>
    <word id = "3"  cont = "。"  pos = "wp"  parent = "2"  relate = "PUN"  wsd = "-1"/>
</sent>
```


图 12　“市场是大海”隐喻角色依存模式

根据输入空间本体形成方法，首先通过隐喻角色依存模式获得源域角色“大海”和目标域角色“市场”，然后通过访问词汇概念本体获得对应的输入本体，得到关于概念“大海”和“市场”的本体描述①，记为 IO_S 和 IO_T，分别如图 13 和图 14 所示，图中矩形框表示概念，圆圈表示属性，椭圆表示可取的属性值，isa 是概念上下位关系，partOf 为部分-整体关系，val 表示属性的可能取值集合，虚线表示概念-属性关系。

---

① 在中文 WordNet 中，“市场”有三个概念意义，分别对应英文 WordNet 的三个同义词词集，即 η(“市场”) = {market#n#1, market#n#5, plaza#n#1}。本文关注的是对隐喻理解机制的建模，因而暂不考虑词义消解问题，采用人工选择的方式进行排歧。

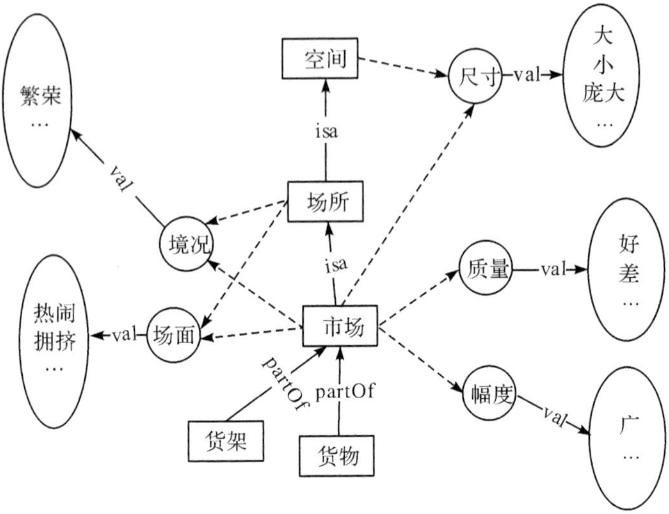

图13 “市场”在输入空间本体 IO_T 中的片段

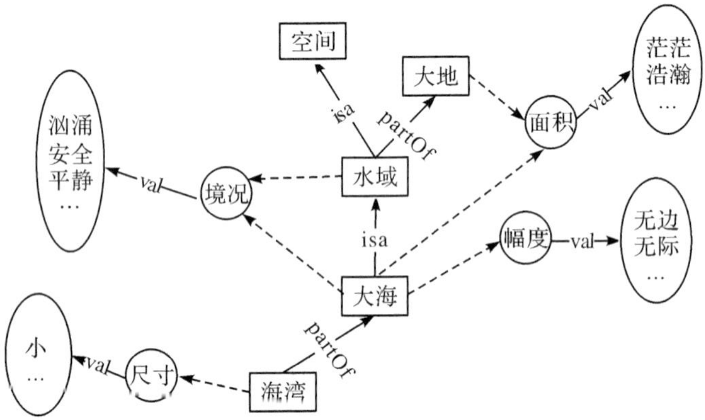

图14 “大海”在输入空间本体 IO_S 中的片段

根据算法1,我们取阈值为0.5,由三角规则得到匹配的对有:m_1 =(“场所”,“水域”),其整合度值为0.6667;m_2 =(“市场”,“大海”),其整合度值为0.4,因而 m_1 是一个有效的候选匹配。再一次循环时,通过修正规则，利用 m_1 的关系，可得 m_2 的整合度变为 0.6，大于阈值，m_2 进入首选匹配。最后通过 m_2，由修整规则产生新的候选匹配 m_3 =（“货物”，“海湾”）和 m_4 =（“货架”，“海湾”），其整合度均为 0.6667，符合阈值要求。最后得到例 1 的概念映射结果，如表 2 所示。

表 2　概念映射结果示例

目标域概念	源域概念	整合度	相似点
场所	水域	0.6667	境况，空间
市场	大海	0.6	境况，幅度，水域
货物	海湾	0.6667	大海
货架	海湾	0.6667	大海

如果我们继续设置一个相似点个数阈值，则可以进一步限制最后的概念映射结果，如：设相似点个数必须大于 2，则上述映射只有第二个为有效。对于例 1 来说，其隐喻解释可通过属性“境况”“幅度”，以及源域概念和目标域概念的共同上位概念“水域”来进行理解。隐喻概念合成的最后结果是有选择地将源域输入空间和目标域空间的元素投射到合成空间，由算法 1 得到的映射配对结果投射到合成空间后，确定源域概念的属性具体哪些取值被投射到目标域概念的对应属性，取决于许多因素，如理解者的知识背景和语境信息。如本例中源域概念“大海”的属性“境况”可以取多个属性值①（图 14 中椭圆区内），各个属性值有可能是对立关系，即在逻辑上是矛盾的，这就需要在隐喻理解

① 属性和属性值知识库见黄孝喜（2009）博士论文第六章。

中引入认知主体的主观因素。

三、引入主体主观因素的隐喻逻辑刻画

隐喻机制的生命力来自语言生态中的逻辑机制(Steinhart,2001),因此,使用逻辑方法来分析隐喻的意义也是一项重要的研究内容。实际上,隐喻本身就是一种运用类比思维进行意义表述的话语方式,本节探讨构造一种逻辑系统来进行隐喻意义的类比释义。

在过去几年中,学者们提出了多个隐喻逻辑系统,如:斯坦哈特(Steinhart,2001)的隐喻结构理论,张威的隐喻逻辑(张威、周昌乐,2004),苏畅的隐喻合作逻辑(苏畅、周昌乐,2007)等。但从整体上看,隐喻理解的逻辑研究目前还处于起步阶段。这些逻辑系统大都侧重于属性的构建,而对概念与概念之间关系的表征较少涉及。因此,有必要在隐喻逻辑刻画中引入关于概念表征方面的方法,即结合本体模型来构建逻辑系统。

此外,隐喻的理解需要认知主体的知识,不同认知主体对同一个隐喻有不同的理解,这说明隐喻的理解涉及认知主体的主观认知状态,包括隐喻话题的世界知识、认知主体的信念、意图等。目前的逻辑系统主要关注隐喻理解的客观知识的表达,很少引入有关隐喻理解的语境信息和理解者的认知状态因素。因此,隐喻理解的逻辑刻画的另一个重点是考虑主体的认知状态和语境信息。

基于上述考虑,我们在对已有的隐喻逻辑系统进行分析的基础上,结合认知逻辑理论(Hintikka,1962;周昌乐,2001)和本体模型(定义4),通过引入认知模态算子,构造一种隐喻理解的认知类比逻辑释义系统(epistemic analogy,EA)。

（一）认知类比逻辑系统 EA

认知逻辑是有关知识和信念的逻辑，能够处理有关“断定”“知道”“相信”“认为”“理解”等认知概念的逻辑问题。针对隐喻的理解问题，本文引入“理解”认知模态算子 U，用于表示主体的主观状态。我们在基本一阶认知逻辑基础上给出 EA 系统语言 L_{EA}^{m} 的定义，其中 m 表示主体的个数。

定义 8（语言 L_{EA}^{m}）　设 Prop 为所有原子命题集，Agt 是 m 个认知主体集，记为 Agt = $\{1, \cdots, m\}$，PS 为所有的谓词集合，CS 为一个有限的个体常量集合，VS 为个体变元集合，FS 为所有的函数集合，FS、CS 和 VS 统称为概念集 Concept，函数 ar 为每个谓词和函数指定一个唯一的非负整数，表示它们的参元个数，我们用 P_n 和 F_n 分别表示 n 元谓词和 n 元函数的集合，因此原子命题可以看作 0 元谓词，而原子命题集可以作为常量谓词集的子集，记为 P_0。语言 L_{EA}^{m} 为满足以下条件的最小闭集：

1）所有的一阶谓词逻辑的合式公式；

2）如果 a 和 b 均为概念，则 $ab \in {L_{EA}}^{m}$；

3）如果 $\varphi \in {L_{EA}}^{m}$，则 $U_i\varphi \in {L_{EA}}^{m}$。

其中，$a \sim b$ 表示要素 a 和 b 不可辨别，$U_i\varphi$ ①表示主体 i 理解公式 φ。

为了构造要素之间的不可辨别性，我们首先定义一个替换操作：

定义 9（替换）　设 a 和 b 是两个概念，φ 是任意一个一阶公式，替换操作的过程由如下步骤组成：

1）令 c 是不在 φ 中出现的变元，把 φ 中所有 a 的出现用 c 来替换，得到公式 φ_1；

2）把 φ_1 中所有 b 的出现用 a 来替换，得到公式 φ_2；

---

① 当只考虑单个主体时，我们将忽略模态算子的下标。

3）把 φ_2 中所有 c 的出现用 b 替换，得到公式 φ_3。

φ_3 为替换操作的结果，记替换操作为 $\mathrm{Subs}(\varphi, a, b) = \varphi_3$，即把公式 φ 中要素 a 和 b 进行交换。

在替换操作的基础上，我们进一步给出不可辨别性的定义。

定义 10（不可辨别性） 设 Γ 是一个一阶闭公式集，如果存在满足以下条件的一阶闭公式 φ：

· $\Gamma \vdash \varphi$，表示 φ 可由 Γ 推导而来；

· $\Gamma \vdash \neg\, Subs(\varphi, a, b)$ 或 $\Gamma \vdash \neg\, Subs(\varphi, b, a)$。

则称 a 和 b 在 Γ 下是可辨别的；若不存在上述的 φ，则称 a 和 b 在 Γ 下是不可辨别的，记为 $I(\Gamma, a, b)$

接下来我们就可以进一步地给出 EA 的公理系统。

定义 11（公理系统） EA 公理系统包括如下公理和规则：

（PL） 所有一阶谓词逻辑的重言式；

（AU1） $(\forall x)\varphi \rightarrow \varphi_{[x/d]}$，其中 $[x/d]$ 表示用任意 d 替换 φ 中的变量 x；

（AU2） $(\forall x)(\varphi \rightarrow \psi) \rightarrow (\forall x\varphi \rightarrow \forall x\psi)$；

（MP） $\dfrac{\varphi, \varphi \rightarrow \psi}{\psi}$；

（RM） $\dfrac{\varphi \rightarrow \psi}{U_i\varphi \rightarrow U_i\psi}$；

（RG） $\dfrac{\varphi}{(\forall x)\varphi}$；

（DR） $\dfrac{\Gamma, I(\Gamma, a, b), \neg\,(\Gamma \cup \{\neg\,\varphi\}, a, b)}{\varphi}$。

其中，公理（PL）和三段论（MP）沿用了命题逻辑，（AU1）（AU2）和（RG）都是谓词逻辑中的公理和规则。规则（DR）是 EA 系统新增的

“缺省规则”,其中 Γ 为一阶闭公式集, a 和 b 为个体词项, φ 为一阶公式,缺省规则的直观含义是:给定 Γ ,如果 a 和 b 在 Γ 下不可辨别,而把 φ 的否定加入 Γ 就会使得 a 和 b 可辨别,那么可以非单调地假设 φ 成立。

定义 12(模型)　认知类比逻辑模型 M 是一个元组 $\langle S,R,D,Agt,\pi,\tau\rangle$,其中 S 是所有情境的集合,每个情境就是一个状态,R 是可达关系集合, $R_i \subseteq S\times S$ 是一个序列、传递、偶性的二元关系,表示主体 i 的心智状态, D 为论域,包含了个体变量符号集 VS、函数集 FS 和谓词集 PS,π 是一个解释函数,它在每个情境 s 中,为 D 中的每个原子命题赋予真值,为每个 n 元谓词 P 解释为 D 的 n 笛卡尔积,即 D^n。τ 也是一个解释函数,为每个函数符号进行解释(独立于情境)。

一个可能世界 w 由一个模型 M 和一个明确的情境 s 构成,记为 (M,s)。此外,我们还设定赋值函数 $g: VS\to D$, 用于解释个体变量。用 $g_{[x/d]}$ 表示等价于 g 的一个赋值函数,除了 x 取 $d\in D$ 的其他可能取值,所有的赋值函数组成赋值函数集 G。

定义 13(个体词项的 EA 解释)　在可能世界 $w=(M,s)$ 中,词项 x 的值定义为:

$$val_{w,g}(x) = \begin{cases} g(x), if\ x \in V \\ \tau(f)(val_{w,g}(a_1),\cdots,val_{w,g}(a_n))\ if\ x\in F\ and\ x=f(a_1,\cdots,a_n) \end{cases}$$

我们用 ψ 表示推理环境, $M,s,g\vDash^{\psi}\varphi$ 表示在推理环境 ψ 下,相对于赋值函数 g 公式 φ 在情境 s 中为真,而 $M,s,g\ \Dashv^{\psi}\varphi$ 表示在推理环境 ψ 下,相对于赋值函数 g 公式在可能世界 w 中为假。这样,尽管公式的真值解释与标准模态谓词逻辑类似,但是这里的定义显然有部分语义学(Thijsse,1992)的效果,即如果 $\varphi\notin\psi$, 由 $w,g\nvDash^{\psi}\varphi$ 不能推出 $w,g\ \Dashv^{\psi}\varphi$, 直观地说,就是当一个公式不在推理环境中时,系统无法判断它的真值。此外，考虑到推理者的主观状态，我们用 ψ_s 表示推理者在情境 s 中所觉知到的公式和概念的集合。除了上述受限制的解释关系外，我们也同时给出标准的解释关系（$\vDash$）。

定义 14（EA 系统语义解释） 设 φ,ψ 是认知公式，v 是一个变量，$w=(M,s)$ 公式的解释定义为：

· $w\vDash^{\psi}p$，当且仅当 $\pi(s,p)=true$，且 $p\in\psi$（其中 p 为原子命题）；

$w\ \dashv^{\psi}p$，当且仅当 $\pi(s,p)=false$，且 $p\in\psi$（其中 p 为原子命题）；

$w\vDash p$，当且仅当 $\pi(s,p)=true$（其中 p 为原子命题）；

· $w,g\vDash^{\psi}P(t_1,\cdots,t_n)$，当且仅当 $(val_{w,g}(t_1),\cdots,val_{w,g}(t_n))\in\pi(s,p)$，且 $t_1,\cdots,t_n\in\psi$；

$w,g\ \dashv^{\psi}P(t_1,\cdots,t_n)$，当且仅当 $(val_{w,g}(t_1),\cdots,val_{w,g}(t_n))\notin\pi(s)(p)$，且 $t_1,\cdots,t_n\in\psi$；

$w,g\vDash P(t_1,\cdots,t_n)$，当且仅当 $(val_{w,g}(t_1),\cdots,val_{w,g}(t_n))\in\tau(s,p)$；

· $w,g\vDash^{\psi}t_1=t_2$，当且仅当 $val_{w,g}(a_1)=val_{w,g}(a_2)$，且 $t_1,t_2\in\psi$；

$w,g\ \dashv^{\psi}t_1=t_2$，当且仅当 $val_{w,g}(a_1)\neq val_{w,g}(a_2)$，且 $t_1,t_2\in\psi$；

$w,g\vDash t_1=t_2$，当且仅当 $val_{w,g}(a_1)=val_{w,g}(a_2)$；

· $w,g\vDash^{\psi}\neg\varphi$，当且仅当 $w,g\ \dashv^{\psi}\varphi$；

$w,g\ \dashv^{\psi}\neg\varphi$，当且仅当 $w,g\vDash^{\psi}\varphi$；

$w,g\vDash\neg\varphi$，当且仅当 $w,g\vDash\varphi$；

· $w,g\vDash^{\psi}\varphi\wedge\psi$，当且仅当 $w,g\vDash^{\psi}\varphi$ 且 $w,g\vDash^{\psi}\psi$；

$w,g\ \dashv^{\psi}\varphi\wedge\psi$，当且仅当 $w,g\ \dashv^{\psi}\varphi$ 或者 $w,g\ \dashv^{\psi}\psi$；

$w,g\vDash\varphi\wedge\psi$，当且仅当 $w,g\vDash\varphi$ 且 $w,g\vDash\psi$；

· $w,g\vDash^{\psi}(\exists x)\varphi$，当且仅当 $(\exists d\in D):w,g_{[x/d]}\vDash^{\psi}\varphi$；

$w,g \dashv^{\psi} (\exists x)\varphi$,当且仅当$(\forall d \in D):w,g_{[x/d]} \dashv^{\psi}\varphi$;

$w,g \vDash (\exists x)\varphi$,当且仅当$(\exists d \in D):w,g_{[x/d]} \vDash \varphi$;

· $w,g \vDash^{\psi} a \sim b$,当且仅当$I(\psi \cap \psi_s,a,b)$,其中$a$和$b$是概念;

$w,g \dashv^{\psi} a \sim b$,当且仅当$\neg I(\psi \cap \psi_s,a,b)$,其中$a$和$b$是概念;

$w,g \vDash a \sim b$,当且仅当$I(\psi_s,a,b)$,其中a和b是概念;

· $w,g \vDash^{\psi} U_i\varphi$,当且仅当$\forall t,(s,t) \in R_i,v = (M,t)$,有$v$,$g \vDash^{\psi \cap \psi s} \phi$;

$w,g \dashv^{\psi} U_i\varphi$,当且仅当$\exists t,(s,t) \in R_i,v = (M,t)$,有$v$,$g \dashv^{\psi \cap \psi s} \varphi$;

$w,g \vDash U_i\varphi$,当且仅当$\forall t,(s,t) \in R_i,v = (M,t)$,有$v,g \vDash^{\psi s} \varphi$;

· $w \vDash \varphi$,当且仅当$\forall g \in G,w,g \vDash \varphi$;

$\vDash \varphi$,当且仅当$\forall M,\forall s,w = (M,s),w \vDash \varphi$。

在上述定义下,我们可以进一步地给出 EA 系统的各种定理,并分析其性质。

(二)EA 系统的定理和性质

首先我们证明经典模态谓词逻辑中的巴肯公式在 EA 系统中成立,即定理 1:

定理 1(巴肯公式)　$(\exists x)U_i\varphi \to U_i(\exists x)\varphi$

证明:设可能世界$w = (M,s)$

$w,g \vDash (\exists x)U_i\varphi \Leftrightarrow \exists d \in D,w,g_{[x/d]} \vDash U_i\varphi$　根据存在量词的语义解释

$\Leftrightarrow \exists d \in D,\forall t,(s,t) \in R_i,v = (M,t),v,g_{[x/d]} =^{\psi_s} \varphi$

根据 U 算子的语义解释

$\Leftrightarrow \forall t,(s,t) \in R_i,v = (M,t),v,g \vDash^{\psi_s} (\exists x)\varphi$　根据存在量词的语义解释

$\Leftrightarrow w,g \vDash U_i(\exists x)\varphi$　根据 U 算子的语义解释

证毕■

定理 2(紧缩定理) 设 ψ_1 和 ψ_2 是两个推理环境,并且 $\psi_1 \cap \psi_2 \neq \varnothing$,$\varphi$ 和 ϕ 为两个公式,$w = (M,s)$,φ 和 ϕ 分别满足 $w,g \models^{\psi_1} \varphi$ 和 $w,g \models^{\psi_2} \varphi$,则 $w,g \models^{\psi_1 \cap \psi_2} \varphi \wedge \phi$。

证明:根据合取式的语义解释定义,显然可以得到结论。证毕■

性质 1 完备性

1)EA 系统对于$\models$是完备的,即对于 $\forall M, \forall s, \forall g, w = (M,s)$ 公式 φ,要么 $w,g \models \varphi$ 成立,要么 $w,g \models \neg \varphi$ 成立;

2)(a)如果 $\psi \subseteq \psi'$,且 $w,g \models^{\psi} \varphi$ 成立,则 $w,g \models^{\psi'} \varphi$ 成立

(b)如果 $\psi \subseteq \psi'$,且 $w,g \dashv^{\psi} \varphi$ 成立,则 $w,g \dashv^{\psi'} \varphi$ 成立

定理 3(协调性) 设 Γ 是一个协调的一阶闭公式集,若 $I(\Gamma, a, b)$,$\neg I(\Gamma \cup \{\neg \varphi\}, a, b)$,则 $\Gamma \cup \{\varphi\}$ 是协调的。

证明:我们采用反证法来证明。假设 $\Gamma \cup \{\varphi\}$ 是不协调的,则可得 $\Gamma \vdash \neg \varphi$,由 $I(\Gamma, a, b)$ 可以得到 $I(\Gamma \cup \{\neg \varphi\}, a, b)$,这与已知条件 $\neg I(\Gamma \cup \{\neg \varphi\}, a, b)$ 相矛盾,故假设不成立,即 $\Gamma \cup \{\varphi\}$ 是协调的。证毕■

有了上面这些定理和性质,参照认知状态理论(周昌乐,2001),我们进一步给出关于稳定集的定义。

定义 15(稳定集) 设 Γ 是协调的一阶闭公式集,我们引入算子 Σ,对于任意一阶公式集 S,定义 $\Sigma(S)$ 为满足以下条件的最小公式集:

1) $\Gamma \subseteq \Sigma(S)$;

2)如果 $\varphi \in \Sigma(S)$,且 $\varphi \to \phi$,则 $\phi \in \Sigma(S)$;

3)如果 $I(S, a, b)$,$\neg I(S \cup \{\neg \varphi\}, a, b)$,则 $\varphi \in \Sigma(S)$,其中 a 和 b 是概念。

特别地,如果一个一阶公式集满足 $\Sigma(E) = E$,我们称 E 是 Γ 在算

子 Σ 下的一个稳定集，E 也可以认为是主体的一种认知状态。根据缺省逻辑理论（Reiter，1980），我们这里的稳定集相当于 Σ 下的一个扩张。

定理4（类比定理）　设 S 是一阶闭公式集，a 和 b 是概念。如果 $\varphi \in S$，且 $I(S, a, b)$，则有：$Subs(\varphi, a,b) \in \Sigma(S)$

证明：令 $W = S \cup \{\neg Subs(\varphi, a,b)\}$，根据 $\varphi \in S$，可得 $S \vdash \varphi$，由此，我们可以得到 $W \vdash \varphi$，而由 W 的定义，我们有 $W \vdash \neg Subs(\varphi, a,b)$，再根据定义 15，可得 $Subs(\varphi, a,b) \in \Sigma(S)$。证毕■

从直观上看，类比定理的意思是：如果已知公式 $\varphi \in S$，且概念 a 和 b 在当前知识状态下不可辨别，那么，在 φ 中互相替换 a 和 b 所得的新公式也可以假定为成立。这也符合我们对类比的直观认识，说明我们构建的 EA 逻辑系统具有类比推理的能力。

推论1　如果 $\varphi \in E$，且 $I(E, a, b)$，其中 E 是一个稳定集，则 $Subs(\varphi, a,b) \in E$，即在 EA 认知状态理论中，类比推理是封闭的。

（三）EA 系统在隐喻理解中的应用

隐喻的重要语义特征是目标域概念和源域概念之间具有显著差异或者语境中存在尖锐冲突，完全相同的两个概念显然不能构成隐喻。我们知道，凸显（highlighting）和消隐（suppression）是隐喻思维机制的两个方面（Goatly，1997），忽略差异性，凸显有选择的相似性，源域概念的有选择相似特性随从于目标域概念刻画，而源域的差异性则剔除出目标域概念刻画。我们了解到，隐喻意义的理解实际上是将源域的经验映射到目标域，从而达到重新认识目标域特征的目的。

在这一节，我们将上述的认知类比逻辑系统应用到隐喻的理解中去。考虑到自然语言的复杂性，为了解释的方便，我们在使用中不考虑逻辑量词，只考察单个主体的情况。在第二节我们了解到，本体论的逻辑基础是描述逻辑，而描述逻辑是一阶逻辑的可判定子集（Baader et al.，2003），因此，我们将 EA 系统中的概念知识由本体模型来描述。鉴于本节关注的是隐喻理解的推理过程，我们对定义 4 的本体模型进行简化处理，忽略其中的数据类型部分，设领域空间为$\langle W,D\rangle$，其中 W 是所有可能世界集合，D 为论域，TH 为论元角色集合，则一个本体模型表示为 $O=\langle C,H_C,R,H_R,T,A,D\rangle$，其中 C 和 R 是两个不相交的集合，C 中的元素为概念，R 中的元素为关系，H_C 和 H_R 分别表示概念和关系的层级关系，T 为每个关系的论元赋予论元角色，A 为本体的公理集。论元角色集是个封闭的集合，这里我们参考斯坦哈特（Steinhart，2001）的扩展谓词逻辑方法，将论元角色集设定为类属空间本体中的事件角色。

根据概念合成框架，由知网扩展的类属空间本体记为 GO，由隐喻话语上下文生成的输入空间分别记为源域输入空间本体 IO_S 和目标域输入空间本体 IO_T。

针对“NP1 vx NP2”句式的简单指称型隐喻，设当前推理环境为 Ψ，通过访问词汇概念本体获取 NP1 和 NP2 两棵子树的中心词所代表的概念，记为 C_T 和 C_S，构建公式 $C_T \sim C_S$，则要理解此类隐喻，即在当前推理环境 Ψ，公式 $C_T \sim C_S$ 在认知类比逻辑系统 EA 中的真值。

我们回顾前一节关于隐喻例子“市场是大海”的分析，经过执行合成算法后，得到概念“市场”和“大海”之间通过“境况”“幅度”和“水域”三个本体元素建立匹配映射关系，而最终选择哪个属性作为该隐喻的解释则需要具体语境和理解者的主观介入。利用本节的逻辑系统，我们可以进一步地分析这一过程。假设在当前情境 s 下满足公式“汹涌～险恶”，则当以“境况”作为相似点来理解“市场～大海”的时候，通过替换“市场”的“境况”属性值可获得关于“市场的境况险恶”的隐喻解释。如果主体 i 的认知状态中包含了隐喻关系"无际～机会"①,则在相似点"幅度"的作用下,在推理环境和 i 的认知状态下为真,即理解为"大海"的幅度值"无际"理解为"市场"中的"机会"。

四、隐喻处理系统 MetaphorSuite

在前文给出的隐喻知识表示和概念合成方法的基础上,我们构建了一个隐喻处理系统 MetaphorSuite,整合了我们在隐喻识别和映射方面所做的工作。系统的主要功能包括隐喻语料的标注编辑、语言浅层分析、隐喻知识的提取和表征、本体知识的构建、隐喻映射过程等。

(一) MetaphorSuite 的总体框架

图 15 给出了 MetaphorSuite 的总体框架。系统按照功能划分为隐喻识别分类、隐喻映射、语料库标注编辑和知识库操作四个部分,其中隐喻识别分类采用杨芸和李剑锋开发的系统,语料库标注编辑为一个辅助工具,目的是用于辅助修改和存储系统生成的中间结果或最终结果。

MetaphorSuite 采用 Java 语言为主要开发语言,Eclipse 3.4② 为开发环境。系统所用到的资源包括:

1) 中文依存句法分析系统(哈尔滨工业大学信息检索研究室提供的语言技术平台共享包 2.0③);

2) 英文同义词词典 WordNet④;

---

① 如:在市场活动中,范围广表示机会大。

② http://www.eclipse.org.

③ http://ir.hit.edu.cn/demo/ltp/SharingPlan.htm.

④ http://wordnet.princeton.edu.

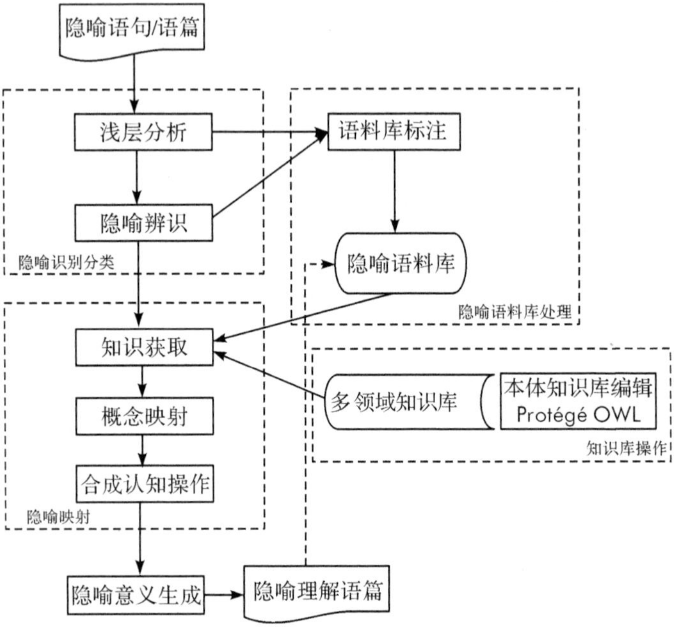

图 15　MetaphorSuite 设计框图

3）中文 Propbank①；

4）同义词词林（扩展版）（哈尔滨工业大学信息检索研究室提供）；

5）中文 WordNet②；

6）常用动词搭配词库（厦门大学艺术认知与计算实验室提供③）；

7）知网 HowNet 2000④；

8）中文词语相似度计算工具（刘群等）、英文词语相似度计算软件

---

① http://verbs. colorado. edu/verb-index/index. php.

② http://aturstudio. com/wordnet/windex. php.

③ http://mac. xmu. edu. cn/.

④ http://www. keenage. com/.

包 wn-similarity①；

9）本体构建工具 Protégé 3.4②、OWL API③、JENA④；

10）《读者》语料库、《人民日报》1998 年 1 月语料库⑤、文学比喻词典。

其他的语料包括浙江大学语言与认知研究中心提供的各种比喻词典、经济类新闻报道标题隐喻语料库、《钱江晚报》新闻标题隐喻语料库、科普小品文等。

系统的主界面如图 16 所示。根据隐喻机器处理分为预处理、隐喻识别、隐喻映射、隐喻解释和语料库编辑工具五个模块。

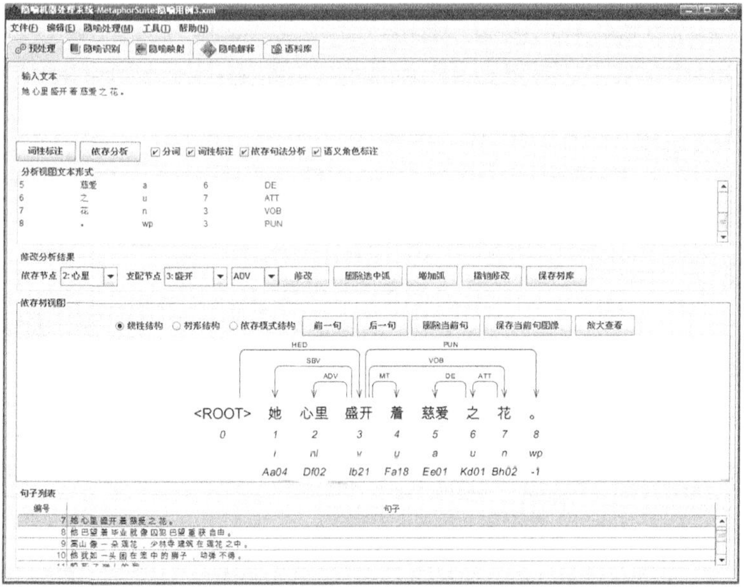

图 16　MetaphorSuite 系统主界面

① http://sourceforge.net/projects/wn-similarity.

② http://protege.stanford.edu.

③ http://owlapi.sourceforge.net/.

④ http://jena.sourceforge.net/.

⑤ http://icl.pku.edu.cn.

(二)预处理

预处理模块的主要功能是将要处理的句子通过依存分析器处理后,以可视化形式显示,并提供结果的修正操作等功能(如图 16 所示)。

本模块通过 JAVA 的 JNI 技术整合了哈尔滨工业大学信息检索研究室提供的语言技术平台 HIT-IR-LTP(包括分词、词性标注、句法依存分析、语义角色标注和词义标注等模块)。根据图 15 的设计框图,本模块对应着语言的浅层分析。系统的输入为句子或者语篇,通过 HIT-IR-LTP 进行分析之后,系统分两种形式呈现:一个是图 16 中间部分的"分析视图文本形式",采用 CoNLL 标准的 Tab 格式;一个是图形化的可视图形结构,如图 16 中的"依存树视图",以利于修正分析结果的可视化操作。

由于目前的自然语言处理技术还不能达到完全实用的精确水平,比如分词、词性标注和句法分析大都采用基于统计语料库的方法,虽然有些系统的准确率比较高,但对于隐喻的理解来说,还需要手工去修正这些分析结果。基于此,MetaphorSuite 采用了人工参与修正的方法,我们提供了手工修改的功能,只需要通过选中可视化图形中的词语或者依存边,便可以修正分析的结果,如词语的词性、依存弧、依存关系等,修正过程基本实现了所见即所得的功能。

经过预处理的句子均会出现在句子列表中(如图 16 下部的表格),并能保存为 XML 格式的树库文件。树库格式以 HIT-IR-LTP 提供的 xml4nlp 为基础,如图 17 所示。

```
<xml4nlp>
  <doc>
<para id="0">
<sent id="22" cont="这些人都像蚂蚁一样。">
        <word id="0" cont="这些" pos="r" parent="1" relate="ATT" wsd="Ed61" />
        <word id="1" cont="人" pos="n" parent="3" relate="SBV" wsd="Aa01" />
        <word id="2" cont="都" pos="d" parent="3" relate="ADV" wsd="Ka07" />
        <word id="3" cont="像" pos="v" parent="-1" relate="HED" wsd="Jb03" >
          <arg id="0" type="A0" beg="0" end="1" />
          <arg id="1" type="AM-ADV" beg="2" end="2" />
        </word>
        <word id="4" cont="蚂蚁" pos="n" parent="5" relate="SIM" wsd="Bi22" />
        <word id="5" cont="一样" pos="u" parent="3" relate="VOB" wsd="Jb01" />
        <word id="6" cont="。" pos="wp" parent="3" relate="PUN" wsd="-1" />
        </sent>
……
</para>
……
  </doc>
</xml4nlp>
```

图17 预处理树库片段

树库中的XML元素sent表示句子原文，其属性id表示该句在树库中的编号。词语信息由元素word来描述，属性id表示词语在句中的位置，pos表示词性，parent表示该词依存的父节点位置，relate表示依存关系。

（三）隐喻识别与标注

根据黄孝喜（2009）给出的隐喻语言形式化和依存模式，本模块实现了依存句法树和隐喻依存模式之间的匹配算法，并根据隐喻角色标注规则，给出隐喻角色所对应的子树根节点，如图18所示。

根据依存模式树的定义（参见黄孝喜，2009：29—50），一个句子经过依存分析以后，首先要进行模式化过程，MetaphorSuite提供了从依存结构图转化为依存模式树的功能，只需要在依存图显示方式上选择“依存模式结构”即可。隐喻句“这些人都像蚂蚁一样”的依存句法模式树如图20所示。

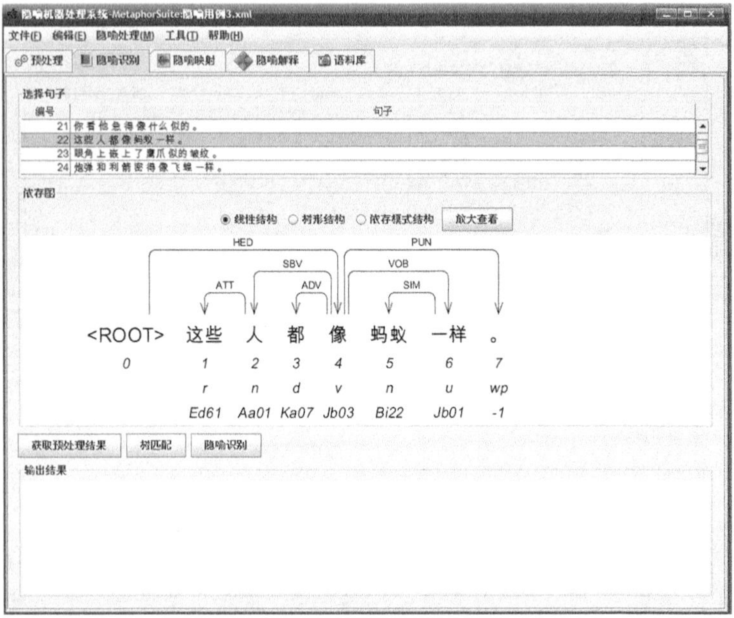

图 18　隐喻识别与标注界面

经过模式化处理的句子利用模式匹配算法来确定可能存在的隐喻位置。分类模式树库格式片段如图 19 所示。

[2]vx_[3]n(VOB) [2]vx_[1]n(SBV) [4]<ROOT>_[2]vx(HED)　%%简单 A vx B 指称类型%%指称型 1 NP1 vx NP2
[2]vx_[3]vg(VOB) [2]vx_[1]vg(SBV) [4]<ROOT>_[2]vx(HED)　%%事件～事件指称%%指称型 2 SP1 vx SP2
[2]vx_[1]n(SBV) [2]vx_[4]vg(VOB) [6]<ROOT>_[2]vx(HED)　%%实体～事件指称%%指称型 3 NP vx SP
[2]vx_[1]vg(SBV) [2]vx_[3]n(VOB) [4]<ROOT>_[2]vx(HED)　%%事件～实体指称%%指称型 4 SP vx NP
[8]<ROOT>_[4]vx(HED) [4]vx_[6]ub(VOB) [6]ub_[5]n_vg(SIM)　[4]vx_[2]n_vg(SBV) %%A 像 B 一样%%间接指称 1

图 19　隐喻依存模式分类树库片段

模式树库的每一行代表一个分类模式，对应着黄孝喜(2009)的分类体系。模式树的主体由依存对形式表示(通过下划线连接)，每个依

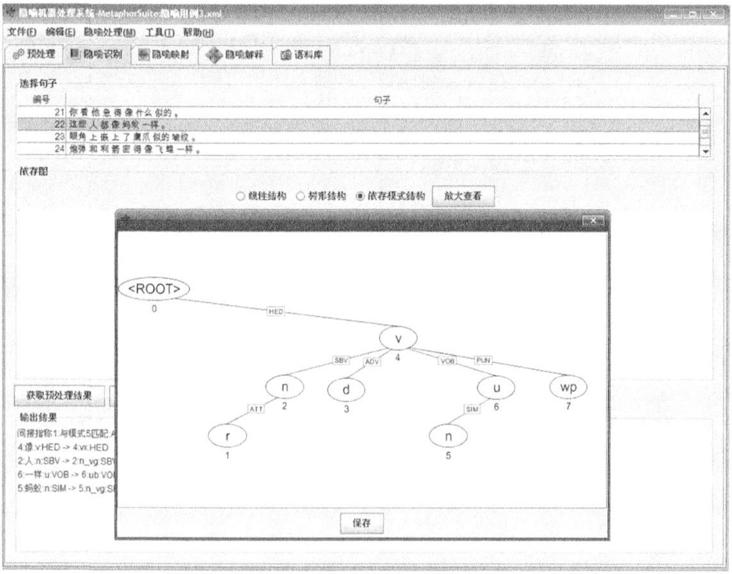

图 20　依存句法模式树显示

存对的第一个词是支配词，后者为依存词，每个依存关系由 tab 分开。由%%隔开部分为类别说明文字，包括依存模式说明、主要类别号（指称型和搭配型）和句法构成。

通过树匹配算法，可以从模式树库中寻找与选中的句子相匹配的模式，如图 21 所示。图中表示的是隐喻句“这些人都像蚂蚁一样”与树库中的模式 5 类型存在匹配，说明这个匹配属于间接指称型，并列出了节点之间的对应关系。

在隐喻识别与标注过程中，首先调用上述的树匹配过程，然后在匹配的输出结果基础上，根据每个依存模式类的隐喻要素标注规则，根据隐喻的判别标准，如果是隐喻，则给各个匹配节点标注相应的隐喻角色，否则输出为非隐喻。如根据图 21 的匹配结果，隐喻句“这些人都像蚂蚁一样”的识别标注结果如图 22。

```
输出结果
间接指称1:与模式5匹配:A像B一样
4:像:v:HED -> 4:vx:HED
2:人:n:SBV -> 2:n_vg:SBV
6:一样:u:VOB -> 6:ub:VOB
5:蚂蚁:n:SIM -> 5:n_vg:SIM
```

图 21　隐喻依存模式树匹配示例

```
输出结果
<sent id="0" cont="这些人都像蚂蚁一样。" met="yes" metcls="D.5:3">
    <word id="0" cont="这些" pos="r" parent="1" relate="ATT" wsd="Ed61" />
    <word id="1" cont="人" pos="n" parent="3" relate="SBV" wsd="Aa01" metrole="Met_T" />
    <word id="2" cont="都" pos="d" parent="3" relate="ADV" wsd="Ka07" />
    <word id="3" cont="像" pos="v" parent="-1" relate="HED" wsd="Jb03" metrole="Met_M">
      <arg id="0" type="A0" beg="0" end="1" />
      <arg id="1" type="AM-ADV" beg="2" end="2" />
    </word>
    <word id="4" cont="蚂蚁" pos="n" parent="5" relate="SIM" wsd="Bi22" metrole="Met_S"/>
    <word id="5" cont="一样" pos="u" parent="3" relate="VOB" wsd="Jb01" metrole="Met_M" />
    <word id="6" cont="。" pos="wp" parent="3" relate="PUN" wsd="-1" />
</sent>
```

图 22　隐喻识别标注结果和树库格式

对比图 17 的树库，经过隐喻角色标注以后的树库多了隐喻相关信息。图 22 中的 XML 元素 sent 的属性 met 用于标记是否存在隐喻，yes 表示存在隐喻现象，no 表示不存在，属性 metcls 用于标注具体隐喻类型信息，其值的首字母表示大类信息，如 D 表示指称型隐喻，C 表示搭配型隐喻，子类信息则通过在大类后面加标号形式来表示，最后通过冒号来指定该类在句中发生的位置。如果句子中有多个隐喻现象发生，则在隐喻类型之间用分号隔开。当某个节点是隐喻角色时，通过元素 word 的属性 metrole 来表示具体的角色。

(四)隐喻映射过程

在隐喻识别和隐喻要素标注结果的基础上,利用词汇知识本体和类属空间本体分别构建属于源域和目标域的输入空间本体。由于目前我们使用的中文 WordNet 中汉语词语数量较少,只有 23,971 个词,39,895个概念,使得词汇知识本体的覆盖面过小。我们另外整合了其他语义资源来扩充,如概念的上下位关系通过改进的《同义词词林(扩展版)》读取,而概念的属性和属性值通过王金锦(2009)提供的实体概念知识库获取。实体概念知识库包含了知网实体义原树。

实体概念知识库的构建步骤包括:①利用知网和语料库生成实体概念库;②根据知网的属性和属性值义原树,利用语料库统计的方法生产实体概念属性库。本文主要从实体概念知识库获取名词对应概念的属性名及属性值,其中属性名来自类属空间本体中的属性集。

图 23 是例 1 的映射结果和理解过程的运行情况。输入空间本体采用三元组形式显示,其中中间项表示概念原语中的 isa、partOf 等联结类型和关系(属性)。此处的输入本体对应着图 13 和图 14。经过合成过程之后得到映射结果显示于图下部。

隐喻的解释涉及有关语境信息和涉身概念知识库的建设等问题,本文第三节做了部分讨论,系统的下一步工作即实现该项功能。而语料库模块目前是在预处理模块基础上增加检索和语篇处理等功能。

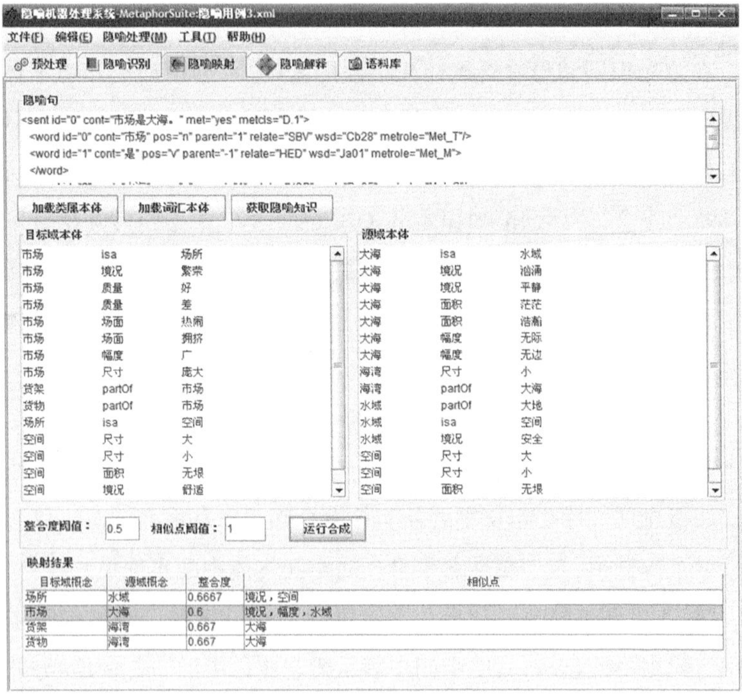

图 23　隐喻映射过程

小　结

木文从当前隐喻理论的研究热点入手，在总结现有隐喻计算模型的基础上，提出隐喻计算化研究需要解决的关键问题，就隐喻理解中的知识表示问题、隐喻的映射问题以及认知主体的主观因素等方面进行重点探讨。

在隐喻的理解问题上，结合语用学和认知语言学在隐喻理解方面的各类观点，特别是语用学对隐喻理解过程的论述和认知语言学关于隐喻表征映射方面的研究成果，采用本体技术作为概念知识的表示方法，依据概念合成理论框架，将隐喻映射问题转化为由本体表示的心理空间之间的概念映射问题。本文把概念合成框架中的类属空间表示为由知网义原体系扩展构成的通用本体，把输入空间看作一个在线的知识结构，同样由本体模型来描述。输入空间本体通过隐喻依存结构树中各隐喻角色来获取，其中源域角色（Met_S）和目标域角色（Met_T）经过词汇概念本体获取对应的概念，并从句子的语义角色分析和语义知识库获取相关的论元角色类型。根据三角规则和修整规则对两个输入空间本体中的概念进行映射匹配，并根据映射的整合度对各个匹配进行评估，进而形成合成空间来解释隐喻。

隐喻的理解涉及认知主体的主观认知状态，包括隐喻话题的世界知识，认知主体的信念、意图，等等。以往的隐喻计算研究忽略了隐喻理解过程中的这一特性，强调客观知识的作用，因而更多关注隐喻的语言特征和世界知识的表示。基于此，本文在对隐喻理解过程进行逻辑刻画时，引入认知主体的主观因素，利用认知逻辑中的认知模态算子，给出隐喻理解的一种认知类比逻辑模型，并将该模型应用于汉语隐喻的理解。

本文最后实现了一个隐喻机器理解系统 MetaphorSuite。系统整合了句子依存结构分析及可视化修正标注功能、隐喻依存模式匹配算法及隐喻识别标注功能、隐喻映射释义功能等。MetaphorSuite 系统为隐喻计算的进一步发展提供了一个完整的平台，特别是隐喻语料库和隐喻知识库等基本资源的构建。

参考文献

Ahrens K. , 2002, When Love is not Digested: Underlying Reasons for Source to Target Domain Pairing in the Contemporary Theory of Metaphor. *Proceedings of the First Cognitive Linguistics Conference*.

Ahrens K. , Chung S. & Huang C. , 2003, Conceptual Metaphors: Ontology-Based Representation and Corpora Driven Mapping Principles. *Proceedings of the ACL* 2003 *Workshop on the Lexicon and Figurative Language*.

Anderson M. L. , 2003, Embodied Cognition: A Field Guide. *Artificial Intelligence*, 149 (1).

Baader F. et al. , 2003, *The Description Logic Handbook*. Cambridge: Cambridge University Press.

Barnden J. , 1992, Belief in Metaphor: Taking Commonsense Psychology Seriously. *Computational Intelligence*, 8 (3).

Barnden J. & Helmreich S. et al. , 1996, Artificial Intelligence and Metaphors of Mind: Within-Vehicle Reasoning and Its Benefits. *Metaphor and Symbolic Activity*, 11 (2).

Barnden J. & Lee M. G. , 1999, An Implemented Context System that Combines Belief Reasoning, Metaphor-based Reasoning and Uncertainty Handling. *CONTEXT*' 99, *LNAI* 1688.

Birke J. , & Sarkar A. , 2006, A Clustering Approach for the Nearly Unsupervised Recognition of Nonliteral Language. *Proceedings of 11th Conference of the European Chapter of the Association for Computational Linguistics* (*EACL06*).

Birke J. & Sarkar A. , 2007, Active Learning for the Identification of Nonliteral Language. *Proceedings of the Workshop on Computational Approaches to Figurative Language*. Rochester, New York: Association for Computational

Linguistics.

Boden M. A., 2003, *The Creative Mind: Myths and Mechanisms*. London: Routledge.

Chen K. et al., 2005, Extended-HowNet: A Representational Framework for Concepts. *Proceedings of OntoLex* 2005-*Ontologies and Lexical Resources*.

Daly J. et al., 2004, World Wide Web Consortium Issues RDF and OWL Recommendations. http://www.w3.org/2004/01/sws-pressrelease.html.en.

Dong Z. & Dong Q., 2006, *Hownet and the Computation of Meaning*. Singapore: World Scientific Publishing Company.

Falkenhainer B., Forbus K. & Gentner D., 1989, The Structure-Mapping Engine: Algorithm and Examples. *Artificial Intelligence*, 41(1).

Fass D., 1991, Met *: A Method for Discriminating Metonymy and Metaphor by Computer. *Computational Linguistics*, 17 (1).

Fass D. & Wilks Y., 1983, Preference Semantics, Ill-Formedness, and Metaphor. *American Journal of Computational Linguistics*, 9 (3-4).

Fauconnier G., 1994, *Mental Spaces: Aspects of Meaning Construction in Natural Language*. Cambridge: Cambridge University Press.

Fauconnier G. & Turner M., 2002, *The Way We Think: Conceptual Blending and The Mind's Hidden Complexities*. New York: Basic Books.

Fellbaum C., 1998, *WordNet: An Electronic Lexical Database*. Cambridge, Mass.: MIT Press.

Forbus K., Gentner D. & Law K., 1995, MAC/FAC: A Model of Similarity-Based Retrieval. *Cognitive Science*, 19 (2).

Gentner D., 1983, Structure-Mapping: A Theoretical Framework for Analogy. *Cognitive Science*, 7(2).

Goatly A., 1997, *The Language of Metaphors*. London: Routledge.

Gómez-Pérez A., & Corcho Ó., 2002, Ontology Specification Languages for the Semantic Web. *IEEE Intelligent Systems*, 17 (4).

Grady J., Oakley T. & Coulson S., 1999, Blending and Metaphor. In Raymond W. G. & Gerard J. S. (eds.) *Metaphor in Cognitive Linguistics*. Amsterdam: John Benjamins Publishing Company.

Gruber T., 1993, A Translation Approach to Portable Ontology Specification. *Knowledge Acquisition*, 5(2).

Hintikka J., 1962, *Knowledge and Belief (Contemporary Philosophy)*. New York: Cornell University Press.

Holyoak K. J. & Thagard P., 1989, Analogical Mapping by Constraint Satisfaction. *Cognitive Science*, 13 (3).

Holyoak K. J. & Hummel J. E., 2001, Toward an Understanding of Analogy within a Biological Symbol System. *The Analogical Mind: Perspectives from Cognitive Science*. Cambridge, Mass.: MIT Press.

Indurkhya B., 1992, *Metaphor and Coginition: An Interactionist Approach*. Dorcrecht: Kluwer Academic Publishers.

Johnson M., 1987, *The Body in the Mind: The Bodily Basis of Meaning, Imagination and Reason*. Chicago: University of Chicago Press.

Kintsch W., 2000, Metaphor Comprehension: A Computational Theory. *Psychonomic Bulltin & Review*, 7 (2).

Kintsch W., 2001, Predication. *Cognitive Science*, 25 (2).

Kintsch W., 1972, Notes on the Structure of Semantic Memory. *Organization of Memory*. New York: Academic Press.

Krishnakumaran S. & Zhu X., 2007, Hunting Elusive Metaphors Using Lexical Resources. *Proceedings of the Workshop on Computational Approaches to Figurative Language*. Rochester, New York: Association for Computational Linguistics.

Lakoff G., 1993, The Contemporary Theory of Metaphor. In Ortony A. (ed.), *Metaphor and Thought*. Cambridge: Cambridge University Press.

Lakoff G., 1987, *Women, Fire, and Dangerous Things*. Chicago: University of

Chicago Press.

Lakoff G. & Johnson M. , 1980, *Metaphors We Live By*. Chicago: University of Chicago Press.

Lakoff G. & Johnson M. , 1999, *Philosophy in the Flesh: The Embodied Mind and Its Challenge to Western Thought*. New York: Basic Books.

Lakoff G. & Turner M. , 1989, *More Than Cool Reason: A Field Guide to Poetic Metaphor*. Chicago: University of Chicago Press.

Lin D. , 1998, An Information-Theoretic Definition of Similarity. *Proceedings of the Fifteenth International Conference on Machine Learning*. Madison, Wisconsin: Morgan Kaufmann Publishers Inc..

MacCormac E. R. , 1985, *A Cognitive Theory of Metaphor*. Cambridge, Mass. : MIT Press.

Maedche A. & Volz R. , 2001, The Ontology Extraction & Maintenance Framework Text-To-Onto. *Proceedings of the ICDM' 01 Workshop on Integrating Data Mining and Knowledge Management*.

Martin J. H. , 1990, *A Computational Model of Metaphor Interpretation*. Boston: Academic Press.

Martin J. H. , 2000, Representing UNIX Domain Metaphors. *Artificial Intelligence Review*, 14 (4-5).

Mason Z. , 2002, A Computational, Corpus-Based Metaphor Extraction System. Brandeis University, PhD, Thesis.

Mason Z. J. , 2004, CorMet: A Computational, Corpus-based Conventional Metaphor Extraction System. *Computational Linguistics*, 30 (1).

Ortony A. , 1993, *Metaphor and Thought*. Cambridge: Cambridge University Press.

Pereira F. C. , 2007, *Creativity and Artificial Intelligence: A Conceptual Blending Approach*. Berlin: Mouton de Gruyter.

Reiter R. , 1980, A Logic for Default Reasoning. *Artificial Intelligence*, 13 (1-2).

Resnik P. , 1993, *Selection and Information: A Class Based Approach to Lexical*

Relationships. University of Pennsylvania, Ph. D. , Thesis.

Rodríguez A. & Egenhofer M. J. , 2003, Determining Semantic Similarity among Entity Classes from Different Ontologies. *IEEE Transactions on Knowledge and Data Engineering*, 15 (2).

Russell S. W. , 1992, The Structure-Mapping Engine: Algorithm and Examples (Book). *Metaphor & Symbolic Activity*, 7 (2).

Searle J. R. , 1993, Metaphor. *Metaphor and Thought*. Cambridge: Cambridge University Press.

Steinhart E. C. , 2001, *The Logic of Metaphor: Analogous Parts of Possible Worlds*. Dordrecht: Kluwer Academic Publishers.

Steinhart E. C. , 1994, NETMET: A Program for Generating and Interpreting Metaphors. *Computers and Humanities*, 28 (6).

Tesniére L. ,1959, *Elements de Syntaxe Structurale*. Paris: Klincksieck.

Thijsse E. , 1992, *Partial Logic and Knowledge Representation*. Tilburg, Tilburg University, Ph. D. Thesis.

Tversky A. , 1977, Features of Similarity. *Psychological Review*, 84 (4).

Ungerer F. & Schmid H. J. , 2001, *An Introduction to Cognitive Linguistics*. Beijing: Foreign Language Teaching and Research Press.

Veale T. , 1995, *Metaphor, Memory and Meaning: Symbolic and Connectionist Issues in Metaphor Interpretation*. Dublin, Trinity College, Ph. D. Thesis.

Veale T. & Keane M. , 1992, Conceptual Scaffolding: A Spatially Founded Meaning Representation for Metaphor Comprehension. *Computational Intelligence*, 8 (3).

Wallington A. & Barnden J. , 2004, Uncertainty in Metaphorical Reasoning. *Proceedings of 4th Workshop on Computational Models of Natural Argument in ECAI 2004*.

Wang Z. , Wang H. et al. , 2006, Chinese Noun Phrase Metaphor Recognition with Maximum Entropy Approach. *Proceedings of International Conference on Intelligent Text Processing and Computational Linguistics* (*CICLing*), Mexico.

Wilks Y. , 1975, A Preferential Pattern-seeking Semantics for Natural Language

Inference. *Artificial Intelligence*, 6 (1).

Zhou C., Yang Y. & Huang X., 2007, Computational Mechanisms for Metaphor in Languages: A Survey. *Journal of Computer Science and Technology*, 22 (2).

陈克健等, 2004,《多层次概念定义与复杂关系表达——繁体字知网的新增架构》,“汉语词汇语义研究的现状与发展趋势国际学术研讨会”论文。

戴帅湘等, 2005,《隐喻计算模型及其在隐喻分类上的应用》,《计算机科学》第5期。

桂诗春编著, 2000,《新编心理语言学》,上海:上海外语教育出版社。

奥格登、理查兹, 2000,《意义之意义》,白人立、国庆祝译,北京:北京师范大学出版社。

胡壮麟, 2004,《认知隐喻学》,北京:北京大学出版社。

黄孝喜, 2009,《隐喻机器理解的若干关键问题研究》,浙江大学博士学位论文。

束定芳, 2000,《隐喻学研究》,上海:上海外语教育出版社。

苏畅, 2008,《汉语名词性隐喻的计算方法研究》,厦门大学博士学位论文。

苏畅、周昌乐, 2007,《基于合作机制的汉语名词性隐喻理解方法》,《计算机应用研究》第9期。

王金锦, 2009,《面向隐喻计算的实体概念知识库构建方法研究》,厦门大学硕士学位论文。

王雪梅, 2005,《基于机器理解的汉语比喻再归类研究》,厦门大学硕士学位论文。

王治敏, 2006,《汉语名词短语隐喻识别研究》,北京大学博士学位论文。

杨芸, 2008,《汉语隐喻识别与解释计算模型研究》,厦门大学博士学位论文。

杨芸、李剑锋、周昌乐, 2008,《隐喻识别心理过程的无差别性及意义》,《心理科学》第5期。

杨芸等, 2008,《基于实例的汉语语义超常搭配的自动发现》,《计算机科学》第9期。

杨芸等, 2004,《基于机器理解的汉语隐喻分类研究初步》,《中文信息学报》第4期。

杨芸、周昌乐、李剑锋, 2008,《基于隐喻角色依存模式的汉语隐喻计算分类体系》,《语言文字应用》第 3 期。

俞士汶, 2003,《语料库与综合型语言知识库的建设》,徐波、孙茂松、靳光瑾主编《中文信息处理若干重要问题》,北京:科学出版社。

张威, 2003,《汉语语篇理解中元指代和隐喻的机器消解研究》,浙江大学博士学位论文。

张威、周昌乐, 2004,《汉语隐喻理解的逻辑描述初探》,《中文信息学报》第 5 期。

周昌乐, 1996,《计算语言学及其应用技术》,《今日科技》第 12 期。

周昌乐, 2007,《探索汉语隐喻计算化研究之路》,《浙江大学学报(人文社会科学版)》第 5 期。

周昌乐, 2008,《作为认知手段的隐喻及其涉身性分析》,《心智与计算》第 3 期。

周昌乐, 2001,《认知逻辑导论》,北京:清华大学出版社、南宁:广西科学技术出版社。

第四部分

面向现实应用的隐喻

基于词嵌入融合和循环神经网络的中英文隐喻识别*

苏传东　黄孝喜　王荣波　谌志群

毛君钰　朱嘉莹　潘宇豪

引　言

隐喻是在自然语言中非常常见的语言现象，我们日常用语常常会用隐喻的表达，例如"共产党是红太阳""阳光融化了我""炽热的心"。隐喻实质是源域到目标域之间的概念映射，也是一种认知方式（Lakoff & Johnson，1980）。根据隐喻的句法结构和文字用法的特征，常见的隐喻主要有三类：名词性隐喻、动词性隐喻和形容词性隐喻（Tsvetkov，Boytsov，Gershman et al.，2014）。"共产党是红太阳"是名词性隐喻，源域是名词"红太阳"，目标域是"共产党"，把红太阳映射到共产党，即把共产党比作红太阳，象征着共产党的温暖。"阳光融化了我"是动词性隐喻，源域是动词"融化"，目标域是"阳光"，将融化映射到阳光，强调太阳非常温暖。"炽热的心"是形容词性隐喻，源域是形容词"炽热"，目标域是"心"，将炽热映射到心，说明内心非常向往某件事物。像"发如雪"这样本体和喻体

* 本文原载《数据分析与知识发现》2020 年第 4 期。

都在句中且通过“像”“如”等关联词来进行关联的情况也叫明喻,汉语概念上的隐喻是和明喻相对立的概念。在“阳光融化了我”和“炽热的心”这两句中,本体和喻体不能直接在句中找出,需要根据语境来推测,即汉语意义上的隐喻。然而隐喻的英语 metaphor 是个广义的概念,明喻也属于隐喻(McArthur,Lam-McArthur & Fontaine et al. ,2018)。本文的隐喻识别技术针对的就是包含明喻的广义上的隐喻。

由于隐喻存在字面意义之外的含义,给计算机理解自然语言带来了很大困难。最近研究自然语言处理技术(NLP)的科学家对隐喻这种语言现象越来越感兴趣(Shutova,2015)。对隐喻进行理解和处理的计算机技术也叫隐喻计算,隐喻计算包括隐喻识别、隐喻解释、隐喻生成。这些都是隐喻理解的基础技术,然而这些基础技术尚未被有效解决,严重制约着机器翻译、问答系统、信息检索等自然语言理解(NLU)下游任务的发展(Mao,Lin & Guerin,2018)。例如“She devour this novel.”这句英文,谷歌翻译系统将它翻译为“她吞噬了这部小说”。显然谷歌翻译系统仅仅翻译了字面含义,没有理解这句话的动词隐喻含义,“吞噬”应该映射到目标域“小说”,隐含意义为“沉迷于小说”。要解决隐喻现象 NLU 的难题,还有许多工作要做。

近年来深度学习技术在 NLP 领域影响非常大,在多种 NLP 任务上取得了很好的效果,但在隐喻计算问题上的研究不是很深入。本文主要尝试使用深度学习来解决中英文隐喻识别这个隐喻计算的基础问题。本文的主要贡献总结如下:(1)提出了基于词嵌入的语义优先中断理论,论述了在词嵌入空间捕获隐喻特征的可能性。(2)提出了词嵌入融合方法,强化了词嵌入对隐喻的表征能力。(3)设计了一种基于循环神经网络的隐喻识别器,通过注意力机制和池化技术来加强隐喻特征提取能力。

一、相关工作

最初的隐喻识别工作主要基于符号规则，威尔克斯（Wilks，2007）提出了语义中断理论和优先选择模型，隐喻的非字面意思表达会导致语义中断，例如在“共产党是红太阳”中，共产党是个政党实体，“共产党是……”会优先选择描述政党的实词，“红太阳”是个天体实体，在优先选择模型中这句话会发生语义中断，从而判断这句话存在隐喻现象。法斯（Fass，1991）基于语义优先中断理论提出了修正语义学，并开发了一个隐喻解释系统 Met *，由于语料库的限制，该系统在解释复杂的隐喻现象时表现不好。纽曼（Neuman，Assaf，Cohen et al.，2013）等通过知识图谱 WordNet 中的实体结点与边的关系来识别隐喻，其原理是隐喻表达与字面表达在 WordNet 中的实体关系有不同的模式，在与实体相关的名词性隐喻上识别效果很好，缺点是在动词性隐喻和形容词性隐喻上识别效果欠佳。

随着语料库的发展与丰富，隐喻识别工作逐渐集中在语料统计学。舒托娃（Shutova，2010）等根据语义优先中断理论提出针对动词隐喻的聚类算法，无监督地学习隐喻意与字面意的区别，这种方法比基于 WordNet 的动词性隐喻识别效果更好，但该方法局限于动词性隐喻的识别。霍弗（Hovy，Srivastava，Kumar et al.，2013）等通过依存句法给隐喻表达建立句法树，提取句法树的语义特征，尝试支持向量机（SVM）和条件随机场（CRF）建模，发现 SVM 在隐喻识别上有着不错的效果。拉伊（Rai，2016）等通过 CRF 对语义特征、上下文特征和情感特征进行建模，证明这些额外的特征可以提高隐喻识别的效果。茨韦特科夫（Tsvetkov，Boytsov，Gershman et al.，2014）等将独立语言的语义特征通过向量空间进行潜在语义分析(LSA)来提取词之间的关系特征,通过随机森林(RF)来识别多语平行语料的隐喻。

近年来,深度学习技术极大地促进了NLP研究的进展,卡尔什布伦纳(Kalchbrenner,2014)等将卷积神经网络(CNN)引用于NLP,提出动态CNN(DCNN)以适用于不同长度的文本。格拉夫(Graves,2005)等将RNN应用于NLP,相比于CNN,RNN更加符合自然语言本身的递归循环的性质。将深度学习技术应用于隐喻计算方面的工作相对较少,丁恩(Dinh,2016)等使用多层感知机(MLP)识别隐喻,相对于传统机器学习方法有着不错的效果。比佐尼(Bizzoni,2017)等利用词向量强大有效的表征能力结合基础神经网络架构处理隐喻,在名词性隐喻和形容词性隐喻的识别任务上表现很好。雷伊等人(Rei,Bulat & Kiela et al.,2017)通过有监督的语义相似网络进行隐喻识别,通过在网络添加门控机制来提取语义特征,该方法比普通的前馈神经网络(FNN)效果更好。上述几种隐喻识别方法的缺点在于,神经网络结构比较简单,还可以往更复杂的神经网络架构扩展。

汉语隐喻研究的发展起步晚,大部分研究集中在符号规则和传统机器学习。王治敏等(2006)通过最大熵(ME)模型来识别中文名词性隐喻。李斌等(2008)通过结合ME和CRF的方法来识别中文明喻。黄孝喜(2009)使用依存句法来为不同隐喻模式建模,提出一种模式匹配算法来识别中文隐喻。将深度学习应用于汉语隐喻方面的工作非常少,黄孝喜等(2018)使用结合CNN和SVM的方式来识别中英文隐喻,取得了较好的效果。

综上,目前隐喻识别的主要工作集中在传统机器学习和简单的神经网络架构,并且大部分研究集中在英文隐喻上。可见中文信息处理的发展亟需汉语隐喻识别技术的突破。本文针对中英文隐喻识别问题，使用词嵌入融合技术和更复杂的神经网络架构建模，对之前研究者的方法进行进一步拓展和改进。

二、研究方法

（一）基于词嵌入的语义优先中断理论

词嵌入的本质是将词表示成在分布式语义空间中的向量形式，语义越相近的词在向量空间的距离越小。米科洛夫等人（Mikolov，Chen，Corrado et al. ，2013）提出了的经典的词嵌入模型 Word2Vec，包括两种训练词嵌入的建模方法，分别是连续词袋模型 CBOW 和跨语法模型 Skip-gram。CBOW 通过上下文来预测中心词，而 Skip-gram 相反，通过中心词来预测上下文。通过 Word2Vec 模型可以得到具有语义特征的向量形式的词嵌入，设 EW2V 是由 Word2Vec 训练得到词嵌入向量集合，$E_{W2V}(w_1)$表示单词 w_1 在 E_{W2V}中的向量。米科洛夫等人（Mikolov，Sutskever，Chen et al. ，2013）指出，词向量在经过向量运算后的结果向量依然保持语义特征，公式（1）和图 1 的案例即其中一个经典的例子：

$$E_{W2V}(\text{国王}) - E_{W2V}(\text{男人}) = E_{W2V}(\text{皇后}) - E_{W2V}(\text{女人}) \tag{1}$$

我们根据语义优先中断理论的原理和词嵌入的特性，提出基于词嵌入的语义优先中断理论，即词嵌入可以包含隐喻的概念并且符合语义优先中断理论。例如在隐喻句“发如雪”中，“发”和“雪”是两个语义相差很大的概念，在词向量空间中会触发语义中断，“白”和“雪”是经常搭配的词，在词向量空间中存在相近的关系，“头发”与“雪”并非语义相近，但“头发”和“白”的词向量和会比“头发”与“雪”的距离更近，如本文提出的公式（2）和图 2 所示：

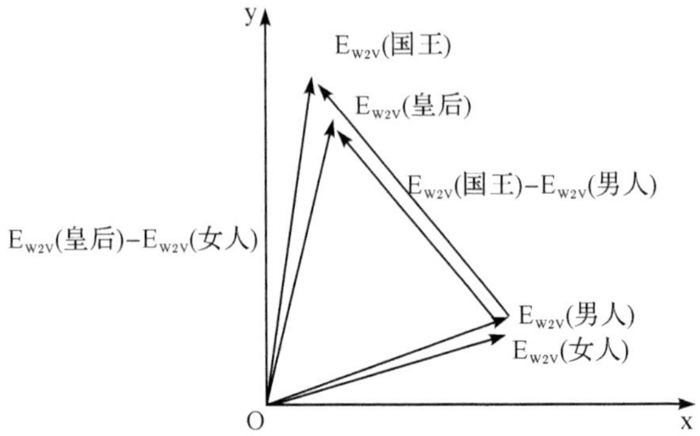

图1　词嵌入向量运算示意图

$$\cos(E_{W2V}(\text{头发})+E_{W2V}(\text{白}),E_{W2V}(\text{雪}))>\cos(E_{W2V}(\text{头发}),E_{W2V}(\text{雪}))\qquad(2)$$

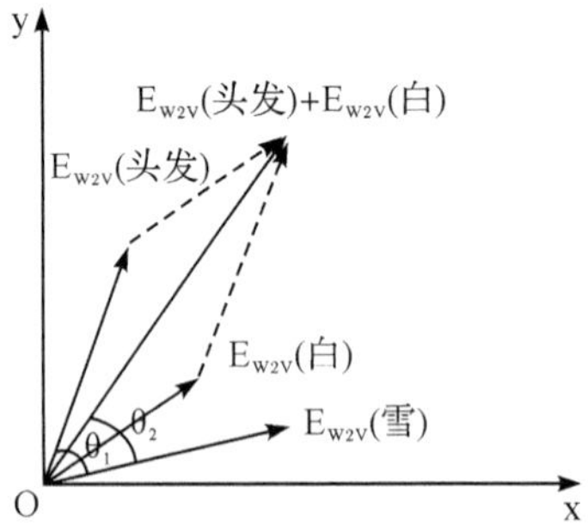

图2　通过词嵌入解释隐喻示意图

源域"雪"与目标域"头发"通过隐喻意"白"的关联,从而在词嵌入空间中符合一定的特征规律,即隐喻句和非隐喻句在词嵌入空间会有不同的特征模式,隐喻识别实质是在词嵌入空间中的模式识别问题。

(二)基于词嵌入融合的隐喻特征加强

根据基于词嵌入的语义优先中断理论,隐喻句和非隐喻句在词嵌入空间会有不同的特征模式。这种模式在经过不同语料库训练的词嵌入中会有一定区别，例如维基百科、百度百科语料的语言风格会偏向官方严谨；推特、微博语料的语言风格会偏向轻松大众化；财经新闻类语料的语言风格会偏向金融领域。通过这些不同的语料训练而来的词嵌入的隐喻特征也会有一定区别，我们猜想把这些通过不同语料训练的词向量融合后的词嵌入的隐喻特征更加精确。这就像不同人对同一件事物有不同理解，把这些人的理解总结在一起会使结论更加客观。科茨和博雷加拉（Coates & Bollegala，2018）提出了元嵌入的概念。元嵌入是最基础的词嵌入，通过对元嵌入的线性平均可以增强词嵌入的性能。我们将这个理论进行泛化，使之更具通用性并且可以对隐喻特征进行增强。令 $E_A(w)$，$E_B(w)$ 分别是词 w 在词嵌入集合 A、B 中的词向量，且两个词向量可以拥有不同的维度，如果在一个隐喻句中的两个词 w1 和 w2 的搭配触发语义中断，假设隐喻识别器 M 可以捕获这个语义中断来识别隐喻，我们分别用公式（3）和（4）来描述：

$$M(E_A(w_1),E_A(w_2)) = TRUE \tag{3}$$

$$M(E_B(w_1),E_B(w_2)) = TRUE \tag{4}$$

根据基于词嵌入的语义优先中断理论，语义中断由隐喻特征决定，隐喻特征又由词向量间的距离决定，我们通过 L_2 范数来衡量向量间的距离，词 w_1 和 w_2 在词嵌入空间 A、B 中的距离分别如公式（5）和（6）定义：

$$D_A(w_1,w_2) = \| E_A(w_1) - E_A(w_2) \|_2 \tag{5}$$

$$D_B(w_1,w_2) = \| E_B(w_1) - E_B(w_2) \|_2 \tag{6}$$

我们将词嵌入空间 A 和 B 中对应词向量融合映射到空间 C，具体过程如公式（7）和图 3 所示：

$$E_C(w) = mE_{A2}(w) + nE_{B2}(w) \tag{7}$$

其中，$E_{A2}(w)$、$E_{B2}(w)$ 分别是 $E_A(w)$、$E_B(w)$ 补零对齐后的向量，

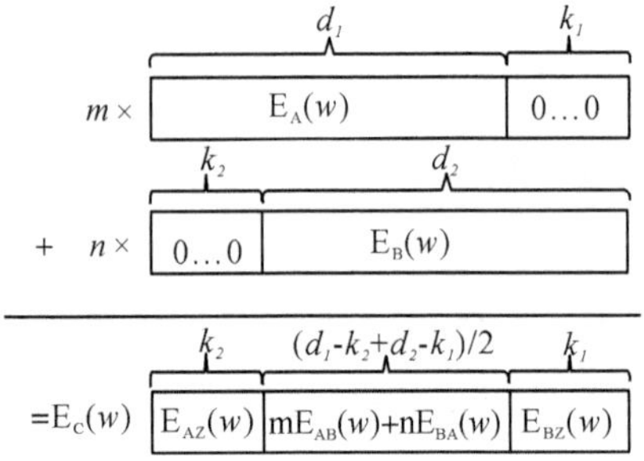

图3 词嵌入融合示意图

m 和 n 是两个向量的融合系数,d_1 和 d_2 分别是 w 在初始词向量空间 A 和 B 中的维度,k_1 和 k_2 分别是 $E_A(w)$,$E_B(w)$的补零个数, $E_{AZ}(w)$是 $E_A(w)$前 k_2 个数值,$E_{BZ}(w)$是 $E_B(w)$后 k_1 个数值,$mE_{AB}(w)+nE_{BA}(w)$是 $E_{A2}(w)$和 $E_{B2}(w)$的非零数值相加部分。

由于目前开源的经过大规模语料预训练的词嵌入的维度大部分都是 300 维,本文主要研究两种典型情况下的词嵌入融合,设 $d_1=d_2=300$。第一种典型情况,令 $k_1=k_2=300$, $m=n=1$,则融合后的词嵌入如公式(8)所示:

$$E_C(w) = [E_A(w), E_B(w)]^{-1} \tag{8}$$

词 w1 和 w2 在词嵌入空间 C 中的距离推导过程如下所示:

$$D_C(w_1,w_2) = \left\| \begin{bmatrix} E_A(w_1) \\ E_B(w_1) \end{bmatrix} - \begin{bmatrix} E_A(w_2) \\ E_B(w_2) \end{bmatrix} \right\|_2$$

$$= \| (E_{A2}(w_1) + E_{B2}(w_1)) - (E_{A2}(w_2) + E_{B2}(w_2)) \|_2$$

$$= \| (E_{A2}(w_1) - E_{A2}(w_2)) - (E_{B2}(w_1) - E_{B2}(w_2)) \|_2$$

$$= \| (E_A(w_1) - E_A(w_2)) - (E_B(w_1) - E_B(w_2)) \|_2$$

$$= \sqrt{(D_A(w_1,w_2))^2 + (D_B(w_1,w_2))^2 - 2D_A(w_1,w_2)D_B(w_1,w_2)\cos(\theta)}$$

$$= \sqrt{(D_A(w_1,w_2))^2 + (D_B(w_1,w_2))^2 - 2D_A(w_1,w_2)D_B(w_1,w_2)(0)}$$

$$= \sqrt{(D_A(w_1,w_2))^2 + (D_B(w_1,w_2))^2}$$

其中 θ 是 $E_A(w)$ 和 $E_B(w)$ 的夹角，因为 $E_A(w)$ 和 $E_B(w)$ 在这种情况是正交的，所以 cos(θ) 值为零，因此 w_1 和 w_2 在词嵌入融合空间 C 中的距离是在 A、B 中的距离的平方和的根，这表明词 w_1 和 w_2 在空间 C 的距离由在空间 A 和 B 中的距离决定，隐喻识别器 M 如果能识别词 w_1 和 w_2 在空间 A 和 B 中触发语义中断而产生的隐喻，那么 M 仍然可以识别词 w_1 和 w_2 在词嵌入融合空间 C 中触发语义中断而产生的隐喻，我们用公式(9)来定义：

$$\mathrm{M}(E_C(w_1), E_C(w_2)) = TRUE \tag{9}$$

现在考虑第二种典型情况，令 $k_1 = k_2 = 0, m = n = 0.5$，融合后的词嵌入，我们用公式(10)来定义：

$$E_C(w) = [0.5 \times E_A(w), 0.5 \times E_B(w)]^{-1} \tag{10}$$

该情况下，词 w_1 和 w_2 在词嵌入空间 C 中的距离推导过程如下所示：

$$D_C(w_1,w_2)$$

$$= \| 0.5 \times (E_{A2}(w_1) + E_{B2}(w_1)) - 0.5 \times (E_{A2}(w_2) + E_{B2}(w_2)) \|_2$$

$$= 0.5 \| (E_{A2}(w_1) - E_{A2}(w_2)) - (E_{B2}(w_1) - E_{B2}(w_2)) \|_2$$

$$\propto \sqrt{(D_A(w_1,w_2))^2 + (D_B(w_1,w_2))^2 - 2D_A(w_1,w_2)D_B(w_1,w_2)\cos(\theta)}$$

$$\propto \sqrt{(D_A(w_1,w_2))^2 + (D_B(w_1,w_2))^2}$$

在这种情况下，w_1 和 w_2 在词嵌入融合空间 C 中的距离正比于在 A、B 中的距离的平方和的根，因此也符合同样的结论，即隐喻识别器 M 仍然可以识别在词嵌入融合空间 C 中的隐喻特征。两个以上的词嵌入融合可以看作不断地用两个词向量递归融合，结果也符合上述的规律，推导过程相似，这里不再赘述。

以上结论说明词嵌入融合后依然包含隐喻特征，且将多个词嵌入融合后会使融合词嵌入拥有更丰富的语义信息，因此基于词嵌入融合的隐喻特征增强是理论上可行的，我们通过下一节构建的隐喻识别器来捕获这些隐喻特征。

（三）基于循环神经网络的隐喻识别器

循环神经网络（RNN）因其递归的结构对于序列结构数据特别有效，自然语言正是这样的序列数据，并且语言本身具有递归结构的性质。然而普通的 RNN 有梯度消失和梯度爆炸的问题，RNN 的变体长短期记忆（LSTM）能够有效缓解这些问题。LSTM 是带有门控机制的 RNN，分别是输入门 i_t、遗忘门 f_t、记忆门 c_t 和输出门 o_t，其中 t 为时序，LSTM 的原理如格拉夫和施米德休伯（Graves & Schmidhuber, 2005）提出的公式（11）到（15）所示：

$$f_t = \sigma_f(x_t W_{xf} + h_{t-1} W_{hf} + \omega_{cf} \odot c_{t-1} + b_f) \quad (11)$$

$$i_t = \sigma_i(x_t W_{xi} + h_{t-1} W_{hi} + \omega_{ci} \odot c_{t-1} + b_i) \quad (12)$$

$$c_t = f_t \odot c_{t-1} + i_t \odot \sigma_c(x_t W_{xc} + h_{t-1} W_{hc} + b_c) \quad (13)$$

$$o_t = \sigma_o(x_t W_{xo} + h_{t-1} W_{ho} + \omega_{co} \odot c_t + b_o) \quad (14)$$

$$h_t = o_t \odot \sigma_h(c_t) \quad (15)$$

其中 σ 代表 Sigmoid 函数，⊙ 为 Hadamard 乘积，h_t 是隐藏状态。双向 LSTM（Bi-LSTM）使用两个 LSTM 分别处理正序和逆序的语言序列，最后将输出结果拼接在一起，因此 Bi-LSTM 能够兼顾语言的上下文语境，更加符合自然语言的语境特征（Graves & Schmidhuber, 2005; Coates & Bollegala, 2018）。我们使用 Bi-LSTM 来构建我们的隐喻识别器，我们设计的端到端的基于词嵌入融合和循环神经网络的隐喻识别器（EC-MR）架构如图 4 所示。

在我们设计的隐喻识别器中，词嵌入层和词嵌入融合层的作用是语义

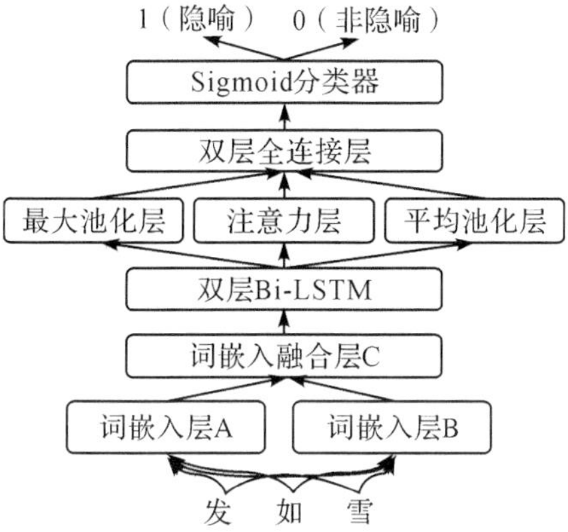

图4 基于循环神经网络的隐喻识别器架构图

特征表示,将自然语言转化为计算机可以理解的离散数值形式,其中语义特征包含了隐喻特征。我们将这些语义特征表示输入双层Bi-LSTM,在通过注意力层、最大池化层和平均池化层来过滤不相干的语义特征,提取与隐喻相关的特征。其中注意力层使用的是在机器翻译任务上效果非常好的 Bahdanau 注意力,其本质是语义对齐(Bahdanau,Cho & Bengio,2014)。最后通过 Sigmoid 函数进行分类,输出目标语句为隐喻句的概率,设置一个隐喻阈值,概率超过这个阈值输出为 1 表示该语句为隐喻句,反之输出为 0 则表示非隐喻句。我们的隐喻识别任务的训练目标是交叉熵损失函数,如公式(16)所示:

$$J = -\frac{1}{N}\sum_{i=0}^{N}(y'_i\log(y_i) + (1 - y'_i)\log(1 - y_i)) \tag{16}$$

其中 N 代表训练文本样本数量, y'_i 代表第 i 个文本样本是否为隐喻的真实标签, y_i 是隐喻识别器根据输入文本样本的预测值。我们通过训练来不断优化这个损失函数 J,实验参数和具体细节详见“实验细节和超参数设置”一节。

三、实验及结果分析

（一）中英文隐喻数据集

在隐喻研究中，合适的高质量数据集是非常重要的，本文的隐喻识别研究分别在中英文数据集上进行。英文隐喻数据集比较丰富，动词性隐喻数据集选择标注质量较高且数据类别相对平衡的隐喻数据集 TroFi，这个数据集由伯克和萨卡尔（Birke & Sarkar，2006）标注，有 3737 条英文数据，隐喻数据占 43%；形容词性隐喻选择由茨韦特科夫等人（Tsvetkov，Boytsov，Gershman et al.，2014）标注的 AN 隐喻数据集，包含 1768 条标注质量较高的形容词名词短语数据，隐喻数据占 50%。中文隐喻研究由于起步较晚，高质量的标注数据集相对较少，本文采用 TroFi 数据集和 AN 数据集的英译中版本，通过谷歌翻译系统对 TroFi 数据集和英文数据集进行翻译，然而引言中提到，翻译系统有时不能正确理解隐喻从而产生错误的翻译，因此我们会对初步翻译的语料库进行人工检查纠正。统计发现，大部分的句子可以得到正确翻译，AN 中译数据集（AN_{CN}）约 3% 的句子翻译出现问题，TroFi 中译数据集（$TroFi_{CN}$）约 1% 的句子翻译出现问题，例如 hard poverty 从隐喻意“艰难的贫困”翻译成了字面意“硬贫困”，我们将这些句子纠正以保证英文隐喻句对应的中文翻译仍然是隐喻句。翻译中英文隐喻数据集的训练集、验证集、测试集划分比例分别为 80%、10% 和 10%。

（二）实验细节和超参数设置

本文在中文隐喻方面使用三个由 Word2Vec 的 Skip-gram 算法预

训练的词嵌入,分别是由百度百科、搜狗新闻和微博的语料训练。在英文隐喻方面,使用由三个相差较大的词向量训练算法预训练的词嵌入,分别是由彭宁顿等人(Pennington, Socher & Manning, 2014)提出的GloVe,乔琳等人(Joulin et al., 2016)提出的FastText和韦廷等人(Wieting et al., 2015)提出的Paraphrase。我们使用的预训练词嵌入维度都是300维。英文文本使用SpaCy框架来进行大小写转换、词干提取、去除标点等数据清洗工作来提高词映射到词向量的概率,并且缓解未登录词(OOV)问题。中文文本由于汉藏语系的特性,额外需要分词的数据处理操作再进行词向量映射,我们使用Jieba框架来进行中文分词。将文本转化为词嵌入后进行比率为0.3的空间Dropout正则化操作来防止过拟合,再通过双层Bi-LSTM提取初级语义特征,其中第一层Bi-LSTM有256个神经元,第二层Bi-LSTM有128个神经元,接着分别用注意力层、最大池化层和平均池化层来提取不同特征的高级语义,再将这些含有高级语义特征的输出拼接在一起,通过双层全连接层来提取隐喻特征。第一层全连接层有64个神经元,激活函数为整流线性单元(ReLU),并且通过比率为0.1的Dropout正则化操作;第二层全连接层只有一个神经元,激活函数为Sigmoid函数,输出该文本为隐喻的概率。我们训练隐喻识别器的优化器是能够自适应学习率的Adam优化器,初始学习率设置为0.001。

(三)实验结果对比与分析

我们一共做了两组实验,分别是英文隐喻识别和中文隐喻识别。为了表述简洁,我们定义以下符号:MR代表我们设计的使用普通词嵌入隐喻识别器,EC-MR代表使用词嵌入融合的隐喻识别器,G代表GloVe词嵌入,F代表FastText词嵌入,P代表Paraphrase词嵌入,B代表由百度百科语料训练的 Word2Vec 词嵌入，S 代表由搜狗新闻语料训练的 Word2Vec 词嵌入，W 代表由微博语料训练的 Word2Vec 词嵌入。M1(A,B)代表在 k1 = k2 = 300，m = n = 1 参数下词嵌入 A 和词嵌入 B 融合，M2(A,B)代表在 k1 = k2 = 0，m = n = 0.5 参数下词嵌入 A 和词嵌入 B 融合，当 M1 和 M2 超过两个参数时表示按顺序融合多个词嵌入。为了防止偶然因数的干扰，实验采用十折交叉验证来充分利用训练集，并且实验结果数据通过运行 10 次取平均值获得。我们使用在隐喻识别任务常用的评测指标准确率(accuracy)、精确率(precision)、召回率(recall)和 F1 值来评测我们的隐喻识别器性能，其中准确率和 F1 综合考虑了精确率和召回率两项指标，因此准确率和 F1 指标更具有参考意义。我们的对比系统是加奥等人(Gao, Choi, Choi et al., 2018)提出的使用单层 Bi-LSTM 构建的使用隐喻序列标注特征的 SEQ 模型和雷伊等人(Rei, Bulat & Kiela et al., 2017)设计的使用浅层神经网络构建的用于隐喻识别的监督相似网络(SSN)，这两个系统在隐喻识别任务中取得了非常优秀的结果。我们的实验在英文隐喻识别的表现如表 1 所示，各个评测指标最佳结果用加粗表示：

表 1　隐喻识别器在英文隐喻识别任务上的表现(%)

模型	词嵌入方式	数据集	准确率	精确率	召回率	F1
MR	G	TroFi	65.3	56.1	88.5	67.7
MR	F	TroFi	62.0	58.5	83.6	67.3
MR	P	TroFi	63.6	54.0	85.9	66.3
EC-MR	M1(G, P)	TroFi	**73.8**	66.3	75.6	70.7

续　表

模型	词嵌入方式	数据集	准确率	精确率	召回率	F1
EC-MR	M1(G, F, P)	TroFi	71.1	63.3	73.1	67.9
EC-MR	M2(G, P)	TroFi	66.8	56.9	84.6	68.0
EC-MR	M2(G, F, P)	TroFi	64.2	54.3	**88.6**	67.3
SEQ	-	TroFi	73.7	**68.7**	76.4	**72.0**
MR	G	AN	84.2	76.0	95.0	84.3
MR	F	AN	80.9	79.5	77.5	78.5
MR	P	AN	83.1	76.6	90.0	82.8
EC-RNN	M1(G, P)	AN	83.1	77.8	87.5	82.4
EC-RNN	M1(G, F, P)	AN	82.0	74.0	92.5	82.2
EC-RNN	M2(G, P)	AN	84.3	75.0	**97.5**	**84.8**
EC-RNN	M2(G, F, P)	AN	**86.5**	86.8	82.5	84.6
SSN	-	AN	82.9	**90.3**	73.8	81.1

英文隐喻数据集的实验结果表明，基于词嵌入融合方式的隐喻识别器准确率和 F1 都要优于基于普通词嵌入的隐喻识别器，准确率和 F1 最高可以分别提高 10.2% 和 6.3%。实验结果符合预期，在 TroFi 数据集的实验中，M1 融合方式的词嵌入融合可以有效提升准确率，其中 M1(G,P) 融合方式的准确率和基于额外词法信息的 SEQ 模型相

当,但隐喻识别器的优势是不依赖任何额外构建的语言学特征。M1 融合方式带来准确率提升的原因是这种融合方式会增加词嵌入的维度,这会比普通词嵌入的词嵌入携带更多的语义特征,但随着词嵌入维度的增加会带来召回率降低的负面影响,比如 M1(G,F,P)融合方式,这是由于词嵌入维度的增加会给隐喻识别器的隐喻特征提取带来困难。在 AN 数据集上的实验表明,融合 M2 融合方式的效果比 M1 融合方式要好,M2 融合方式通过平均两个词嵌入混合不同词嵌入的语义特征,这种方式会携带比普通词嵌入更多的语义特征且不会增加词嵌入维度,准确率和 F1 值也都超过 SSN 模型,这是因为 SSN 的模型仅仅使用了浅层神经网络,造成隐喻特征提取能力不足。从两个英文数据集实验结果上看,隐喻识别器在 TroFi 数据集的表现总体要差于在 AN 数据集上的表现,这是因为 AN 数据集是简单的形容词名词结构短语,各个测评指标都较高,而 TroFi 数据集是完整的句子,长度长且结构复杂,给隐喻识别器带来隐喻特征提取上的难度,导致测评指标普遍偏低。例如在句子"Jaime Rosenthal said he was stepping down as President Azcona's economic adviser, but staying on as vice president."中,隐喻识别器不能很好地识别 stepping down as President Azcona's economic adviser 这个隐喻现象,这是因为长句句式结构复杂且语义优先中断通过较长的词组触发,给隐喻识别器带来干扰。

中文隐喻识别实验的表现如表 2 所示,各个评测指标最佳结果用加粗表示:

表 2　隐喻识别器在中文隐喻识别任务上的表现(%)

模型	词嵌入方式	数据集	准确率	精确率	召回率	F1
MR	B	$TroFi_{CN}$	58.3	50.0	96.1	65.8
MR	S	$TroFi_{CN}$	59.9	51.6	85.9	64.1
MR	W	$TroFi_{CN}$	58.8	50.3	91.4	66.4
EC-MR	M1(B, S)	$TroFi_{CN}$	**61.5**	**52.1**	94.9	**67.3**
EC-MR	M1(B, S, W)	$TroFi_{CN}$	61.0	51.7	**96.2**	67.2
EC-MR	M2(B, S)	$TroFi_{CN}$	59.9	50.1	93.6	66.1
EC-MR	M2(B, S, W)	$TroFi_{CN}$	59.4	50.7	92.3	65.5
MR	B	AN_{CN}	84.3	82.5	82.4	82.5
MR	S	AN_{CN}	77.5	71.7	82.4	76.7
MR	W	AN_{CN}	84.3	82.6	84.5	83.3
EC-MR	M1(B, W)	AN_{CN}	85.4	84.6	82.5	83.5
EC-MR	M1(B, S, W)	AN_{CN}	85.4	86.5	80.0	83.1
EC-MR	M2(B, W)	AN_{CN}	85.4	82.9	**85.0**	84.0
EC-MR	M2(B, S, W)	AN_{CN}	**86.4**	**86.8**	82.6	**84.5**

我们在中文数据集上的实验结果和英文数据集类似,准确率和 F1

最高可以分别提高8.9%和7.8%,M1(B,S)融合方式在$TroFi_{CN}$数据集上的综合表现最好,M2(B,S,W)融合方式在AN_{CN}中译数据集上表现最好。隐喻识别器在中文数据集上的各项测评指标比英文数据集要差一点,这是因为对英文数据集的翻译会造成部分语义信息的损失,且中文数据集数据处理还有分词这一步骤,分词的正确率本身达不到百分之百,造成的误差会进一步影响隐喻识别的效果。

综合中英文隐喻识别实验结果进行总结,有三个主要的结论:(1)基于词嵌入融合方式的隐喻识别器的各个评测指标都好于基于普通词嵌入的方式,这表明融合词嵌入方式带来的额外语义特征有助于提升模型的隐喻识别能力。(2)对比隐喻识别器和SEQ模型的实验结果发现,仅仅使用词嵌入特征的隐喻识别器就能达到依赖其他语言学特征的隐喻识别器相当的效果,这表明词嵌入特征隐含丰富的语言学特征,深度学习模型有能力挖掘这些特征来进行深层语义分析。(3)对比隐喻识别器和SSN模型的实验结果发现,基于深层神经网络的隐喻识别器比基于浅层神经网络拥有更强的隐喻识别能力,这表明深层神经网络拥有更强大隐喻特征提取能力。

结　语

本文提出了基于词嵌入的语义优先中断理论,论述了在词嵌入空间捕获隐喻特征的可行性。同时本文提出通过词嵌入融合的方法来增强隐喻特征,阐述了基于词嵌入融合的隐喻识别器识别语言中隐喻现象的数学原理。本文还构建了一个基于循环神经网络的隐喻识别器,在中英文隐喻数据集上的实验结果表明,隐喻识别器具有很好的隐喻识别效果,且基于词嵌入融合方式的隐喻识别器效果优于基于普通词嵌入的隐喻识别器。

根据本文的中英文隐喻识别实验结果,隐喻识别方法和模型还有很多需要优化的地方。在复杂句式长语句的隐喻识别效果差的问题上,我们未来将使用词法、句法、语义等更多的语言学特征来辅助隐喻识别器识别复杂句式长语句中的隐喻现象。在语料库上,我们将针对中文隐喻处理数据集的短板,构建一个大规模高质量的中文隐喻语料库来促进中文隐喻处理技术的发展。在模型结构上,我们还将尝试构建效果更优性能更好的隐喻识别器,基于注意力机制的 Transformer 模型(Vaswani et al. ,2017)和预训练语言模型(Radford & Narasimhan, 2018)在多项 NLP 任务上的卓越效果也给我们带来了很大的启示,我们会将这些先进的领域前沿技术应用到隐喻计算相关任务上。

参考文献

Bahdanau D. , Cho K. & Bengio Y. , 2014, Neural Machine Translation by Jointly Learning to Align and Translate. *arXiv preprint*.

Birke J. & Sarkar A. , 2006, A Clustering Approach for Nearly Unsupervised Recognition of Nonliteral Language. *11th Conference of the European Chapter of the Association for Computational Linguistics*.

Bizzoni Y. , Chatzikyriakidis S. & Ghanimifard M. , 2017, "Deep" Learning: Detecting Metaphoricity in Adjective-Noun Pairs. *Proceedings of the Workshop on Stylistic Variation*.

Coates J. & Bollegala D. , 2018, Frustratingly Easy Meta-Embedding-Computing Meta-Embeddings by Averaging Source Word Embeddings. *arXiv preprint*.

Dinh E. D. & Gurevych I. , 2016, Token-Level Metaphor Detection Using Neural

Networks. *Proceedings of the 4th Workshop on Metaphor in NLP*.

Fass D., 1991, Met *: A Method for Discriminating Metonymy and Metaphor by Computer. *Computational Linguistics*, 17 (1).

Gao G., Choi E., Choi Y., et al, 2018, Neural Metaphor Detection in Context. *arXiv preprint*.

Graves A. & Schmidhuber J., 2005, Framewise Phoneme Classification with Bidirectional LSTM and Other Neural Network Architectures. *Neural Networks*, 18.

Graves A., Fernández S. & Schmidhuber J., 2005, Bidirectional LSTM Networks for Improved Phoneme Classification and Recognition. *Artificial Neural Networks: Formal Models and Their Applications*. Berlin: Springer.

Hovy D., Srivastava S., Kumar S. et al, 2013, Identifying Metaphorical Word Use with Tree Kernels. *Proceedings of the 1st Workshop on Metaphor in NLP*.

Lakoff G. & Johnson M., 1980, Conceptual Metaphor in Everyday Language. Shaping Entrepreneurship Research. Joulin A., Grave E., Bojanowski P., et al., 2016, Bag of Tricks for Efficient Text Classification. *arXiv preprint*.

Kalchbrenner N., Grefenstette E. & Blunsom P., 2014, A Convolutional Neural Network for Modelling Sentences. *arXiv preprint*.

Mao R., Lin C., Guerin F., 2018, Word Embedding and Wordnet Based Metaphor Identification and Interpretation, Proceedings of the 56th Annual Meeting of the Association for Computational Linguistics. *Association for Computational Linguistics (ACL)*.

McArthur T., Lam-McArthur J. & Fontaine, L. et al., 2018, *Oxford Companion to the English Language*. Oxford: Oxford University Press.

Mikolov T., Chen K., Corrado G. et al., 2013, Efficient Estimation of Word Representations in Vector Space. *arXiv Preprint*.

Mikolov T., Sutskever I., Chen K. et al. 2013, Distributed Representations of Words and Phrases and Their Compositionality. *Advances in Neural Information*

Processing Systems. Berlin: Springer.

Neuman Y., Assaf D., Cohen Y. et al., 2013, Metaphor Identification in Large Texts Corpora. *PLoS One*, 8(4).

Pennington J., Socher R. & Manning C., 2014, Glove: Global Vectors for Word Representation. *Proceedings of the 2014 Conference on Empirical Methods in Natural Language Processing (EMNLP)*.

Radford A. & Narasimhan K., 2018, Improving Language Understanding by Generative Pre-training. *Preprint*.

Rai S., Chakraverty S. & Tayal D. K., 2016, Supervised Metaphor Detection Using Conditional Random Fields. *Proceedings of the 4th Workshop on Metaphor in NLP*.

Rei M., Bulat L. & Kiela D. et al, 2017, Grasping the Finer Point: A Supervised Similarity Network for Metaphor Detection. *arXiv preprint*.

Shutova E., 2015, Design and Evaluation of Metaphor Processing Systems. *Computational Linguistics*, 41(4).

Shutova E., Sun L. & Korgonen A., 2010, Metaphor Identification Using Verb and Nouns Clustering. *Proceedings of the 23rd International Conference on Computational Linguistics*.

Tsvetkov Y., Boytsov L., Gershman A. et al, 2014, Metaphor Detection with Cross-lingual Model Transfer. *Proceedings of the 52nd Annual Meeting of the Association for Computational Linguistics*, Volume 1: Long Papers.

Vaswani A., Shazeer N., Parmar N. et al. 2017, Attention is All You Need. *Advances in Neural Information Processing Systems*, 30.

Wieting J., Bansal M., Gimpel K., et al. 2015, From Paraphrase Database to Compositional Paraphrase Model and Back. *Transactions of the Association for Computational Linguistics*, 3 (3).

Wilks Y., 2007, A Preferential, Pattern-seeking, Semantics for Natural Language Inference. *Words and Intelligence I. Text, Speech and Language Technology*.

Berlin: Springer.
黄孝喜，2009，《隐喻机器理解的若干关键问题研究》，浙江大学博士学位论文。
黄孝喜等，2018，《基于卷积神经网络与 SVM 分类器的隐喻识别》，《数据分析与知识发现》第 10 期。
李斌等，2008，《“像”的明喻计算》，《中文信息学报》第 6 期。
王治敏、王厚峰、俞士汶，2007，《基于机器学习方法的汉语名词隐喻识别》，《高技术通讯》第 6 期。

基于卷积神经网络与 SVM 分类器的隐喻识别*

黄孝喜　李晗雨　王荣波　王小华　谌志群

引　言

隐喻不仅仅是一种修辞手段,更是人类的重要认知方式,例如“他的眼睛是星星”和“天上亮的是星星”等句子中的“星星”有不同的意义。第一个句子中的“星星”展现了“眼睛是明亮的”的隐喻用法;第二个句子里,“星星”这个名词的意思是肉眼可见的宇宙中的天体。根据莱考夫和约翰逊(Lakoff & Johnson,1980)的研究,隐喻的概念是从源域到目标域的认知映射(例如:“时间就是金钱”,时间是源域,金钱是目标域)。虽然在某些研究中,识别这些映射(概念隐喻)本身就是分析主题,但是我们关心的是在文本(语言隐喻)中检测它们的表现形式。

隐喻研究在自然语言处理中起到重要的作用,已经应用于许多方面,如机器翻译、信息检索和问答系统等。作为自然语言中的一种普遍现象和认知方式,隐喻识别和解释的研究不仅吸引了语言学家,而且引起了认知科学家的关注。其中,隐喻识别主要是在语料中自动地识别出含有隐喻的短语或句子。

根据隐喻内容所处的语法特征,我们可以将隐喻分为三类:名词隐

---

* 本文原载《数据分析与知识发现》2018 年第 10 期。

喻、动词隐喻和形容词隐喻。在名词隐喻中,名词在句子中作主语、宾语等成分,最基本的形式是通过动词"是"相连,例如"他的眼睛是星星"和"香蕉的味道是淡淡的甜味","是"可以作为喻词,甲是乙,通过乙来描述甲。第一个句子为隐喻的表达,喻词为"是",本体为眼睛,喻体为星星,眼睛与星星的语义相似值是比较小的。第二个句子与前一个句子具有相同的结构,但并不是隐喻表达,"是"作为谓语并不是喻词,主语与宾语是"味道"和"甜味",具有相似的语义,并不是本体与喻体。

第二类为动词隐喻,动词作用于名词,例如:I kill a process(我杀死一个进程)。kill 主要作用于有生命的物体,process 是无生命的、是抽象的,"杀死进程"解释不通,所以是隐喻的表达。

第三类为形容词隐喻,形容词作用于名词,例如:bright painting/bright idea 和 heavy table/heavy feeling,是形容词-名词形式的词组,形容词通常是形容事物的物理特性,但也可通过尺寸或重量等感官特征来描述抽象特征,当形容词修饰抽象特征时,词组为隐喻表达。painting 和 table 是具体的事物,则 bright paining 和 heavy table 是字面表达;idea 和 feeling 是抽象的感官特征,则 bright idea 和 heavy feeling 是隐喻表达。

近年来,卷积神经网络已被用来解决自然语言处理的各项任务,并取得了较好的效果,但迄今为止还没有应用到隐喻识别中。隐喻识别是隐喻机器处理的基本问题,本文旨在提出一种结合卷积神经网络和 SVM 分类器的新颖的隐喻识别方法,结果显示在中英文数据上都取得了好的结果。

论文余下部分安排如下:第一节介绍相关工作,至少要在一个方面与我们的工作进行对比;第二节介绍本文提出的隐喻识别的方法;第三节介绍实验使用的数据，并介绍实验结果；结语主要是本文的总结和对未来工作的展望。

一、相关工作

传统的隐喻识别任务包括基于语义的隐喻识别方法和基于统计的隐喻识别方法。

威尔克斯（Wilks，2007）认为，隐喻会导致语义上的异常中断，则在选择优先模型的基础上增加隐喻识别，并加入了带有辅助理解的情景知识，通过语义选择优先的异常中断触发对隐喻的识别。法斯（Fass，1991）在选择优先中断的基础上，提出了修正语义学，并给出了一个隐喻解释性语言的系统 Met *，但是 Met * 系统是基于手工构造的语料库，在实际应用上会受到限制。纽曼等（Neuman，Assaf，Cohen et al.，2013）根据词语在 WordNet 中的类别、搭配信息和名词的抽象度，以及常用搭配等信息，针对不同类别的隐喻，设计了对应的识别算法，其中名词隐喻识别算法的准确率相对较高。

舒托娃等人（Shutova，Sun & Korgonen，2010）结合概念隐喻理论和语义优先理论，提出了对动词和名词进行聚类来识别隐喻，她以英国国家语料库（BNC）中部分已经标注的动宾结构的隐喻作为种子集合，将动词聚类获得源域概念集合，名词聚类获得目标域概念集合，然后将动词与名词聚类构成一个映射关系。这里的聚类使用了谱聚类方法，然后按照优先强度方法进行筛选，去除优先度弱的词语，最终得到目标域和源域的集合。这种方法与基于 WordNet 的隐喻识别方法有一定的区别，利用聚类算法能形成更大的动词集合，适用于更大范围的隐喻表达，但是这种方法仅适用于“V + N”形式的隐喻表达。

霍弗等人(Hovy,Srivastava,Jauhar et al.,2013)使用了树核的方法实现隐喻识别,通过句法依存关系(本体与喻体)建立了隐喻树,利用统计模型找出树的差异点,进而找出隐喻。然后,选取了依存树的语义和词义作为特征,通过 SVM 和 CRF 进行训练,发现 SVM 模型在该算法中有更好的分类效果。拉伊等人(Rai,Chakraverty & Tayal,2016)应用 CRF 进行隐喻识别,并结合概念特征、上下文特征、句法特征和情感特征,证明不同的特征对隐喻识别的影响,发现在这种方法中,情感特征对隐喻识别并没有很大的影响。茨韦特科夫等人(Tsvetkov,Boytsov,Gershman et al.,2014)提出了使用随机森林分类器识别不同语言(西班牙语,波斯语和俄语)的隐喻,该方法使用独立语言(而不是词汇或特定语言)的概念特征,加入了抽象性和可成像性特征,并通过空间向量法进行潜在语义分析找出词语间的关系特征,通过随机森林分类器进行隐喻识别。

近些年,随着深度学习的发展,基于深度学习方法对文本进行分析的实验有很多,卡尔什布伦纳等人(Kalchbrenner, Grefenstette & Blunson,2014)把卷积神经网络应用于自然语言处理,设计了一个动态卷积神经网络(DCNN)的模型,以处理不同长度的文本。格拉夫(Graves,Fernández & Schmidhuber,2005)提出了 BLSTM,采用双向 LSTM 提取文本上下文的双向特征,进行分类及识别任务,区别于 LSTM 只能考虑上文信息而不考虑下文信息,为了建模目标对象的上下文信息,则设计了 BLSTM。

也有部分研究将深度学习应用到隐喻的机器处理上,丁恩和古列维奇(Dinh & Gurevych,2016)使用了词向量结合多层感知器(完全连接的前馈神经网络)的架构,包含一个输入层、多个隐藏层和一个输出层,并且添加了窗口大小为 5 的上下文特征,对隐喻识别有较好的效果，但是并没有在不同的语言以及更先进的神经网络上进行实验。比佐尼等人（Bizzoni, Chatzikyriakidis & Ghanimifard, 2017）应用基本的神经网络模型，结合了预先训练的词向量模型，并且在不同数量的数据集和不同的词向量模型上，对名词与形容词形式的隐喻词组进行隐喻识别，但并未应用复杂的神经网络模型；雷伊等人（Rei, Bulat & Kiela et al., 2017）应用监督的语义相似性网络进行隐喻识别，他们提出的框架优于前馈神经网络的识别结果，网络中的源域和目标域之间的门控功能，通过 sigmoid 函数充当过滤器，选出有用的信息，从而使隐喻识别效果更好，但是语义相似性网络在对隐喻句子的处理上存在缺陷。

汉语隐喻的研究发展相对较晚，王治敏等人（Wang, Wang & Yu, 2016）和徐扬等人（Xu et al., 2007）利用最大熵模型对名词性隐喻进行识别；李斌等人（Li et al., 2008）通过最大熵模型结合 CRF 解决明喻问题，并识别出本体和喻体及其相似点；黄孝喜（Huang, 2009）利用依存句法分析得出隐喻句的各种依存模式，提出了一种模式匹配的算法，实现隐喻识别。

综上所述，目前相关研究主要是基于机器学习和简单的神经网络的方法进行隐喻识别，而基于深度学习的中文隐喻识别的研究尚少，与之相比，本文使用了卷积神经网络，没有很复杂的结构，仅仅使用了输入层、卷积层和池化层，对不同语言、不同格式的隐喻表达进行了特征提取，如短语和句子格式的隐喻表达。我们使用了非静态的词向量，而不像金姆（Kim, 2014）在 CNN 模型中仅使用了简单的静态词向量和微调超参数。我们还引入了词性特征，解决了一词多义的现象。最后根据卷积神经网络提取的特征，通过 SVM 分类器进行隐喻识别。

二、方法

基于 CNN 与 SVM 进行隐喻识别，首先要对实验语料进行分词、词性分析和去除停用词等数据预处理，然后利用 Skip-Grams 框架对实验语料进行词向量和 Word/Pos 向量训练，构建文本词向量矩阵，并结合词性特征及关键词特征作为神经网络的输入，通过 CNN 的卷积层和池化层对输入句子进行特征提取，利用 SVM 分类器进行隐喻识别，具体实验框架如图 1 所示。

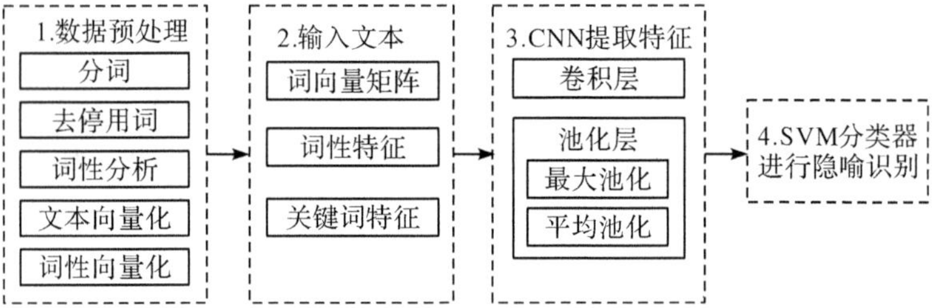

图 1　基于 SVM 与 CNN 的隐喻识别的整体框架

(一) 词向量训练

使用神经网络对文本进行处理时，首先要将文本转换为计算机可识别的向量表示形式，米科洛夫等人(Mikolov, Corrado, Chen et al., 2013; Mikolov, Sutskever, Chen et al., 2013)基于 NNLP 提出 Word2vec 模型，中文词向量模型通过搜狗新闻数据，而英文词向量模型是通过 Word2vec 的官方数据进行训练。Word2vec 有 C-BOW(Continuous Bag-of-Words)和 Skip-Grams 两种结构构建词向量，本文应用了 Word2vec

中的 Skip-gram 训练的词向量模型，神经网络的层数为 100，网络层数的多少意味着输入数据的大小，也能提升准确率，输入的语料为分好词的数据。对数据进行两次迭代操作，第一次操作是统计词频来构建内部词典数据结构，第二次操作是进行神经网络训练，两次步骤是分开进行的。训练窗口大小为 5，词向量维度为 200。Skip-gram 模型的计算过程公式为：

$$p(W_a \mid W_i) = \frac{e^{U_a V_i}}{\sum_j e^{U_j V_i}} \tag{1}$$

其中，V_i 是 embedding 层矩阵里的列向量，也被称为 W_i 的输入向量，U_j 是 softmax 层矩阵里的行向量，也被称为 W_i 的输出向量。因此，Skip-gram 模型的本质是计算输入词语的输入向量与目标词的输出向量之间的余弦相似度，并进行 softmax 归一化。

（二）输入文本

本节说明神经网络模型所需的输入，句子词向量映射矩阵，并结合了句子的关键词特征和词性特征。

关键词特征，提取句子的关键词，作为句子的局部特征，同句子的向量矩阵进行拼接，共同作为神经网络的输入。

词性特征，由于词语存在一词多义的现象，在不同语境中存在不同的语义，提出词语与词性的拼接形式训练词性向量，实现词义消歧。给定短文本句子 S =（Word1， Word2， …， Wordn），n 表示文本句子的长度，Wordi 表示第 i 个单词，对应的词性标注为 P =（Pos1，Pos2，…，Posn），Posi 为第 i 个单词对应的词性标注，我们使用 Word/Pos 形式的输入（如：太阳/ns 好像/v 给/p 浓雾/n 罩住/n 一般/a 变成/v 了/ul 一块/m 圆形/n 水磨/n 玻璃/n 暗淡无光/i），通过预先训练的 Word/Pos

向量模型映射后，Word/Pos 转换为 n 维的向量 wpi，则长度为 m 的句子为 m×n 维的矩阵，作为神经网络的输入。

(三)神经网络结构

卷积神经网络是一个前馈神经网络，一般是对图片进行处理，对文本处理要有一定的改动，本文是在经典的卷积神经网络的基础上，也就是以卷积层和池化层结合的形式建立网络，提取特征后再应用 SVM 进行隐喻识别。卷积神经网络的结构如图 2 所示，输入层是以矩阵的形式输入句子，且有一定的维度大小的要求，要求每个输入都要相同，句子的长度一定，添加零使矩阵大小相同，作为网络的输入。

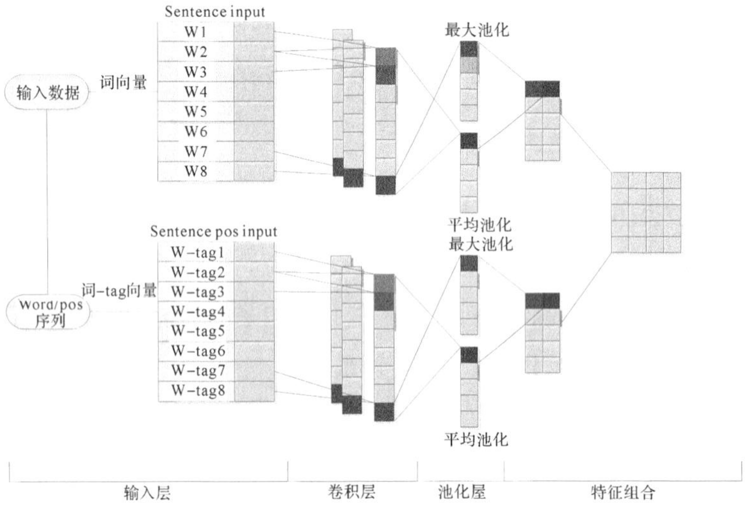

图 2　卷积神经网络结构

一般由卷积核共享权值。卷积核一般是随机初始化的，在网络的训练过程中卷积核将学习得到合理的权值，直接好处是减少网络各层之间的连接，减少过拟合的风险。

卷积神经网络一般有几个约束(Lécun et al. ,1998):

(1)特征提取。一般是由卷积层作为特征提取层,通过滤波器(卷积核)提取特征,通常选取 h × n 维大小的滤波器在文本矩阵上滑动获取卷积特征,n 为词向量的维度,h 为每次卷积滑过多少个相邻的词。卷积核的大小是为了获取文本的上下文特征,一般卷积神经网络处理文本时,设置不同大小的卷积核,可以提取更多的特征。但是,卷积核过多会影响网络训练的效率,网络的分类效果可能并没有提高。考虑到网络的训练效率,本文使用了 4 个滤波器,主要大小为 2 × n、3 × n、4 × n、5 × n,其中 n 为词向量的维度。

(2)特征映射。网络的每个计算层由多个特征映射组成,每个特征映射是一个平面,平面上所有的神经元权值相等,特征映射结构采用激活函数,常用的激活函数有 Tanh、ReLU 等,Tanh 和 ReLU 函数对比如图 3 所示。Tanh 函数是双曲正切函数,当其作为激活函数时,特征映射具有位移不变性;ReLU 函数具有收敛快、计算简单的优点,但是具有使梯度变为 0 的缺点。本文使用了 Tanh 函数作为激活函数。

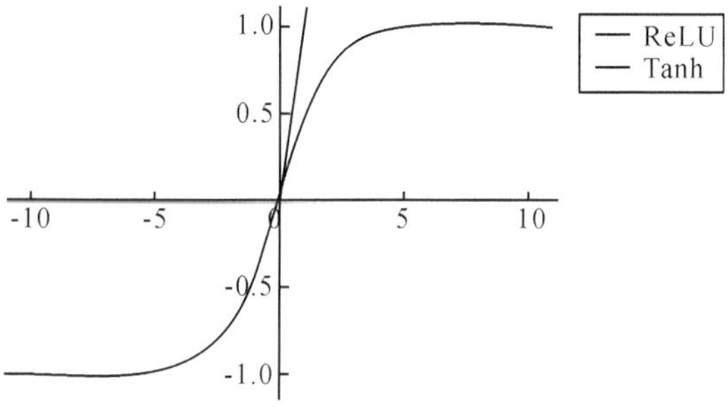

图 3　Tanh 和 ReLU 对比图

(3)子抽样层(池化层)。在卷积层后的一个实现局部特征平均和子抽样的计算层,将卷积层得到的特征图进行了聚合统计,降低了计算的数据量,有效防止了过拟合现象。本文的池化层使用了 MaxPooling 和 MeanPooling 两种池化,即对卷积层输出的特征集合进行取最大值和平均值的操作:得到文本最突出的整体特征和平均特征,然后将 MaxPooling 和 MeanPooling 求的特征值进行级联,作为输入到分类器的特征。

(四)SVM 分类器

支持向量机(SVM)(李航,2012)是一种二分类模型,它的基本模型是定义在特征空间上的间隔最大的线性分类器,支持向量机还使用核技巧(kernel trick),使它成为实质上的非线性分类器。核技巧的基本思想是通过一个非线性变换将输入空间对应于一个特征空间,使得在输入空间 Rn 中的超平面模型对应于特征空间 H 中的超平面模型。核函数的公式为:

$$K(x,z) = \varphi(x) \cdot \varphi(z) \tag{2}$$

K(x, z)为核函数,φ(x)为映射函数,φ(x) · φ(z)为其内积。本文采用高斯核函数(RBF)作为核函数,如公式(3)所示。

$$K(x,z) = \exp\left(-\frac{\| x - z \|^2}{2\sigma^2}\right) \tag{3}$$

RBF 核函数可将 SVM 中的输入样本映射到高维特征空间上,能解决线性不可分问题。

三、实验及结果分析

(一)数据集

茨韦特科夫等人(Tsvetkov, Boytsov, Gershman et al. ,2014)建立了一个英文隐喻识别模型,通过双语词典的转换方法可识别俄语和葡萄牙语的隐喻，构建动词（SVO）和形容词-名词词组（AN）的隐喻语料。形容词-名词词组（AN）语料是一个包含884个隐喻形容词-名词短语对和884对具有字面意义的训练集（TSV-TRAIN），以及一个包含100个字面和100个隐喻对的测试集。SVO语料是一个包含3737条手工标注的句子的训练集，以及一个包含111条隐喻句和111条非隐喻句的测试集。其中，表1显示了句子中隐喻动词与主语和宾语的关系。表2显示了TSV-TRAIN中形容词-名词短语的一部分。我们使用TSV-TRAIN和SVO测试集的数据进行英文隐喻识别的实验，每个数据集的90%作为实验的训练语料，10%作为实验的测试语料。

表1 TSV中动词隐喻的主语-动词或动词-宾语关系

Verb noun	Class	Relation
See development	Metaphorical	VO
Live dream	Metaphorical	VO
Envy eat	Metaphorical	SV
Break window	Literal	VO
Boy cry	Literal	SV
Paint dry	Literal	SV

表 2 TSV-TRAIN 中的形容词-名词短语

Metaphorical	Literal
bright smile	blue fence
bushy eyebrows	blinding light
cautious smile	biting dog
dark history	bright sun
deep faith	bright light
desolate beauty	burning tree
economic battle	burning arm
fading memory	dark face
faint impression	dirty hands

实验的中文隐喻语料库主要使用文学比喻词典和《读者》语料库，从中选出2000条句子，其中包含1000条隐喻句子，1000条非隐喻句子。将每个句子标注为隐喻或非隐喻，句子主要的形式如："太阳像面火镜"和"他的眼睛是星星"。其中，训练数据和测试数据比例与英文实验数据相同。

（二）结果与分析

我们使用迁移学习的思想，通过预先训练的词向量模型得到200维的词向量，在训练词向量的过程中，可能得到语料库中不包含的词，赋予其一个 200 维的零向量。实验可能存在不拟合的结果，我们使用 10 次交叉验证法解决此问题。为了证明本文提出的方法对英文数据有效性，我们设计了 3 组对比实验，结果如表 3 所示。

表 3　英文语料隐喻识别（%）

实验	准确率
CNN-sentence-eng	81.80%
CNN_SVM-sentence-eng	87.23%
CNN-Word/Pos-eng	86.00%
CNN_SVM-Word/Pos-eng	90.12%
CNN-AN-eng	86.36%
CNN_SVM-AN-eng	87.20%
Marek Rei	83.00%

第一组实验，使用了 TSV 的动词隐喻数据集，以独立的句子作为输入。CNN-sentence-eng，使用卷积神经网络对动词隐喻进行识别；CNN_SVM-sentence-eng，使用卷积神经网络与 SVM 进行隐喻识别。

第二组实验，在第一组实验的基础上，添加了词性特征。CNN-Word/Pos-eng 和 CNN_SVM-Word/Pos-eng 分别表示直接使用卷积神经网络和使用 CNN_SVM 方法。

第三组实验，使用了形容词-名词词组（AN）隐喻数据集，并不是以独立的句子作为输入，而是以短语组合作为输入。CNN_SVM-AN-eng

为本文方法，与直接使用卷积神经网络的隐喻识别方法(CNN-AN-eng)以及雷伊等人(Rei,Bulat & Kiela et al. ,2017)的实验结果进行对比。

从表3可看出，卷积神经网络与SVM对隐喻的识别准确率高于直接使用CNN的结果，通过第二组实验发现，添加了词性特征后，使用CNN或CNN-SVM的准确率都有提高，但是CNN-SVM的结果更好。由于卷积神经网络处理文本时，要通过卷积核滑动提取特征，则网络的输入要更大一些，而TSV的形容词-名词数据集是由长度为2的词组组成，为了更符合卷积神经网络的输入，第3组实验使用了4个词组作为一次输入进行训练，扩大了卷积神经网络输入大小的同时，使提取的特征更加多样全面。本文的方法在对AN形式的隐喻进行识别时，比雷伊等人的实验准确率高。

从表4可以看出，本实验对中文的数据集同样适用，CNN-SVM方法的隐喻识别准确率高于直接使用CNN的结果。但是中文实验并没有添加词性特征，仅仅证明了CNN-SVM方法的有效性。

表4　中文语料隐喻识别(%)

实验	准确率
CNN-sentence-ch	72.50%
CNN_SVM-sentence-ch	77.00%

从表3和表4可看出，本文使用了SVM分类器，对比实验使用的是softmax分类器，这是方法上的主要区别。英文的隐喻识别的准确率比中文高，这是由于中文语料在分词过程中，分词的准确率低于英文分词，这一点影响了中文词性分析和文本词向量训练的准确率，进而影响

了中文隐喻识别的效果。

结 语

本文介绍了用于隐喻识别的 CNN-SVM 方法,通过卷积神经网络提取隐喻句子的特征,并应用 SVM 进行分类,实现隐喻分类。此外,本文还提出了词与词性结合的方法,有效解决了一词多义现象,并改进了卷积神经网络的池化层,使提取的特征更加准确全面。实验对比词向量和 Word/Pos 结合向量分别在 CNN 与 CNN-SVM 上的结果,发现 Word/Pos 结合向量在 CNN-SVM 模型上的隐喻识别结果有较大提升。另外,CNN 在中英文语料上的隐喻识别都有较好的结果。

在未来工作中,我们将研究在文本中加入情感特征,进一步考察情感对隐喻的影响。此外,针对中文语料,在分词的方法上应有所改进,使实验结果有所提高。

参考文献

Bizzoni Y., Chatzikyriakidis S. & Ghanimifard M., 2017, "Deep" Learning: Detecting Metaphoricity in Adjective-Noun Pairs. *The Workshop on Stylistic Variation.*

Dinh, E. & Gurevych I., 2016, Token-Level Metaphor Detection Using Neural Networks. *Proceedings of the 4th Workshop on Metaphor in NLP.*

Fass D., 1991, Met *: A Method for Discriminating Metonymy and Metaphor by Computer. *Computational Linguistics*, 17 (1).

Graves A., Fernández S. & Schmidhuber J., 2005, Bidirectional LSTM Networks for Improved Phoneme Classification and Recognition. *Artificial Neural Networks: Formal MODELS and Their Applications.*

Graves A. & Schmidhuber J., 2005, Framewise Phoneme Classification with Bidirectional LSTM and Other Neural Network Architectures. *Neural Networks*, 18 (5-6).

Huang X., 2009, *Research on Some Key Issues of Metaphor Computation*. Zhejiang University, Ph. D. Thesis.

Hovy D., Srivastava S., Jauhar S. K. et al, 2013, Identifying Metaphorical Word Use with Tree Kernels. *Proceedings of the 1st The Workshop on Metaphor in NLP*.

Kim Y., 2014, Convolutional Neural Networks for Sentence Classification. *Conference on Empirical Methods in Natural Language Processing*.

Kalchbrenner N., Grefenstette E. & Blunsom P., 2014, A Convolutional Neural Network for Modelling Sentences. *arXiv preprint*.

Lécun Y., 1998, Gradient-based Learning Applied to Document Recognition. *Proceedings of the IEEE*.

Qu W., 2008, Computation of Chinese Simile with "Xiang". *Journal of Chinese Information Processing*, 22 (6).

Mikolov T., Corrado G., Chen K. et al, 2013, Efficient Estimation of Word Representations in Vector Space. *International Conference on Learning Representations*.

Mikolov T., Sutskever I., Chen K. et al., 2013, Distributed Representations of Words and Phrases and Their Compositionality. *Proceedings of the Advances in Neural Information Processing Systems*.

Neuman Y., Assaf D., Cohen Y. et al., 2013, Metaphor Identification in Large Texts Corpora. *PLoS ONE*, 8(4).

Rei M., Bulat L. & Kiela D. et al., 2017, Grasping the Finer Point: A Supervised Similarity Network for Metaphor Detection. *Conference on*

Empirical Methods in Natural Language Processing.

Rai S. , Chakraverty S. & Tayal D. K. , 2016, Supervised Metaphor Detection Using Conditional Random Fields. *Proceedings of the 4th Workshop on Metaphor in NLP*.

Shutova E. , Sun L. & Korgonen A. , 2010, Metaphor Identification Using Verb and Nouns Clustering. *The 23rd International Conference on Computational Linguistics Proceedings of the Main Conference*, Vol. 2.

Wang Z. , Wang H. & Yu S. , 2016, Chinese Nominal Metaphor Recognition Based on Machine Learning. *High-tech Communication*, 17 (6).

Wilks Y. , 2007, A Preferential, Pattern-Seeking, Semantics for Natural Language Inference. In Ahmad K. , Brewster C. & Stevenson M. (eds.), *Words and Intelligence I. Text*, *Speech and Language Technology*, vol. 35. Dordrecht: Springer.

Xu Y. et al. , 2007, Chinese Metaphor Phenomenon Recognition Based on Maximum Entropy Model. *Computer Engineering and Science*, 29 (4).

Tsvetkov Y. , Boytsov L. , Gershman A. et al. , 2014, Metaphor Detection with Cross-Lingual Model Transfer. *Proceedings of the 52nd Annual Meeting of the Association for Computational Linguistics*.

李航，2012，《统计学习方法》，北京：清华大学出版社。

基于 Transformer 和图卷积神经网络的隐喻识别*

郭樊容　黄孝喜　王荣波　谌志群

胡创　谢一敏　司博宇

引　言

隐喻在自然语言中无处不在，即便我们并没有意识到它的存在，它也能帮助我们建立对这个世界的理解。隐喻是一种非字面意义的表达方式，它将一个词语或短语与一个对象或行为进行比较，而该对象或行为可能与当前句子语义并不符合，却有助于我们更轻松地理解句子所要表达的含义（Aggarwal & Singh，2020）。隐喻已广泛存在于所有类型的文学和著作中，尤其是诗歌和歌曲中。隐喻可以有效地将文本中出现的复杂感觉、情感和视觉效果传达给读者。

但是，隐喻识别是一项非常有挑战性的任务。一方面，句子中词语的隐喻表达和非隐喻表达之间的语义差异往往是微妙的（Wu et al.，2018）。例如，"Her hair is a white snowflake."中 white snowflake 就是隐喻表达，把白发比喻成白雪。但是，"Her hair is white."中的 white 就是

* 本文原载《数据分析与知识发现》2022 年第 4 期。

非隐喻表达,只是说明“她的头发是白色的”这种事实。另一方面,某些词单独出现在上下文时为非隐喻表达,但是当它与其他词出现在同一上下文时就可能会形成隐喻表达。例如 VUA 数据集中的句子:“I stared at Jackson Chatterton, and at last sensed the drama that lay behind his big calm presence.”中,big 或 calm 作为形容词单独出现在句子中修饰其他词时,通常表现为非隐喻表达,但是当 big 和 calm 共同出现在同一上下文语境时,big calm 就是隐喻表达。

为了解决隐喻识别问题,研究者们大部分聚焦目标词和其周围的词语,希望通过其周围的词语来判断目标词是否为隐喻表达。但是,这种聚焦忽略了句子中词与词之间的依赖关系,从而导致不能很好地识别由多个词语共同引发的隐喻表达。大量的语料库语言学研究成果表明,隐喻的产生和理解受到情景信息和更广泛的话语属性的影响(Dankers, Malhotra, Kudva et al., 2020)。所以,本文提出了一种基于图卷积神经网络和 Transformer 的隐喻识别模型,既能有效识别单词隐喻,又能解决多个词语共同引发的隐喻表达不易识别的难题。首先,通过 Transformer 结构提取句子的全局上下文信息和局部上下文信息,并使用多头注意力聚合这两种上下文语义信息。其次,利用依存句法树构建依存信息图,通过图卷积神经网络学习词与词之间的依赖关系获取词的句法信息表示,提取潜在隐喻特征信息。最后,融合目标词的上下文语义表示和句法信息表示,通过分类层判断目标词是隐喻表达还是非隐喻表达。

一、相关研究工作

在自然语言处理领域中,隐喻识别任务引起了研究者们广泛的研究兴趣。隐喻识别任务可以大致分为两类:第一类涉及预测给定的单词或短语是否是隐喻表达(Gong,Bhat & Viswanath,2017);第二类可以表述为预测句子是否含有隐喻用法的句子分类任务(Leong,Klebanov & Shutova,2018)。

本文的主要工作是基于第一类任务展开的。早期隐喻识别任务采用基于规则或知识库的方法。纽曼等人(Neuman,Assaf,Cohen et al.,2013)和舒托娃等人(Shutova,Lin & Korhonen,2010)在基于规则的算法上进行探索,聚焦于名词、形容词和动词三种表达类型的隐喻识别任务。基于关联聚类原则构建隐喻识别模型,针对某一种词性类型的词进行隐喻识别。比如,以动词的主语为目标词,通过词的关联语言邻域对词进行聚类,以此来识别词的隐喻。更进一步,克兰巴诺夫等人(Klebanov,Leong & Flor,2015)使用具象性特征以及对训练样本重新加权的方式来训练监督机器学习系统。经过训练的系统能够将文本中的所有目标词自动分为两类:隐喻性和非隐喻性。对于一些结构简单的句子,很容易通过具体的规则提取出句子中的隐喻信息,例如"Brain is machine.",可以通过一些简单的规则发现 brain 和 machine 分别属于不同的概念域,由此轻而易举地判断出该句子出现了隐喻。但是对于一些具有复杂句法结构的句子,例如"Because the ground had long since been plowed and planted, he writes, the harvest of disunion came quickly after the thunderstorm of Lincoln' selection.",如果采用规则或知识库的方法识别句子中的隐喻,就会发现 ground 和 plow 这组词对,并不能只从概念域上判断其是否为隐喻表达。从另外一方面来说,知识库的构建和规则的制定均需要人工完成,总有许多知识不能包含进知识库中,许多规则等着研究者们去发现。所以需要新的方法去摆脱这种困境。

近年来,随着神经网络研究的兴起,基于深度学习的隐喻识别方向得到了广泛的探索研究。词语在句子中的上下文语境在隐喻识别中起着重要作用。利用深度神经网络去学习句子中词语上下文语境的相关信息,利用词语与上下文语境的不一致,解决隐喻识别问题。高歌等人(Gao,Choi,Choi et al.,2018)将词嵌入信息输入到双向LSTM网络中,捕捉词语两个方向上的语义信息,用于词级别的隐喻分类。毛睿等人(Mao et al.,2019)在隐喻识别过程理论(MIP)(Group,2007)和选择偏好理论(SPV)(Wilks & Fass,1992)的启发下提出了两个隐喻识别模型。两种模型均通过Glo Ve(Pennington,Socher & Manning,2014)和ELMo(Peters et al.,2018)语言模型获取句子中词语的词嵌入信息,并将词嵌入信息输入到双向长短时记忆网络进行上下文编码,最终输出到分类层进行分类。苏传东等(2020)提出基于词嵌入的语义优先中断理论,利用循环神经网络对文本进行序列化建模,提高隐喻识别准确性。

更进一步,大规模预训练语言模型的出现,使深度神经网络可以获取到具有丰富语义信息的词嵌入表示,极大促进了隐喻识别任务的研究进展。并且BERT(Devlin,Chang,Lee et al.,2018)及其衍生模型的出现,将隐喻识别任务的基线指标提高了大约10%。张冬瑜等(2020)使用BERT模型对词进行词向量编码,编码后的语义表示同时包含词与词之间的位置关系等信息,利用Transformer模型对其进行特征提取并通过神经网络分类器完成识别。李树群等人(Li,Zeng,Zhang et al.,2020)通过ALBERT模型提取文本特征,再利用双向长短时记忆网络得到上下文表示,然后输入到SoftMax分类层输出最终的预测结果。还有一些学者(Gong et al.,2020)通过结合由RoBEFTa(Liu,Ott,Goyal et al.,2019)生成的语境化表示和外部语言特征建构模型,从而利用句子中的语境和语言特征信息,并采用集成方法来降低预测的方差,提高隐喻识别模型的性能。

最近,图卷积神经网络被广泛运用在自然语言领域中。尽管自然语言数据表现出顺序性,但是它们也可能包含一个内部图结构,例如依存句法树。依存句法树定义了句子中单词之间的句法关系。刘(Liu, Ott, Goyal et al. ,2019)和阮(Nguyen & Grishman,2019)等人将图卷积神经网络应用于事件提取,使用的图就是依存句法树。也有人将图卷积神经网络作用于阅读理解、抽象含义图到文本的生成任务和关系提取等任务上(Song et al. ,2018)。大量的研究表明,各项自然语言处理任务在使用图卷积神经网络模型后,结果都有一定的提升。相比传统的序列化建模方式,图卷积神经网络能够挖掘出文本中非线性的复杂语义关系。

采用 Transformer 提取句子中目标词的深层语义表示,并使用图卷积神经网络提取句法结构信息,对目标词的隐喻特征进行补充,能够进一步提高隐喻识别的准确性。

二、方法研究

为了解决现有模型无法有效识别多词隐喻的问题,本文提出了一种基于图卷积神经网络和 Transformer 的隐喻识别模型,如图 1 所示。第一步,采用 Transformer 结构计算句子上下文语义,利用 RoBERTa 模型获得词语的语义表示并加入词语的词性信息作为补充信息,丰富语义表示;第二步,使用依存句法树构建图,通过图卷积神经网络学习句子中词与词的依赖关系,从而得到词语的句法结构表示;第三步,将上下文语义表示与句法结构表示联合输入到分类层,预测目标词是隐喻表达还是非隐喻表达。

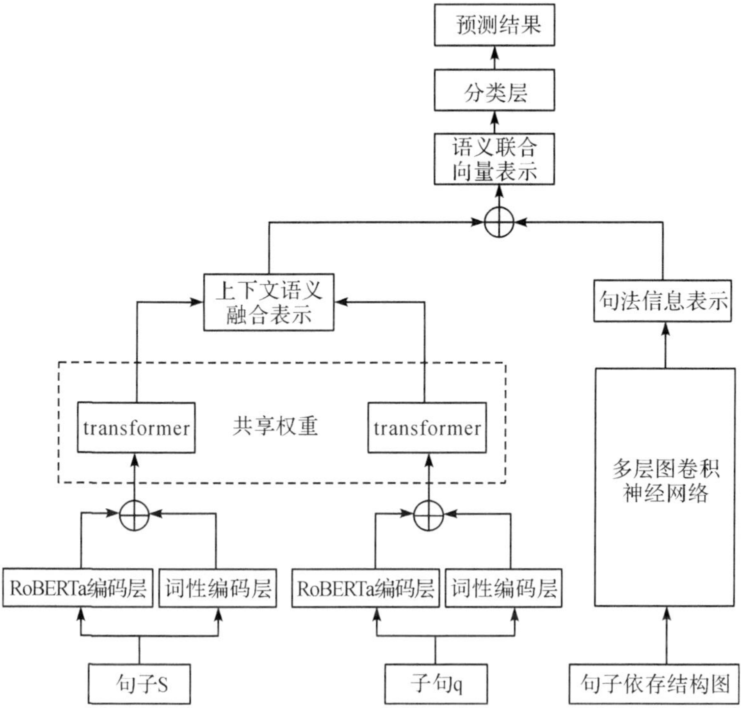

图1　基于 Transformer 和图卷积神经网络的隐喻识别模型

(一)基于 Transformer 的上下文语义计算

苏传东等(Su et al. ,2020:30—39)所提出的局部上下文概念存在些许不足之处。如果是一个没有标点符号分割的长句子,那么局部上下文就可能变成全局上下文,显然不符合局部上下文的概念。所以,通过限定窗口大小 k,从而规范局部上下文的概念,获得细粒度的局部上下文。

给定句子 $S = \{w_1, w_2, \dots, w_n\}$ 和目标词 w_t,首先以目标词 w_t 为中心在 k 大小的窗口内构建子句 $q = \{w_{t-k}, \dots, w_t, \dots, w_{t+k}\}$。例如,对于句

子“I stared at Jackson Chatterton, and at last sensed the drama that lay behind his big calm presence.”,则目标词 big 的子句为 behind his big calm presence,此时 $k = 2$。

词语的意义在不同语境之间可能发生微妙的变化,使用 RoBERTa 生成语境化的词表示向量来捕捉词语的上下文语义。RoBERTa 模型已经在各种自然语言理解任务中表现出非常优良的效果。在英文数据集上使用的是 roberta-large-mnli①,在中文数据集上使用的是 roberta_zh②。首先,使用 RoBERTa Embeding 对句子 S 和子句 q 中的每一个词进行词嵌入编码,将字符表示转换成为可计算的实值向量。其次,通过 spaCy③ 获得词的粗粒度词性标签和细粒度词性标签,对两种词性标签以独热码方式进行编码。最后,编码后的词性标签向量与词嵌入表示向量拼接,获得词向量表示 x_i ,如公式 1 所示。用 C_s 和 C_q 分别表示经过编码之后的句子 S 和子句 q。

$$x_i = RoBERTaEmb(w_i) \oplus e(POS) \oplus e(FGPOS) \quad (1)$$

其中, $RoBERTaEmb(w_i)$ 表示词 w_i 经 RoBERTa Embeding 层编码后的语境词向量表示, $e(POS)$ 和 $e(FGPOS)$ 表示通过 spaCy 获取粗粒度词性标签向量和细粒度词性标签向量。

为了获取更丰富的上下文语义信息,使用两个 Transformer 结构分别提取 C_s 中目标词 w_t 全局上下文特征和 C_q 中目标词 w_t 的局部上下文特征,获取全局上下文语义表示和局部上下文语义表示。在训练时,两个 Transformer 共享权重参数,这样不仅从不同角度学习目标词的全局上下文信息和局部上下文信息,还避免了权重参数的双重存储。

① https://github.com/huggingface/transformers.

② https://github.com/Dennisgfr/roberta_zh.

③ https://spacy.io.

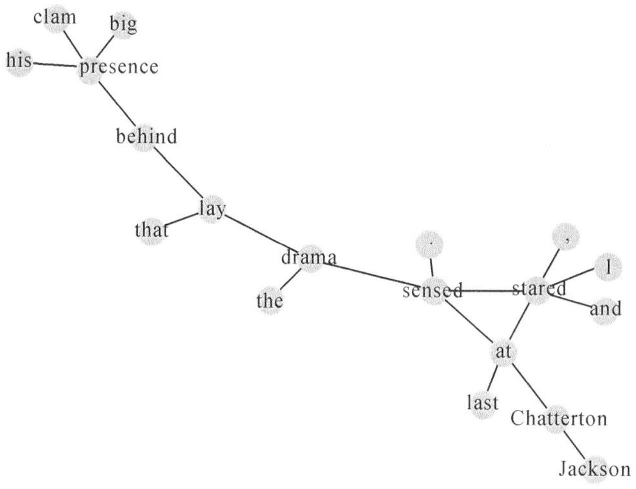

图 2　句子依存结构图

（二）基于图卷积神经网络的句子依存信息表示

通过图卷积神经网络从句子的依存结构中挖掘目标词在句子中潜在的隐喻信息，使用这些信息辅助判断目标词是隐喻表达还是非隐喻表达。图结构的使用，能够有效地挖掘句子中复杂的语义关系。首先通过 spaCy 对句子进行依存分析，获取句子的依存结构信息。然后利用依存结构信息构建无向图，如图 2 所示，通过图卷积神经网络进一步挖掘目标词在句子中的潜在隐喻特征信息。

对于无向图 G =（V,E），V 为顶点集合，即句子中每一个词均为 G 中的一个顶点，英文数据集中顶点属性由通过 GloVe① 获得的 300 维词向量构成，中文数据集中由通过 ngram2vec② 获得的 300 维词向量构

① https://radimrehurek.com/gensim/.

② https://github.com/Embedding/Chinese-Word-Vectors.

成;E 为边集合,包括句子中词与词之间的依存关系和自循环。图卷积过程如公式(2)—(4)所示,除第一层外(i = 1),第 i 层的输出均由第 i - 1 层输出经过卷积操作得出。

$$\tilde{A} = D^{-\frac{1}{2}} A D^{-\frac{1}{2}} \tag{2}$$

$$H^1 = \sigma(\tilde{A} X W^1) \tag{3}$$

$$H^i = \sigma(H^{i-1} W^i) \tag{4}$$

其中,σ 为激活函数,A 为边集 E 形成的邻接矩阵,D 为顶点的度矩阵,$\tilde{A}$ 为归一化邻接矩阵,W^i 为第 i 层的权重矩阵,H^i 为第 i 层图卷积神经网络的输出,X 为顶点属性。

(三)语义向量融合表示与分类

注意力机制最近几年在深度学习各个领域被广泛使用,无论是图像处理、语音识别还是自然语言处理的各种不同类型的任务中,都很容易见到注意力模型的身影。注意力机制能够有效地在一个给定的向量表示中选择出最重要的元素,同时尽量减少信息损失。模型采用多头注意力机制(Vaswani et al. ,2017:5998—6008),从不同角度获取蕴含的隐喻特征语义信息的表示。具体过程如公式(5)—(11)所示。

$$Q^i, K^i, V^i = W_q h^{i-1}, W_k h^{i-1}, W_v h^{i-1} \tag{5}$$

$$S^i = softmax\left(\frac{Q^i K^i}{\sqrt{d_k}}\right) \tag{6}$$

$$Attention(Q, K, V) = S^i V^i \tag{7}$$

$$head_j = Attention(QW_q^j, KW_k^j, VW_v^j) \tag{8}$$

$$MultiHead(Q, K, V) = Concat_{j=1}{}^{n}(head_j) W_o \tag{9}$$

Q^i、K^i、V^i 是第 i 块矩阵的查询矩阵、键矩阵和值矩阵,h^{i-1} 是输入隐藏状态,W_q、W_k、W_v、W_o 都是注意力机制权重矩阵,d_k 是抵消点积过度增长的影响比例因子，S^i 为第 i 块注意力矩阵的评分矩阵，$head_j$ 是第 j 个注意头即值矩阵和注意力评分矩阵融合之后的矩阵，函数 Concat 是串联操作。

$$\alpha = MultiHead(C_s, C_q) \tag{10}$$

$$m = Concat(\alpha, H) \tag{11}$$

其中，α 表示目标词混合语义表示，H 是图卷积神经网络的输出结果即目标词句法信息表示，m 是目标词的混合语义表示和句法信息表示的联合向量表示。

多头自注意力机制能够从多个角度提取 C_s 和 C_q 中深层的隐喻特征表示。通过将 α 与 H 串联，既保留了目标词的深层隐喻特征表示，又联合了目标词的句法信息表示，补充了 Transformer 结构在提取句子上下文信息时对句子依存结构的忽略。

最后将语义联合向量表示输入到前馈神经网络（MLP）中，获得目标词的分类结果。通过自适应学习率的 Adam 优化器对模型进行训练，目标函数是交叉熵损失函数 L，通过有限次迭代不断最小化损失函数，使得模型达到最佳效果。如公式（12）（13）所示：

$$\bar{y} = softmax(MLP(m)) \tag{12}$$

$$L = -\sum_{i=1}^{N} \{y_i log(\bar{y}_i) + (1 - y_i) log(1 - \bar{y}_i)\} \tag{13}$$

其中，N 是训练样本的数量，y 是目标词的真实标签，$\bar{y}$ 是目标词的预测结果。

三、实验设计与结果分析

（一）实验数据集介绍

1. VUA 数据集

VUA 数据集最初是由克兰巴诺夫等人（Leong, Klebanov & Shutova,2018:56—66）引入的，该数据集由 117 个片段组成，从英国国家语料库的四个体裁中取样：学术、新闻、会话和小说。这些标记为隐喻的数据是从公开可用的美国教育考试服务中心非母语书面英语语料库中取样的。

2. TOEFL 数据集

TOEFL 数据集是 2020 年隐喻研讨会上评测任务所发布的数据集（Leong,Klebanov,Hamill et al. ,2020:18—29）。由非英语母语者写的论文组成，带注释的数据包括对八种说服性/论证性提示的文章回答。它包含 2741 句的训练数据和 968 句的测试数据。

3. CCL 数据集

CCL 数据集为 CCL2018 测评中文隐喻检测任务所使用的评测数据[①]。该数据集中共计 4394 个中文句子，其中动词隐喻句有 2040 条，名词隐喻句 2035 条，非隐喻句 319 条。

（二）实验评价指标和参数设置

隐喻识别任务的评估指标是准确率（P）、召回率（R）和 F1 值。这

① http://ir. dlut. edu. cn/news/detail/496.

是隐喻识别任务中最常用的评估度量。我们将数据集分成两个部分，训练集和验证集的比例为9:1。整个实验过程使用十折交叉验证提高算法模型的准确性。模型超参数如表1所示，RoBERTa相关的超参数与刘等人（Liu，Luo & Huang，2020：1247—1256）保持一致，Mutil-Head Attention Heads表示多头自注意力机制中注意力头的数量。

表1　实验超参数设置

实验超参数	参数值
句子长度	128
RoBERTa Layers	12
RoBERTa Attention Heads	12
Mutil-Head Attention Heads	8
Batch Size	16
迭代次数	3
窗口范围（k）	2
图卷积神经网络的层数	2
图卷积神经网络的隐藏层维度	512
图卷积神经网络的隐藏层维度	256

（三）实验结果对比与分析

1. 对比实验设计

为验证所提出模型的有效性，将其与先前基于上下文语境的深度学习模型进行对比：

①CNN + BiLSTM：吴等人（Wu et al.，2018：110—114）的方法在2018年隐喻识别任务中获得了最好的成绩。他们的模型结合CNN和BiLSTM，利用了当前句子中的局部和全局上下文信息。

②GloVe + ELMo + BiLSTM：高等人（Gao，Choi，Choi et al.，2018：607—613）提出了一个用于隐喻识别的序列标签模型，该模型使用GloVe和ELMo作为词嵌入表示，输入到BiLSTM和分类层进行隐喻分类。

③Glove + ELMo + BiLSTM + Attention：毛等人（Mao，Lin & Guerin，2019：3888—3898）提出一种基于序列标注范式的隐喻检测模型，采用Glove和ELMo作为特征表示，BiLSTM和注意力机制作为编码器。

④RoBERTa Embedding + Linguistic Features + Ensemble：龚等人（Gong et al.，2020：146—153）使用RoBERTa获得单词的上下文嵌入，并将其与从语言资源中提取的特征（如WordNet、VerbNet）以及其他特征（如词性、主题特征）连接起来，将它们输入到全连接的前馈网络中来预测隐喻标签。

⑤Global and Local Text Information + Transformer Stacks：苏等人（Su et al.，2020：30—39）提出了一个基于阅读理解模式的隐喻识别框架，该框架试图理解给定句子中每个单词标记在较短序列中的隐喻作用，将全局文本上下文、本地文本上下文、查询词、粗粒度词性信息、细粒度词性信息作为特征输入到Transformer stack中，以此来识别隐喻表达。

⑥CNN + BiLSTM + Relation + POS：朱嘉莹等（2020：209—215）在

已有研究(Wu et al. ,2018:110—114)的方法上进行改进,引入了词性编码和句子依存关系。将句子进行剪裁,并融合词性编码和依存关系,再通过 CNN 和 BiLSTM 获取句子中的隐喻特征。

2. 对比实验结果分析

表 2　在 VUA 数据集上的实验结果

方法	数据集	P	R	F1
①	VUA ALLPOS	0. 608	0. 70	0. 651
	VUA VERB	0. 600	0. 763	0. 672
②	VUA ALLPOS	0. 716	0. 736	0. 726
	VUA VERB	0. 682	0. 713	0. 697
③	VUA ALLPOS	0. 730	0. 757	0. 743
	VUA VERB	0. 693	0. 723	0. 708
④	VUA ALLPOS	0. 746	0. 715	0. 730
	VUA VERB	0. 761	0. 781	0. 771
⑤	VUA ALLPOS	0. 756	0. 783	0. 769
	VUA VERB	0. 789	0. 819	0. 804
本文	VUA ALLPOS	**0. 777**	**0. 795**	**0. 786**
	VUA VERB	**0. 812**	**0. 834**	**0. 823**

表 3　在 TOEFL 数据集上的实验结果

方法	数据集	P	R	F1
④	TOEFL ALLPOS	0. 709	0. 697	0. 703
	TOEFL VERB	0. 731	0. 707	0. 719
⑤	TOEFL ALLPOS	0. 695	0. 735	0. 715
	TOEFL VERB	0. 733	0. 766	0. 749
本文	TOEFL ALLPOS	**0. 725**	**0. 742**	**0. 734**
	TOEFL VERB	**0. 760**	**0. 764**	**0. 762**

表 4　在 CCL 数据集上的实验结果

方法	P	R	F1
hqu	–	–	0. 833
faun	–	–	0. 831
YNU – HPCC	–	–	0. 831
MITLAB	–	–	0. 827
prism	–	–	0. 821
⑥	0. 881	0. 896	0. 888
本文	0. 889	0. 912	**0. 900**

如表2和表3的结果所示，本文模型在VUA和TOEFL基础上实现了更好的性能，可以看出基于Transformer和BERT结构的模型基本都优于基于RNN结构的模型，充分证明Transformer能够很好地提取句子中的隐喻特征，同时良好的预训练语言模型能够强化词嵌入对隐喻的表征能力。模型充分利用了依存句法树获取句子结构特征，这是以上几种模型均没有采用的特征信息。实验结果表明，在F1值上与⑤模型相比，在VUA VERB和VUA ALLPOS上分别提高了1.9%和1.7%，在TOEFL VERB和TOEFL ALLPOS上分别提高了1.1%和1.9%。原因可能是，仅基于上下文的模型并不能有效识别数据集中多词触发的隐喻表达现象，本文模型在使用RoBERTa和Transformer学习上下文语义表示的基础上，将其和句法信息表示相结合，弥补了Transformer结构在学习高层语义表征时所忽略的句子的词与词之间的依存关系，所以既能够识别单词隐喻，还能有效识别多词隐喻表达。并且，本文模型将额外的词嵌入表示作为图卷积神经网络的中图的顶点属性，相当于扩大了模型可以得到的外部知识表示，所以可以实现更好的性能。

如表4结果所示，表中前5项是2018年CCL发布的评测任务结果，目前尚未公开参赛者模型细节，只公开了比赛结果，即F1值①。与⑥模型相比，本文模型在F1值上提高了1.2%，证明Transformer在中文数据集上也有较强的特征提取能力。对于“既然他那么善于察言观色，又怎么可能没察觉他替我按摩时，我僵硬的身体是最后的避难所”这类包含了转折关系的句子，通过图卷积神经网络能够有效提取隐含隐喻特征，从而帮助模型进行有效判断，这表明利用图卷积神经网络对句子依存关系进行表达比运用CNN提取句子依存关系更有效。

---

① http://ir.dlut.edu.cn/news/detail/526.

3. 消融实验结果分析

为了分析模型中局部上下文部分和句法结构信息表示部分对于隐喻识别结果的影响，我们在 VUA 数据上进行了多次实验，结果如表 5 所示。-LOCAL 表示去掉模型中局部上下文部分，-GCN 表示去掉模型中图卷积神经网络模块，GCN(128,128)中第一个参数表示第一层图神经网络的隐藏层大小，第二个表示参数第二层图卷积神经网络的隐藏层大小。

表 5　模块消融实验结果

模型	数据集	P	R	F1
本文	VUA ALLPOS	0.777	0.795	0.786
	VUA VERB	0.812	0.834	0.823
-LOCAL	VUA ALLPOS	0.761	0.787	0.773
	VUA VERB	0.805	0.812	0.808
-GCN	VUA ALLPOS	0.740	0.767	0.753
	VUA VERB	0.764	0.813	0.785

从表 5 可以看出，对比原结构，去除图卷积神经网络结构后，隐喻识别效果有所下降，这说明图卷积神经网络结构能够挖掘出句子中的隐含隐喻语义信息，从而提高隐喻识别模型的效果。去掉局部上下文模块后，模型在 VUA ALLPOS 和 VUA VERB 数据集上 F1 值分别下降了 1.3% 和 1.5%，表明在 Transformer 学习全局上下文语义表示时，可能不会重点关注目标词周围的语义信息，而更细粒度的局部上下文信

息正好能补充这一部分语义信息。

图卷积神经网络隐藏层参数影响如图 3 所示。可以看出,刚开始随着图卷积隐藏层神经单元数量和输出神经单元数量的增加,模型在 VUA ALLPOS 数据集上的 F1 值从 70.8% 上升到 76.9%,模型在 VUA VERB 数据集上的 F1 值从 75.3% 上升到 80.4%,但当进一步增加神经单元数量时,F1 值反而下降。一方面可能是产生了过拟合现象,另一方面可能跟输入词向量的维度有关,我们输入到图卷积神经网络顶点作为顶点属性的词向量维度只有 300 维,当图卷积神经网络隐藏层维度扩展到比较高的维度时,可能会导致模型不能提取到有效的句法特征。

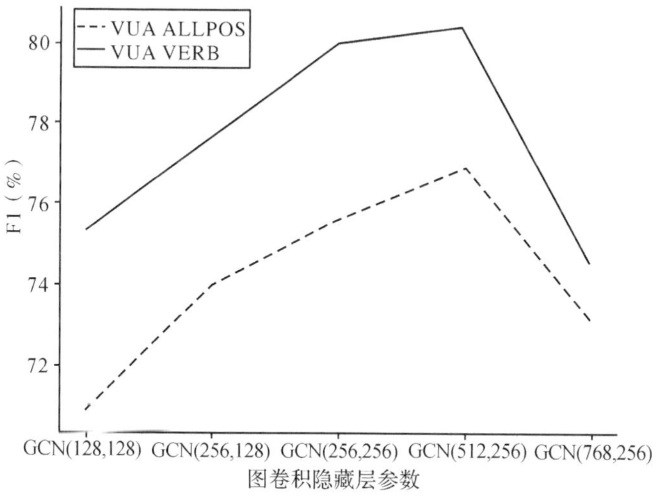

图 3　图卷积神经网络隐藏层参数影响图

4. 错例分析

尽管取得不错的实验结果,但仍然有部分句子中的隐喻表达词语没有被准确识别出来。例如,“He finds it hard to communicate with people, not least his separated parents."。finds 在数据集标注中是隐喻表达,但无论是从上下文还是从语法结构上,均不能很好地传达出隐喻信息。因此需要额外的信息——指代消解,将 it 所指代的信息还原出来,才能判断 finds 是否为隐喻表达,显然我们的模型并不能进行指代消解。虽然我们的模型能够识别大部分单词隐喻和多词隐喻,但对于一些更加复杂的情况,例如句子中出现指代信息不明确或歧义,模型在识别句子中目标词的隐喻效果时会因缺少这部分信息而大打折扣。模型可能需要更多的推理信息才能做出正确的决策。在 CCL 数据集上,RoBERTa 中文预训练版本缺乏如"鹈鹕""翎翅"等生僻字词的词向量表示,对模型的准确度有一定影响,这一点在张冬瑜等人(2020:100—108)的论文中也有所提及。由于他们只对名词隐喻进行了实验,所以本文并未与其进行对比。

结 语

本文提出了一种基于 Transformer 和图卷积神经网络的隐喻识别模型,解决了现有模型不能准确识别的多词隐喻表达现象。与之前基于上下文语境的模型不同,本文重新定义了隐喻句子中的局部上下文的概念,获得更加细粒度的局部上下文语义表示。本文使用图卷积神经网络学习句子中词与词之间依赖关系,通过图卷积神经网络的消息传递机制,提取目标词的潜在隐喻信息。在英文数据集 UVA、TOEFL 和中文数据集 CCL 上进行实验,与基准模型相比,在 UVA VERB 和 UVA ALLPOS 上 F1 值分别提高了 1.9% 和 1.7%,在 TOEFL VERB 和 TOEFL ALLPOS 上 F1 值分别提高了 1.1% 和 1.9%,在 CCL 上 F1 值提高了 1.2%,证明图卷积神经网络和句法依存树的引入确实能在一定程度上丰富目标词语义信息,从而提高单词和多词隐喻的识别效果。

尽管在实验结果上展现出较好的效果,但仍然存在许多问题待解决。一方面,需要将更多的与自然语言理解相关的任务,例如指代消除和歧义消除,与隐喻识别任务相结合以提高隐喻识别的效果。目前主流的方法是通过多任务学习给模型引入更多的信息,提高模型的鲁棒性。另一方面,对于图卷积神经网络学习的句法结构信息表示仍需要进一步的探索,后续工作可尝试利用一些关于解释图卷积模型的理论进行分析。

参考文献

Aggarwal S. & Singh R., 2020, Metaphor Detection Using Deep Contextualized Word Embeddings. *arXiv preprint.*

Dankers V., Malhotra K., Kudva G., et al. 2020, Being Neighbourly: Neural Metaphor Identification in Discourse. *Association for Computational Linguistics.*

Devlin J., Chang M., Lee K., et al. 2018, BERT: Pre-training of Deep Bidirectional Transformers for Language Understanding. *arXiv preprint.*

Gao G., Choi E., Choi Y. et al., 2018, Neural Metaphor Detection in Context. *Association for Computational Linguistics.*

Group, P., 2007, MIP: A Method for Identifying Metaphorically Used Words in Discourse. *Metaphor and Symbol*, 22(1).

Gong H., Bhat S. P. & Viswanath P., 2017, Geometry of Compositionality. *arXiv preprint.*

Gong H., Gupta K, Jain A. et al, 2020, IlliniMet: Illinois System for Metaphor Detection with Contextual and Linguistic Information. *Association for Computational Linguistics.*

Klebanov B. B., Leong C. W. & Flor M., 2015, Supervised Word-Level Metaphor Detection: Experiments with Concreteness and Reweighting of Examples. *Association for Computational Linguistics.*

Leong C., Klebanov B. B., Hamill C. et al., 2020, A Report on the 2020 VUA and TOEFL Metaphor Detection Shared Task. *Association for Computational Linguistics.*

Leong C. W. B., Klebanov B. B. & Shutova E., 2018, A Report on the 2018 VUA Metaphor Detection Shared Task. *Association for Computational Linguistics.*

Li S., Zeng J., Zhang J. et al, 2020, ALBERT-BiLSTM for Sequential Metaphor Detection. *Association for Computational Linguistics.*

Liu Y., Ott M., Goyal N. et al., 2019, RoBERTa: A Robustly Optimized BERT Pretraining Approach. *Proceedings of the International Conference on Learning Representations.*

Mao R., Lin C., Guerin F., 2019, End-to-End Sequential Metaphor Identification Inspired by Linguistic Theories. *Association for Computational Linguistics.*

Neuman Y., Assaf D., Cohen Y. et al., 2013, Metaphor Identification in Large Texts Corpora. *Plos One.*

Nguyen T. & Grishman R., 2019, Graph Convolutional Networks With Argument-Aware Pooling for Event Detection. *Proceedings of the AAAI Conference on Artificial Intelligence.*

Pennington J., Socher R. & Manning C., 2014, Glove: Global Vectors for Word Representation. *Association for Computational Linguistics.*

Peters M. E. et al., 2018, Deep Contextualized Word Representations. *arXiv preprint.*

Shutova E., Lin S. & Korhonen A., 2010, Metaphor Identification Using Verb and Noun Clustering. *Association for Computational Linguistics.*

Song L. et al., 2018, Exploring Graph-structured Passage Representation for

Multi-hop Reading Comprehension with Graph Neural Networks. *arXiv preprint*.

Su C. et al. 2020, DeepMet: A Reading Comprehension Paradigm for Token-Level Metaphor Detection. *Association for Computational Linguistics*.

Vaswani A. et al., 2017, Attention is All You Need. *Advances in Neural Information Processing Systems*.

Wilks Y. & Fass D., 1992, The Preference Semantics Family. *Computers & Mathematics with Applications*, 23 (2-5).

Wang K. et al., 2020, Joint Learning Chinese Dependency Parsing and Semantic Composition Based on Graph Neural Network. *Proceedings of the 19th Chinese National Conference on Computational Linguistics*.

Wu C. et al., 2018, Neural Metaphor Detecting with CNN-LSTM Model. *Proceedings of the Workshop on Figurative Language Processing*. New Orleans: Louisiana.

苏传东等，2020，《基于词嵌入融合和循环神经网络的中英文隐喻识别》，《数据分析与知识发现》第 4 期。

朱嘉莹等，2020，《基于 Bi-LSTM 的多层面隐喻识别方法》，《大连理工大学学报》第 2 期。

张冬瑜等，2020，《基于 Transformer 和 BERT 的名词隐喻识别》，《数据分析与知识发现》第 4 期。

中国英语学习者的隐喻理解策略及理解模型建构*

徐知媛　王小潞

一、研究背景

针对英语本族语者的隐喻理解模型是近二十年来国外隐喻研究的热点，目前主要形成了以下一些独具解释力的模型。

标准语用模型（Grice，1975；Searle，1979）认为，隐喻理解分三个步骤。第一，对句子的字面意义进行心理表征建构。第二，把字面意义与语境对照，看字面解读是否可行。如果在该语境中字面意义是适切的，那它就是真正的含义；如果在该语境中字面意义不适切，就被拒绝。第三，字面意义被拒绝后，再结合语境，推导出非字面意义或隐喻意义，达到正确的理解。以隐喻“西湖是明珠”为例：西湖和明珠分属两个不同的概念范畴，西湖不可能是明珠，因此字面意义被推翻，但是西湖如同明珠一样明亮和美丽，从而推导出句子的隐喻意义：西湖很美。因此，该模型将字面意义视作中心含义，而隐喻意义则是附带的意义，隐喻理解只能发生在字面意义被拒绝之后。

概念隐喻模型（Lakoff & Johnson，1980；Lakoff & Turner，1989；

* 本文原载《外语教学与研究》2014 年第 1 期。

Gibbs,1994,2003;Tednahl & Gibbs,2008)认为,人类的思维方式以及语言意义都来自具身体验。该模型强调分析语言范畴与构式的概念以及体验基础的重要性。表层的语言形式并不是自主的,而是人类组织普遍概念、范畴化原理以及处理机制的反映。例如,英语中有"We've hit a dead-end street."(我们已经到了一个死胡同)、"Their marriage is on the rocks."(他们的婚姻触礁了)等语言表达。这些语言形式来源于概念隐喻"Love is a journey."(爱情是旅途),因为爱情和旅途在许多方面相似:旅途有出发点、结束点;旅途或一帆风顺,或磕磕碰碰。爱情也具有这样的特征。可见,概念隐喻与它们的语言表现形式并不是任意的,而是来源于人类的身体和自身的文化体验。

关联理论模型(Sperber & Wilson,1995,2008;Wilson,2011)认为,隐喻理解并不涉及内在的概念映射。隐喻意义来自"随意言谈"(loose talk)。听话人根据语言线索,例如词汇、句法等,再结合话语发生时的实际语境,根据最佳关联原则,创造出一个符合当时语境的特别意义(*ad hoc*),从而推导出说话人的意图。例如,在理解隐喻句"Robert is a computer."(Robert 是台电脑)中的 computer 的意义时,computer 的词汇意义是指该词的字面意义,"一种电子机器,可快速地存储、运算大量信息"。根据记忆的扩散激活模型,这一字面意义会激活关于计算机的一些百科知识,包括做事效率高、没有感情、缺乏常识等等。但是,结合语境,该隐喻句显然不是要传达 computer 的词汇意义,而是一个特别意义。这个特别意义要比词汇意义更加宽泛,即 computer 在该句中不仅指机器,还指某类人。这类人带有计算机百科知识的特征,因此,经过始源域和目标域的关联之后,就可以得出这句话要表达的隐含意义:Robert 做事效率高,没有情感。

隐喻生涯模型(Gentner & Bowdle,2001)认为,新颖隐喻与常规隐喻的加工方式是不同的。理解新颖隐喻主要通过结构映射来创造意义,而常规隐喻的加工主要以范畴包容模型为主,直接提取意义,即提取先前储存在大脑中的隐喻范畴意义。因此当隐喻从新颖性向常规性过渡后,其处理机制也发生了变化。比如,在初次理解“山脚”时,人们需要把“脚”与“山”进行比较,才能提取意义。而当人们熟悉了这个表达后,则无须比较就能简单地提取“脚”在这个语境中与范畴“山”相匹配的含义:它指的是山的底部。因此,当隐喻规约化后,它就有几种固化的含义,人们只需要提取出最符合语境的含义即可。利特尔莫尔和洛(Littlemore & Low,2006)认为,隐喻生涯模型对于外语学习者尤为重要,因为它解释了本族语者和非本族语者理解常规隐喻时采用的不同处理机制。对本族语者而言是常规隐喻,对于外语学习者而言,如果他们以前没有接触过这一隐喻的话,很有可能是新颖隐喻。例如,“Science is glacier.”(科学是冰川,形容科学的顶峰难以攀登),这一隐喻对于中国学生来说就很难理解。在处理时,学生往往需要先将本体和喻体的特征进行比较,找到两者的相似点,才能获得句子的意义。而当学习者接受了这一隐喻,并将它储存在大脑中变成固定表达后,他们再次看到这一隐喻时,隐喻意义可能就会被自动提取。

等级凸显模型(Giora,1997,2003)认为,隐喻理解不需要概念间的匹配。理解隐喻的关键在于词语意义的凸显程度。凸显意义是指说话人讲话时大脑中在线加工时最突出的意义,一般该意义与词语的规约性、典型性、熟悉性与使用频率等因素相关。凸显意义与它是否是字面意义还是隐喻意义无关,它可以是其中之一,也可以两者皆是。例如,在理解“Let the cat out of the bag.”时,本族语者往往不会先去理解它的字面意义,而直接就提取了其隐喻意义:泄密。因为这一隐喻意义就是他们大脑中凸显的意义。

另一方面,对外语学习者的隐喻理解策略及模型却鲜有探讨。事实上,由于外语语言能力的欠缺,外语文化和概念体系的缺乏,学习者不大可能如同本族语者那样,能对隐喻特别是对常规隐喻进行自动地、下意识地加工。除此之外,外语学习者本身的母语知识和概念体系也参与其中,发生迁移作用。心理语言学研究表明,任何非自动化的语言过程必然涉及加工策略的使用。那么,以汉语为母语的中国英语学习者又会采用怎样的策略来理解隐喻,其理解模型是与英语本族语者相同,还是具有自己的特异性?针对这一问题,笔者拟研究中国英语学习者理解英语隐喻时采用的策略,并建构他们的隐喻理解模型。

二、研究设计

(一)研究问题

鉴于上述论述,本文尝试回答以下两个问题:

1)中国英语学习者采用怎样的隐喻处理策略?

2)与英语本族语者的隐喻理解模型相比,这些策略体现了怎样的隐喻理解模型?

(二)研究方法

1. 隐喻语料的筛选

本研究所用的英语隐喻语料主要选自《隐喻》(戴南,2001)、*Idioms Organiser*(Wright,2000)和《英汉概念隐喻用法比较词典》(苏立昌,2009)。笔者从中选取了60个常规隐喻作为测试材料。隐喻的始源域包括动物、植物、天气、身体、食物、颜色、建筑、方位等认知语言学归纳的常规始源域。

1)隐喻性程度测试

2 名宾夕法尼亚州立大学心理系的美国学生对 60 个隐喻词语按照 1—5 等级进行隐喻性程度评判:5 分隐喻程度很高;4 分隐喻程度比较高;3 分不清楚是不是隐喻;2 分隐喻程度比较低;1 分隐喻程度非常低。测试后删去 2 个平均隐喻程度均低于 3 分的隐喻词语。

2)隐喻可理解性和使用性程度判断

11 名就读于美国芝加哥大学的英语本族语者对 58 个词语的隐喻意义的可理解性和使用性程度进行了判断。具体做法如下:

Directions: Do you think the meaning of the word(s) underlined is accepted by native English speakers? If yes, how often do you use the expression? Please select the corresponding letter. For example,

Hanks is really low these days. What's the matter?

sad:

A) acceptable B) not acceptable C) don't know

If it is A), how frequently do you use it in your daily life?

A) frequent use B) sometimes use C) seldom use

我们统计了每个目标词语的可接受性和平均使用频率, A)为 3 分, B)为 2 分, C)为 1 分。如果平均可接受性程度低于 2.5,则为不可接受;如果平均使用频率低于 2,则为不常使用。结果有 18 个词语不符合要求。最终有 40 个隐喻词语用作正式测试的语料。

2. 受试和测试方法

本研究受试为 40 名浙江大学大二和大三本科生,其中 19 名英语专业学生,占 47.5%,21 名非英语专业学生,占 52.5%。有效受试为 36 名。

测试采用问卷回答的方式。问卷包括学习者背景情况问卷和隐喻测试问卷。前者调查受试的年龄、性别、学科、年级、学习英语的时间等情况。后者包括40个隐喻句。笔者采用张雷、俞理明(2011)的研究方法,要求受试在120分钟内写出每个目标隐喻词语(句子的划线部分)的中文意思,并给出理由①。例如:

You can never find her in such a large crowd. You're just looking for a needle in a haystack.

汉语意思:不可能(或大海捞针)。

理由:汉语有类似表达。

3. 评分

两位不参加本研究的英语教师对被试所给的策略进行了统计。每一条策略以1分计算。另两位不参加本研究的英语教师对所有的理解答案进行了评分。每一题答对得1分,错了得0分,没有半分。在评分过程中,如有意见不同,则由笔者最后定夺。所有数据输入电脑,通过SPSS统计。结果表明,策略评分员的一致性信度为0.76,理解答案评分员的一致性信度为0.96,因此评分有效。

三、中国英语学习者采用的隐喻处理策略

(一)数据和结果

参照库珀(Cooper,1999)的研究方法,笔者和3名未参加评分工作的英语教师对受试给出的全部隐喻理解策略进行了分析,把它们按概

① 之所以没有采用有声思维方法来了解学生的隐喻理解策略,是因为在一次小规模的模拟测试中,很多学生都不情愿边做边讲,特别是要在被录音的情况下进行。而用书写的方法,他们觉得比较安全,也不觉得别扭,所以愿意把思考的内容写下来。因此,我们认为用书写的方法,可能要比有声思维法更能获得有效信息。

念进行分类归纳。相同的或类似的策略归为一类，总共分为7类：句子语境、字面翻译（意义）、汉语知识、英语知识、随便猜测、心理意象与句法分析（见表1）。

表1 隐喻理解策略概述

策略	常规表述	例子	具体描述
句子语境	整句话的意思是……； 这句说的是……； 联系前半句……； 和前面的词语对应。	As an international avenue, it is a bit of a dinosaur.	恐龙指长相难看，体积大。但是根据句中的international，不太可能指的是会所体积大，样子难看也说不通。恐龙还可指年代久远，我想指的是这个国际会议所很旧了。
字面翻译（意义）	该词语的意思是……； 这词指……； 译成汉语是……； 该短语由……组成。	If you lay a finger on the child, you'll regret it.	lay a finger 指的是动一根指头，因此，该短语指的是动手打孩子。
汉语知识	和汉语的……很像； 汉语也有类似的讲法； 看上去和中文的……一样。	You can never find her in such a large crowd of people. You're looking for a needle in a haystack.	和海底捞针很像，指不可能、很难完成的事情。
已知英语知识	学过这个词语； 在书本中读过该词； 在英语文化中，它指的是……； 老师说过这个短语。	Peter is a green hand with the job.	学过该词语，指菜鸟、新手。

续　表

策略	常规表述	例子	具体描述
随便猜测	不确定,我猜是……; 乱写的; 猜的; 不知道,看不懂。	He invited me to the concert, but it's <u>not my cup of tea</u>.	不知道,可能是不喜欢吧? 猜的。
心理意象	我想象……; 把……和……联系起来; 把……和……进行比较……; 联想到……。	Maria was the first to <u>take the bull by the horns</u> during the recent crisis.	我想象自己骑在牛背上抓牛角的样子,很厉害的,牛被控制了。再联系句子,表示在危机中,Maria表现得很勇敢。
句法分析	这个词语在句中做宾语; 该词是名词; 主语是……。	John is bragging about Iran again. What <u>a windbag</u>.	a windbag 是名词,应指东西或人。该句的主语是 John, windbag 应该指的是人。brag 指吹牛,因此,windbag 指吹牛大王。

接着,我们又统计了这7类策略各自的使用频率。凡是受试在测试中提及使用的策略,不管是一条还是多条,均按每条1分来计算。这样,我们得到了每类策略的总的使用频率。根据统计结果,受试的理解策略按使用频率的高低排序,依次是句子语境(27.61%)、字面翻译(意义)(23.23%)、英语知识(20.29%)、汉语知识(19.59%)、随便猜测(7.89%)、心理意象(1.21%)和句法分析(0.09%)。其中,句子语境和字面翻译(意义)两类策略占了全部策略的50.84%,说明中国英语学习者主要依靠语言知识和背景知识来理解隐喻。

我们统计了与正确答案有关的理解策略,并与受试采用的策略总数做了对比。在总共2144条策略中，与正确答案有关的共1423条，成功率为66.37%。正确策略按使用频率高低排列依次是：句子语境(28.88%)、英语知识(25.09%)、字面翻译(意义)(20.52%)、汉语知识(19.75%)、随便猜测(4.43%)、心理意象(1.26%)和句法分析(0.07%)。与总的策略频率相比，排序略有变化。句子语境还是排在第一位，但字面翻译(意义)从总策略中的第二位下降到第三位，而英语知识从第三位上升至第二位。随便猜测、心理意象和句法分析的顺序没有发生变化。

(二)讨论

在外语学习领域，理解策略(comprehension strategies)指的是"读者如何看待任务、如何理解任务，以及当他们不理解时，他们应做什么而采取的方法。简单地说，理解策略指的是学习者用以达到理解所采用的方法"(Singhai,2001:1)。

根据本研究结果，利用上下文语境知识是外语学习者理解隐喻时使用最多的方法。语境能提供相关信息，促进信息理解。尤其是隐喻，往往出现在词组、句子、语篇之中，因为其字面意义与隐喻意义的冲突，语境显得尤为重要。在本测试中，利用句子语境策略占到了全部策略的27.61%，而这一策略与理解正确率有关的使用又上升到了28.88%，说明语境促进了隐喻理解，弥补了学习者的文化差异和语言能力等方面的不足。库珀(Cooper,1999)的研究也表明，即使是理解固定搭配的常用习语，学习者也还是倾向于利用上下文语境的策略。

利用词语的字面翻译(意义)占全部策略使用的23.23%，排在第二位，这表明外语学习者在碰到外语隐喻时，首先激活的很有可能是词语的字面意义。一般而言，字面意义是词语的中心意义，也即词典中的核心或典型意义。对于外语学习者来说,字面意义是他们心理词典中最凸显的意义。凯克斯(Kecskes,2006)指出,在字面层面上,不同语言可能会有相同的词汇。但在隐喻层面上,词汇的等价就低得多了。由于不同的语言和文化经历,非本族语者无法做到像本族语者那样自如地使用隐喻性语言。第二语言学习者的问题是他们通常把二语词汇的字面意思当作具有凸显意义的,因为对他们而言,字面意义是最熟悉的、使用频率最高的。查特里斯-布莱克(Charteris-Black,2002)也认为,在处理不熟悉的语言意义时,二语学习者更有可能根据自己心理已建构的意义首先进行字面解读,而不是根据语用知识。西索卡(Cieślicka,2006)通过跨通道词汇启动效应实验,对波兰高水平英语学习者进行了习语理解测试,结果表明,目标习语无论是出现在隐喻性的语境中,或无论其隐喻意义是否为被试所熟悉,对于被试而言,理解外语习语必须经历一个必要的字面意义处理过程,即字面意义具有处理优势效应。本测试的研究结果验证了上述学者的观点,字面意义往往是学生心理词库中最凸显的意义。值得指出的是,尽管学习者倾向于按字面意义进行理解,但字面意义并不总能导致正确的解读。本测试中,在全部的处理策略中,字面意义的使用排在第二位。但在与正确理解有关的策略中,这条策略比重下降至 20.52%,排在第三位,这表明字面意义有时导致错误理解。隐喻意义产生于本体与喻体字面意义的冲突中。尽管被试可能也知道字面意义是不对的,但由于缺乏目标语国家的文化背景知识,或英语语言能力薄弱,还是无法准确地理解英语隐喻。

利用英语背景文化知识占全部策略的 20.29%,而在与正确答案有关的策略中,这一比重甚至上升到了 25.09%,说明英语背景知识极大地促进了隐喻理解。此外,我们还发现了一类现象。例如,在理解

pull my leg 时，有些被试将其翻译成“拖我后腿”“拉后腿”等，他们将其归纳为运用字面意义或英语背景知识等策略。对于这些学习者而言，他们错误地把汉语文化与英语文化等同起来，以为“拖后腿”就是 pull my leg 的英语意思，产生了汉语文化概念的负迁移。但 pull my leg 的英语隐喻意义指的是“取笑我”。针对这类现象，我们在统计时把它归入汉语知识一类。

利用汉语知识占 19.59%。由于隐喻概念的文化普适性和特异性，外语学习者在理解隐喻时，还常常利用母语文化和概念体系。利用汉语知识在正确策略中占了 19.75%，表明母语知识对隐喻理解具有一定的影响。尤其当被试看到隐喻语言形式类似于母语表达时，他们往往会借用母语中相似的表达来理解。例如，a big mouth、iron hand、pour cold water on 等，与汉语表达类似，不少被试写了“汉语中有类似说法；与汉语相似”等。因为同形又同义的隐喻倾向于正迁移，促进理解，这类隐喻理解起来比较轻松。而类似 pull my leg 这类同形但不同义的隐喻则最容易发生母语文化负迁移。进一步分析表明，理解策略与隐喻类别存在一定关联。诸如 a big mouth、iron hand、dinosaur、pull my leg 等语言形式与汉语表达类似的英语隐喻，学习者更多地利用字面意义和汉语知识等策略；而在理解如 hold water、windbag 等语言形式不同于汉语表达的英语隐喻时，学习者更倾向于利用语境信息、心理意象等策略。由于篇幅所限，关于理解策略与隐喻类别关系的问题将另文讨论。

学习者还利用随便猜测来理解隐喻。严格地说，随便猜测并不是条认知策略。但在本测试中，被试并不是盲目地进行猜测，敷衍了事。一些学生在利用随便猜测策略时，同时也利用了其他策略，包括语境、字面意义、英语文化，甚至还有句法分析等策略。这表明被试经过了思考，但还是无法得出满意的理解之后才随意猜测。例如，学生 A 写下了她为什么猜测“John is bragging about Iran again. What a windbag.”一句中 a windbag 的意思是“长舌妇”的过程。学生 A 写道:“a windbag 指风袋,我想风袋是空的,轻飘飘的,可能指人轻飘飘的。该句说 John 在说 Iran 的事情,我猜可能是说 John 到处传播小道消息吧。我不确定,要么是长舌妇的意思。”由此可见,尽管受试说猜测,但还是结合了句子语境、字面意义等进行综合思考。

心理意象策略占了 1.21%,正确策略的比重为 1.26%,包括心理联想和比较。例如,在理解 take the bull by the horns、look for a needle in a haystack 等时,有被试写了通过想象有关画面来理解隐喻的策略。隐喻是以具体的事物或经验来理解或体验抽象的事物或经验,将始源域的图式结构以某种方式映射到目的域之上,让我们通过始源域的结构来建构和理解目标域的。而联想是隐喻意义实现的根本方式,以发现事物的相似点为基础。学习者通过想象该隐喻在他们大脑中的画面,进行事物间的比较,发现相似处,进而对始源域所要表达的内容进行理解。还有的被试在理解 blow one's top 时,写了“通过比较 top 与人的头部的关系”这一原因。这其实也是一种联想的关系,把事物的顶部与人的头部联想起来,因此,我们把心理联想与比较归入“心理意象”一类。莱考夫和特纳(Lakoff & Turner,1989)指出,理解新颖隐喻有时并不涉及跨域映射,而是涉及心理意象的映射。例如,理解“My wife whose hair is brush fire.”需要人们把像刷子般的火的心理意象映射到诗人妻子的头发上去,进而对头发的颜色、质地、形状产生不同的想象。我们的研究也表明,对于外语学习者来说,理解不熟悉的外语常规隐喻(对他们来说,相当于新颖隐喻),心理意象也是有效的理解方式。

我们的研究也论证了帕维奥(Paivio,1991)提出的“双语码理论”(Dual Coding Theory)。双语码理论是一个关于人们如何理解语言意义的认知心理学理论。其主要观点是,人们主要利用两种信息理解语言意义:语言信息和非语言信息。语言信息主要包括词汇、短语、句子,非语言信息主要是心理或视觉意象。隐喻理解涉及用具体的始源域来理解比较抽象的目的域。始源域的语言形式比较容易理解,除了语言信息,它还容易引起人们生动的心理或视觉意象,也就是说,人们还可通过非语言信息来理解它,因此它具有两种语码信息。心理意象不仅反映了隐喻性理解过程,也反映了人们对内在隐喻性概念的隐性意识(Duthie et al., 2008)。

本研究还发现,学生利用句法分析来理解英语隐喻。例如,在理解"The government introduced new spending caps for local authorities."(政府为地方政府规定了新的开支限度)中 caps 的意思时,受试 B 就利用了这个策略:"caps 是名词,做 introduced 的宾语。根据前面的 spending,我想 caps 应该指的是政策,支出政策。"然而,此处的 caps 指的是"限制"。尽管被试 B 理解有误,但这表明,在理解不熟悉的隐喻时,学习者往往尝试着用各种可能的策略进行理解。利姆和克里斯蒂安松(Lim & Christianson,2013)的研究也证实,二语学习者利用句法信息进行文本解读。

总之,中国英语学习者一般不能直接理解英语归约性隐喻,而是采用以上某种或几种策略来进行理解。

四、中国英语学习者隐喻理解模型建构

(一)基于已有隐喻加工模型的讨论

标准语用模型认为隐喻理解分三步走:首先理解字面意义;其次结

合语境,拒绝字面意义;最后得出隐喻意义。该模型强调了字面意义和语境的作用,在本测试中对应于利用句子语境和字面意义策略。因而本研究说明,外语学习者在理解隐喻时,很可能也是分三步走。也就是说,外语学习者的隐喻理解更可能符合标准语用模型。

概念隐喻模型认为,语言隐喻的理解来自人们思维底层的概念结构。例如,之所以能理解"She has a heavy heart today."表示 She is sad,是因为人们头脑中有"Heart is a material container."(心脏是物质容器)这个概念体系,由这个概念隐喻生成各种语言表达式。然而,在本测试中,没有一个学生选择概念隐喻策略,尽管测试的所有隐喻句都来自概念隐喻语料。的确,对于中国外语学习者而言,概念隐喻还是个陌生的概念,教育者也还没有把隐喻纳入教学体系。因此学习者还不可能把对语言的了解上升到隐喻认知的层面。这需要应用语言学家、二语习得学家及教育专家们共同致力于认知隐喻理论的传播与教学,方可使学生意识到他们是在某个概念框架下处理隐喻。科夫斯和绍博(Kövecses & Szabó,1996)也认为学生必须首先意识到概念隐喻才能在外语学习中使用概念隐喻策略,并发现新的具有相同概念基础的语言隐喻。另一方面,正如关联理论等指出的,概念隐喻太过强调认知、概念先于语言的重要性。而对于外语学习者而言,理解语言隐喻更多地依赖于其他东西,例如已有的外语背景知识、母语文化背景、语言能力等。因此,"概念隐喻并不能完全解释语言隐喻。理解语言隐喻还需要各种词汇、语法以及社会文化等因素的参与"(Gibbs,2011:545)。

关联理论认为隐喻意义来自"随意言谈",听话人根据语言语境提供的符号线索(例如词汇和句法),结合话语发生的实际语境以及听话人的已有知识,推导出一个恰当的特别概念。尽管关联理论主要从语用的角度来解释隐喻理解,但其主要观点也适用于外语学习者。语言语境对应于本研究中的句子语境,已有知识对应于本研究中的背景知识,都可以对汉语背景英语二语学习者理解隐喻过程做出解释。

隐喻生涯模型认为,加工常规隐喻与新颖隐喻的机制不同:加工常规隐喻需要提取先前储存在大脑中的隐喻范畴;加工新颖隐喻需要进行两个域之间的比较。然而,对于外语学习者而言,如果他们不熟悉常规隐喻的话,常规隐喻也就成为了新颖隐喻。因此在理解时,学习者往往需要将始源域和目的域的特征进行比较,找到两者的相似点,才能获得意义。本测试中的学习者运用的心理意象(例如,联想、比较)策略就是通过不同域之间的结构映射,达到对隐喻的理解。

等级凸显模型认为,对于本族语者来说,无论是字面意义还是隐喻性意义,都有可能是凸显意义。如果是常规隐喻,凸显的往往是隐喻性意义。但正如前文指出,对于外语学习者而言,凸显的更可能是字面意义而非隐喻意义。

(二)基于本研究结果的隐喻加工模型的建构

英语本族语者在理解常规隐喻时,往往无须经历复杂的分析过程,或者他们只是下意识、自动地进行了分析。他们更多地体现出"整体型"的加工模式。但这种加工模型并不能全面地描述外语学习者的情况,它们或许只能描述某一方面的特征,外语学习者的隐喻理解有其自身的特点。查特里斯-布莱克(Charteris-Black,2002)指出,成功的外语交际取决于多种因素,包括母语和二语文化在多大程度上共享概念系统,第二语言学习者在多大程度上具有相关的二语概念系统知识以及在多大程度上隐喻意义可以被两种文化中共享的经历激活。

外语学习者不具备本族语者那样的语言能力和文化背景,他们往往需要通过字面意义,对一些可能的意义进行分析、比较加工之后,才有可能逼近外语常规隐喻的理解。本测试结果表明，汉语背景英语二语学习者往往结合句子语境，分析词语的字面意义，再结合自己对英语文化的了解和已掌握的语言知识来理解隐喻。在这一过程中，他们自身的母语文化也涉及其中产生迁移作用。有时他们还要利用句法分析、联想比较来帮助理解。

因此，外语学习者的隐喻理解有其特异性，他们更多地采用“分析型”的处理模型①，见图1。

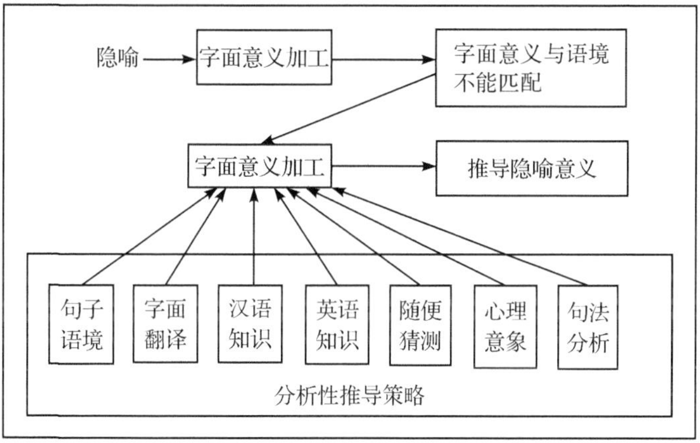

图1　中国英语学习者隐喻理解分析型模型

与英语为母语单语者的隐喻理解相比，英语学习者隐喻理解涉及更复杂的因素，无法与母语者的理解情况进行简单比较。学习者一般不能直接理解英语隐喻。他们倾向于将字面意义与上下文语境进行匹配。如果在该语境中，字面意义不适切，它就被拒绝。学习者就转而寻求非字面意义或隐喻意义的加工。在这一加工过程中，他们利用以上

① 笔者就本研究中被试的隐喻理解策略使用情况与理解模型关系请教 Jeannette Littlemore 教授（个人通讯），在她的指导下，提出“分析型”的处理模式。

某种或几种策略对隐喻意义进行推导。由此可见,适用于单语者的隐喻加工模型中,标准语用模型和关联理论对于外语学习者的隐喻理解加工过程具有较强的解释力,而概念隐喻模型、隐喻生涯模型、等级凸显模型的解释力则大大降低。雷(Wray,2002)也认为,本族语者通过"整体型"模式来处理程序性语言,这种能力是他们从幼儿期就开始发展的,而大多数的二语学习者都是过了幼儿期才开始接触二语,因此他们更倾向于通过"分析型"的模式来处理二语的程序性语言。

结　论

本文从学习者思维过程与思维产出的视角,探讨了母语为汉语的中国英语学习者的隐喻理解策略及模型。研究表明,中国英语学习者主要采用"分析型"的模式来理解隐喻,即不直接得出隐喻义,而是从字面义出发,采纳各种策略进行分析,最后得出隐喻义。这些策略包括:句子语境、字面意义、英汉背景知识、猜测、心理意象以及句法分析。这表明,以英语为母语的单语者隐喻理解模型不能完全说明外语学习者的情况,外语学习者的隐喻理解有其特异性,更多地体现出运用策略的"分析型"的处理模式。

在未来的研究中,可进一步探讨外语语言水平和理解策略之间的关系。二语习得研究表明,不同外语水平的学习者会使用不同的外语理解策略,例如:高水平的学习者倾向于使用语言内策略,如上下文语境、外语背景知识等;外语水平低的学习者更倾向于使用语言间策略,例如母语概念等。这种区别适用于隐喻理解吗?不同外语水平学习者的隐喻理解策略会有异同吗?另外,理解策略与隐喻类别的关系如何?单语者隐喻理解模型对不同类别的隐喻理解是否具有不同的解释力?

这些问题有待日后进一步探讨。

参考文献

Charteris-Black J., 2002, Second Language Figurative Proficiency: A Comparative Study of Malay and English. *Applied Linguistics*, 23 (1).

Cieślicka A., 2006, Literal Salience in On-line Processing of Idiomatic Expressions by Second Language Learners. *Second Language Research*, 22 (2).

Cooper T. C., 1999, Processing of Idioms by L2 Learners of English. *TESOL Quarterly*, 33 (2).

Duthie K. J. et al., 2008, Mental Imagery of Concrete Proverbs: A Developmental Study of Children, Adolescents, and Adults. *Applied Psycholinguistics*, 29 (1).

Gentner D. & Bowdle B., 2001, Convention, Form, and Figurative Language Processing. *Metaphor and Symbol*, 16 (3).

Gibbs R., 2011, Evaluating Conceptual Metaphor Theory. *Discourse Processes*, 48 (8).

Gibbs R., 2003, Embodied Experience and Linguistic Meaning. *Brain and Language*, 84 (1).

Gibbs R., 1994, *The Poetics of Mind: Figurative Thought, Language, and Understanding*. New York: Cambridge University Press.

Giora R., 2003, *On Our Mind: Salience, Context and Figurative Language*. New York: Oxford University Press.

Giora R., 1997, Understanding Figurative and Literal Language: The Graded Salience Hypothesis. *Cognitive Linguistics*, 7.

Grice H. P., 1975, Logic and Conversation. In Cole P. & Morgan J. L. (eds.), *Syntax and Semantics* 3: *Speech Acts*. New York: Academic Press.

Kecskes I. , 2006, On My Mind: Thoughts about Salience, Context and Figurative Language from a Second Language Perspective. *Second Language Research*, 22 (2).

Kövecses Z. & Szabó P. , 1996, Idioms: A View from Cognitive Semantics. *Applied Linguistics*, 17 (3).

Lakoff G. & Johnson M. ,1980, *Metaphors We Live By*. Chicago: University of Chicago Press.

Lakoff G. & Turner M. , 1989, *More Than Cool Reason: A Field Guide to Poetic Metaphor*. Chicago: University of Chicago Press.

Lim J. & Christianson K. , 2013, Second Language Sentence Processing in Reading for Comprehension and Translation. *Bilingualism: Language and Cognition*, 16 (3).

Littlemore J. & Low G. , 2006, *Figurative Thinking and Foreign Language Learning*. New York: Palgrave Macmillan.

Paivio A. , 1991, Dual Coding Theory: Retrospect and Current Status. *Canadian Journal of Psychology*, 45 (3).

Searle J. , 1979, *Expression and Meaning*. Cambridge: Cambridge University Press.

Singhai M. , 2001, Reading Proficiency, Reading Strategies, Metacognitive Awareness and L2 Readers. *The Reading Matrix*, 1 (1).

Sperber D. & Wilson D. , 2008, A Deflationary Account of Metaphors. In Gibbs R. (ed.), *The Cambridge Handbook of Metaphor and Thought*. New York: Cambridge University Press.

Sperber D. & Wilson D. , 1995, *Relevance: Communication and Cognition* (2*nd*). Oxford: Blackwell.

Tendahl M. & Gibbs R. , 2008, Complementary Perspectives on Metaphor: Cognitive Linguistics and Relevance Theory. *Journal of Pragmatics*, 40 (11).

Wilson D. , 2011, Parallels and Differences in the Treatment of Metaphor in Relevance Theory and Cognitive Linguistics. *Intercultural Pragmatics*, 8 (2).

Wray A. , 2002, *Formulaic Language and the Lexicon*. Cambridge: Cambridge University Press.

Wright J. , 2000, *Idioms Organiser: Organised by Metaphor, Topic and Key Word*. England: Language Teaching Publications.

戴南, 2001,《隐喻》,丁建民译,北京:外文出版社、香港:商务印书馆。

苏立昌, 2009,《英汉概念隐喻用法比较词典》,天津:南开大学出版社。

张雷、俞理明, 2011,《心理类型在中国学生英语习语理解中的作用》,《现代外语》第 2 期。

不同英语水平学习者隐喻理解策略研究*

徐知媛　赵　鸣

一、研究背景

20世纪80年代随着隐喻认知加工的深入研究，作为人类语言本质及根本思维方式之一的隐喻，也开始进入外语学习的研究领域，其中一个研究热点是外语学习者的隐喻理解能力和外语语言水平的关系(Johnson, 1996; Littlemore, 2001; Martinez, 2003; 王鲁男、董保华，2006；姜孟，2006；魏耀章，2007)。但这些研究关注的是隐喻理解结果，而非理解过程。例如，被试采用了怎样的理解策略？其理解策略是否影响隐喻理解？本族语者由于具有相似的社会文化背景，对于隐喻始源域和目的域的理解可以提取出较为一致的相关信息，往往不需要付出额外的认知努力或使用特殊的理解方法。由于在外语学习者认知背景中缺乏相关外语民族充足的文化和完备的概念体系，他们对于目的域的正确构建存在困难，再加上本身外语水平的欠缺以及母语文化的迁移，学习者往往无法做到如本族语者那样对隐喻进行自动化加工。心理语言学研究表明，任何非自动化的语言加工必然涉及加工策略的使用，这意味着外语隐喻理解也必然涉及加工策略的使用。更值得注意的是，

* 本文原载《现代外语》2014年第3期。

与一般语言理解相比,隐喻理解还有其自身特点,如喻体语言比较形象化,容易引起人们的联想,并且隐喻理解还更需要文化参与,这决定了外语隐喻理解中所涉及的理解策略问题更为复杂①。

在外语学习领域,外语水平(主要是英语水平)与理解策略的关系问题一直备受关注。作为一种元认知能力,理解策略与外语水平存在关联。这种关联主要体现在以下两方面:一是策略的使用是否可以提高外语水平?二是不同外语水平学习者的理解策略之间是否存在关联?本文的研究内容基于第二个方面。关于不同外语水平学习者的理解策略之间是否存在关联这一问题,相关文献的结论并非完全一致。一些研究表明外语水平与策略选择之间不存在显著相关(Green,1991;Philips,1991;陈斌,2004)。但多数研究表明,外语水平和理解策略存在相关性。例如,高水平学习者倾向于选择语言内策略,如上下文语境、外语背景知识(Paribakht,1985;Singhai,2001;Ni et al.,2008;Alhaisoni,2012)、词语联想策略(Ni et al.,2008);低水平学习者则更多地选择使用语言间策略,如母语知识(Paribakht,1985;Ni et al.,2008)、字面意义(Alhaisoni,2012;Taki & Soghady,2013)以及猜测(O'Mally et al.,1989;Chen,2002;Nemati et al.,2010;Ghafournia,2012)。

综观相关文献,大多数侧重于探讨外语水平和理解策略之间的关系,但关于外语水平和外语隐喻理解策略之间是否具有关联还尚待研究。其次,多数研究表明,外语水平和外语理解策略之间存在相关性。不同外语水平学习者在语言语境、目的语文化、母语文化、字面意义、猜测等理解策略上存在异同。外语水平和外语隐喻理解策略之间是否也

① 关于外语学习者隐喻理解特异性这一问题,在作者相关论文(《中国英语学习者的隐喻理解策略及理解模型建构》,《外语教学与研究》2014年第1期)中有详细讨论。本论文的研究方法以及隐喻理解策略概述建立在该前期研究成果基础之上。

具有这样的相关性还需要探讨。除此，不同外语水平学习者是否还可能在别的策略，例如心理意象等方面存在异同也还需要进一步研究。

基于此，本研究拟以英语为外语的中国大学生为研究对象，探讨其英语水平与其英语隐喻理解策略之间是否存在相关关系。这一问题可细化为：1）不同英语水平被试的隐喻理解策略选择有何相同？2）不同英语水平被试的隐喻理解策略选择有何差异？

贝纳蒂（Benatti，2013）指出，对语言水平的定义、构成成分及如何测量至今还是个有争议的话题。吴旭东等（2006）认为，外语语言水平指的是学习者使用外语以达到某种目的的熟练程度。由于语言运用的前提是有关语言的知识，因此该定义也蕴含了语言知识的丰富程度。再考虑到语言与认知及文化密不可分，可认为语言知识实际上包含两方面的内容：一是纯语言内容（语法和词汇知识），二是语言形式所反映的概念体系和文化内涵。本研究采用这一定义区分英语水平。本研究选取大学英语专业三年级学生和非英语专业一年级学生分别作为高水平组和低水平组。英语专业三年级学生已经有了两年多的专业英语能力训练，相对刚结束高中学习的非英语专业大一学生，他们普遍具有较强的词汇和语法能力，也更熟悉英语文化知识和概念体系。

二、研究方法

（一）测试语料

本研究选取英语规约隐喻作为测试语料。规约隐喻指产生以来为大多数人所接收和使用，已成为日常语言一部分的隐喻。莱考夫和约翰逊（Lakoff & Johnson，1980）认为，规约隐喻反映了特定文化特征，是组织特定文化中概念系统的底层结构。对规约隐喻理解进行探讨能较好地揭示外语学习者是否熟悉外语文化知识和概念体系，同时便于发现外语学习者与本族语者自动化理解的差异。研究者从戴南（2001）、赖特（Wright，2000）和苏立昌（2009）三本词典中选取了 60 个规约隐喻。

1. 隐喻性程度测试

尽管研究者选取了 60 个对本族语者而言的规约隐喻，但其隐喻性程度对外语学习者存在差异，为此进行隐喻性程度测试。2 位宾夕法尼亚州立大学心理系的英语本族语者按 1—5 等级进行评判：5 分隐喻程度很高；4 分隐喻程度比较高；3 分不清楚是不是隐喻；2 分隐喻程度不高；1 分隐喻程度非常不高。经统计筛选，at the top of one's lung 和 all teeth 因均分低于 3 而被剔除。

2. 隐喻可理解性和使用性程度判断

为进一步检验剩余的 58 个规约隐喻是否为本族语者所理解和使用，研究者又进行了可理解性和使用性程度判断测试。11 位美国芝加哥大学的英语本族语者参加了测试。具体做法如下：

Directions: Do you think the meaning of the word(s) underlined is accepted by native English speakers? If yes, how often do you use the expression? Please select the corresponding letter. For example,

The new discovery offers us a new <u>window</u> into the greenhouse effect.

<u>perspective</u>:

A) acceptable　　B) not acceptable　　C) don't know

If it is A), how frequently do you use it in your daily life?

A) frequent use　　B) sometimes use　　C) seldom use

研究者采用3级量表进行统计。经筛选,对 behind the times、take root 等18个不符合要求的词语进行剔除。最终,剩余的40个在日常生活中被本族语者理解并普遍使用的英语规约隐喻进入正式测试语料。

(二)测试方法

采用张雷、俞理明(2011)的研究方法,要求被试将每个句子的划线部分(目标隐喻词语)写出中文意思,并写上理解原因,可写多个原因。例如:

Don't tell Tim. He is big-mouthed with everything.

汉语意思:大嘴巴(或泄密)。

原因:汉语有类似表达。

(三)被试

73名浙江大学本科生完成了有效问卷,包括32名英语专业三年级被试及41名非英语专业一年级被试。其中,英语专业被试的平均年龄是21.26岁,男生占35.34%,文科学生占81.25%。非英语专业被试的平均年龄是19.46岁,男生占51.24%,理工科学生占90.24%。

(四)评分

两位不参加本研究的英语教师对被试所写的理解原因进行统计。每一条原因以1分计算。另两位英语教师对所有的隐喻理解答案进行评分。每一题答对得1分,错了得0分,无半分。在评分过程中,如有意见不同,则由第三位老师(研究者本人)进行统一。数据通过 SPSS 16.0 统计。结果表明,一致性信度分别为0.71(理解原因)和0.93(理解答案),说明评分可靠。

三、数据和结果

研究者采用两个步骤对数据进行分析：

1）参照库珀（Cooper，1999）的研究方法，研究者和三位未参加评分工作的英语教师对理解原因进行了统计，把它们按概念进行分类归纳，相同或类似主题的归于一类，总共归纳了7类策略（见表1）。

表1　隐喻理解策略概述

策略	常规表述	例子	具体描述
句子语境	整句话的意思是……； 联系前半句……； 和前面的……词对应。	My efforts pay back finally. I've got a job <u>in the bag</u>.	前句说我的努力得到了回报，因此 in the bag 可能指成功或很有可能。
字面意义	这词指……； 译成汉语是……； 该词组由……组成。	They managed to sneak the legislation in <u>through the back door</u>.	through the back door 指经过后门，该短语指走后门，利用不正当的手段。
汉语知识	汉语也有类似的讲法； 和中文的……类似。	I had to clarify myself because it sounded like I had <u>a big head</u>.	该词语指大头，头大的。在汉语中，头大可比喻人心烦、烦躁。
英语知识	在英语文化中，该短语指的是……； 在英语知识中，该词可引申为……	As an international avenue, it is a bit of <u>a dinosaur</u>.	在英语中，恐龙可代表时间久，古董。该词指的是这个国际会所有点陈旧。

续 表

策略	常规表述	例子	具体描述
随便猜测	不确定，我猜是……； 瞎猜的； 随便写的。	His arguments didn't hold water under the evidence.	有水分，不知道，猜的。
心理意象	想象……； 和……很像； 把……和……比较。	Father would blow his top if he discovered that you had stolen his wallet.	top 指顶部，与人的头顶很像，blow 指吹，该短语指父亲的头顶都吹了，是说他怒发冲冠，非常生气。
句法分析	这个词语在句中作宾语； 该句主语是……。	The government introduced new spending caps for local authorities	caps 是名词，做 introduced 的宾语。根据 spending，caps 指的是花销政策。

2）按照上述 7 类策略对两组被试所写的全部的理解原因进行了再次统计。不少学生在分析原因时，往往写了不止一个策略，在统计时也按每条 1 分来计算，并对使用每条策略的人次进行统计。结果表明，高水平组的策略使用频次为 1927 条，低水平组为 2493 条。两组被试的策略使用情况见图 1。

对图 1 进行 2（英语语言水平）×7（隐喻理解策略）的重复方差分析。结果显示，策略的主效应显著（$F(6,426)=118.43, p<.001$），水平的主效应不显著（$F(1,71)=0.01, p=0.914$），策略与英语水平的交互作用显著（$F(6,426)=3.58, p<0.01$）。进一步对策略与英语水平的交互作用做 t 检验后表明，在句子语境（$t=0.02, p=0.98$）和字面意义（$t=0.12, p=0.91$）方面，两组被试的差异不显著；在汉语知识策略

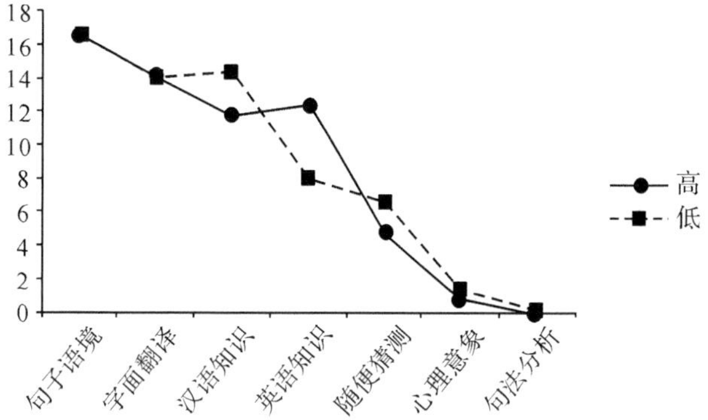

图1　策略使用平均值①

($t=-2.09, p<0.05$)、利用英语知识($t=3.84, p<0.001$)、随便猜测($t=-2.09, p<0.05$)和心理意象($t=-2.09, p<0.05$)方面,两组被试差异显著。在句法分析策略上,两组也呈边缘显著性差异($t=-1.91, p=0.06$)。

数据结果表明,不同英语语言水平学习者的隐喻理解策略选择既有共性,也存在差异:1)不同被试在选择句子语境和字面意义策略方面没有显著差异,验证了外语学习中的语境效应说和字面意义凸显假说;2)高水平被试更多地利用目的语文化知识,支持了帕瑞柏克赫特等人(Paribakht,1985;Singhai,2001;Ni et al.,2008;Alhaisoni,2012)的研究发现;3)低水平被试更多地依赖母语知识以及猜测策略。这一结果与相关研究结果类似(Paribakht,1985;Chen,2002;Ni et al.,2008;Nemati et al.,2010;Ghafournia,2012:4)除上述策略,本研究还发现,低水平被试更多地倾向于利用心理意象和句法分析进行隐喻理解。

为进一步探讨上述策略选择的实效性,研究者接着对隐喻理解策

① 横轴表示各条隐喻理解策略,纵轴表示各策略均分。

略正确率进行了统计。高水平组的正确策略使用频次为 1266 条，正确率为 65.70%；低水平组的正确策略使用频次为 1304 条，正确率为 52.31%。两组被试隐喻理解策略正确率情况见图 2。

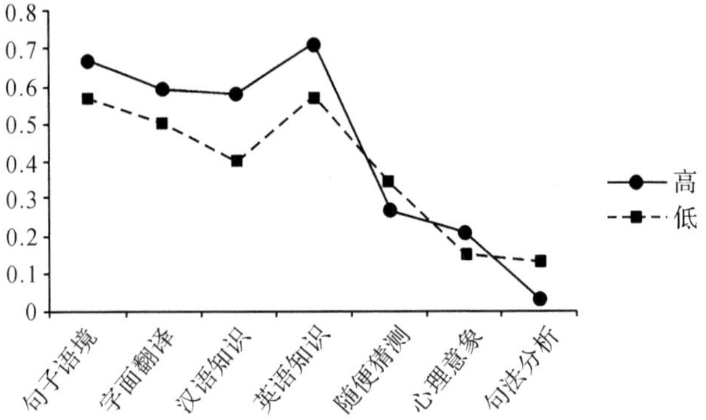

图 2　策略正确率平均值①

对图 2 进行 2×7 的重复方差分析。结果显示，策略的主效应显著（$F(6,426)=40.84, p<0.001$），英语水平的主效应呈边缘性显著（$F(1,71)=3.45, p=0.07$），策略与英语水平的交互作用显著（$F(6,426)=2.39, p<0.05$）。t 检验结果显示，在句子语境（$t=1.64, p>0.05$）、字面意义（$t=1.41, p>0.05$）、随便猜测（$t=-0.85, p>0.05$）、心理意象（$t=0.85, p>0.05$）以及句法分析（$t=-1.57, p>0.05$）策略方面，两组被试的差异不显著；在汉语知识（$t=2.24, p<0.05$）和英语知识策略（$t=2.12, p<0.05$）方面，两组呈显著性差异。

隐喻理解策略正确率统计情况表明，高水平组在汉语、英语知识两个策略的正确率上显著高于低水平组，而在其他策略上，两组没有达到显著性差异。这表明，高水平学习者不仅具有更丰富的目的语文化知

① 横轴表示各条隐喻理解策略，纵轴表示各策略正确值的均分。

识，还能更娴熟地对这些知识加以运用，母语负迁移也更低。

四、讨　论

（一）相同隐喻理解策略选择

参与本测试的两组被试都一致倾向于选择使用句子语境和字面意义策略。究其原因，可能和被试特征有关。受国内教学条件的限制，无论是英语专业还是非英语专业学习者一般都以课堂正规教学作为媒介获取英语文化知识，而缺乏直接习得英语的自然环境。在这种学习模式下，学习者往往能掌握较高的英语技能，却掌握不了类似本族语者的社会文化知识和概念体系。他们对英语规约隐喻的理解大多还倾向于利用语境线索，还停留在分析字面意义的基础上，因而在本研究中不同英语水平者对这两者的使用没有体现出显著差异。这种现象验证了外语学习中的语境效应说和字面意义凸显假说。

本研究结果证实了语言语境在外语隐喻理解中的重要作用（Ortony，1993；Cooper，1999；Kecskes，2001，2006）。由于字面意义与隐喻意义的冲突，语境对于隐喻理解尤为重要。例如，在理解“John is bragging about Iran again. What a windbag.”中的 a windbag 时，从字面上看，该词指的是“风袋”，但显然“风袋”并不是其隐喻意义。统计结果表明，40.58%的英语专业被试与38.66%的非英语专业被试都利用了前半句“John 在吹嘘伊朗的情况”，正确地将 a windbag 理解为“吹牛者，说空话、大话者”。凯克斯（Kecskes，2001）指出，在二语隐喻理解中，语言语境对隐喻意义的提取具有制约与筛选作用，即便是二语水平较高的学习者在理解不熟悉的隐喻时也还需要依赖语境信息。

本研究结果拓展了等级凸显假说。乔拉(Giora,1997)提出的等级凸显假说认为,隐喻理解取决于词语意义的凸显程度。词语的凸显意义指使用频率最高、最具典型性、最为人熟悉的意义。对本族语者来说,凸显意义可以是字面意义,也可以是隐喻意义。然而,对于外语学习者来说,由于语言环境的限制,其心理词库中首先被激活的往往是字面意义,字面意义要比后学的隐喻意义更加牢固、深刻。本研究中,两组被试在使用字面意义策略上没有显著差异。这表明,不管被试的英语水平是高或低,在隐喻理解过程中字面意义都具有凸显优势。但字面意义并非都必然保证正确意义的获取。两组被试使用该策略的正确率均分都不高,也无显著性差异。例如,83.23%的英语专业被试和90.15%的非英语专业被试错误地将pull my leg理解成"拖我后腿"。对中国英语学习者来说,"拖后腿"是pull my leg最凸显的意义,从而产生了汉语知识负迁移。由于学习者很少有机会直接从自然语境中习得英语知识,即使是英语水平较高的学习者在理解不熟悉的英语隐喻时,也倾向于依赖其母语知识以及建构母语的社会文化背景知识。兰道夫(Lantolf,1999)认为,从文化的角度学习外语意味着不仅仅要了解目的语的行为(语言或别的)模式,更要了解正确的文化模式。外语教学必须在扩大外语文化输入的同时,加强对外语隐喻概念体系的讲解,并与母语文化比较,找出异同,从而降低母语概念负迁移,最终使学习者对外语隐喻的理解接近或达到本族语者那样的凸显程度,而不只停留在对字面意义的理解上。

(二)不同隐喻理解策略选择

第一,高水平学习者更多地选择英语知识策略。吴旭东等(2006)指出,外语水平高的学习者除了具有丰富的词汇和语法知识,同时也应十分熟悉目的语的文化和概念体系，而外语能力差的学习者则可能在这两方面都十分欠缺。本研究中，英语专业被试选择英语知识策略的频次显著多于非英语专业被试。从理解正确率看，他们也能更加有效地利用该策略。这表明，英语水平高的学习者不仅比低水平者具有更丰富的目的语文化知识，还能更娴熟地对这些知识加以运用。反过来说，对英语文化知识和概念体系的激活和使用又可以降低英语专业学习者的认知负荷，使他们能节省更多的注意资源进行句子的整体处理，进而提高隐喻理解。同时，规约隐喻与目的语文化密不可分，高水平学习者能够熟知并将其转化为潜意识，因此在理解和使用过程中可以自动提取，也即，他们在认知处理过程中更加准确而省力。例如，在理解"As an international avenue it's a bit of a dinosaur."中的 a dinosaur 时，67.06% 的英语专业被试通过对 dinosaur 在英语文化中内涵意义的了解，正确地推断出 a dinosaur 在该句子中指"会议所很古老、很旧了"。

第二，低水平学习者更多地选择使用母语知识策略。本研究表明，尽管低水平被试更多地使用母语策略，但正确率更低，母语负迁移更大；而高水平被试尽管使用母语策略频次显著低于低水平被试，但正确率较高，母语负迁移更低。例如，汉文化中，恐龙大都与体积庞大或面相凶恶等有关。55.98% 的非英语专业被试从这一角度诠释 dinosaur 的隐喻意义，将"As an international avenue it's a bit of a dinosaur."错误地理解为"会议所很大"等。相比之下，英语专业被试使用母语知识策略的错误率为 37.26%，大部分都能进行正确理解。再如，bigheaded 的字面意义为"头大的"，97.22% 的非英语专业被试根据汉语知识，错误地将其理解为"心烦的、厌烦的"，而英语专业被试的错误率为 75.47%。在理解同形异义的英语隐喻时，低水平学习者更倾向于从母语知识进行解读。

这种差异可能和“心理距离”①有关。英语水平较低的学习者对英汉语的心理距离较模糊,对两种语言和文化的差异认识不够清晰,导致其多使用汉语知识理解英语隐喻;而英语水平较高的学习者对两种语言的心理距离较清晰,也就更能认识到英汉两个语言系统的差异,不易受到汉语负迁移的影响。因而,在理解没有把握的隐喻时,高水平被试更倾向于选择使用其他策略进行认知解读,而非盲目地选择使用母语策略。这也说明了英语水平较高的学习者在母语策略的选择上比低水平学习者更合理。可见,低水平学习者更多停留在英汉语形式的匹配阶段,对英语隐喻的理解可能更多需要通过母语中介,建立在母语概念表征体系的基础上。其大脑认知可能经历了以下过程:1)按照英语词汇形式理解字面意义;2)字面意义与句子语境不适切;3)联想该语言形式在母语文化中的概念;4)把母语概念投射到英语上去;5)如母语概念与英语概念适切,则促进理解,反之,则影响理解。

第三,低水平学习者更多地使用心理意象策略。本测试中的两组被试尽管在利用心理意象策略的正确率方面不呈显著性差异,但在使用频次上,低水平被试显著高于高水平被试。隐喻理解的基础是寻求始源域与目的域之间的相似点,而相似点的寻求或创造往往通过认知主体的想象或联想来实现。隐喻语言本身的生动与丰富又为认知主体展开心理意象提供了基础。英语水平较低的学习者为了弥补英语背景知识以及英语水平的不足,会更加积极地选择使用这一形象的思维方式理解隐喻。另一方面,尽管所选语料都为英语规约隐喻,但低水平被试或许将规约隐喻当成新颖隐喻,因而倾向于从字面意义进行解读,更

① 心理距离是学习者从心理上对不同语言异同的认识和感知。心理距离主要从学习者的角度对两种语言和文化做出比较,受到学习者认知程度的限制。

增强了字面意义和形象的联系。例如,在理解“Father would blow his top if he discovered that you had stolen his wallet.”中的 blow his top 时,被试首先从字面意义理解 top:顶部或最上面的部分,接着把该字面意义与人的头部联系起来,进而根据句子语境,推导 blow his top 意为“气得头都爆炸了,怒发冲冠”。

第四,低水平学习者更多地选择使用语法分析策略。本研究结果表明,非英语专业被试更多地通过分析句子结构等形式来理解隐喻。原因可能是由于本研究所用的英语语料皆为结构并不复杂的规约隐喻,英语水平较高的学习者或许能对隐喻句子结构进行自动化加工,无须进行成分分析,更多地体现出自上而下的认知加工;而英语水平较低的学习者由于英语文化知识的相对缺乏及英语词汇的相对薄弱,转而利用更多的注意资源对目标隐喻的结构进行解读。埃斯基(Eskey,1988;引自 Park,2005)也认为,诸如分析词语和语法结构等一些自下而上的解码策略,也是一种认知过程。目前在中国普遍盛行的英语交际教学法把重点放在了培养学生的四项技能上。学生的英语能力,尤其是听和说的技能得到了很大的提高。不可否认,交际教学法适应了时代的需要。但应看到的是,许多学生在提高交际能力的同时,语法能力却没有得到相应的提高。不少学生到了大学阶段,甚至感到其语法能力还不如中学阶段。但是,作为提高英语能力的基本功,语法的作用不容忽视。尤其是对英语水平较低的学习者来说,语法能力是他们提高英语水平的一个重要手段。即使是在大学阶段,教师也应重视对语法的讲解。

除了上述差异外,低水平被试比高水平被试还更多地利用猜测策略。作为一种补偿性策略,猜测策略在一定程度上可弥补学习者由于英语能力薄弱而引起的隐喻理解障碍。

结 论

本研究采用问卷测试的形式,从学习者思维过程与思维产出的视角,探讨了中国英语学习者的英语水平与隐喻理解策略之间的关系。研究结论主要是:1)不同英语水平学习者在利用句子语境策略和字面意义策略方面,没有达到显著性差异,验证了外语学习中的语境效应说和字面意义凸显假说;2)高水平英语学习者更多地利用目的语文化知识,低水平英语学习者则更多地依赖汉语母语概念,同时也较多地利用其他理解策略,例如,心理意象、猜测、语法分析等;3)高水平学习者在英语、汉语知识两个策略的正确率上显著高于低水平学习者。这表明,高水平学习者不仅具有更丰富的目的语文化知识,还能更娴熟地对这些知识加以运用,汉语母语负迁移也更低。

本文也存在一些不足之处,需要日后研究改进。例如,本研究采取了问卷书写的方法,让被试写下理解隐喻的原因,从而对被试的理解过程进行探讨。虽然这一方法可降低被试的心理负担,大胆地把所想的东西写下来,但书写的内容和即时思考的内容还是存在一定的间距,而且书写时,被试可能还会对原先思考的东西进行修改、编辑。今后可结合问卷书写与回顾访谈的形式,深入探讨学习者的隐喻理解过程。另外,本文主要探讨了英语水平与隐喻理解策略的关系,但英语水平、隐喻理解能力与隐喻理解策略之间是否存在交互关系还须进一步研究,并严格控制年龄、专业、性别等变量。

参考文献

Alhaisoni E. , 2012, Language Learning Strategy Use of Saudi EFL Students in an Intensive English Learning Context. *Asian Social Science*, 8 (13).

Benatti A. , 2013, Proficiency. In Robinson P. (ed.), *Routledge Encyclopedia of Second Language Acquisition*. Routledge: Taylor & Francis Group.

Chen I. , 2002, *Language Learning Strategies Used by High and Low English Proficiency Students in a Technology College*. MA Dissertation, National Changhua Normal University.

Cooper T. , 1999, Processing of Idioms by L2 Learners of English. *TESOL Quarterly*, 33 (2).

Ghafournia N. , 2012, The Relationship between Using Multiple-choice Test-Taking Strategies and General Language Proficiency Levels. *Procedia-Social and Behavioral Science*, 70.

Giora R. , 1997, Understanding Figurative and Literal Language: The Graded Salience Hypothesis. *Cognitive Linguistics*, 8 (3).

Green J. , 1991, Language Learning Strategies of Puerto Rican University Students. Annual Meeting of Puerto Rico Teachers of English to Speakers of Other Languages.

Johnson J. , 1996, Metaphor Interpretation by Second Language Learners: Children and Adults. *The Canadian Modern Language Review*, 53 (1).

Kecskes I. , 2006, On My Mind: Thoughts about Salience, Context and Figurative Language from a Second Language Perspective. *Second Language Research*, 222 (2).

Kecskes I. ,2001, *The Graded Salience Hypothesis in Second Language Acquisition*. New York: Mouton de Gruyter.

Lakoff G. & Johnson, M. , 1980, *Metaphors We Live By*. Chicago: University of Chicago Press.

Lantolf J. , 1999, *Second Culture Acquisition: Cognitive Consideration*. Cambridge: Cambridge University Press.

Littlemore J. , 2001, Metaphoric Competence: A Language Learning Strength of Students with a Holistic Cognitive Style?. *TESOL Quarterly*, 35 (3).

Martinez E. F, 2003, *Exploring Figurative Language Processing in Bilinguals: The Metaphor Interference Effect*. Texas: Texas A. & M University.

Nemati M. , Salmani N. & Anis A. ,2010, Learning Strategies in Proficient and Less Proficient Readers in Medicine. *Journal on Educational Psychology*, 4 (2).

Ni Q. , Chatupote M. & Teo A. , 2008, A Deep Look into Learning Strategy Use by Successful and Unsuccessful Students in the Chinese EFL Learning Context. *RELC Journal*, 39 (3).

O'Mally J. , Chamot A. & Kupper L. , 1989, Listening Comprehension Strategies in Second Language Acquisition. *Applied Linguistics*, 10 (4).

Ortony A. , 1993, *Metaphor and Thought* (*2nd*). Cambridge: Cambridge University Press.

Paribakht T. , 1985, Strategy Competence and Language Proficiency. *Applied Linguistics*, 6 (2).

Park H. , 2005, Second Language Reading: The Interrelationships between Text Adjuncts, Students' Proficiency Levels, and Reading Strategies. University of Florida.

Phakiti A. , 2003, A Closer Look at the Relationship of Cognitive and Metacognitive Strategy Use to EFL Reading Achievement Test Performance. *Language Testing*, 20 (2).

Philips V. , 1991, A Look at Learner Strategy Use and ESL Proficiency. *CATESOL Journal*, 4 (1).

Singhai M. , 2001, Reading Proficiency, Reading Strategies, Metacognitive

Awareness and L2 Readers. *The Reading Matrix*, 1 (1).

Taki S. & Soghady M., 2013, The Role of L1 in L2 Idiom Comprehension. *Journal of Language Teaching and Research*, 4 (4).

Wright J., 2000, Idioms Organiser: Organised by Metaphor, *Topic and Key Word*. England: Language Teaching Publications.

陈斌，2004，《中国学生对英语色彩词短语理解的研究：短语类型，学生水平及上下文的作用》，广东外语外贸大学硕士学位论文。

戴南，2001，《隐喻》，丁建民译，北京：外文出版社、香港：商务印书馆。

姜孟，2006，《英语专业学习者隐喻能力发展实证研究》，《国外外语教学》第4期。

苏立昌主编，2009，《英汉概念隐喻用法比较词典》，天津：南开大学出版社。

王鲁男、董保华，2006，《隐喻语际迁移研究》，《外语与外语教学》第12期。

魏耀章，2007，《认知能力和语言水平对中国英语学习者隐喻理解和生成的影响》，上海交通大学博士学位论文。

吴旭东、陈斌、黄丽辉，2006，《中国学生对英语习语的理解：习语类型与二语水平的作用》，《外语教学与研究》第3期。

张雷、俞理明，2011，《心理类型在中国学生英语习语理解中的作用》，《现代外语》第2期。

《哈姆雷特》隐喻汉译认知研究*

刘翼斌

悲剧《哈姆雷特》(*Hamlet*)被誉为“那位前无古人、后无来者的全人类所加冕的戏剧诗人之王的灿烂王冠上面的一颗最光辉夺目的金刚钻”(别林斯基,1963:422)。该剧的翻译研究占据世界莎学评论的重要位置。作为中国第一部被翻译和翻译次数最多的莎剧译本,在1930年第一篇评论出现后的80年来,该剧的论文数量占中国全部莎评总数的第一,大约占1/7(李伟民,2002:53—56)。不同时期不同翻译者的翻译理念和语言能力造就了语体和文体繁多的译本,而译本之间又由于不断变化的莎评标准和态度,形成较大的差异,因而增加了对《哈姆雷特》汉译本批评的空间。近20年国内发表的该剧研究和评述近百篇论文,主要有三类,即文学、语言和翻译研究。三者之中,以文学研究的成果最多,而语言和翻译研究相对较少(孟宪强,2007:330)。周兆祥、孟宪强、张沛等专家《哈姆雷特》研究专著中也只有周兆祥的研究关涉剧本的翻译,关于该剧翻译的论文也数目寥寥,至今还是有较多的空白之处。对该剧翻译文本的研究,基本上是以单一译本为主,根据翻译理论和原文比较得出译本的得失之处。尚少有从两种语言文化积淀对译本进行深层次剖析的研究。

---

* 本文原载《广西师范大学学报(哲学社会科学版)》2011年第3期。

一、翻译的隐喻认知本质

隐喻就是把彼事物的名称用于此事物。从亚里士多德的修辞说到18世纪维柯(1989:61)认知观,将隐喻作为一种修辞格来研究的局限,直到20世纪30年代瑞恰慈提出了隐喻研究中著名的互动论(interaction theory)才被突破。互动论认为,隐喻的意义来自喻体和本体的互相作用。喻体的某些特征或结构被投射在本体上,本体的原有特征被"选择、掩盖或凸显"(Black,1962:230),喻体的意义主宰了隐喻的意义。隐喻的认知意义和表达功能因此呈现。隐喻认知观(Lakoff & Johnson,1980:3)认为,隐喻不仅是一种修辞现象还是一种认知现象。本质上说它是人类理解周围世界的一种感知(perceptual)和形成概念(conceptualize)的工具或者说人类认识事物、建立概念系统的方法。概念系统和建立在其上的行动和语言系统是隐喻的结构。语言中之所以存在隐喻表达,是因为我们的概念体系中存在概念隐喻。隐喻即隐喻概念是将始源域(source domain)的熟悉、具体的概念域映射到未知的、抽象的目标域(target domain)概念域之上。当代隐喻的认知观认为,抽象思维的部分是通过隐喻来实现的。同时,隐喻概念系统具有普遍性和相对性。一方面,人类的认知活动植根于日常的身体体验,而不同民族的身体体验却是相同的,因此有理由假设普遍性的隐喻概念的存在;另一方面,由于身体体验不能独立于特定的文化和社会之外,我们也有理由推论在不同文化中的隐喻概念系统应该存在差异。

正是因为隐喻的普遍性和不同文化的隐喻概念系统的差异性,翻译从表面上看就是两种不同的语言体系之间进行的语码转换,即翻译主体对原语的理解和目标语的表达。翻译背后隐藏着的思维方式的转换,是一个相当复杂的认知过程。翻译过程即译者对不可变更的原语符号的理解或其表征(presentation)的逆向还原,翻译结果实际上是译者(认知主体)在这种表征的制约下,通过理解思维过程获得并重新整合(blend)构建的意义。隐喻的映射方式显示其固有的文化语境制约着译者对意义的构建。作为思维的载体,语言的意义指称不能简单地等同于语义真值,指称与真值之间的关系通过不同输入空间(input spaces)对心理空间(mental space)的映射作用得以实现(Fauconnier,1985)。概念整合理论中,隐喻在不同空间的在线(on-line process)整合则表明译者个体认知体验和现实背景同样制约着意义的生成。在原文提供的心理图式框架即文本提供的文化语境或语用假设下,译者为了实现译文的审美目标,激发目标语读者的阅读期待和想象,会充分利用目标语共同的认知心理图式和语用假设以寻求最佳关联(optimal relevance)(Gutt,2005:52—60)。在这一过程中,不同译者对原文中(对原文读者省略的)不言自明成分的理解,以及其对这些隐喻方式在译文中的再现(recurrence)也是不同的。简而言之,为创造最佳译文审美效果,不同译者会采用不同的语言表达形式、文本结构和心理图式。隐喻约定俗成和在线处理的动态制约,使目标语相同的不同译者对译文意义的构建大相径庭。

二、《哈姆雷特》意义重构与隐喻翻译认知转向

隐喻概念体系作为人类赖以生存的基本方式,成为影响人类思想文化生产发展的手段。隐喻认知结构使我们认识到,不能脱离人的认知能力谈隐喻语言形式的意义,因为隐喻乃是“我们对抽象范畴进行概念化的有力的认知工具”(Ungerer & Schmid,2006:114)。借助隐喻

这种思维工具，人们通过不同事物的相似性和邻近性为未知的事物命名，从而在创造新物质名称的同时也发展了词义，也使语言本身得以发展。换言之，隐喻认知结构不仅能创造意义，也能改变意义——同一客观事物在特定语境中因认知个体的体验(embodiment)不同可以产生不同意义解释。隐喻概念系统具有的普遍性特征，即不同文化的同隐喻性(homometaphoricity)(王文斌，2005：iv—v)，使得跨越时空的莎剧力作《哈姆雷特》隐喻的翻译成为可能。隐喻的文化差异性和体验性特征，即异隐喻性(hetermetaphoricity)，又使该剧的汉译存在难度，文化和个体差异性使得不同文化背景的译者对原作产生不同的解读和意义重构。

20 世纪 70 年代以来，随着认知科学的发展与推动，隐喻研究更多地从修辞学角度转向了认知语言学的探讨。这种认知转向(cognitive turn)使隐喻翻译研究成为隐喻研究领域不可或缺的重要课题。然而，到目前为止，《哈姆雷特》的隐喻翻译研究并没有受到应有的重视。《哈姆雷特》的隐喻汉译研究大多是基于几个译本(共 16 个中文译本)或其中的某个译本的基础之上摘录原文对比译文做的，一般在研究分析或评论作品时被学者们简单提到。大多数论述在提到此剧的修辞或意象时，把隐喻作为莎士比亚运用过的诸多修辞格或不同意象中的一种，进行原文和译文单项对比，还常常是与明喻放在一个单位来研究，如仇蓓玲《美的变迁》中莎剧意象研究。认知语言学的隐喻观使我们认识到：隐喻本质上是人类对抽象范畴进行概念化的基本方式。从认知隐喻观出发，隐喻不仅是《哈姆雷特》文学作品的语言艺术，也是作品独特的创作思维表现。因此，在认知理论的视角下对《哈姆雷特》进行概念隐喻的汉译研究，就显得十分必要且具有现实意义。

作为莎士比亚具有代表性的戏剧，《哈姆雷特》具有莎剧的一些典型的语言特征。首先,语言丰富,词汇量大。据统计,莎士比亚曾经使用过24,000余个词汇(Bartlett,1963:21)。这一点在《哈姆雷特》表现为语言生动、细致、酣畅,富有生活气息,拥有极大的词汇量的同时,在用词方面大胆巧妙。庞大丰富的词汇使得《哈姆雷特》华丽庄严与市井俗语并存,建立了一个多彩的人物画廊。和中国元代的剧作一样,《哈姆雷特》里书面语和口语并用,同时,从民间语言、古代语言和其他语言中汲取营养精华,广泛采用民间谚语(the weed is still green 3. 3)、俚语、新造词(climature 1. 1)、词性换用词(anyshow 3. 2)、语源(argal 5. 1)等不同的词,来刻画场景与人物性格。其次,语言非常深刻。《哈姆雷特》对主人公的内心刻画深入到最深刻的境界。深刻的话语如第三幕第一景的独白(3. 1. 64—96)展示出哈姆雷特对世界的独到理解。《哈姆雷特》用精深明快的语言表达了生活的美好与丑陋、人生的欢乐与悲伤、人生境界的伟大与卑贱。准确地说,《哈姆雷特》是莎剧中最长的一部剧。全剧用古典比喻36处(Benet, 1965:99),引用的谚语、格言有140处,是所有莎剧之冠(Fauconnier,1985)。《哈姆雷特》也是莎剧中最侧重宗教的一出戏,直接提到和引用《圣经》39次,剧中God一词出现41次用于呼号、祷告、诅咒、发誓等(Miriam,1966:99)。这使隐喻受众(读者)对《哈姆雷特》原文的隐喻难以觉察,更不用说构建和解读了。如"Seek far thy noble father (AnBi) in the dust."(1. 2. 72—73)中的in the dust,如果对《圣经》中生命"出于尘土,归于尘土"以及《约伯记》17页21行中"我现今要躺卧在尘土中,你要殷勤地寻找我,我却不在了"等内容不了解,其深层隐喻含义很难被挖掘出来,哈姆雷特那种"上穷碧落下黄泉,两处茫茫皆不见"的悼念亡父的深切的哀伤情怀也难于被受众深刻领会。再次,这个时期正是英语从曲折性语言向分析性语言转化的过渡期,古英语的词尾变化正在逐步消失,数以千计的法语和拉丁语词汇进入近代英语。无论是词汇还是语法上，这一时期的英语都既保留某些中世纪的性质，又附着近代英语的成分。越过几百年的时空，原语隐喻受众（英国读者）要把原文中的隐喻读懂也不容易了。在跨越时空和异域文化语境的中国，《哈姆雷特》的一些体现语言风格和时代特色的隐喻，更难被目标语隐喻受众了解和欣赏。最后，《哈姆雷特》语言的难点还在于其设喻之多，剧中人物对话、独白，不同之莎喻深藏其中，莎译者必须善于发掘，尤其是莎氏笔下之“物虽胡越，合则肝胆”，正如奚永吉先生所言《哈姆雷特》深藏不露的“设譬用喻，尚无深论”（奚永吉，2007：1051）。如剧本中被论述最多的一个双关，其隐喻就反复出现在第一、二幕。

（1）I am too much i' the （An） sun. （1.2.69）

梁译：我受的阳光太多了

朱译：我已经在太阳里晒得太久了。

关于 sun 是 son 的双关，在汉译《哈姆雷特》研究里可谓屡见不鲜。其实，不为多数读者所知的是，sun 的隐喻解读也可在各读本中找到不同版本。首先，（in） the sun 典出当时的谚语；out of the heaven's blessing into the warm sun（出天堂，晒太阳）喻指出良好境遇，入较劣之环境。实际上，（in） the sun 被不同时代的研究者引申出 43 种意思。哈罗德·詹金斯（Jenkins，1982）关于这个 sun 的注解是：这个隐喻的明显意思是，哈姆雷特由于那忧郁的性格而表示出对阴暗的偏爱，以反对他赖以生长的阳光。在那阳光下到处都是公众的关注，朝廷的欢乐，或者确切地说，就是国王的恩惠。这个说法与谚语相似。与（in） the sun 相似的意象还在第二幕第二景，哈姆雷特对普洛涅斯说的“疯话”里。

（2）Let her not walk i' the sun. （2.2.204）

这里 sun 指王族、王朝，喻指“让她（奥菲莉亚）远离公众场合”。

但是,关于上述例子里的隐喻研究却付之阙如。

三、《哈姆雷特》隐喻汉译的认知机制

认知语言学认为,意义(meaning)是由认知主体的心智体验(emmindment)及其认知经验和思维模式在特定认知语境下经多维心理空间整合(integration)而成的整合体。《哈姆雷特》的翻译过程,实际上就是译者对《哈姆雷特》隐喻概念重构,与作者、目标语受众交流和商洽的过程。在这个过程中,译者通过整合隐喻概念,再现《哈姆雷特》的情感与意义。第一,在原文语义网络里和译者心理空间识解原文隐喻概念,即译者把隐喻输入空间 1 的始源概念和输入空间 2 的目标概念整合出整合空间的原文概念。第二,对原文识解的隐喻概念在目标语语义网络里和译者读者商洽的心理空间重构隐喻概念,即整合空间的原文概念也就成为原文可输入空间概念与译文空间概念整合出译文整合空间概念,经译者心理自洽,与作者和读者达到隐喻的主体间性,使目标语读者通过汉语文化语境、自身的认知经验以及剧场表演等,形成对原文隐喻即作者创作意向的在线理解。在此基础上,译者对隐喻概念形成的(判断推理)剧本意义和情感再现于目标语。在《哈姆雷特》的众多汉译文本中,以读者接受程度最高的朱生豪和梁实秋的译本为例,总体上说,两个译本都比较完整地表达了《哈姆雷特》原作的思想意义,但是在隐喻的翻译上各有所长,原文的主题刻画可能因隐喻翻译的不到位而在译文中被淡化忽略,进而影响到读者对译文的解读。如例(3)中的 crack the wind of the poor phrase:

(3) Tender yourself more dearly,

not to $ (Avnan) crack the wind of the

poor phrase $,

Running it thus,— you'll(Avn) tender me a fool $. (1.3.112—113)

梁译:你要自重一点吧;否则——我也不必再勉强多费话——

你要在我眼前变成一个令人讪笑的大傻瓜!

朱译:你应该把自己的架子抬高一些。

梁实秋在原文语义网络和认知心理空间里,即输入空间1的“猎狗顺风追猎物——不容喘息”和输入空间2的“普罗涅斯一直不停用tender一词”,通过同一性“不懈的”这层意思压缩整合到原文隐喻整合空间,译者识解隐喻crack the wind of the poor phrase为:“普罗涅斯(像猎狗追猎物一样)反复用tender一词”;通过与中文读者的商洽,梁实秋从原文输入空间(原文整合空间)——“本段普罗涅斯反复使用tender”一词和译文输入空间整合——“本段普罗涅斯滥用了tender”一词压缩重构出“普罗涅斯啰嗦重复”的意思。译者运用自己对作者创作意图、读者接受背景、原语文化和目标语文化等因素的心理体验,自洽筛选后,从大脑神经连接末梢输出,原文隐喻crack the wind of the poor phrase被表达为:(不必)再勉强多费话。我们注意到,两个译本都没有译出crack the wind原文暗示的狩猎意象。梁实秋在其认知重构这一隐喻概念时,压缩得出的整合体里已不包含隐喻意象,只保留了隐喻寓意,同时还把running it thus也删除了,整合体“勉强多费话”使得译文上下文读起来比较脱节。朱生豪则把整句话连同隐喻一起省略了。crack the wind(猎狗顺风追猎物、不容喘息)这个隐喻在中文语境的异隐喻性使得两位译者在寻找与目标语读者的隐喻间性时产生困难,原文的意象意蕴和戏剧情感在某种程度上被歪曲,原文意义因而没有被准确传达。莎士比亚在剧中刻画的咬文嚼字、迂腐文绉、滑稽可笑的普罗涅斯形象在译文中或变得呆板可厌(梁译)或荡然无存(朱译),

原语读者对普罗涅斯的亲切感、滑稽感和原文的审美情趣也因此在译文读者心里大打折扣。

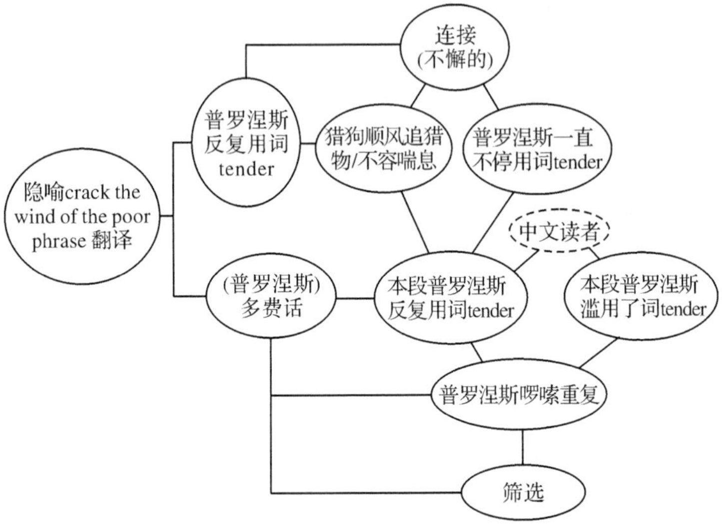

图1　梁实秋翻译隐喻 crack the wind of the poor phrase 的认知心理机制分解图

《哈姆雷特》概念隐喻汉语翻译的研究，目的在于将剧本由意象图式投射到剧中刻画的人物和情景中的形象思维编织成的画面，转化成由概念、判断、推理组成的理论形态。从汉语译文文本对《哈姆雷特》研究的问题进行考察与阐释，把《哈姆雷特》的汉语文本置于本民族语境下进行解读分析并提高《哈姆雷特》学术研究的价值，有必要对该剧的隐喻在认知视角下进行系统全面的考察。隐喻在不同层次上表现出其产生的文化特征，被包含了成千上万的概念系统组合到语言中。认知语言也即认知隐喻概念，被认知语言学家看作理解人类心灵和文化的关键。要解读人文主义的《哈姆雷特》和蕴藏在该剧中的莎士比亚时代的文化特征，剧本隐喻的系统构建和解读就成为理解其精神内涵的关键。此外，中国翻译研究自 20 世纪末进入专家们所谓的“沉寂期”。在这走出经验范式的翻译研究的特殊历史阶段,全面系统性论证逾越时空的《哈姆雷特》隐喻翻译,对其概念隐喻翻译进行探讨,以丰富对《哈姆雷特》翻译活动的抽象认识。这对深入而细致地探究英汉双语在文学翻译转换中的微观机制,克服经验主义的大而化之的空论和文学翻译批评历来的经验式的枚举法之不足也有重要作用。

参考文献

Bartlett J., 1963, *A New and Complete Concordance to Shakespeare*. New York: Macmillan.

Benet W. R., 1965, *The Reader's Encyclopedia*. London: G. G. Harrap.

Black M., 1962, *Models and Metaphors*. New York: Cornell University Press.

Fauconnier, G., 1985, *Mental Space: Aspects of Meaning Construction in Natural language*. Cambridge, Mass.: MIT Press.

Gutt E. A., 2005, *Translation and Relevance: Cognition and Context*. Shanghai: Shanghai Foreign Language Education Press.

Jenkins H., 1982, *The Arden Edition of the Works of William Shakespeare Hamlet*. London: Methuen.

Lakoff G. & Johnson M., 1980, *Metaphors We Live by*. Chicago: University of Chicago Press.

Miriam J., 1966, *Shakespeare's Use of the Arts of Language*. London: Hafner.

Noble R. S. H., 1935, *Shakespeare's Biblical Knowledge and the Use of the Book of Common Prayer*. New York: Macmillan.

Richards I. A., 1936, *The Philosophy of Rhetoric*. New York: Oxford University Press.

Ungerer F. & Schmid H. J., 2006, *An Introduction to Cognitive Linguistics*.

Beijing: Foreign Language Teaching and Research Press.
别林斯基, 1963,《别林斯基选集(第一卷)》,满涛译,上海:上海文艺出版社。
李伟民, 2002,《中国莎士比亚研究论文的统计与分析》,《浙江树人大学学报》第5期。
孟宪强, 2007,《三色堇:〈哈姆莱特〉解读》,北京:商务印书馆。
莎士比亚, 2001,《中英对照 莎士比亚全集32:哈姆雷特》,梁实秋译,北京:中国广播电视出版社。
莎士比亚, 1997,《莎士比亚全集5:汉姆莱脱》,朱生豪等译,广州:新世纪出版社。
王文斌, 2005,《隐喻构建与解读的主体自洽》,上海外国语大学博士学位论文。
维柯, 1989,《新科学》,朱光潜译,北京:商务印书馆。
奚永吉, 2007,《莎士比亚翻译比较美学》,上海:上海外语教育出版社。

童话故事中的溯因推理*

——兼谈儿童的思维教育

董文明　徐慈华

一、溯因推理及其重要性

一个多世纪以前,美国实用主义哲学的先驱人物皮尔斯提出了溯因推理(abductive reasoning)这一概念。他说:"如果我们认为,当事实与预期不符时,我们就需要做出解释的话,那么这个解释就必须是一个能够在特定环境下预测所观察事实(或必然的,抑或非常可能的结果)的命题。一个自身具有可能性,并且使(观察到的)事实具有可能性的假设就需要被采纳。这个由事实驱动的采纳假设的过程,就是我所说的溯因推理。"(Peirce,1931—1958c:121)20世纪50年代,美国科学哲学家汉森(Hanson)对皮尔斯的"溯因推理"思想进行了概括,提出了一个比较简洁明晰的模式,可用如下公式表示:

$$\frac{\begin{array}{c}C\\ H\longrightarrow C\end{array}}{H}$$

此公式的含义是:(1)一个令人惊讶的事实C被观察到;(2)如

---

* 本文原载《浙江社会科学》2014年第4期。

果假设 H 为真,那么事实 C 就不言而喻;(3)因此,有理由相信假设 H 为真。其中,符号"→"表示 H 与 C 之间存在某种认知上的关联。可见,溯因推理是一个我们形成关于某个现象或事实的特定假设的过程,该过程具有两个重要的认知特征:创新性和相似性(徐慈华、李恒威,2009)。关于创新性,皮尔斯(Peirce,1931—1958b:106)强调,只有溯因推理能为我们带来新的观念。而那种认为新理论、新观念来源于归纳的传统看法是站不住脚的。哲学家玛格纳尼(Magnani,2009:456)也认为,"溯因推理"这个概念为我们研究人的创造能力提供了最好的哲学上和智力上的工具。关于相似性,皮尔斯(Peirce,1931—1958c:137)在谈到事实与假设的关系时指出,"在溯因推理中,事实是通过类似之处来暗示一种假设的。这种类似之处就是事实与假设的推论之间的相似性"。皮尔斯(Peirce,1931—1958a:310)曾将溯因推理表示为:

Any M is, for instance, P′ P″ P‴, etc. ;

S is P′ P″ P‴, etc. ;

∴ S is probably M.

这个公式清晰地说明,我们之所以会得出假设性的结论 S is probably M,是因为 S 和 M 都具有相似的属性,如 P′ P″ P‴等。

在溯因推理的过程中,人们往往会形成多个不同的假设。这就涉及假设的评价和选择问题。因此,约瑟夫森等人(Josephson & Josephson,1996:14)对皮尔斯和汉森的溯因推理模式进行了补充:(1)D 是一个事实集合;(2)H 能够解释 D;(3)没有其他的解释能够像 H 那样很好地解释 D;(4)因此,H 可能是真的。约瑟夫森等人所提到的第(3)条实际上揭示了不同假设之间的竞争关系,这种竞争关系催生了溯因推理的动态性:随着新信息的加入或已知事实的增多,原有的假

设可能会被更优的假设所取代。我们可以用图1(徐慈华、李恒威,2009)表示出这个过程:

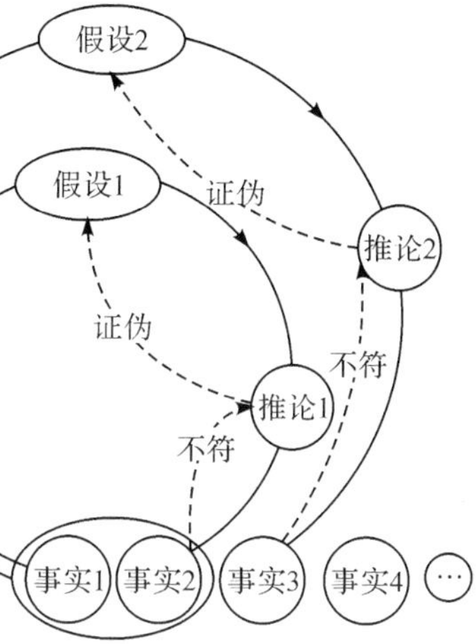

图1　溯因推理的动态性示意图

图1中,为了解释已观察到的事实1,认知主体形成了假设1。如果假设1为真,那么我们可以通过演绎推理得到推论1,但当推论1与新发现的事实2不符时,假设1就可能被证伪。为了解释事实1和事实2,认知主体就会有压力和动力去寻找新的假设2。同样,当新的事实3与假设2的推论2不符时,假设2就有可能被证伪,如此反复,不断演进,以求接近"事实的真相"。在当前的认知科学研究中,越来越多的学者开始认识到,溯因推理不仅仅是科学家经常用到的推理模式,而且在我们的日常生活中也普遍存在,且十分重要。正如玛格纳尼(Magnani,2009:458)所说,溯因认知在人类(和动物)的生活中是如此普遍而重要,我们简直无法想象我们如果没有它,应该如何生存和发展。正是基于这种认识,"溯因推理"已经成为逻辑学、教育学、人工智能、神经科学、生物学等多学科研究中共同关注的热点问题之一。

溯因推理既是如此之重要,涉及创造力、判断力和记忆力的综合运用,在整体上决定了我们解决问题的能力,而作为教育工作者和逻辑工作者,我们自然会关切一个问题:这一推理模式可以教给孩子吗?有道是“孩子是天生的科学家”,孩子们总是无意识地、自发地通过不断尝试和探索学习新的知识。这个过程自然会涉及溯因推理。通过有效的教学引导,我们可以将这种无意识的、自发的行为转变为一种有意识的、自觉的思维习惯,从而促进儿童学习能力的发展。如果说,这种思维方式是可以教的,那么紧接着的一个问题就是:我们应该怎么教?“推理模式”作为一种高度抽象的知识,如果直接教给孩子,显然是不可能成功的,我们需要寻找一些更好的教育形式和载体。下面,我们将从隐喻认知的角度,探讨童话故事是如何让“溯因推理”的教育成为可能的。

二、溯因推理的隐喻化

长期以来,“隐喻”一直被认为是一种语言上的修辞现象。但在过去三十多年的研究中,已经有越来越多的证据表明,隐喻普遍存在于我们的日常生活之中,它不仅仅是语言的修饰性成分,而是人们对世界和自身行为进行概念化的重要方式(Gibbs,2008:3)。简单地说,隐喻认知的本质就是“通过一个事物来理解和体验另外一个事物”(Lakoff & Johnson,1980:5)。比如说“时间”,看不见摸不着,十分抽象,但我们可以通过“金钱”这个概念来理解“时间”。这种认知方式会在我们的日常语言中表现出来。我们会说,“不要<u>浪费</u>我的时间”“我们要<u>珍惜</u>时间”“别<u>花</u>那么多时间”“<u>给</u>我一点时间”等。加下划线的字和词,本来是用来表达“金钱”的,但通过隐喻认知,这些词就可以系统地被用来表达“时间”。同样,我们也可以用“空间”概念来理解“时间”。在语言上,我们就有了“三天前”“两天后”“上周”“下个星期”“一月左右”“两年之中”等表达。加下划线的这些词,可以反映出我们在认知上把“时间概念”放在了“空间概念”里。这个“隐喻化”的过程,就是吉布斯(Gibbs,2008)所说的“概念化”。莱考夫和约翰逊(Lakoff & Johnson,1999)发现,我们的抽象概念大多是隐喻性的。就是说,我们可以用一个“具体的东西”来对“抽象的东西”进行隐喻化。学者们总结出来的“溯因推理”模式是一个抽象的东西,我们可以通过使用一个具体的东西对其进行“隐喻化”,使它变得更容易理解。对于儿童来说,最好的载体可能莫过于童话故事——童话故事形象生动,可以用来教孩子什么是善,什么是恶,什么是美,什么是丑。同样,我们也可以通过童话故事教孩子们如何“求真”。

试以科学童话《小蝌蚪找妈妈》为例。该故事是方惠珍和盛璐德在20世纪50年代末创作的,后来改编成了动画片。故事讲的是池塘里的一群小蝌蚪千辛万苦找妈妈的过程,其创作初衷是让小朋友们了解青蛙是如何发育的科学知识。但从逻辑和思维的角度看,小蝌蚪们找妈妈的过程中涉及的推理就是一系列“溯因推理”。

图2

图3

图 4

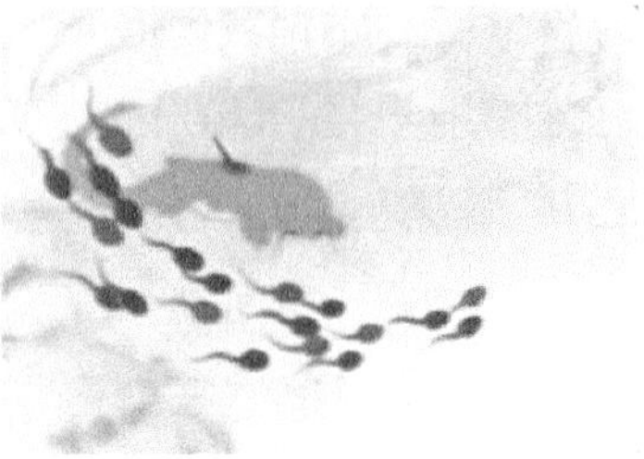

图 5

在动画片《小蝌蚪找妈妈》中，小蝌蚪们从虾公公那里得知了自己的妈妈长着一双大眼睛。它们先是遇到了一条金鱼，发现金鱼的眼睛是大大的，于是就上前去叫妈妈（见图 2）。根据前述皮尔斯提出的溯因推理公式，M 就是小蝌蚪的妈妈，P′就是小蝌蚪妈妈的属性“长着双大眼睛”，S 代表小蝌蚪们遇到的那条金鱼。小蝌蚪们之所以认为 S 就是 M，是因为两者都有属性 P′。溯因推理是一种或然性推理，它所推出的结论是可以被证伪的。在逻辑上，我们可以用充分条件的否定后件式（modus tollens）来描述这个证伪的过程。

$$\begin{array}{c} p \rightarrow q \\ \underline{\neg\, q} \\ \therefore \neg\, p \end{array}$$

上面这个公式的意思是说：在“如果 p，那么 q′ 这条规则为真，并且 q 为假”的情况下，我们可以推出 p 必然为假。当金鱼听到小蝌蚪们叫她妈妈，她马上就说：“错啦，错啦，叫错啦，我可不是你们的妈妈。你们的妈妈有个白肚皮。好孩子，你们再去找找吧！”这里金鱼提供了一个新的信息：小蝌蚪的妈妈长的是白肚皮。如果小蝌蚪的假设成立，那么可以根据三段论中的判断格做出一个演绎性的推论：前面遇到的这个对象应该也是长白肚皮。但小蝌蚪们根据自己的观察，却发现：金鱼长的不是白肚皮。根据充分条件否定后件式，可推出：S 不是 M。正如金鱼所说的“我可不是你们的妈妈”。这样一来,小蝌蚪们原来的假设就被证伪了。

离开了金鱼后,小蝌蚪们看到了一只螃蟹(见图3)。当它们发现螃蟹长的是白肚皮时,它们立刻做出猜测:螃蟹就是它们的妈妈。但很快,螃蟹就证伪了它们的假设。螃蟹说:“错啦,错啦,叫错啦,我怎么成了你们的妈妈! 你们的妈妈只有四条腿,你们看,我有多少条腿啊?”其推理的过程,同样是充分条件的否定后件式。

小蝌蚪们继续去找妈妈,看到乌龟有四条腿,就上前去叫妈妈。小乌龟一听急了:“它是我的妈妈! 妈妈跟孩子总是一样的嘛!”(见图4)小乌龟的后一句话可以补充为一个充分条件的命题:如果两者之间有母子关系 R(x,y),那么它们应该长得是一样的 S(x,y)。但小蝌蚪们可以看到,它们和乌龟有很大的不同,即 S(x,y)。同样,根据充分条件中的否定后件式推理,小蝌蚪们可以推出乌龟不是它们的妈妈。但在这个推理中,“乌龟不是小蝌蚪们的妈妈”这个结论不一定成立,因为小乌龟给出的前提有可能是假的。

小蝌蚪们后来又遇到了鲶鱼(图5)。它们发现鲶鱼在身体形状上与它们有很多相似之处,根据小乌龟告诉它们的规则,“妈妈跟孩子总是一样的”。所以,小蝌蚪们推断出鲶鱼就有可能是它们的妈妈。但鲶鱼凶狠的样子,让它们有理由怀疑之前的假设。因为它们一路游来,看过鸡妈妈和小鸡,金鱼妈妈和小金鱼,乌龟妈妈和小乌龟,都是非常亲密的。故事发展到这里,我们发现,小蝌蚪在不断接触外在世界的过程中,进行了归纳推理,获得一些规则。例如,如果两者是母子关系 R(x,y),那么它们之间就是一种亲密友好的关系 K(x,y)。鲶鱼的凶狠样子就是对亲密关系的否定。

溯因推理所形成的假设可以被证伪,同样它们也可以随着信息的不断获得而得到证实。后来，青蛙妈妈找到了小蝌蚪们。小蝌蚪们躲在水草后，一面往后缩，一面盯着青蛙打量：大眼睛，白肚皮，不多不少四条腿。它们一方面通过观察到的信息和别人告诉它们的知识，证实自己的假设，得出结论："她就是我们的妈妈呀！"但同时也提出了怀疑："怎么我们跟她不像呢？"因为它们在与小乌龟的交流中，得到了一条规则："妈妈跟孩子是一样的。"这条规则与已有的信息矛盾。一种可能是它们在路上获得的知识错了，另一种可能则是这条规则有问题。青蛙妈妈的话最终打消了它们的顾虑，消解了矛盾："好宝宝，乖宝宝，你们长大了就像妈妈了。"而且后来的事实"小蝌蚪跟妈妈游着，游着，渐渐长出了小腿，长成青蛙妈妈的样子"，也进一步证实了"青蛙就是小蝌蚪们的妈妈"。

科学哲学家波普尔（2005：275—276）认为，知识的进化源于问题，为了解决问题，会产生多种多样的试探性解决办法，然后通过排错来控制这些解决办法。也正是在这个意义上，波普尔认为，"爱因斯坦和阿米巴虫仅有一步之差"。小蝌蚪找妈妈的过程也是源于一个问题，它们不断地尝试去解决这个问题。在这个过程中，有事实的获取，有知识的更新，也有假设的形成，以及假设的证伪和证实，其推理的过程可用图 6 表示（Fauconnier & Turner，2002：40—47）。

在遇到金鱼的情节中，小蝌蚪根据规则"自己的妈妈是大眼睛"和事实"遇到的这个对象是大眼睛"，进行溯因推理，做出假设"遇到的这个对象可能就是妈妈"。但金鱼告诉它们，"你们的妈妈是白肚皮"。这条新信息与假设结合，可以做出推论"遇到的这个对象应该是白肚皮"，但与小蝌蚪们观察到的事实不符，所以假设就被证伪了。虽然小蝌蚪们这次的假设被证伪了，但它们获得了新的规则"自己的妈妈是白肚皮"。当它们遇到螃蟹时，看到自己遇到的新对象有白肚皮，然后

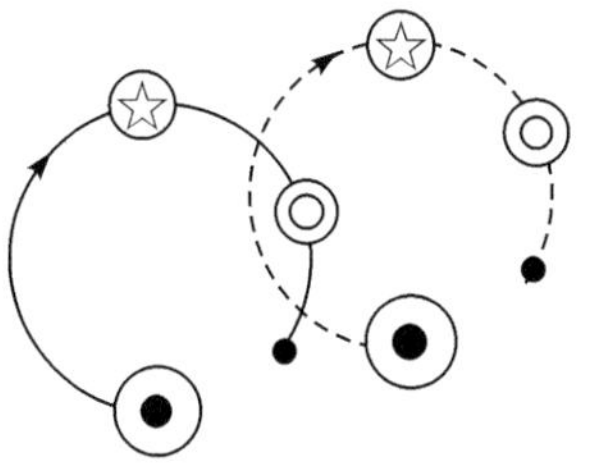

● 表示：事实 ☆表示：假设 ○表示：推论

图 6

再次通过溯因推理，做出新的假设，同样这个假设再次被证伪。以此类推，直到找到真正的妈妈为止。这里需要指出的是，小蝌蚪们在找妈妈的过程中并没有不断地把收集到的信息整合在一起，而是在得到一个新信息的同时抛弃了旧信息。如果小蝌蚪们能够记住并整合所有已经收集到的信息，那么它们做出错误假设的概率就会大大降低。或许，这是作者为了表现小蝌蚪有限的认知能力而有意做出的情节安排。

通过上面的案例分析，我们可以看到，"溯因推理"这一抽象推理模式是可以借助《小蝌蚪找妈妈》这一科学童话实现隐喻化的，因为两者在抽象的推理结构上具有一致性。

三、童话故事与思维教育

《小蝌蚪找妈妈》这则童话故事创造性地运用了拟人（personification）的手法。这种创作手法本身也是通过隐喻认知来实现的。莱考夫和约翰逊（Lakoff & Johnson，1980：32）指出，多数本体隐喻（ontological metaphor）都是拟人性的。借助拟人，我们可以用人类的动机、性格和行为来理解不同的事物，在故事中赋予小蝌蚪儿童的心理和行为特征，但并不是照搬儿童的所有属性，而是选择性地将两者有机地结合起来，这是一个概念整合（conceptual integration）的过程。福柯涅尔和特纳（Fauconnier & Turner，2002：40—47）认为，概念整合是人类在隐喻理解中的一种重要的思维方式，其基本过程可用图 7 表示。

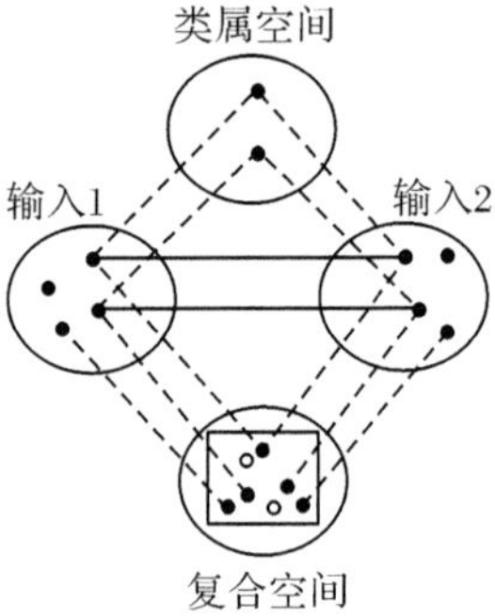

图 7　概念整合的过程示意图

概念整合，就是通过跨空间的部分映射将两个输入心理空间（input mental space）匹配起来，在形成一个类属空间（generic mental space）的同时，分别将这两个输入空间中的相关要素选择性地投射到一个复合空间（blend mental space）中。然后，通过组合、完善、精演等认知操作，创造出一个全新的具有自身内在结构的心理空间。故事《小蝌蚪找妈妈》所建构的情节，正是一个复合空间。这个空间中的要素一部分来自有关人的知识，另一部分来自有关青蛙的知识，但它们在复合空间中形成了自已内在的情节脉络和逻辑结构。通过这一复合空间的建构，抽象的知识以一种生动具体的方式得到呈现。

著名文学家茅盾在欣赏完美术影片《小蝌蚪找妈妈》后，有诗赞曰："蝌蚪找妈妈，奔走询问忙。只缘执一体，再三认错娘。莫笑蝌蚪傻，人亦有如此。认识不全面，好心办坏事。莫笑故事诞，此中有哲理。"这里的哲理是什么？有些人认为是认识事物要全面；也有些人认为是做事情应该坚持不懈。可见，人们在解读中已经不再局限于这个故事所传递的有关青蛙发育的科学知识了，而是从更广泛的意义上提取故事中所蕴含的人生哲理，并将其运用于对其他事物的理解，这就意味着这个故事被寓言化了。人类具有将故事寓言化的本能冲动（Gibbs，2008：121—130）。通过生动形象的故事，我们可以以一种简单清晰的方式更好地理解某些抽象的道理。其实，这里的寓言化就是一种隐喻化过程。在寓言化的解读中，人们可以从不同的角度建立新的隐喻映射关系。本文所要做的就是试图从逻辑思维的角度，找出这个故事与“溯因推理”之间在抽象结构上的内在关联，并建立起映射关系，从而为相关的儿童思维教育创造条件。

恩格斯曾经说过，思维是地球上最美丽的花朵。认知科学的大量研究表明，我们的大脑是可塑的，我们的思维方式也是可训练的。因此，我们要为儿童的思维教育创造良好的教育环境。思维能力培养的成败不仅取决于特定情境下的效果和持续的时间，而且还受到迁移能力的影响。思维能力具有较强的情境依赖性，因此我们需要通过提高情境类型的多样性，以增强认知主体“异中求同”的能力，进而促进思维技能的迁移（徐慈华，2010）。这里所说的迁移过程，实际上就是一个“再隐喻化”（re-metaphorization）的过程。我们在思维教育中，可以把“小蝌蚪找妈妈”的故事当作一个心理原型（prototype）。教师通过提问不断强化儿童对原型的记忆和分析，然后引导儿童把所遇到的具体问题概念化到这个原型中。例如，让儿童在听完《小蝌蚪找妈妈》的故事后，玩一个“寻找积木”的游戏。让他们在①到⑥堆积木中，找出同时都有下面这五个形状的那一堆积木（见图8）。

如上练习，在推理结构上与“小蝌蚪找妈妈”是一致的。在训练的过程中，要通过提问引导儿童将需要解决的问题概念化到“原型”

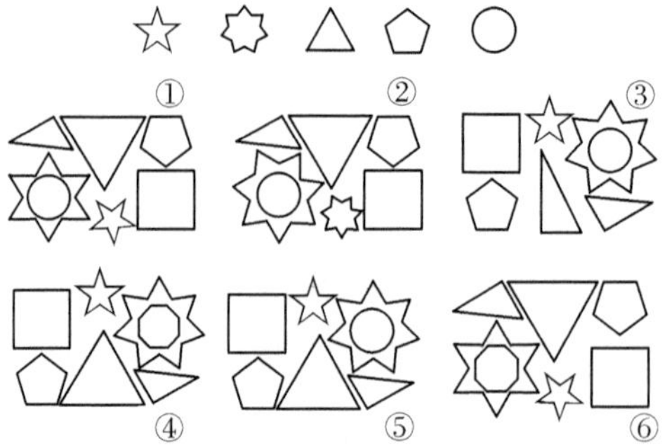

图8

中。在此基础上，我们还可以渐进式地不断加大“原型”与所要解决的问题之间的认知距离（cognitive gap），提供一些更为抽象和复杂的练习。玛格纳尼（Magnani，2009：456）在其书中指出，溯因推理涉及视觉、听觉、嗅觉、味觉、触觉等多个模态，而且常会同时伴有视觉化、心理模拟、类比、情感等多种认知活动。这是一个复合性的（hybrid）的认知过程。因此，如果我们能在有关溯因推理的思维教育中，提供多种模态的训练任务，就可以同时促进儿童多元智能的发展，起到一举多得的作用。

结　语

长期以来，我们一直高度关注童话故事的修辞、审美和道德等功能，而对其思维教育功能没有足够重视。由上可见，童话故事其实是一座复合矿，采用不同的方法和手段，就可以提炼出不同的矿种。我们不能因为提炼出了金子，就认为扔掉的都是废渣，相反地，我们需要时常从新的角度去思考：可能还有其他珍贵的稀有金属！

参考文献

Fauconnier G. & Turner M. , 2002, *The Way We Think: Conceptual Blending and The Mind's Hidden Complexities*. New York: Basic Books.

Gibbs R. , 2008, Metaphor and Thought: The State of the Art. In Gibbs R. (ed.), *The Cambridge Handbook of Metaphor and Thought*. Cambridge: Cambridge University Press.

Gibbs R. , 2011, The Allegorical Impulse. *Metaphor and Symbol*, 26 (2).

Josephson J. R. & Josephson S. G. , 1996, *Abductive Inference: Computation, Philosophy, Technology*. New York: Cambridge University Press.

Lakoff G. & Johnson M. , 1980, *Metaphors We Live by*. Chicago: University of Chicago Press.

Lakoff G. & Johnson M. ,1999, *Philosophy in the Flesh: The Embodied Mind and Its Challenge to Western Thought*. New York: Basic Books.

Magnani L. ,2009, *Abductive Cognition: The Epistemological and Eco-Cognitive Dimensions of Hypothetical Reasoning*. Berlin: Springer.

Peirce C. S. , 1931—1958a, Burks A. W. (ed.), *Collected Papers of Charles Sanders Peirce Ⅱ*. Cambridge, Mass. : Harvard University Press.

Peirce C. S. , 1931—1958b, Burks A. W. (ed.), *Collected Papers of Charles Sanders Peirce V*. Cambridge, Mass. : Harvard University Press.

Peirce C. S. , 1931—1958c, Burks A. W. (ed.), *Collected Papers of Charles Sanders Peirce Ⅶ*. Cambridge, Mass. : Harvard University Press.

波普尔, 2005,《客观知识——一个进化论的研究》,舒炜光等译,上海:上海译文出版社。

徐慈华, 2010,《认知科学背景下提升思维素养》,《中国社会科学报》。

徐慈华、李恒威, 2009,《溯因推理与科学隐喻》,《哲学研究》第 7 期。

后　记

隐喻是一个跨学科的重要话题，在过去三十多年里，隐喻研究呈现出从修辞到认知、从描述到计算的重要变化，对隐喻认知机制的探索不断深入。我们主要从语言学、逻辑学、计算机科学的学科交叉视角，对隐喻生成、理解、使用中的诸多问题进行探讨，尝试在隐喻，尤其是汉语隐喻的认知机制、逻辑表征和认知计算等问题上有所突破。本书所收录的论文，参考了大量相关领域的成果，在此向所有这些学者表示衷心的感谢。

本书是国家社会科学基金重大项目“汉语隐喻的逻辑表征与认知计算”（18ZDA290）的成果之一，凝聚了课题组成员的集体智慧。本书收录的文章曾以单篇论文的形式发表于《中国社会科学》《外语教学与研究》《自然辩证法研究》《现代外语》《浙江大学学报（人文社会科学版）》《浙江社会科学》《外语学刊》《逻辑学研究》《数据分析与知识发现》等期刊，我们对每篇文章的作者和刊物一一做了标注。诚挚感谢相关期刊和评审专家对我们的指导、帮助和支持。丛书总主编王云路教授对本书的编写给予了精心的指导。范振强老师和洪峥怡同学全面参与了文集的梳理、汇编和校对，李雨航、祝文昇、余丽赛同学校对了本书的部分文稿，在此一并致谢。

隐喻认知的研究任重道远，我们的工作只是一个初步尝试。本书在编写过程中难免存在诸多不足和错误，敬请广大读者批评指正。

黄华新

2022 年 11 月